出土文獻與中國古代文明研究叢書　　李學勤　主編

肩水金關漢簡研究

郭偉濤／著

上海古籍出版社

國家社科基金青年項目"肩水金關漢簡通關文書整理與研究"（18CZS010）

高等學校創新能力提升計畫（2011計畫）

出土文獻與中國古代文明研究協同創新中心成果

上海文化發展基金會圖書出版專項基金資助項目

叢書前言

"出土文獻"是與"傳世文獻"相對的概念，包括甲骨文、金文、戰國文字、簡牘帛書等。出土文獻的整理研究始於漢代，至今已有兩千多年的歷史了。

在這兩千多年裏，出土文獻層見疊出，研究工作不斷走向深入。孔壁中經、汲冢竹書、商周金文、殷墟甲骨……每一次重大的發現，都不同程度地影響到那個時代的學術生態。

1925年，清華研究院的王國維先生在《古史新證》中首倡"二重證據法"，他說："吾輩生於今日，幸於紙上之材料外，更得地下之新材料。由此種材料，我輩固得據以補正紙上之材料，亦得證明古書之某部分全爲實錄，即百家不雅馴之言，亦不無表示一面之事實。此二重證據法，惟在今日始得爲之。"他所謂的"紙上之材料"即傳世文獻，"地下之材料"就是出土文獻。通過出土文獻來印證補正傳世文獻，開闢研究中國古史的新途徑，是王國維"二重證據法"的真諦。"二重證據法"是研究方法上的一次重大革新，對近代學術的影響至爲深遠。

2008年7月，清華大學從境外搶救入藏了一批戰國時期的竹簡，總數約2500枚，其中有多種經、史典籍，非常珍貴，其重要性堪與孔壁中經、汲冢竹書相媲美。9月，清華大學成立了出土文獻研究與保護中心。中心的定位是：通過開展自然科學與人文科學的交叉性和合作性研究，深入探討出土文獻的保護、整理、研究的前沿課題，把中心建設成爲具有世界領先水準的出土文獻研究和保護中心。當前，中心的主要工作是對清華簡進行保護、整理與研究，同時開展其他出土文獻的保護和研究工作。中心自成立以來，已經取得了一系列成果，特別是在清華簡的保護、整理和研究方面所做的工作受到了領導的肯定和學術界及社會各方面的廣泛關注。

2011年4月，在清華百年校慶前夕，中心領銜申報的"出土文獻與中國古代文明研究中心"獲批爲教育部人文社會科學重點研究基地。

2012年5月，爲回應教育部2011計劃，中心聯合國内11家兄弟單位組織籌建"出土文獻與中國古代文明研究協同創新中心"，2013年1月5日，正式揭牌成立。

在短短的五年内，清華大學出土文獻研究與保護中心經歷了跨越式的發展，在領導的關懷支持和同人的集體努力下，做出了一些工作成果，然而不足之處仍然是明顯的。我們的學識經驗都很有限，面對任務的要求，時時感到自己存在的缺憾。我們深切期待着各方面的幫助和指教。

不管中心如何發展，我們始終圍繞着"出土文獻與中國古代文明"這個主旋律。

爲了集中展示近年來出土文獻研究的最新成果，推進出土文獻的研究工作，清華大學出土文獻研究與保護中心編輯了這套"出土文獻與中國古代文明研究叢書"。叢書將先推出20種，作者包括中心和其他單位人員，都是活躍於一綫的中青年學者，所涉及的出土文獻時間跨度很大，所涉及的學科領域相當寬廣，都有自己獨到的見解，在一定程度上能夠反映當今出土文獻研究的主流面貌，相信廣大讀者能從中得到有益的啓示。

這套叢書的編輯，得到了各位作者的積極回應，更有幸得到上海古籍出版社的大力支持，在此表示由衷的謝意。

李學勤

2013年10月

序

今天(2019年5月6日)微信裏傳來消息,國家文物局召開"考古中國"重要進展工作會,會上公佈了4項重要成果,其中2項湖北荆州墓葬考古成果,在一座戰國墓和一座西漢墓中分別出土了324枚楚簡和4546枚西漢簡牘,内容頗爲豐富。地不愛寶,自1901年以來,長城内外、大江南北,中國各地出土的戰國到魏晉時期的簡牘,粗略統計,將近28萬枚。尤其是近二十年,更如雨後春筍,應接不暇。近幾十年來戰國秦漢史的快速發展離不開這些簡牘。

這則新聞在刷屏的同時,也引發了一些學者的擔憂。一位老友在轉發新聞的同時,不無憂慮地寫道:"近年簡牘的不斷發現和迅速刊佈,在數量和信息量上遠超過早期發現的出土文獻,是秦漢史研究者的幸事。我卻有一種莫名的恐慌:我們是否能真正完全瞭解這些信息?我們通過邏輯分析絞盡腦汁得出的結論,是否轉眼就被一條新材料給否定掉?大家爲這些材料狂喜的時候,我卻有些懷疑我們的工作是否有意義?"情緒有點悲觀。有這種擔心的,恐怕不會只有一位。回顧簡牘研究的學術史,從羅振玉、王國維《流沙墜簡》篳路藍縷,開創基業,只是到了1998年湖北荆州郭店楚簡以及2001年張家山漢簡的公佈,才點燃了學界的熱情,普遍重視與利用簡牘,簡牘研究躍升爲國內國際學界的"顯學"。資料發現如井噴,研究成果似潮湧,場面驚人,形勢喜人。

喜中有憂。不止是材料的關注度上有差別:典籍簡頗受青睞,文書簡關注有限,方法上的思考卻頗爲少見。百餘年來,簡牘研究成果雖多,但方法上有啟發性的論著卻不多見。需要不斷返回這些有引領性的著作,汲取營養與靈感,結合新資料,探索與發明更爲適用的方法,讓沉睡數千年的遺物吐露更多的信息。

簡牘研究史上，除了津津樂道的《流沙墜簡》，最值得注意的是陳夢家的《漢簡綴述》。他在三四年間完成的十幾篇論文，達到了時代的巔峰，此前他卻從未接觸過漢簡。只因1960年被夏鼐所長安排去整理武威漢簡，興趣因此陡然轉向了漢簡。一發不可收拾，始於新月派的詩人，終於邊塞將士的斷爛簿籍文書。隨志趣轉換，不斷開闢新天地。陳夢家的成功，得益於他繼承並超越了"二重證據法"。文獻之外，更注意結合考古學、文書學治簡，以歷史學的視野，自最基本問題入手，循序漸進，重建歷史現場，成就了居延漢簡研究的一座豐碑。

看來悖論的是，陳夢家能取得如此成績，恰在於他不是研究秦漢史出身，沒有《史記》《漢書》的包袱，不執著於傳世文獻與簡牘的對應。他在秦漢史研究上的成就，無法與勞榦比肩，漢簡研究所達到的深度與提出的問題，遠超勞榦。陳夢家學法律出身，涉足歷史後，宗教、神話、文字而甲骨、青銅器，沒有多少傳世文獻可依憑，以文獻為中心的思維慣性影響有限，只有注重探索資料內在的關係。接觸漢簡時，一般認為的劣勢反而成為了優勢，是"失"亦是"得"，將精力放在重建簡牘內在的關聯上，構建出成片的新天地。換言之，不能祈求一把鑰匙開一萬把鎖，需要針對資料與問題，開發適當的方法。

日本方面，這方面的代表莫過於漢簡研究的開創者森鹿三。他留下的漢簡研究論文不過17篇，收在《東洋學研究：居延漢簡篇》（同朋舍，1975）中，幾乎篇篇都充滿了啓發。1953年發表的《關嗇夫王光》，短短二頁。1955年發表《令史弘に關する文書》稍長些，兩篇以某個人物為中心的研究，成為後來按照人物集成研究的濫觴。後來還發表過關於"馬"的研究、關於王莽簡書寫特點的分析，以及簿書的集成研究。他雖然沒有做過冊書復原，但對居延舊簡中57.1這由三枚簡構成的冊書做過十分詳細的分析（《居延出土の一冊書について》），從一開始接觸居延，就高度重視形制與材質，與中國學者的旨趣頗有異樣（見《居延漢簡研究序說》），大庭脩、永田英正與魯惟一等第二代學者的成果，幾乎都是位於森鹿三的延長綫上。目前研究中國簡牘的日本學者已經進入了第四代，年輕學者的研究中森鹿三的影子還依稀可見。

去年9月，首都師範大學歷史學院召開的"第三屆簡帛學的理論與實踐學術研討會"上，曾提交一份發言提綱，談簡牘研究的五個層次。指出簡牘研究至少需分為考古學、文字學、文書學、歷史學與社會科學五個層次，各層次之間大致先後遞進，前面的問題沒有解決好，後面的研究難以扎實推進。

中國簡牘研究的問題在於，立基傳世文獻開展史學研究的傳統悠久深厚，利用出土資料偏愛二重證據法，習慣性地兩相比對，尋求解決史學問題。兩類資料産生、流傳與留存的背景差别甚大，難以匆忙對應，不然的確會產生"輕易立説"之弊，"疲簡牘，煩後生"。對出土資料進行前三個層面的研究必不可少。不過，那時感覺看法還很粗糙，當場報告的則是另外一篇實證研究。現在借給偉濤大作寫序之機，贅述幾句，求教於學界。

郭偉濤君2013年秋入清華歷史系攻讀博士學位，2017年夏畢業，旋入出土文獻研究與保護中心，跟隨李守奎與李均明先生從事博士後研究，前後近六年。偉濤本科學習生物工程，碩士階段轉入秦漢史，不過重在思想史。入清華後，因上課而開始接觸簡牘，逐漸深入堂奥，最終以金關簡作爲研究對象，完成了畢業論文。恐怕是金關簡公佈後全面研究的首部博士論文，答辯時得到專家的肯定。論文通過後，又經修改完善，由趙平安老師推薦，得以在上海古籍出版社出版，可喜可賀。

短短數年，偉濤能夠走到金關簡研究的前沿，首先要感謝張德芳先生領導的整理團隊，幾年間將全部資料公佈，奠定了研究的基礎。其次，方法得當亦是重要保障。除了上課，偉濤積極參加清華以及北京多所高校舉辦的讀簡班，並認真學習了《流沙墜簡》以來有方法論意義的簡牘研究論著，得以快速攀到前沿。偉濤自己肯下功夫，善於學習，轉益多師，積極求教，高效地完成了論文。未來要想取得更大的成績，從根基入手，方法上不斷思考依然是必不可少的。

目前，偉濤的研究側重基於文書學考察漢代張掖郡屯戍制度。"風物長宜放眼量"，期待他能繼續努力，由簡牘到制度，再到人——卷入邊地生活的吏卒百姓，邁向更爲豐富的史學研究。進而將漢簡由研究對象發展爲觀察漢帝國的視角，長安之外，提供透視西漢王朝的新基點。更希望他加強文字學訓練，彌補文字釋讀上的短板，同時放眼世界，從西漢的邊陲到羅馬帝國的邊陲，中外比較中加深對漢朝的認識。出色的學者，既需要不斷推出嚴謹扎實的成果，也需要不斷超越自己，發現更廣闊的世界，祝願偉濤在學術道路上勇猛精進，再攀高峰。

是爲序。

侯旭東

2019年5月6—7日於京北安寧莊

目　錄

序 ··· 1
凡　例 ··· 1
緒　論 ··· 1

上編　漢代張掖郡肩水都尉防區機構設置研究

序　說 ·· 11

第一章　肩水塞部隧考 ·· 14
　第一節　存續時間 ·· 14
　第二節　諸部 ··· 16
　第三節　諸隧 ··· 39
　第四節　部、隧隸屬 ·· 46
　第五節　餘論 ··· 57

第二章　橐他塞部隧考 ·· 65
　第一節　存續時間及轄區 ·· 65
　第二節　南、中、北三部 ·· 70
　第三節　諸隧及部、隧隸屬 ··· 73
　第四節　餘論 ··· 78

第三章　廣地塞部隧考 ·· 82
　第一節　存續時間 ·· 82

第二節　部、隧及隸屬……………………………………………… 87
　　第三節　餘論……………………………………………………… 89

下編　漢代弱水中下游流域邊防機構駐地研究

序　説 ………………………………………………………………… 95

第四章　肩水候駐地考 ……………………………………………… 99
　　第一節　封檢所見肩水候駐地…………………………………… 99
　　第二節　文書所見肩水候駐地及時間…………………………… 102
　　第三節　郵書刺所見肩水候駐地………………………………… 127
　　第四節　塞尉駐地………………………………………………… 136
　　第五節　小結……………………………………………………… 141

第五章　肩水塞東部候長駐地考 …………………………………… 150
　　第一節　A32 遺址出土東部候長封檢…………………………… 150
　　第二節　A32 遺址出土的候長楬………………………………… 152
　　第三節　A32 遺址出土東部候長相關文書……………………… 153
　　第四節　A32 遺址出土候史相關簡牘…………………………… 159
　　第五節　餘論……………………………………………………… 160

第六章　弱水中下游流域邊防系統的"置" ………………………… 163
　　第一節　肩水地區的"置"………………………………………… 164
　　第二節　居延地區的"置"………………………………………… 173
　　第三節　論"置"…………………………………………………… 177
　　第四節　餘論……………………………………………………… 185

附　録

金關簡第五册 73EJD 部分簡牘出土地獻疑……………………… 189
籾山明、佐藤信編《文獻と遺物の境界》(第一、二册)評介 …… 220
肩水金關漢簡綴合表………………………………………………… 243
參考文獻……………………………………………………………… 288

附　圖

附圖一　河西漢塞走向示意圖 …………………………………………… 305
附圖二　漢代弱水中游亭塞遺址分佈圖 ………………………………… 插頁
附圖三　A32 遺址平面圖 ………………………………………………… 306
附圖四　A32 遺址發掘區分佈圖 ………………………………………… 306
附圖五　A33 遺址鄣城平面圖 …………………………………………… 307

致　謝 ……………………………………………………………………… 308

凡　例

本書引用漢簡及圖版，遵從以下原則：

1. 簡文盡量依照原行款謄録。

2. 正式引文，簡文後必録正式出版之簡號。

3. 正式引用的簡文，以節爲單位，另外編號，如某章第二節所引第十五枚簡牘，編號爲 2.15。同一枚簡牘，見於其他章者，另行編號。

4. 所引居延舊簡，簡號之後，一般均採用學界通行的遺址考古編號標明其出土地，如 A8 代表破城子，A32 代表金關，A33 代表地灣，A35 代表大灣。

5. 必要時，附録簡牘紅外圖版。爲方便排版，圖版置於相應簡文的前、後頁，適當調整大小比例。圖版一般僅標本書編號，不標簡號。

6. 封泥匣以"▣"表示；網格紋，以"▓"表示；簡首塗黑，以"■"或"▍"表示。

7. 簡文出現的勾畫符號，如"卩""、"等，一併移録。

8. 簡牘鑽孔，以"◎"表示。

9. 無法辨識的文字，以"□"表示；當數量無法識別時，以"……"表示。

10. 簡牘殘斷，以"☑"表示。若殘斷處距簡文甚遠，則空兩格後以"☑"表示。

11. 簡文因編聯而留空時，空兩格。

12. 金關簡綴合，見附録。書中所涉的簡文綴合，不再出注，參考文獻亦不列出。

緒　論

　　爲斷匈奴右臂、隔絕羌胡，①漢武帝在河西地區發動了一系列戰争，攘地斥境，加以昭宣之世的經營，漢廷基本牢牢控制了河西地區。在這一廣大地域内，漢廷列置郡縣徙民屯墾。與此同時，在東起今蘭州市西，西至敦煌西北，北達今内蒙古額濟納旗的範圍内，沿交通要道及重要屯田區外緣分次分段修築了亭塞障隧，②通烽火謹斥候，建立了完備的警戒候望系統（書末附圖一）。

　　河西四郡之一的張掖郡，基本上囊括了整個弱水流域。③當時，弱水中下游流域（今稱額濟納河）的氣候較今天更爲濕潤，水資源亦更爲豐富。④中游流域的今金塔縣東部及下游的今額濟納旗等地，分佈著大小不等的緑洲，適宜屯墾。⑤而沿弱水往北可達今蒙古高原，直抵匈奴腹地，漢軍往往從此地北出。⑥可以説，這一地區不僅是抵禦匈奴侵擾的前綫和橋頭堡，亦是北擊匈奴的基地和重要據點。

　　張掖郡北部，被劃爲肩水都尉和居延都尉兩個防區。前者統轄肩水塞、橐他塞、廣地塞等，後者統轄甲渠塞、卅井塞、殄北塞等。各候官塞再劃分爲若干部，每部管轄若干亭隧。亭隧堪稱漢代西北邊防的最基層單位，承擔最

---

① 班固認爲，"孝武之世，圖制匈奴，患其兼從西國，結黨南羌，乃表河西，列四郡，開玉門，通西域，以斷匈奴右臂，隔絕南羌、月氏。單于失援，由是遠遁，而幕南無王庭。"見《漢書》卷九六下《西域傳下》"班固贊"，中華書局，1962 年，第 3928 頁。
② 吴礽驤《河西漢塞調查與研究》，文物出版社，2005 年，第 16—17 頁；賈文麗《漢代河西經略史》，中國社會科學出版社，2017 年，第 144—149 頁。
③ 譚其驤《中國歷史地圖集》將弱水流域的絶大部分都劃入張掖郡，但靠近會水縣東部地區的弱水流段劃歸酒泉郡（第二册，中國地圖出版社，1982 年，第 33—34 頁），這一處理方式受到石昇烜質疑（《何處是居延——漢代居延地名移動與行政區劃變遷》，《史原》復刊第 5 期，2014 年，此據《出土文獻與法律史研究》第四輯，2015 年，第 96—101、128—129 頁）。
④ 孔昭宸、杜乃秋、朱延平《内蒙古自治區額濟納旗漢代烽燧遺址的環境考古學研究》，《環境考古》第一輯，1991 年，第 120—121 頁。
⑤ 胡耀文、余林、汪桂生、王學强、史志林《黑河流域漢代墾殖緑洲空間分佈重建》，《蘭州大學學報（自然科學版）》第 49 卷第 3 期，2013 年，第 306—312、319 頁。
⑥ 太初二年，"騎都尉李陵將步兵五千人出居延北，與單于戰，斬首萬餘級。"見《漢書》卷六《武帝紀》，第 203 頁。

基礎的日常防禦任務。從内地徵調過來以及河西當地的士卒，被統一調配在這一廣大地區服役執勤，烽燧遺址因此也留下衆多簡牘文書。這些基層屯戍檔案反映的邊塞歷史畫面，遠較正史勾勒的輪廓更爲豐富清晰，爲深入認識漢代邊塞及相關問題提供了堅實的基礎。

一、概念界定

這裏主要界定一下學界常用的"塞"與"候官"兩個概念。

河西漢塞主要是由紅柳、蘆葦、沙礫壘築的墙垣，輔以塹壕、天田，甚至繩索、栅欄，並結合河流、湖泊、沙漠等天然屏障，而共同組成的防禦設施。① 本書所謂的肩水塞、橐他塞、廣地塞等等，並非單指物理意義上的軍事防禦設施，而是指各軍事防禦機構。比較而言，更近於政區、轄區的概念。

至於候官，一般由被視爲塞候居所的障，連同隨侍在側的文書吏、鄣卒等人員，及相應的附屬設施所處的塢院共同組成，建築規模通常比亭燧及候長治所要大一些。如肩水候官，嚴格意義上，是指肩水塞的長官——肩水候——的官署，即其日常辦公及處理政務的衙署。② 換言之，肩水塞與肩水候官，類似於縣與縣廷、郡與太守府的關係。③ 本書是在這個意義上使用塞、候官的概念。

當然，簡牘中亦零星出現"候官塞"的用法，如甲渠候官塞（110.8/A8、156.4/A8、160.11/A8、185.10/A8）、肩水候官塞（239.82/A33）等，含義完全

---

① 吴礽驤《河西漢塞調查與研究》，第182—183頁。
② 《周禮·秋官·士師》，鄭玄注"官，官府也"，賈公彦疏曰"謂廬，官人聽事之門"（鄭玄注、賈公彦疏，彭林整理《周禮注疏》，上海古籍出版社，2010年，第1347—1348頁）。
③ 當然，因候官爲塞候的衙署，故在日常文書行政中，亦出現以候官代指塞的情況，尤其是以塞爲單位編制的各種簿籍，往往以候官代替。如下：

  • 甲渠候官建始四年十月旦見鐵器簿□　　　　　　　　　　　　　　　　EPT52∶488
  • 甲渠候官五鳳四年戍卒定罷物故名籍☒　　　　　　　　　　　　　　　EPT53∶37
  肩水候官執胡隧長公大夫奚路人，中勞三歲一月，能書會計治官民，頗知律令，文，年册七歲，長七尺
  五寸，氐池宜廣里，家去官六百五十里　　　　　　　　　　　　　　　　179.4/A8
  □甲渠候官第十八隧長公乘張護☒
  始建國二年功勞案　　　　　　　　　　　　　　　　　　　　　　　　EPT4∶50
前兩簡甲渠候官的簿籍，當指整個甲渠塞，並非單指甲渠候所駐的鄣城。後兩簡使用"候官+隧"，顯然候官是指塞。不過，爲了行文與表述的方便，筆者使用嚴格意義上的肩水塞、肩水候官的概念。

等同於甲渠塞、肩水塞。此前陳夢家認爲候官塞的稱呼僅見於王莽時期，①實際上，早在宣帝時期就已出現。② 本書統一使用簡稱，行文中偶用"候官塞"的全稱。

二、弱水中下游流域遺址調查

本書處理的主要材料是弱水中下游流域出土的簡牘，③所涉及的問題基本也在弱水中下游流域，因此有必要回顧這一廣大地域内的遺址調查與發掘工作。

最早前往該地遊歷與科考的，是 20 世紀初期入華探險的西方學者。1907 年，斯坦因曾在金塔一帶短暫考察。④ 1908 年，科兹洛夫前往弱水下游，發現西夏黑水城遺址。⑤ 1914 年，斯坦因順弱水北上，直到今内蒙額濟納旗，雖亦零星拾獲漢簡，但其主要成果集中在西夏、蒙元時期遺址遺物的考察發掘方面。⑥

西方探險家在中國西北邊疆的考察引起了國内學術界的注意。1930 年前後，由中國、瑞典等多國組成的"西北科學考察團"，對我國西北邊疆進行了多學科的大規模科學考察。其中，斯文·赫定泛舟弱水及其尾閭湖泊，⑦徐旭生、劉衍淮等考察了弱水中下游流域的遺址。⑧ 貝格曼不僅掘獲

---

① 陳夢家：《漢簡所見居延邊塞與防禦組織》，原刊《考古學報》1964 年第 1 期，此據作者《漢簡綴述》，中華書局，1980 年，第 51、55 頁。
② 新刊金關簡顯示，早在宣帝朝，即有稱"肩水候官塞"者，如下：
　　張掖肩水候官塞有秩候長公乘殷禹　　元康三☐　　　　　　　　　　　73EJT21：62
這類用法亦屬少數，書中盡量避免採用。爲了與轄下諸部塞相區別以及表述的方便，亦偶稱"候官塞"。
③ "弱水"的具體所指，目前似無定論。發源於祁連山，流經甘肅、内蒙古，最後注入今額濟納旗蘇果淖爾和嘎順淖爾的這條内陸河，在甘肅境内，今天一般稱爲黑河，内蒙境内稱爲額濟納河。爲表述方便，依譚其驤《中國歷史地圖集》（中國地圖出版社，1982 年），統稱爲弱水。
④ 奥雷爾·斯坦因《亞洲考古圖記》，1921 年初版，此據巫新華等中譯，廣西師範大學出版社，1998 年，第 645—647 頁。
⑤ 彼·庫·科兹洛夫《蒙古、安多和死城哈喇浩特》，1923 年初版，此據王希隆、丁淑琴中譯，蘭州大學出版社，2011 年，第 58—82 頁。
⑥ 奥雷爾·斯坦因《亞洲腹地考古圖記》，1928 年初版，此據巫新華等中譯，廣西師範大學出版社，2004 年，第 565—728 頁。
⑦ 斯文·赫定《亞洲腹地探險八年（1927—1935）》，1943 年初版，此據徐十周等中譯，新疆人民出版社，1992 年，第 113—145 頁。
⑧ 徐旭生《徐旭生西遊日記》，1930 年初版，此據寧夏人民出版社，2000 年，第 81—158 頁；劉衍淮《額濟納河沿岸漢代邊防的遺迹》，《師大學報》第 12 期，1967 年，第 129—137 頁；劉衍淮《額濟納河居延海與黑海的考查》，《師大學報》第 15 期，1970 年，第 223—231 頁。

大量漢簡，①而且對額濟納河沿岸的考古遺址進行了系統科學的勘察，後來相關考察報告亦整理出版，②是正確認識這一地區的屯戍組織體系的基礎。

1949年後百廢待興，該地區遺址的勘察，一直延宕至20世紀70年代才提上日程。1973、1974年間，甘肅居延考古隊在A32、A8、P1等遺址掘獲大量漢簡，③並進行了系統的考古勘察，增進了對候官、亭隧、關卡等漢代防禦設施的建築佈局及結構的認識。④ 20世紀80年代前後，甘肅方面又進行了數次小規模的調查。⑤ 1986年，甘肅省文物考古所在A33遺址開方發掘，進一步明確了肩水候官的建築結構，並獲得七百多枚漢簡。⑥ 1997年，宮宅潔、角谷常子及冨谷至、藤田高夫等日本學者對弱水中下游、疏勒河南岸及敦煌和安西之間的漢代遺址進行了考察。⑦ 2000年前後，內蒙古文保部門對弱水下游地區的多個遺址進行了勘察，不僅獲得數百枚漢簡，且解剖了數座漢代亭隧。⑧ 2001年，內蒙古文保部門與吉林大學邊疆考古中心又協力

---

① 這批漢簡，習稱爲居延舊簡。本書使用的居延舊簡，主要據簡牘整理小組《居延漢簡（壹、貳、叁、肆）》（中研院歷史語言研究所，2014、2015、2016、2017年），兼參謝桂華、李均明、朱國炤《居延漢簡釋文合校》（文物出版社，1987年），勞榦《居延漢簡·圖版之部》（中研院歷史語言研究所，1957年）及簡牘整理小組《居延漢簡補編》（中研院歷史語言研究所，1998年）。下文不再一一出注。
② 弗克·貝格曼考察，博·索瑪斯特勒姆整理《內蒙古額濟納河流域考古報告》，1956、1958年初版，此據張德芳等中譯，學苑出版社，2014年。後來，中國社會科學院考古研究所整理這批漢簡時，據此書及調查，重新梳理了弱水中下游流域的遺址，見中國社會科學院考古研究所編《居延漢簡甲乙編》附錄一《額濟納河流域障隧述要》，中華書局，1980年，第298—319頁。
③ 這次發掘漢簡，主要包括居延新簡及金關漢簡。本書所引居延新簡，主要據張德芳主編《居延新簡集釋（1—7）》（甘肅文化出版社，2016年），同時參考甘肅省文物考古研究所、甘肅省博物館、中國文物研究所、中國社會科學院歷史研究所編《居延新簡——甲渠候官》（中華書局，1994年）及馬怡、張榮強主編《居延新簡釋校》（天津古籍出版社，2013年）。金關漢簡，全部引自甘肅簡牘保護研究中心（甘肅簡牘博物館）、甘肅省文物考古研究所、甘肅省博物館、中國文化遺産研究院古文獻研究室、中國社會科學院簡帛研究中心編《肩水金關漢簡（壹、貳、叁、肆、伍）》（中西書局，2011、2012、2013、2015、2016年）。
④ 甘肅居延考古隊《居延漢代遺址的發掘和新出土的簡册文物》，《文物》1978年第1期，第1—25頁及附圖。
⑤ 甘肅省文物工作隊《額濟納河下游漢代烽燧遺址調查報告》，收入甘肅省文物工作隊、甘肅省博物館編《漢簡研究文集》，甘肅人民出版社，1984年，第62—84頁。初世賓《居延考古之回顧與展望》，岳邦湖《居延地區漢代長城烽燧考古回顧》，兩文收入甘肅省文物局、絲綢之路雜誌社編《甘肅文物工作五十年》，甘肅文化出版社，1999年，第130—146、171—176頁。
⑥ 吳礽驤《河西漢塞調查與研究》，第162—164頁。這批簡牘見甘肅簡牘博物館、甘肅省文物考古研究所、出土文獻與中國古代文明研究協同創新中心中國人民大學分中心編《地灣漢簡》，中西書局，2017年。
⑦ 宮宅潔《エチナ河流域の諸遺迹（エチナ河下流地域）》，角谷常子《エチナ河流域の諸遺迹（毛目地域）》，兩文皆刊於《シルクロード學研究》22卷，2005年，第17—33、35—42頁。後文電子版，承角谷先生賜下，謹致謝忱！
⑧ 這批漢簡通稱額濟納漢簡，本書主要據魏堅主編《額濟納漢簡》（廣西師範大學出版社，2005年）及孫家洲主編《額濟納漢簡釋文校本》（文物出版社，2007年）。

對下游部分遺址進行了測繪。① 2006年8月,國内學者對弱水下游的部分遺址進行了簡短考察;② 9月份,水間大輔、柿沼陽平等日本學者亦踏足此地。③ 此後,有學者勘察了金塔縣境内的A35遺址。④ 2009年8月,日本學者前往弱水下游考察。⑤ 此外,吳礽驤對弱水中下游流域障隧遺址的建築結構、位置及分佈規律等問題進行了綜合研究,堪稱這一領域的集大成工作,爲後續研究奠定了堅實基礎。⑥ 森谷一樹對北部居延地區亦有研究。⑦

該地區遺址考察的一大亮點,是衛星定位(GPS)及遥感成像(Google Earth)等新技術的引進。20世紀90年代後期,臺灣簡牘學會數次前往弱水中下游流域進行考察。羅仕杰首次利用GPS考察弱水流域遺址,系統測定了諸遺址的經緯度及彼此間直綫距離,爲精確研究諸遺址的分佈奠定了基礎。⑧ 此後,景愛利用衛星成像技術考察了弱水下游綠洲的演變。⑨ 邢義田利用GPS與Google Earth重新測定了諸遺址經緯度及間距,並藉此重新比定了部分遺址的命名及定位。⑩

三、文書簡研究方法述評

本書涉及的資料,是以金關簡爲主的居延漢簡,屬於所謂的文書簡。而對文書簡展開研究,除採用最爲傳統的以王國維、勞榦爲代表的簡、史互證

---

① 吉林大學邊疆考古研究中心、内蒙古自治區文物考古研究所《額濟納古代遺址測量工作簡報》,《邊疆考古研究》第七輯,2008年,第353—369頁。
② 郝樹聲《居延考察日記》,收入張德芳、孫家洲主編《居延敦煌漢簡出土遺址實地考察論文集》,上海古籍出版社,2012年,第268—285頁。
③ 水間大輔、柿沼陽平、川村潮、楯身智志《居延漢代烽燧・城邑遺址等踏查記》,《長江文化流域研究所年報》第5號,2007年,第417—418頁。
④ 岳岩敏、林源《漢居延東大灣城遺址勘察與研究》,《建築與文化》2015年第10期,第90—92頁。
⑤ 中村威也《額濟納調查報告記》,見籾山明、佐藤信編《文獻と遺物の境界——中國出土簡牘史料の生態研究》,東京外國語大學アジア・アフリカ言語文化研究所,2011年,第3—19頁。
⑥ 吳礽驤《河西漢塞調查與研究》,第132—170頁及附圖三。
⑦ 森谷一樹《黑河下流域の遺跡群》,《アジア遊學》99號特集《地球環境を黑河に探る》,2007年,第98—105頁;森谷一樹《居延オアシスの遺跡分布とエチナ河》,見井上充幸、加藤雄三、森谷一樹編《オアシス地域史論叢:黑河流域2000年の點描》,松香堂,2007年,第19—38頁及附圖;森谷一樹《前漢—北朝時代の黑河流域》,見中尾正義編《オアシス地域の歷史と環境:黑河が語るヒトと自然の2000年》,勉誠出版,2011年,第11—48頁。森谷一樹先生代爲掃描前兩篇文章,謹致謝忱!
⑧ 羅仕杰《漢代居延遺址調查與衛星遥測研究》,臺灣古籍出版有限公司,2003年。
⑨ 景愛《古居延綠洲的消失與荒漠化——從考古和衛星遥感觀察》,《中國歷史文物》2003年第2期,第43—49、55頁。
⑩ 邢義田《全球定位系統(GPS)、3D衛星影像導覽系統(Google Earth)與古代邊塞遺址研究——以額濟納河烽燧及古城遺址爲例(增補稿)》,收入作者《地不愛寶:漢代的簡牘》,中華書局,2011年,第205—257頁。

的思路外，①更須從簡牘内部尋找規律，摸索方法。因此，有必要回顧文書簡研究的經典方法。

通常而言，無論是留底的檔案，還是運行中的簿籍文書，其原始形態應當是編連成册的。而目前所見，除極少數保持著册書的完整形態外，大部分都散亂無章。因此，在處理殘篇斷簡時，有必要優先將之恢復到原來的册書狀態，這就是册書復原。大庭脩在此方面有開創性貢獻，成功復原元康五年詔書册，②並總結了"出土地點相同、筆迹相同、形制相同、内容相關"的四項原則。③ 在此基礎上，不僅明確了漢代詔書下發到地方的運行流程，而且更新了學界對御史大夫職掌的認識。此研究提示我們，先行册書復原，然後可據此考察文書行政的流程、相關機構的職掌與管理運行的細節，極大地拓展研究深度。可以説，這正是册書復原的目的和魅力所在，非殘篇斷簡所可達到。不過，限於條件，其成果至今複製不易。此外，徐蘋芳、謝桂華對簿籍類文書的復原作了不少工作，④然因考古發掘及出土信息的欠缺，簿籍類文書無法完全恢復舊觀。

册書復原的方法，亦可應用於其他地點出土的簡牘。侯旭東將之用於古井出土的吴簡的研究，根據出土整理時繪製的揭剥圖復原了"嘉禾六年吏民人名年紀口食簿"中"廣成里"的部分，並據此討論了册書的構成與編排順序。⑤ 不過，這次工作忽略了竹簡形制與書式的差異，爲鷲尾祐子所指出。⑥ 侯旭東又在鷲尾祐子的基礎上進行了基於册書復原的集成研究，並結合漢簡與傳世文獻探討了簿籍的製作與性質，探討了官府控制吏民人

---

① 勞榦《居延漢簡考釋——考證之部》，1944 年初版，此據作者《居延漢簡考釋之部》，中研院歷史語言研究所，1986 年，第 1—76 頁。
② 大庭脩《居延出土的詔書册與詔書斷簡》，原刊於《關西大學學術研究所論叢》52 卷，1961 年，此據中譯，收入中國社會科學院歷史研究所戰國秦漢史研究室編《簡牘研究譯叢》第二輯，中國社會科學出版社，1987 年，第 1—34 頁。
③ 大庭脩《漢簡研究》，1992 年初刊，此據徐世虹中譯，廣西師範大學出版社，2001 年，第 10—20 頁。
④ 陳公柔、徐蘋芳《瓦因托尼出土廪食簡的整理與研究》，1963 年 9 月完成，刊於《文史》第十三輯，1982 年，此據徐蘋芳《中國歷史考古學論集》，上海古籍出版社，2012 年，第 356—385 頁；謝桂華《新、舊居延漢簡册書復原舉隅》（原刊中國秦漢史研究會編《秦漢史論叢》第五輯，1992 年）、《新舊居延漢簡册書復原舉隅（續）》（原刊《簡帛研究》第一輯，1993 年）、《居延漢簡的斷簡綴合和册書復原》（原刊《簡帛研究》第二輯，1996 年），此據作者《簡晉牘論叢》，廣西師範大學出版社，2014 年，第 47—56、57—73、74—95 頁。
⑤ 侯旭東《長沙走馬樓吴簡〈竹簡（貳）〉"吏民人名年紀口食簿"復原的初步研究》，原刊於《中華文史論叢》2009 年第 1 期。此據作者《近觀中古史》，中西書局，2015 年，第 81—107 頁。
⑥ 鷲尾祐子《長沙走馬樓吴簡連記式名籍簡的探討——關於家族的記録》，《吴簡研究》第三輯，2011 年，第 65—87 頁。

身的方式。① 此後，凌文超、鄧瑋光等在吴簡册書復原方面作出很大貢獻，豐富了册書復原的方法，並適時進行了思考與總結。②

持平而論，册書復原雖然是簡牘研究的理想手段，但限於種種條件，最終能復原的册書終屬少數。因此，我們就需要考慮如何爲那些殘篇斷簡分別門類、確定性質，甚至擬定名稱。在這方面，早期的森鹿三、陳公柔、徐蘋芳、魯惟一等均嘗試按照一定的規則將那些貌似無關的簡牘建立起聯繫，③做出突出成績的則是永田英正。永田充分利用新增的簡牘圖版、出土地點等重要信息，從書式、形制等信息入手，同時注意筆迹的異同，集成 A8、A33、P9、A10、A35 等諸遺址出土的簡牘，識别出多種簿籍。④ 有了這個基礎，再去看其他或新出簡牘，就可以對它們作初步判定，大概知道屬於某種簿籍，作何用途，不再生澀無頭緒之感。這就是學界習稱的"簡牘集成"。李天虹、李均明賡續其事，⑤尤其後者，對秦漢文書的分類則更爲全面而準確，爲學界開展相關研究奠定了基礎。⑥

實際上，永田英正並未止步於簿籍分類與定名，而是結合邊塞的防務建制，從文書行政的角度入手，討論了隧、部、候官等機構在簿籍製作、處理、審核等方面的角色與功能，進而發現了基層機構在漢代上計流程中所起的作用。⑦ 尤其值得稱道的是，其以某個考古單位而非某種書式爲基點進行分類集成，爲進一步討論所駐機構的具體職能和運作實態奠定了基礎。這種方

---

① 侯旭東《長沙走馬樓吴簡"嘉禾六年（廣成鄉）弦里吏民人名年紀口食簿"集成研究：三世紀初江南鄉里管理一瞥》，原刊邢義田、劉增貴主編《第四屆國際漢學會議論文集：古代庶民社會》，中研院，2013 年。此據作者《近觀中古史》，第 108—142 頁。
② 凌文超《走馬樓吴簡採集簿書整理與研究》，廣西師範大學出版社，2015 年；凌文超《吴簡考古學與吴簡文書學》，原題《走馬樓吴簡簿書復原整理芻議》，刊於《歷史學評論》第一卷，2013 年，此據修訂本，收入長沙簡牘博物館編《走馬樓吴簡研究論文精選》，嶽麓書社，2016 年，第 35—50 頁。鄧瑋光《走馬樓吴簡三州倉出米簡的復原與研究——兼論"橫向比較復原法"的可行性》，《文史》2013 年第 1 輯，第 231—254 頁；鄧瑋光《對三州倉"月旦簿"的復原嘗試——兼論"縱向比較復原法"的可行性》，《文史》2014 年第 2 輯，第 5—35 頁。
③ 森鹿三《居延漢簡的集成——とくに第二亭食簿について》，原刊《東方學報》第 29 卷，1959 年，此據作者《東洋史研究·居延漢簡篇》，同朋舍，1975 年，第 95—111 頁；陳公柔、徐蘋芳《大灣出土的西漢田卒簿籍》，原刊《考古》1963 年第 3 期，此據徐蘋芳《中國歷史考古學論集》，第 346—355 頁；魯惟一《漢代行政記録》，1967 年初版，此據于振波、車今花中譯，廣西師範大學出版社，2005 年，第 151—473 頁。
④ 永田英正《居延漢簡研究》第一、二章，1989 年初版，此據張學鋒中譯，廣西師範大學出版社，2007 年，第 42—254 頁。
⑤ 李天虹《居延漢簡簿籍分類研究》，科學出版社，2003 年；李均明、劉軍《簡牘文書學》第七至十四章，廣西教育出版社，1999 年，第 172—441 頁。
⑥ 李均明《秦漢簡牘文書分類輯解》，文物出版社，2009 年。
⑦ 永田英正《居延漢簡研究》第三章，第 255—323 頁。

法由表及裏別開生面,無論在漢簡研究還是制度研究方面,都可謂獨闢捷徑。

筆者以爲,簡牘集成可以視爲因無法有效復原册書而採取的無奈之舉,但這一處理方式反而能夠將那些貌似彼此無關、令人一籌莫展的殘篇斷簡建立起有機聯繫,且可操作性強、適用範圍廣,其意義不可小覷。

除册書復原、簡牘集成之外,我們還要注意簡牘的考古屬性。所謂考古屬性,一言以蔽之,是將簡牘視爲考古文物而非單純的文字資料,需要優先注意簡牘的出土地點。通常情況下,西北漢簡多發掘自特定的亭障烽燧遺址,即使那些採集簡通常也有明確的採集地點。因此,使用時要充分注意簡牘出土地與烽燧遺址的對應關係。這方面具有開創性成就的是陳夢家,他從簡牘的出土地著眼,利用郵書簡、封檢等材料,推定出甲渠候官、卅井候官、肩水候官、金關、肩水都尉府等官署遺址的所在地。① 如果進一步考慮,每個遺址所駐的機構其實並非鐵板一塊,完全可以進一步分區。因此,注重簡牘的考古屬性,同樣應該關注簡牘出土遺址的内部結構。青木俊介突破過去將甲渠候官作爲一個單獨整體進行考慮的慣例,深入到機構内部,通過對甲渠候官遺址(A8)出土簡牘的綜合分析,嘗試揭示該候官内部的功能分區與工作機制。② 該研究堪稱典範。

如果條件理想,我們更應該關注簡牘出土的地層、方位、伴出物,以及簡牘的形態信息,包括材質、形制、背劃綫、反印文、編聯與收捲情況等等。然而,限於認識與習慣,中國簡牘的整理刊佈,往往較少提供這方面的信息,嚴重制約了相關研究的開展,十分可惜。

---

① 陳夢家《漢簡考述》,原載《考古學報》1963年第1期,此據作者《漢簡綴述》,第1—36頁。
② 青木俊介《候官における簿籍の保存と廢棄——A8遺址文書庫・事務區畫出土簡牘の狀況を手がかりに》,見籾山明、佐藤信編《文獻と遺物の境界——中國出土簡牘史料の生態研究》,第139—161頁。籾山明在此方面雖無具體研究,但有十分深入的思考,見《日本における居延漢簡研究の回顧と展望》,該文似乎最早以中文本的形式刊於張德芳主編《甘肅省第二届簡牘學國際學術研討會論文集》,上海古籍出版社,2012年。大幅增訂後,收於作者《秦漢出土文字史料の研究:形態・制度・社會》,創文社,2015年。修訂版的中譯本,刊《中國古代法律文獻研究》第九輯,2015年,第154—175頁。中譯本在增訂本的基礎上又有所修訂。

上　編
漢代張掖郡肩水都尉防區機構設置研究

序　説

　　張掖郡肩水都尉具體統轄了哪些候官塞？一般而言，學界認爲肩水、橐他、廣地等三個候官塞轄於肩水都尉，① 這當然没有問題。除此外，偶爾一見的庚候官和倉石候官，陳夢家認爲亦轄於肩水都尉，② 而永田英正對此則十分謹慎。③ 這一點，需要進一步明確和驗證。

　　關於庚候官，雖然材料較少，但其轄於肩水都尉的史實是十分明確的。如下簡所示：

張掖郡肩水庚候官本始三年獄計　　坐從軍假工官☒
田卒淮陽郡菜商里高奉親　　　　　已移家在所　　☒　　　293.7/A35

該簡與"獄計"有關。④ 從"張掖郡肩水庚候官"的表述看，"肩水"當指肩水都尉，"肩水都尉庚候官"無疑表示庚候官統轄於肩水都尉。簡 516.37/A35 亦可見統轄關係，惜殘損嚴重，不贅。

　　不過，庚候官可能存在時間較短，除上簡涉及宣帝本始三年、73EJT21：47 涉及本始二年外，還有兩簡集中在昭帝時期。如下：

校庚候官始元年☒
四石　☒　　　　　　　　　　　　　　　　　　　　　90.50/A35
☒鳳六年正月乙亥朔庚辰捕虜隧長豹受庚候令☒　　　　14.21/A33

前簡爲寬木牘，從殘存簡文看，可能屬於某種校計文書。簡文"庚候官始元年"，即"庚候官始元元年"之意。後簡爲單札，上下皆殘，尚不清楚"庚候令"的"令"是指人名還是"命令"，但從"捕虜隧長豹受庚候令"的表述看，因

---

① 伊藤道治《漢代居延戰綫の展開》，《東洋史研究》第 12 卷第 3 號，1953 年，第 241 頁；吴軍《漢簡中河西邊郡的防禦組織研究》，碩士學位論文，西北師範大學，2001 年，第 33—37 頁。
② 陳夢家《漢簡所見居延邊塞與防禦組織》，見《漢簡綴述》，第 71 頁。
③ 永田英正《居延漢簡研究》，第 352—353 頁。
④ 彭浩《河西漢簡中的"獄計"及相關文書》，載《簡帛研究（2018 年春夏卷）》，2018 年，第 221—231 頁。

爲涉及捕虜隧長，"庚候"很大可能是指庚候官。若此不誤，則該簡亦顯示庚候官的存在。紀年"鳳六年正月乙亥朔庚辰"，核對月朔，所指應是昭帝元鳳六年。此外，涉及庚候官的還有 513.18/A35、73EJT26：110 兩簡，可惜無法判定年代，不贅。綜上可知，庚候官可能僅存在於昭帝及宣帝早期，此後未見。

關於倉石候官，目前還沒有見到能直接反應其歸屬和上下級關係的材料，僅有一條疑似材料。如下：

橐他候官肩水候官
倉石候官庚候官　　　　　　　　　　　　　　　　　　　263.14A
九月庚寅日勒田官令史□□□□□□□□□□□ ╱　　　 263.14B
十月甲午石北亭長廣□□□□□ ╱　　　　　　　　 263.14C/A33

該簡出自肩水候官，形制爲多面體觚，僅三面有字，A 面中間有封泥槽。在 A 面封泥槽上端，倉石候官與橐他候官、肩水候官、庚候官並列，後三者均轄於肩水都尉。據此類觚的通例，封泥槽上端題署的往往是傳送目的地，故此該觚可能要送達上述四候官。B 面"九月庚寅日勒田官令史"很可能是該文件內容的發起者，不過日勒距肩水候官甚遠，何以由其發起文書令人費解。細察圖版，"日勒田官令史"等字僅殘存右半，而 C 面"十月甲午石北亭長"則已經涉及廣地候官塞，①故 B 面釋讀未必可據。無論如何，該文件不屬於習字，書式亦較爲常見，從四個候官並列，且簡文涉及到廣地塞看來，該觚很可能在肩水都尉防區內傳遞。若此不誤，則倉石候官亦轄於肩水都尉。

與庚候官相似，倉石候官存在時間也不久，紀年簡僅見於昭帝時期。如下：

╱二具 皆曲梁　　元鳳六年六月壬寅朔己巳倉石候長嬰齊受守城尉毋害
　　　　　　　　　　　　　　　　　　　　　　　　　216.3/A35

該簡殘長約 35.5 釐米，近一尺半，遠較普通簡牘爲長。簡文"守城尉"未詳，據其出土自肩水都尉府和肩水城尉遺址看，當指肩水城尉。據簡文，倉石候長從肩水守城尉那裏接受兩件"曲梁"的器物。簡文雖然表述爲倉石候長，其實際所指應是倉石候官塞的某位候長。因爲該簡出自大灣遺址，很可能是都尉府或肩水城官所做的記錄，故此涉及到轄下候官塞的某個具體亭隧

---

① 石北亭僅見於廣地塞，參第三章。

或部時,往往直接冠以候官塞的名稱。① 若此不誤,倉石候官見於昭帝元鳳六年。其他設計倉石候官的簡未見紀年。② 回過頭來說,該簡倉石塞接受肩水城尉的物品,從側面證明了倉石候官與肩水都尉之間的隸屬關係。③

據A32遺址出土的一枚郵書刺,倉石候官當位於A32遺址以南某地。如下:

```
                一封詣昭武
出南書三封      一封詣張掖庫        十月乙酉蚤食卒世受莫當卒世
                一封詣倉石候        莫食付沙頭卒
其三封薛襃印                        73EJT33:79A
```

該郵書刺爲南書,倉石候與昭武、張掖庫等並列,毫無疑問向南傳遞。郵書記錄"付沙頭卒"顯示,已經由駐在A32遺址的驛北亭卒交給南面的沙頭亭卒,故倉石候毫無疑問在A32遺址以南。至於具體在哪裏,不得而知。

綜上,庚候官和倉石候官確實轄於肩水都尉,但很可能僅存在於昭帝和宣帝早期。在宣帝統治的某個時期進行了一次防禦體制的調整,④兩個候官塞很可能被撤銷劃爲民政機構,或併入其他候官塞。限於材料,無法進一步考察。

本編接下來主要討論材料較爲豐富的肩水塞、橐他塞和廣地塞的建制情況。

---

① 類似情況,可見本書第一章對肩水候長的討論。
② 其他如73EJT9:101、73EJT21:427、433.3+433.32/A33、192.16/A35、73EJT4H:22、510.32/A35等簡,雖然也涉及倉石候官,惜未見紀年,不贅。
③ 肩水都尉府和肩水城官所在的A35遺址,是肩水都尉轄區的物資集散基地。通常情況下,各候官塞都是前往其上級都尉府領取糧食物品。
④ 早前裘錫圭曾注意到,居延地區的田官,以序數命名者出現在武帝或昭帝時期,以方位命名者出現在宣帝時期,故推測屯田制度可能産生過變革(《從出土文字資料看秦和西漢時代官有農田的經營》,原載杜正勝、黃進興、管東貴等編《中國考古學與歷史學之整合研究》,1997年,此據《裘錫圭學術文集》第五卷《古代歷史、思想、民俗卷》,復旦大學出版社,2012年,第230頁)。又,唐俊峰繼承此看法,系統梳理了居延地區的田官組織變革(《西漢河西田官的組織與行政——以居延、肩水地區的田官爲中心》,《中國文化研究所學報》第59期,2014年,第97—103頁)。驗之肩水都尉所轄候官的存廢,居延地區在宣帝時期可能確實存在體制和政策方面的調整。

第一章
肩水塞部隧考

　　金關漢簡刊佈前，因資料匱乏，僅見少數幾位學者關注肩水塞的部隧設置。① 金關簡刊佈後，黃艷萍討論了肩水塞統轄的隧，②不過，未關注到肩水塞轄下的部，而且當時亦不及利用全部金關簡。本章綜合已刊相關簡牘，排比考證肩水塞轄下部隧，盡可能按照時間綫索復原肩水塞的部隧設置，在此基礎上比對現存亭塞遺址，力求判定部隧的大概方位。

第一節　存續時間

　　學界曾對肩水候編年作過相當多的工作，前後發現十數位肩水候，分佈在宣帝地節至新莽始建國年間。③ 綜合已刊相關簡牘材料，明確記載肩水塞的最早紀年爲昭帝元鳳三年（前78）四月，如下：

　　1.1. ☒　　□糸弦四
　　　　　　其一六石橐弦一　　元鳳三年四月辛卯朔甲辰肩水塞尉將來受

　　　　　　　　　　　　　　　　　　　　　　　　　　　　36.9/A33

該簡爲單札，據簡文或爲某種武器簿籍，明確提到了肩水塞尉。不過，肩水塞防區内的 A32 遺址出土了此前紀年的材料，需要作出説明。

---

① 勞榦《居延漢簡考釋——考證之部》，見《居延漢簡考釋之部》，第37—40頁；伊藤道治《漢代居延戰綫の展開》，《東洋史研究》第12卷3號，1953年，第49頁；陳夢家《漢簡所見居延邊塞與防禦組織》，見《漢簡綴述》，第80、90—94頁；永田英正《居延漢簡研究》，第346—352頁；吴軍《漢簡中河西邊郡的防禦組織研究》，第33—37頁。
② 黃艷萍《〈肩水金關漢簡〉所見"隧"及其命名分析》，《敦煌研究》2016年第1期，第119頁。
③ 李振宏、孫英民《居延漢簡人名編年》，中國社會科學出版社，1997年，第1、34、52、117、203、210頁；侯旭東《西漢張掖郡肩水候繫年初編——兼論候行塞時的人事安排與用印》，《簡牘學研究》第五輯，2014年，第180—198頁。

如下：

1.2. □□候長居延西道里叔□年卅□ 始元二年五月辛未除見
73EJT21：111

該簡形制爲單札，字跡漫漶紀年模糊，"始元"兩字尚可辨識，"二"僅餘一橫，細察字距，"二"字可從。若此不誤，則紀年比簡1.1早七年。不過，簡文"候長"前缺損者不知爲"某部"還是"有秩"等一類的秩級。該簡屬於某種吏員簿，從"見"的記載判斷，當屬於日後記錄，但始元二年（前85）五月辛未所除之職位當爲候長無疑，説明此時應該已在A32遺址設立了候望系統，可惜無法明確判定屬於哪個候官塞。

可以説，肩水塞設置的時間至遲不晚於簡1.1所示的元鳳三年（前78）四月。其存在的最晚紀年，目前所見爲東漢光武帝建武三年（27年）五月。如下：

1.3. 建武三年五月丙戌朔壬子，都鄉嗇夫宮敢言之：金城里任安自言與肩水候長蘇長俱之官，謹案：安縣里年姓所葆持如牒，毋官獄徵事，得以令取傳。謁移過所，毋苛留，如律令，敢言之。　　　73EJF1：25

1.4. 肩水候長蘇長 □☑　　　　　　　　　　　　　73EJF1：37

簡1.3形制爲兩行，是通關之傳的抄件。簡文"如牒"顯示另附牒書，當記載了任安"所葆"者及"所持"之物的信息。① 簡1.4爲蘇長名籍，亦當與此傳有關，且兩簡筆跡相似。簡文"金城里"當爲居延金城里。② "之官"，既有"前往候官"的用例，也表示"赴任"的意思③。任安與肩水塞某部候長蘇長同行，很可能指後者。若此不誤，則此時（建武三年）金關可能尚未廢棄，還

---

① 私人通關的傳，公務出行的傳信，及以文書出入關的類似出入憑證，除去申請及批復的文書內容外，一般以附牒的形式，記載出行者的個人信息等。兩者合在一起方爲完整的通關證件。

② 此前何雙全曾指出，簡EPT27：8、EPT51：555、43.4/A32顯示金城里屬於居延（何雙全《〈漢簡·鄉里志〉及其研究》，收入甘肅省文物考古研究所編《秦漢簡牘論文集》，甘肅人民出版社，1989年，第162、224頁），實際上這三條材料皆不甚明確，另有"隧長居延金城里李意"（ESC：15）及新刊金關簡"居延□□塢長金城里公乘龍憲年卅五　十一月庚"（73EJT37：840）、"關嗇夫居延金城里公乘李豐卅八"（73EJT37：1105+1315）、"居延金城里男子"（73EJT37：1185）等可爲證據。

③ 如"九月庚子，府告甲渠鄣候：尉史忠平甬府事已，遣之官，日時在檢中，到課言"（EPF22：290）、"五鳳元年十二月乙酉朔丁酉，嗇夫光敢言之：肩水令史蘇得前與妻子居官，今得遷爲廣地候長，謁以籍出得妻子之官，敢言之"（73EJT37：1100+271）。前者應指前往候官，後者明顯指前往蘇得任職之地。

在發揮關卡的作用。無論何如,簡文出現的"肩水候長",表示建武三年肩水塞的建制還在。

若上文推論不謬,最遲自昭帝元鳳三年(前78)四月,肩水塞的建制即已存在,直到東漢光武建武三年(27年)五月尚未廢棄。此期間,肩水候及肩水塞的紀年材料亦頻頻出現。[①] 不過,排比弱水流域所出簡牘發現,進入新莽天鳳年間(14—19年),尤其地皇年間(20—23年)以後,雖然肩水塞建制尚在,但A32及A33遺址周邊的屯戍活動已逐漸衰落,僅零星出現。這一情形與北部居延地區恰成對照,居延地區的屯戍活動開始較早,結束也較晚,直到東漢建武年間尚有頻繁的活動,這可能與當地水草豐美宜農宜牧且具有橋頭堡的重要戰略地位有關。此外,著名的永元兵物簿顯示,直到東漢和帝永元七年(95年)廣地塞尚存南部的建制,很可能當時亦存在廣地塞的完整建制。這個時間點晚於肩水塞60餘年。一般而言,弱水中下游亭塞沿河而設,應是連續而非隔斷的,因此,若廣地塞存在,則南部的橐他、肩水兩塞恐怕也存在。不過,目前發掘刊佈的材料顯示兩者並未延續如此之久,這可能與發掘不充分及材料隨機留存有關。

第二節　諸　部

肩水塞存續的百餘年間,同時或略有先後,共轄有東、西、南、北、中、左前、左後、右前、右後九部。為敘述方便,現依次排列考證如下,同時提示各部存續的時間及任職候長、候史。

一、東部

東部候長初見於宣帝地節三年(前67),最晚見於新莽天鳳年間(14—19年),作為肩水候轄下東部塞的長官,應當一直駐在A32遺址。此地不僅發現大量東部候長有關的封檢,而且還有兩枚標識東部塞文書或物品的楬,以及不少東部候長與肩水候及轄下亭隧之間的往來文書(詳第五章)。

東部塞的紀年簡較多,前期均勻且連續,後期材料較少。計有地節三年

[①] 侯旭東《西漢張掖郡肩水候繫年初編——兼論候行塞時的人事安排與用印》,第180—198頁。

（73EJT21∶292）、地節四年（73EJF1∶74）、元康元年（73EJT21∶103、20.12）、元康二年（73EJT21∶43、10.11、20.11）、元康三年（73EJT21∶138）、五鳳三年（73EJT29∶107）、甘露二年（73EJH2∶11、73EJT29∶115+116）、甘露三年（73EJT28∶13）、建始四年（73EJT31∶65、73EJT31∶76）、鴻嘉元年（73EJT22∶11）、元始四年（73EJT23∶855）、居攝三年（86EDT5H∶98、86EDT5H∶168）及新莽天鳳年間（73EJT24∶749+983）等。候長考見 20 位，其中 8 位活動年代可考，其餘不可考。①

另外，還見有東部候史的資料，共涉及齊、遂昌、任襃、陽、長等人。如下：

2.1. 元康元年十二月辛丑朔壬寅，東部候長長生敢言之候官：官移大守府所移河南都尉書曰：詔所名捕及鑄偽錢盜賊亡未得者牛延壽、高建等廿四牒，書到，廋　　　　　　　　　　　　　　　　　　　20.12A

　　　　　　　　　　　　候史齊、遂昌　　　　20.12B/A33

2.2. 東部候史任襃☐☐王子惠錢六百☐　　　　564.19A

　　　東部候史　☐☐　　　　　　　　　　　564.19B/A33

2.3. ☐東部候史　陽等書到聽書牒　　　　　73EJT23∶64

簡 2.1 形制爲兩行，據簡文，乃東部候長陳長生呈給肩水候的上行文書，該簡在 A33 遺址出土，當爲文書正本。簡背具名候史齊、遂昌，兩人之間以斜勾點斷，應均爲候史。簡 2.2 爲單札，左側刻齒，或爲某種債務名籍。② 簡 2.3 爲單札，據簡文"聽書牒"判斷，下殘者很可能爲"署從事"，應爲某種除書，③除任東部候史陽等人。此外，有份形制爲觚的檄書提及名爲長的東部候史，"鴻嘉元年六月庚午東部候史長敢言之謹辟問"（73EJT22∶11），文繁不全引。A33 遺址出土的一份名籍册書呈文簡（322.4），亦提到東部候史，惜殘去名字，不贅。

二、南部

南部塞的紀年最早爲宣帝元康三年（前 63），最晚爲哀帝建平元年（6

---

① 詳拙文《漢代肩水塞東部候長繫年初編》，張德芳主編《甘肅省第三屆簡牘學國際學術研討會論文集》，上海辭書出版社，2017 年，第 215—227 頁。
② 關於債務類名籍的書式及管理，參李天虹《居延漢簡簿籍分類研究》，第 139—142 頁；李均明《秦漢簡牘文書分類輯解》，第 366—369 頁。
③ 關於除書，可參李均明《秦漢簡牘文書分類輯解》，第 54—55 頁。

年),中間亦出土一些紀年簡。如下:

2.4. 元康三年八月戊申南部候長☐ 73EJH2:18

2.5. 出錢三千六百 其千六百償故南部候長陳博 河平元年十一月丁酉
斗食給候長上官元八月盡十月奉 73EJT31:158

2.6. ●南部永始五年☐ 73EJT37:893

2.7. 南部元延元年三☐ 73EJT23:144

2.8. 元延三年四月丙戌朔甲寅,南部☐☐
五月食名籍一編,敢言之 ☐ 75.9/A32

2.9. 延告:西部候史臨前兼南部,今罷,守左後候長,有 73EJT3:118A
　　教　　記綏和二年三月己卯起延 73EJT3:118B

2.10. 建平元年正月甲午朔壬寅南部候長敞☐☐☐
73EJT37:1256+1368

簡 2.4、2.7 及 2.10 形制皆爲單札,殘存簡文甚少,不易判斷文書性質。簡 2.5 形制亦爲單札,據簡文似爲某種錢出入簿。紀年爲河平元年(前 28),此時肩水候駐在 A33 遺址,①而簡牘所見製作錢出入簿者多爲部、候官,②此簿籍"陳博"前冠以"南部候長",而不言上官元所屬之部,上官元所得又爲俸錢,加之出土地駐有東部候長,很可能上官元即東部候長,該簿籍或由東部製作。簡 2.6 上端有黑色圓點作爲提示符,所記或爲南部塞某種簿籍。簡 2.8 形制爲兩行,元延三年(前 10)四月二十九日(甲寅)南部候長呈報吏卒廩食文書,惜不知是事先申請五月份廩食,還是事後匯報五月廩食發放情況。③簡 2.9 似爲多面體觚,僅兩面有字,内容涉及"臨"的職務調動。據簡文,"臨"前爲西部候史,並兼任南部候史,現在改守左後候長。簡文含"有教"

---

① 詳第四章。
② 關於錢出入簿的集成分析,參李天虹《居延漢簡簿籍分類研究》,第 44—49 頁。
③ 關於吏卒廩食的發放,應是以部爲單位進行的,候官將穀物發放至各部,由部向亭隧吏卒發放,而非亭隧卒直接去候官領取。這一點,學界基本上没有分歧。冨谷至進一步指出,那些包含"自取""取"字樣的名籍簡,應是諸部製作的(冨谷《文書行政的漢帝國》,2010 年初版,此據劉恒武、孔李波中譯,江蘇人民出版社,2013 年,第 317—318 頁)。不過,在發放之前,諸部需要先向候官呈報申請廩食的吏卒名單,如 168.19/A8、EPT5:13、242.2/A33 等簡所示。但是,在何時提出申請,這個問題存在不同看法。一般認爲,簡 2.8 及下述兩簡即是事先申請廩食:
(轉下頁)

的習語,這個詞經常出現在此類上級對下級的檄書中。① 關於"記綏和二年三月己卯起廷",毫無疑問多數情況下"廷"指縣廷,若此不誤,該簡所指當爲肩水縣。② 但不可忽視的是,"候官"有時亦可稱"廷",③ 因此,該簡也可

(接上頁) 建平三年二月壬子朔辛巳第十五隧長□ ☑
　　　　稟三月食名籍一編敢言之 ☑　　　　　　　　　　　　　　　　　　　EPT65∶123
　　　　建平三年六月庚辰朔戊申,萬歲候長宗敢言之:謹移部吏卒
　　　　廩七月食名籍一編,敢言之。　　　　　　　　　　　　　　　　　　　EPT43∶6

前簡時間爲建平三年(前4)二月晦日(辛巳),後簡是當年六月晦日,簡2.8在當月晦日前一天。這三枚呈文簡,一般認爲是下個月廩食的申請文書(李天虹《居延漢簡簿籍分類研究》,第63頁;趙寵亮《行役戍備——河西漢塞吏卒生活研究》,科學出版社,2012年,第175頁),而冨谷至根據當月發放下月廩食的慣例及申請廩名籍不應該在月末編制的常理,推測這三枚簡是下個月廩食已經發放完畢的事後匯報(冨谷至《文書行政的漢帝國》,第314—316頁)。不過,細察其證據,實際上難以成立,吏卒口糧的發放固然存在當月發放下月的情況(EPT5∶2、EPT5∶3、EPT52∶436、EPT59∶178、EPT49∶52、27.11/A8、161.10/A8、254.23/A8),但當月發放本月的情況也很常見,如下述諸簡:

第六隧長皇隆　　正月食三石　　正月辛巳自取　　　　　　　　　　　　　　EPF22∶83
第三隧長薛寄　　二月食三石　　二月辛亥自取　　　　　　　　　　　　　　EPF22∶88
誠北候長王襃　　丶　三月食三石　　三月丙戌自取　　　　　　　　　　　　EPF22∶90
第八隧長梁習　　四月食三石　　四月辛亥自取　　　　　　　　　　　　　　EPF22∶94
第九隧長單宮　　五月食三石　　五月癸亥自取　　　　　　　　　　　　　　EPF22∶101
臨桐隧長孟賞　　十月食三石　　十月甲寅自取　　　　　　　　　　　　　　EPF22∶107
鉼庭守候長陳宗　十一月食三石　十一月乙未自取　　　　　　　　　　　　　EPF22∶110
第卅隧長馮長　　十二月食三石　十二月戊午自取　　　　　　　　　　　　　EPF22∶114

類似情況還見於其他簡,不贅。從上舉簡可知,幾乎一年到頭都存在當月發放本月口糧的情況,因此,月末編制廩食申請名籍的可能性自然也是存在的。此外,冨谷至將上述三枚呈文簡與常見的"某月吏卒廩名籍"區别開來,認爲後者是事前申請性質的廩名籍,如下:

●　萬歲部建平五年五月吏卒廩名籍　　　　　　　　　　　　　　　　55.24+137.20/A8
●　第四部建始五年正月吏卒廩名籍　　　　　　　　　　　　　　　　EPT53∶2
●　甲渠官居攝三年三月吏卒廩名籍　　　　　　　　　　　　　　　　287.9/A8
●　肩水候官元康元年五月鄣卒廩名籍　　　　　　　　　　　　　　　109.1/A33

不過,細察這四枚標題簡,其寫法與上舉三枚呈文簡的差别,僅在於後者使用了"吏卒廩某月名籍"的語言順序,單單憑藉此點就認爲屬於兩種性質不同的廩食簿籍,難以令人信服。很可能,這兩種語詞順序略有調整的簡牘,實際上是同一種文書。綜合看來,冨谷至的判斷難以成立,上舉三枚吏卒廩食呈文簡,無法判斷是事前申請還是事後匯報。目前而言,此方面材料甚少,且缺乏完整册書,因此吏卒廩食的申請和匯報是否有一定的時間規定,目前還無法做出明確的解答。而且,在找到申請和匯報的完整册書之前,恐怕難以進行有意義的討論。

① 關於"有教"及"有書"的分析,參冨谷至編《漢簡語彙考證》,岩波書店,2015年,第447—451頁。
② 關於肩水縣,高榮認爲約在宣帝元康四年至成帝綏和二年間設立,延續至新莽末年(《西漢居延郡縣建置考》,張德芳主編《甘肅省第三屆簡牘學國際學術研討會論文集》,第130—131頁)。縣治所在,尚不清楚,而且在此期間,簡牘材料顯示肩水塞及肩水候也是一直存在的。簡2.9顯示肩水塞吏員的任命由肩水縣廷而非肩水候官發出,貌似奇特,實際上居延縣也發佈過甲渠塞的吏員任命文書,如EPF22∶56—60等五簡,不贅。另,關於候官塞等軍政機構與縣在人事任命方面的研究,可參徐樂堯《漢簡所見邊郡軍事與民政系統的職權關係》,《簡帛研究》第一輯,1993年,第173—176頁;角谷常子《漢代居延における軍政系統と縣との關わりについて》,原刊《史林》第76卷第1號,1993年,此據《國際簡牘學會會刊》第三號,2001年,第439—452頁;野口優《前漢邊郡都尉府の職掌と邊郡統治制度》,《東洋史研究》第71卷第1號,2012年,第15—17、18—22頁。
③ 如肩水廷隧次行(86EDT5H∶2)、伐胡隧長程聖詣廷受奉七月辛未平旦入(EPT3∶1)等,兩簡的"廷",無疑是指候官。

能由肩水候官發出。

上舉七簡均有紀年,所涉南部候長共陳博、敞兩位。此外,南部塞還有肥湯、長兩位候長,如下:

2.11. 南部候長肥湯茭千束直五百　　　　　　　　　　72EJC：6
2.12. ☑□□□□□朔丙辰，南部候長長敢言之：謹移妻　子葆☑
　　　☑敢言之　　　　　　　　　　　　　　　　　73EJC：653

簡2.11形制爲單札,應屬某種茭統計簿。① 簡2.12形制爲兩行,中間有兩道編聯留空,據簡文,所呈送者很可能爲妻子葆庸出入名籍册書。此外,有書信簡提及南部候長"徐君公"(73EJT23：896),文繁不贅。

另外,簡牘還見郭循、薛慶兩位候史,如下:

2.13. 南部候史居延安故里郭循年廿八　追亡卒　□月辛卯兼亭長並
　　　出　　　　　　　　　　　　　　　　73EJT37：1026+1515
2.14. 出賦錢七百　給南部候史薛慶三月□☑　　　　　73EJC：307

兩簡形制皆爲單札,簡2.13爲出入關登記簡,2.14應爲賦錢出入記錄,付給南部候史薛慶三月份的俸祿。

此外,涉及南部塞或南部候長的簡還有不少,如下:

2.15. ☑北部候長・出二帣以給南部候長☑　　　　　232.33/A33
2.16. ☑南部候長□☑　　　　　　　　　　　　　73EJT23：652
2.17. ☑南部候□☑　　　　　　　　　　　　　　73EJT23：433
2.18. ☑鬬犯法今南部守候☑　　　　　　　　　　　73EJT7：75

---

① 居延新簡有此類茭統計簿,如下簡:
　　　　　　　　十所　出茭三千束候長取直九百入六百・
　第十七部茭萬束
　　　　　　　　　　出茭二千束候史判取直六百已入三百・
　　　　　　　　餘見五千束,令千束爲一積,留積之,令可案行,屬近所敷行視。
　　　　　　　　　　　　　　　　　　　　　　　　　　EPT51：91
此例所見,似爲甲渠候官以部爲單位進行的統計。又如下簡:
　馴望隧茭千五百束直百八十
　平虜隧茭千五百束直百八十
　驚虜隧茭千五百束直百八十
　・凡四千五百束直五百卅尉卿取當還卅六　　　　　　EPT52：149A
統計之餘,亦附上茭的價值,似涉物資交換。馴望、平虜、驚虜三隧並列,應屬同一部。李均明認爲,馴望隧屬甲渠塞不侵部,平虜、驚虜兩隧屬吞遠部,驚虜亦曾屬誡北部(《漢代甲渠候官規模考(下)》,《文史》第三十五輯,1992年,第81—92頁),但未注意到EPT52：149A這條資料,可補其缺失。

2.19. ……願南部東部……
　　　……　　　　　　　　　　　　　　　　　73EJT21∶183
2.20. ☐☐人付南部☐　　　　　　　　　　　　73EJT23∶997
2.21. 南部隧六所狗籠☐☐☐☐　　　　　　　　232.28/A33

簡文明白，無須贅言。

三、西部

西部塞的紀年最早爲宣帝元康二年（前64），最晚爲平帝元始元年（1年），其間的紀年簡亦不少。如下：

2.22. 元康二年閏月戊戌朔丁巳，西部候長宣敢言之官檄　73EJT30∶48
2.23. 建昭五年三月丙午朔甲寅西部守候長☐一編敢言之☐
　　　　　　　　　　　　　　　　　　　　　　　　　73EJT23∶352
2.24. ●西部河平四年五月吏卒稟城官名　籍　　　　　72EJC∶182
2.25. 元始元年八月丙戌朔壬子，西部候史武敢言之：謹移吏卒廩名籍
　　　一編，敢言之。　　　　　　　　　　　　　　73EJT21∶108

簡2.22形制爲單札，字迹工整書風謹嚴。據簡文，西部候長宣呈報文書，疑爲回應肩水候此前所發的檄書，惜不知其詳。時間爲元康二年（前64）閏七月二十日（丁巳），此時肩水候駐地尚在A33遺址，該簡出土於A32遺址，存在兩種可能：（1）此時肩水候不在署，由A32遺址某機構的官吏兼行候事，故西部候長的呈文送至此地；①（2）簡牘的再利用，人事變動伴隨的位置移動等。② 簡2.23與此相類，同爲西部（守）候長的呈文，紀年爲建昭五年（前34）三月，此時肩水候應駐於A33遺址，該簡在A32遺址出土的原因與2.22相同。簡2.24形制爲單札，簡首塗黑點，"名"下留白，原應爲編聯冊書，該

---

① 材料顯示，元康二年六月與九月，東部候長陳長生兩度因肩水候不在署而兼行候事，見侯旭東《西漢張掖郡肩水候繫年初編——兼論候行塞時的人事安排與用印》，第181頁。
② 甲渠塞第四隧遺址亦出土有第三十七隧、臨桐隧的文書，永田英正推測很可能因簡牘的重新利用及人事變動而攜帶至此（《甲渠塞第四隧出土簡牘分析》，原載文部省科學研究費補助金研究成果報告書《中國出土文字資料の基礎的研究》，1993年，此據中譯，收入中國社會科學院簡帛研究中心編《簡帛研究譯叢》第一輯，湖南出版社，1996年，第253頁）。此外，簡牘文書作爲正式的檔案廢棄後，存在多種用途，包括二次書寫、厠所籌簡、製作器物等（參高村武幸《簡牘の再利用》，見籾山明、佐藤信編《文獻と遺物の境界——中國出土簡牘史料の生態研究》，第163—184頁）。

簡屬標題簡，事涉西部塞呈報河平四年（前25）五月吏卒廩食城官的名籍。①
"城官"當指肩水城官，即管理肩水都尉所在地——A35 遺址——的機構。
A35 遺址距該簡出土地 A32 遺址約 10 公里，②很可能因特殊情況此時西部
吏卒的廩食由肩水城官直接供應。③ 河平四年（前25）肩水候駐地尚在 A33
遺址，此簡出土於 A32 遺址的原因與 2.22、2.23 相同。簡 2.25 形制爲兩行，
爲西部塞元始元年（1年）八月二十七日（壬子）吏卒廩食簿籍册書的呈文，
由候史武呈請。呈文日期在八月末，不知是申請九月份的廩食，還是匯報八
月份的廩食發放情況。此時肩水候已移駐 A32 遺址，故申請文書送至此地。

上舉四枚簡，涉及西部候長、候史各一人，分別爲宣和武。前舉簡 2.9
顯示臨爲西部候史。另外，下述兩簡顯示候長有名爲元、道者：

2.26. 西部候長元　吏三人　主□☑　　　　　　　　73EJT37：115
2.27. ☑□火一通西部候長道右後候長□絕非□☑　　73EJT28：47

兩簡皆爲單札。2.26 似爲某種吏員統計簿，惜下殘，不得其詳。2.27 或爲某
種表火刺，提及西部候長道和右後候長。

四、北部

北部塞的紀年從宣帝地節四年（前66）開始，至哀帝建平元年（前6）結
束，中間紀年材料頗多。如下：

2.28. 地節四年十一月辛丑肩水北部候長□□敢言之☑
　　　　　　　　　　　　　　　　　　　73EJT26：268+264+266
2.29. ●元康二年二月北部候長☑　　　　　　　　　255.2/A33
2.30. 五鳳三年四月癸丑北部候長宣敢言　　　　　　73EJT37：732
2.31. 永光元年八月丙申朔庚子北部候長明友等敢言☑

---

① 廩食申請程序、發放及簿籍製作，參李天虹《居延漢簡簿籍分類研究》，第 51—66 頁；趙寵亮《行役戍備——河西漢塞吏卒的屯戍生活》，第 174—177 頁。
② 邢義田《全球定位系統（GPS）、3D 衛星影像導覽系統（Google Earth）與古代邊塞遺址研究——以額濟納河烽燧及古城遺址爲例（增補稿）》，見《地不愛寶：漢代的簡牘》，第 247 頁。
③ 肩水都尉駐地——A35 遺址，設立了專門的機構——肩水城官，該地在當時實際上是一個物資儲備基地，設有倉、庫及置（詳第六章）。簡牘多見從城官接受廩食和俸祿的材料，如"永始四年七月壬寅朔……廩食官名籍一編敢"（73EJT24：133）、"戍卒昭武步廣里不更楊當年廿九　迎吏奉城官　五月辛丑南　六月辛酉北嗇"（73EJT37：912）、"石南亭卒朱護　就食城官"（73EJF3：394）、"·初元五年六月所受城官穀簿"（204.3/A32）等。該地出現庫嗇夫的材料當與此有關，如"補肩水城官庫嗇夫"（214.96/A8）。以地理位置而論，大灣城遺址靠近騂馬屯田區，故作爲物資儲備基地亦屬情理之中。該地出土頗多屯田相關的簡牘，或可從這個角度理解。

	……	73EJT7∶21
2.32.	●北部永光三年六月卒廩名籍	177.14/A33
2.33.	永光四年四月庚戌朔庚申，北部候長宣敢言之：謹移吏家屬出入 金關簿一編，敢言之。	73EJT31∶63
2.34.	建始二年八月丙辰朔☐☐北部候長光敢言之☒ 　　廩鹽名籍一編敢言之	141.2A
	鄭光私印　　　　　置佐輔發 　☐戊午候長鄭光以來　　君前	141.2B/A33
2.35.	☒四年三月甲辰朔北部守候長☒	73EJT23∶865A
2.36.	建平元年正月甲子朔戊戌，北部候長宣敢言之：謹移部吏家屬符， 謁移肩水金關，出入如律令，敢言之。	73EJT37∶152

　　前三枚簡及 2.32 等形制均爲單札，簡 2.31 及 2.33 爲兩行。這六枚簡中，2.29、2.32 均爲簿籍標題簡，前者內容不詳，後者是北部塞向肩水候官呈報的永光三年六月吏卒廩食發放册書的一枚標題簡（詳下）。兩簡均出土於 A33 遺址，紀年分別爲元康二年（前 64）、永光三年（前 41），此時肩水候駐在 A33 遺址，故簡牘在此地出土。2.30 爲五鳳三年（前 55）北部候長宣的呈文簡，內容不詳，此時肩水候可能駐在 A32 遺址，①故在此地出土。其他三枚皆爲北部候長呈給肩水候的文書，兩簡殘缺，僅 2.33 完整，所呈爲吏家屬出入金關簿，與簡 2.36 性質相同。三枚簡紀年分別爲地節四年（前 66）、永光元年（前 43）、永光四年（前 40），此時肩水候可能駐於 A33 遺址，這些簡出土於 A32 遺址的原因與 2.22、2.23 相同。簡 2.34 爲兩行，事涉北部候長鄭光八月初呈報的廩鹽名籍册書，簡背顯示已由鄭光送達肩水候駐地，"置佐輔發君前"即在肩水候面前開封。簡 2.35 已彎曲變形，正面字迹工整，簡背習字不録。年號不存，查四年三月朔爲甲辰者，自昭帝至新莽滅亡，唯有成帝永始四年（前 13）相符。② 簡 2.36 爲兩行，據簡文，北部候長宣向肩水候呈送部吏家屬符簿籍，請求移送肩水金關，以便於出入。紀年爲建平元年（前 6），此時肩水候已移駐 A32 遺址，故直接送達此地。肩水候後續會將此類簿籍下發至金關，以便檢查出入。2.30、2.33、2.36 三簡候長皆名宣，前兩者相差 15 年，後兩者相差 34 年，很可能爲三個人。

---

① 詳第四章。
② 朱桂昌編著《太初日曆表》，中華書局，2013 年，第 186 頁。

上舉九枚簡,涉及宣、明友、宣、光、宣等五位北部候長。此外,尚有當、孫雲、襃、蘇君郎、興、毛宣、放等七位,如下:

2.37. ☑北部候長當敢言之:爰書隧長蓋之等乃辛酉日出時☑私往來
行塞下者,及畜產皆毋爲虜所殺略者,證之審　　　　306.12/A33

2.38. ☑給北部候長孫雲四☑　　　　　　　　　　　246.35/A33

2.39. 出米七斗八升 付北部候長襃食府君行塞積廿六人人三
　　　　　　　　　　　　　　　　　　　　　　　　73EJT3∶99

2.40. 北部候長蘇君郎　　　　　　　　　　　　　73EJT23∶293A
　　　……
　　　匈奴所入候官……　　　　　　　　　　　　73EJT23∶293B

2.41. 北部候長興　吏八人　　主牛　　　　　　　73EJT37∶93

2.42. 北部候長毛宣　　　　　　　　　　　　　　73EJT37∶254

2.43. 癸巳北部守候長放敢言之謹移部吏受☑　　　97.1A/A33

簡文明白,無需贅言。此外,還見王卿、趙信兩位候史:

2.44. ☑☑北部候史王卿……　　　　　　　　　　73EJT37∶1199A
　　　謁取之毋忘也　☑　　　☑　　　　　　　　73EJT37∶1199B

2.45. 北部守候史趙信　行檄☑　　　　　　　　　73EJT10∶154A

簡 2.44 右半殘缺,"王卿"兩字僅存左半,暫存待考。
　　另外,還見有北部倉的設置:

2.46. ☑郵行北部倉　　　　　　　　　　　　　　32.21/A32

惜該簡上殘,可能是指北部塞的倉,具體地點不得而知。
　　此外,顯示北部塞存在的材料還有:

2.47. 北部候長番和陽☑　　　　　　　　　　　　73EJT7∶95

2.48. ☑出四卷以給府史、出二卷給北部候長·出二卷以給☑
　　　　　　　　　　　　　　　　　　　　　　　236.21+433.8/A33

2.49. ☑二卷以給北部候長　　　　　　　　　　　232.18/A33

2.50. 肩水北部候長☑☑☑☑☑　　　　　　　　　73EJT23∶834

2.51. 廷言北部候長隧長等迺十二月☑會水掾☑☑☑到秩索自持詣
廷,毋忽,如律令☑　　　　　　　　　　　　　　73EJT23∶1007

2.52. ☑☑乘彭輔遷補北部☑☑候長之官　　　　　73EJT25∶124

2.15.	☐北部候長・出二秴以給南部候長	232.33/A33
2.53.	謂北部守候長守候☐	248.2/A33
2.54.	☐東部北部塞	232.19/A33
2.55.	出百冊就上北部	73EJT37：568
2.56.	寫傳至北部行者走☐	73EJF3：64
2.57.	北部隧七所　省卒五人詣金☐	73EJH2：59

張掖郡有番和縣,而邊塞戍吏一般任用邊地之人,故簡2.47"北部候長番和陽"或即爲番和縣陽☐里,①非謂候長名爲番和陽。簡2.48、2.49、2.15當爲某種穀物出入記錄,以秴爲計量單位亦見於其他簡。② 簡2.56爲封檢,很可能爲A32遺址某個機構所書寫尚未發出。末簡顯示北部轄烽燧七所(詳下)。

五、中部

中部塞紀年簡從宣帝地節二年(前68)開始,至王莽居攝三年(8年)結束,其間紀年簡不多。如下:

2.58.	地節二年八月癸☐	73EJT1：174A
中部候長賀	朔戊子八月辛☐	73EJT1：174B
	亭隧吏常☐☐	73EJT1：174C
	八月乙未肩水令☐	73EJT1：174D
2.59.	中部地節五年四月廩名籍	255.34/A33
2.60.	中部五鳳三年正月吏卒被兵簿☐	73EJT37：1339
2.61.	中部永光五年四月☐	73EJC：402
2.62.	●肩水中部居攝三年十月吏卒見缺名	73EJT24：197

簡2.58下殘,簡背有凹槽,似爲封檢。"中部候長賀"大字居上,應爲收件

---

① 對於邊塞戍吏來源地的分析,可參陳直《兩漢經濟史料論叢》,1958年初版,此據增訂本,中華書局,2008年,第17—19頁;何雙全《漢代戍邊士兵籍貫考述》,原刊《西北史地》1989年第2期,此據作者《簡牘》,敦煌文藝出版社,2004年,第131—133頁;趙寵亮《行役戍備——河西漢塞吏卒的屯戍生活》,第36—42頁。《漢書》卷二八《地理志》載番和爲張掖郡轄縣,此地設有農都尉(第1613頁)。

② 如"卒陳偃 粟一秴三斗三升"(57.19/A8),顯示粟以秴爲計量單位。裘錫圭《說文》鹽官以三斛爲一秴,認爲用秴裝糧食也應以三石爲標準(裘錫圭《漢簡零拾》,原刊《文史》第十二輯,1981年,今據《裘錫圭學術文集》第二卷《簡牘帛書卷》,第93—94頁)。此外,亦可參李建平《漢代"秴"之制度補證》,《農業考古》2010年第1期,第221—222頁。

者。因下端殘缺，簡文無法通解。查曆日，地節二年八月朔日爲辛卯，當月亦無干支爲戊子者，①且"朔戊子"後書"八月辛"，書法亦不合體例，故下端文字很可能爲誤書。若推測不誤，則候長賀及紀年書寫錯誤的可能性比較小，很可能月朔干支錯誤。簡2.59形制爲單札，是中部塞地節五年四月廩名籍册書的標題簡。紀年爲地節五年，即元康元年（前65），很可能當年四月改元通知方送達張掖地區，②故該簡尚用地節年號。此時肩水候應駐A33遺址，故文書直接送達此地，該簡亦在此出土。簡2.60乃中部吏卒五鳳三年（前55）被兵簿册書的標題簡，以部爲單位呈報被兵情況。③ 此時肩水候可能駐在A32遺址，故在此地出土。2.61疑爲永光五年（前39）某種册書標題簡，此時肩水候應駐A33遺址，該簡在A32遺址出土的原因與簡2.22、2.23相同。簡2.62形制爲單札，下端字迹殘泐，乃吏卒見缺名籍册書標題簡。紀年爲居攝三年（8年），此時肩水候應駐A32遺址，故該簡在此地出土。

上舉五枚簡，所涉候長僅"賀"一人。此外，材料見有候長赦、守候長朱餘，如下：

2.63. 中部候長赦主隧七所當省卒七☐   73EJH2：24

2.64. ☐☐虜隧長王豐以大刀刃擊傷中部守候長朱餘右肩

73EJT37：57

簡2.63爲單札，下殘，不易判斷其性質。簡文顯示中部候長轄有七所烽燧（詳下）。簡2.64爲單札，據簡文似爲某種司法爰書，顯示中部守候長朱餘受傷。此外，一枚習字簡顯示中部候長有名趙詡者（199.21/A33），④而趙詡亦見於左前候長（詳下），不知是同一人前後調任亦或兩人同名。材料不見

---

① 朱桂昌編著《太初日曆表》，第77頁。
② 辛德勇《建元與改元——西漢新莽年號研究》，中華書局，2013年，第219頁。
③ 學界一般認爲，被兵簿通常以部爲單位製作，也有以隧爲單位者，但目前僅見標題簡及呈文簡，册書記錄簡材料甚少，具體書式不詳。相關研究，參初世賓《漢邊塞守禦器備考略》，見甘肅省文物工作隊、甘肅省博物館編《漢簡研究文集》，第142—222頁；李天虹《居延漢簡簿籍分類研究》，第97—102頁；李均明《秦漢簡牘文書分類輯解》，第309—310頁；趙寵亮《行役戍備——河西漢塞吏卒的屯戍生活》，第254—164頁。
④ 該簡記載：
　　甲子乙
　　中部候長趙詡
　　☐粟   199.21A/A33
細察圖版，字迹幼稚笨拙不成章法，墨色濃淡差別頗大，內容亦不相關，顯係習字簡。值得注意的是，簡背有封泥匣。

有中部候史之名。

此外，還有不少顯示中部塞存在的材料，如下：

2.65.　　　陳充　　　　☒☒
　　　☒乙卯顧累　　● 中部卒☒　　　　　73EJT9：259A
　　　☒長安卒☒☒
　　　……　　　　　　　　　　　　　　　73EJT9：259B
2.66. ☒☒告中部亭隧☒　　　　　　　　　73EJH2：69
2.67. ☒補肩水中部候史以主領吏卒徼迹備盜賊　73EJT37：56
2.68. ☒令史光敢言之遣中部塢長始昌送詔獄所還☒
　　　……　　　　　　　　　　　　　　　218.3/A32
2.69. 中部亭長屈始昌里年廿三　　　　　　 73EJH1：54

簡 2.68 塢長及 2.69 亭長皆屬中部塞，塢長很可能爲專管塢壁的官吏。①

六、左前部

左前部紀年始自宣帝元康二年（前 64）二月，止於新莽天鳳六年（19年）正月，其間紀年材料不多。如下：

2.70. 元康二年二月庚子朔乙丑，左前萬世隧長破胡敢言之候官：即日疾心腹，四節不舉　　　　　　　　　　　　　255.22+5.18/A33
2.71. 元康四年六月丁巳朔庚申，左前候長禹敢言之：謹移戍卒貰賣衣財物爰書名籍一編，敢言之。　　　　　　　　10.34A
　　　印曰蘭禹
　　　六月壬戌金關卒延壽以來　　　　候史充國　　10.34B/A33
2.72. 居攝三年十月甲戌朔朔丁丑左前守候長……長詣廷……行計事言出入食……　　　　　　　　　　　　　　　73EJT23：291A
　　　良當送胡☒後粟車行厨事不使吏送☒司馬舍☒☒忘言☒☒毋☒☒坐敢言之
　　　　　　　　　　　　　　　　　　　　　　　73EJT23：291B

---

① 《中國簡牘集成》第十册解釋居延新簡 EPT51：301"徙補居延第三塢長"認爲，塢長爲專管塢壁的官吏，第三塢又稱第三辟（敦煌文藝出版社，2001 年，第 109 頁）。王海排比考察河西漢簡中"辟"的資料，認爲河西地區某些辟是邊民的生活空間，屬於縣城以下的聚落（《河西漢簡所見"辟"及相關問題》，《簡帛研究 2008》，2010 年，第 145—151 頁）。此外，還可參高村武幸《前漢河西地域の社會》，原刊《史學雜誌》第 115 卷第 3 號，2006 年，此據作者《漢代の地方官吏と地域社會》，汲古書院，2008 年，第 429—435 頁；劉欣寧《居延漢簡所見住居與里制》，刊於《古文字與古代史》第三輯，2012 年，第 441—445 頁。

2.73. 入茭二百桼十束　始建國天鳳六年正月壬申掾習受左前候長趙詡
　　　　　　　　　　　　　　　　　　　　　　　　　　　73EJF3：195

前三簡形制皆爲兩行。2.70 乃萬世隧長破胡向肩水候報告患病情況。簡 2.71 屬於貰賣財物名籍册書的呈文簡,簡背文字"金關卒延壽以來"顯示已送達肩水候駐地,時間爲元康四年(前 62),此時肩水候應駐於 A33 遺址,該簡亦在此地出土。簡 2.72 文字殘泐,不能通解,但記"左前候長"甚明。簡 2.73 左殘,文字尚可辨識,應爲某種茭出入簿。據簡文,掾習在始建國天鳳六年(19 年)正月二十七日這一天,接受了左前候長趙詡 270 束的茭。這一記載顯示直到新莽時期左前部建制尚存,因此肩水候官塞當亦未廢棄。據學者研究,掾爲廣義上的令史,①掾習亦可稱令史習。下述簡 2.74 即稱爲令史而不言掾。令史爲候官屬吏,與左前部的設置亦相符。

上舉四枚簡共見禹、趙詡兩位候長,其中趙詡還見於下簡：

2.74.　☐令史導受左前候長趙詡　　　　　　　　73EJF3：203

該簡形制爲單札,出土於關門東側房屋隔間,此隔間出土漢簡編號共 635 枚,紀年集中於新莽時期,推測該批簡牘絕大部分爲新莽時期遺物,此前的相關文書已抛棄在屋外,T37 出土簡牘即爲其大宗。因此,該簡顯示新莽時期尚存左前部的建制,與前述簡 2.73 相符。此外,還見富昌、孫翕兩位候長：

2.75. 左前候長富昌以府舉書逐　　　　　　　　346.34/A33
2.76. 出粟三斛　稟左前候長孫翕九月食　　　　73EJF3：458

簡文明白,不贅。資料亦不見有左前部候史之名。

此外,顯示左前部存在的材料還有不少,如下：

2.77. ☐☐☐謂左前候長☐　　　　　　　　　　219.23A/A33
2.78. ☐☐令史猛守左前候長不☐　　　　　　　558.4/A33
2.79. 左前候長隧長黨寫傳至東部隧次行☐　　　73EJT27：46
2.80. ☐水候☐謂左前候長☐　　　　　　　　　212.26/A32

---

① 關於掾與令史的關係,參李迎春《秦漢郡縣屬吏制度演變考》,博士學位論文,北京師範大學,2009 年,第 134—139 頁;吉川佑資《前漢時代の掾》,《史泉》第 119 號,2014 年,第 2—17 頁。

2.81. ☐三月丙子朔辛巳左前候☐　　　　　213.47+213.37/A33
2.82. ☐己卯定左前候史治所羨胡隧☐　　　72EJC：216
2.83. ●左前☐☐☐☐　　　　　　　　　　125.12/A33

簡 2.79 爲封檢,很可能隧長黨兼行左前候長之職,"寫傳至東部"恰與該地駐有東部候長治所相吻合。簡 2.83 或爲左前部某種簿籍册書的標題簡。

七、左後部

左後部紀年始於宣帝元康四年(前 62)二月,止於哀帝建平二年(5年),中間紀年材料不多。如下:

2.84. 入小畜雞一雞子五枚　元康四年二月己未朔己巳佐建受左後部,如意隧長奉親、卒外人輸,子元受　　　　　　　　　　10.12/A33
2.85. ……左後卒二人齋食兵付如意隧長……　　73EJT26：230A
　　　初元二年☐☐☐☐☐☐☐☐　　　　　　　73EJT26：230B
2.86. 左後部初元四年四月己卯盡癸未塽　上表出入界課
　　　　　　　　　　　　　　　　　　　　　　73EJT10：127
2.87. 元延二年四月己酉,尉 告左後守候長 謂桓軍隧長千秋等：府君行塞,即日出關,☐以☐　　　　　　　　　　　　73EJT23：308
2.88. 左後部建平二年　行塞亭隧名　　　　　73EJT37：1494

這五枚簡僅 2.85 爲兩行,其餘四枚皆爲單札。簡 2.84 應屬於某種物資出入簿,簡文顯示由佐建接收,此人當是設於 A33 遺址的候官置的置佐。① 簡 2.85 右側殘去,簡背文字僅存右半。簡文"左後卒"顯示,初元二年(前 47)存在左後部的建制。惜簡文無法通解,性質不詳。簡 2.86 屬於左後部表出入界課册書的標題簡,"塽"下留白用於編聯。時間爲初元四年(前 45),此時肩水候應駐 A33 遺址,該簡在 A32 遺址出土的原因與簡 2.22、2.23 相同。簡 2.87 是肩水塞尉發出的文書,因"府君"即將行塞出關,故通知左後候長及轄隧隧長等人,很可能是要求他們提前做好準備。若此不誤,則左後部當位於金關以北。值得注意的是,尉及左後候長的名字皆留白未填,原因不詳。簡 2.88 屬行塞亭隧名册書的標題簡,很可能由肩水候官編制,時間爲建平二

---

① 詳第六章。

年(前5),此時肩水候已移駐 A32 遺址,故該簡在此地出土。

上舉諸簡無一涉及左後候長、候史姓名,其他材料見有猛、樊襃、誼、徐□、臨等五位候長,候史僅有張萌一人。如下:

2.89. 肩水候官左後候長猛☑　　　　　　　　　　314.26/A33
2.90. 肩水左後候長樊襃詣府對功曹 二月戊午平旦入　15.25/A32
2.91. ☑十月癸巳左後候長誼☑十二月甲申左後候長誼敢言之
　　　　　　　　　　　　　　　　　　　　　　　73EJT3:1
2.92. 左後守候長徐……詣廷　　　閱……　　　　73EJT23:306
2.9. 廷告:西部候史臨前兼南部,今罷,守左後候長,有　73EJT3:118A
　　　教　　記綏和二年三月己卯起廷　　　　　　73EJT3:118B
2.93. 左後候史張萌辟書橐他界中　予從事氏池昌平里趙俱☑
　　　　　　　　　　　　　　　軺車一乘用馬一☑
　　　　　　　　　　　　　　　　　73EJF3:198+194+578

2.89 簡首左右兩道刻槽,當爲楬,惜下殘,詳情不知。2.90 在 A32 遺址出土,當爲吏民出入關記錄簡。據簡文,左後候長"詣府對功曹",當前往肩水都尉府(A35)。下端關吏記錄"二月戊午平旦入",亦顯示過金關南行,故左後部候長治所在金關以北,很可能整個左後部皆在金關以北。2.91 形制爲兩行,字迹工整,不似習書,惜文書性質不詳。2.92 及 2.93 亦爲出入關登記簡。簡 2.92 顯示左後候長詣廷經過金關,廷或指肩水縣廷,或指肩水候官。簡 2.93 爲左後候史張萌的出入關名籍簡,詳載職稱、任務、隨從及車馬等信息。如前述,左後部當在金關以北,而該簡顯示張萌經過金關,推測很可能左後候史需到肩水候駐地接受任務然後再行出發。

此外,還有三條資料證明存在左後部:

2.94. 左後部小畜狗一,白,傳詣官,急　　　74.6/A33
2.95. 左後候史鱁得……☑　　　　　　　　51.21/A32
2.96. 左後□……☑　　　　　　　　　　　73EJT24:440

簡 2.94 爲楬,簡首左右兩道刻槽,正背面文字相同。簡文明白,不贅。

八、右前部

右前部的紀年始於宣帝元康二年(前64)九月,止於元帝建昭二年(前37)八月,時間較短。如下:

2.97. ●元康二年九月右前候長信都馳☐　　　　237.10/A33
2.98. 入狗一枚　元康四年二月己未朔己巳佐建受右前部,禁姦卒充
　　　輸,子元受,致書在子元所　　　　　　　　5.12/A33
2.99. ☐康四年十月乙卯朔,肩水右前候長信都敢言之:謹移亭隧守御
　　　器簿一編,敢言之。　　　　　　　　　　329.1/A33
2.100. ●右前候史小完部元康☐　　　　　　　117.27/A33
2.101. ●建昭二年八月右前候長候史☐　　　　339.14/A33

簡2.98屬於財物出入記錄簿,2.99則爲亭隧守禦器册書的呈文簡,年號當爲元康。其他三枚皆有提示符"●",或爲右前部某種簿籍標題簡。這五枚簡提及候長信都、候史小完部,且候長信都出現於元康二年(前64)九月及四年(前62)十月。

材料還見有士吏嬰齊、候史王隆兩人,如下:

2.102.　　　　　　　其一人決
　　　　　　　　　一人弓
　　　☐乙未右前部士吏嬰齊作六人①一人土　　73EJT10:416
2.103. 出粟二斗　廩右前候史王隆十月食　　　73EJT23:284

簡文明白,不贅。

此外,還有兩條資料足證右前部的存在,如下:

2.104. ☐毋已又奉賜記志以卒爰書☐謹叩右前候
　　　　☐☐☐☐當☐者也唯忍☐本候壽
　　　　　　　　　　339.21+146.5+341.14+146.95A
　　　　☐☐府毋有官發卒乃可☐之☐忍☐
　　　　☐事再拜曰爲言多請井卿☐☐買牛頭貴毋
　　　　☐☐月不知井卿取之☐得如意
　　　　　　　　　　339.21+146.5+341.14+146.95B/A33
2.105. ☐☐☐☐☐凡九人直五千八十☐
　　　　☐嗇夫爲出關鬆卒轉車兩人數得米☐☐
　　　　☐爲定罷卒數案右前所移定☐☐　　　73EJT10:406

---
① 該簡左側殘去,原釋作"右前部千人嬰齊作六十人",千人乃都尉屬官,不當設於候官塞之下。

簡 2.104 似爲書信，内容涉及的"右前候"，當即右前候長。涉及内容頗複雜，惜簡牘殘損，無法通解。簡 2.105 爲削衣，似涉肵卒轉車出關之事，"案右前所移"當指右前部此前所移送的文書。

九、右後部

右後部的紀年始於宣帝神爵四年（前 58）七月，止於新莽天鳳六年（19年）正月，中間亦有紀年材料。如下：

2.106. 神爵四年七月癸亥朔辛未，右後□長□敢言之：府移表火舉□☑
　　　　言會月七日。謹以表火舉書逐辟相驗問□□如牒，敢言☑
　　　　　　　　　　　　　　　　　　　　　　　　73EJT29：11
2.107. ●右後甘露三年三月戍卒勞賜名籍　　　　　　73EJT28：22
2.108. 建始元年三月甲子朔癸未，右後士吏雲敢言之：迺十二月甲辰受
遣，盡甲子，積廿日，食未得。唯官移　　　　　　　　284.1/A33
城官致，敢言之。　　　　　以檄報吏殘日食皆常詣官廩
　　　　　　　　　　　　　　非得廩城官　　　　　　284.4A
董雲　　　　　　　　　令史博發
三月丙戌肩水庫嗇夫魚宗以來　　君前　　　　　　284.4B/A33
2.109. 入茭三百柒十束　始建國天鳳六年正月壬申掾習受右後候長田宏
　　　　　　　　　　　　　　　　　　　　　　　　73EJF3：195

簡 2.106、2.108 皆爲兩行。簡 2.106 下殘，且殘泐不清，"右後□長"所缺之字當爲"候"。據簡文，似乎此前肩水候轉發都尉府的表火舉書，該簡即右後候長據之逐辟驗問後的回復呈文。册書 2.108 由兩簡編聯而成，是右後部士吏雲上呈肩水候官的文書，申請因出差而拖欠的廩食。簡 2.107 當爲戍卒勞賜名籍簿書的標題簡，應由右後部編制，向肩水候申請。三枚簡所呈對象皆爲肩水候，時間分別爲神爵四年（前 58）、甘露三年（前 51）、建始元年（前 32），此時肩水候應駐 A33 遺址，三簡在 A32 遺址出土的原因與 2.22、2.23 相同。簡 2.109 右殘，文字尚可辨識，應爲某種茭出入簿。掾習在始建國天鳳六年（19 年）正月二十七日，接受了右前候長田宏 370 束的茭，顯示此時肩水塞尚未廢棄。該簡與前引簡 2.73，或屬同一簿册。

上舉五簡提到右後部士吏雲、候長田宏等兩人，不見候史。另外，前引

簡 2.27 及下簡亦顯示存在右後部：

2.27. ☐☐火一通西部候長道右後候長☐絶非☐☐　　73EJT28：47

2.110. ☐付右後部　☐　　562.20/A33

簡文明白，不贅。

十、"肩水部"是否存在？

此前，陳夢家在討論"甲渠部"時，認爲候官、部隧有同名者，因此所謂甲渠候長既可能是甲渠候官下某部的候長，也可能是甲渠部的候長。① 李均明認爲，破城子出土的"甲渠候長"簡，雖然所在多有，但缺乏"甲渠部"存在的明證，而且就 A8 破城子周圍的部隧分佈而言，並無甲渠部存在的地理空間。② 兩位學者皆未對"肩水部"的存在做出系統考察，筆者在此試作澄清。結合上文對各部的考證，九個部基本上均有兩類材料：（1）以"×(部)"冠名的簿籍册書，（2）與"×(部)候長"相關的文書。這兩類材料出現頻繁，堪稱諸部存在最爲直接的證據。若肩水部存在，肩水候官塞持續百餘年的屯戍活動，也應留有類似材料。

關於(1)，綜合肩水候官 A33 遺址及肩水候後期駐地 A32 遺址出土簡牘，並未發現冠以"肩水部"的簿籍册書，倒是肩水都尉府遺址(A35)出土了數枚"肩水部"册書標題簡，需要仔細辨別。如下：

2.111. ●肩水部始元四年外胡食度☐　　511.16/A35

2.112. ●肩水部元鳳二年亭隧　　511.14/A35

2.113. ●肩水部元鳳二年吏員☐　　514.29/A35

2.114. ●肩水部本始二年十一月完兵出入☐　　515.38/A35

2.115. ●肩水部元平元☐　　516.31/A35

上舉五枚簡均有提示符"●"且冠以"肩水部"，應皆爲某種簿書標題簡，集中於昭帝和宣帝早期。據下簡，"肩水部"應指肩水都尉轄區：

2.116. 張掖郡肩水部肩水當井隧戍卒夏非人·亡☐☐　　73EJT1：36

該簡爲單札，據簡文似屬某種爰書。戍卒夏非人在"張掖郡肩水部肩水當井

---

① 陳夢家《漢簡所見居延邊塞與防禦組織》，見《漢簡綴述》，第 53—54 頁。
② 李均明《漢代甲渠候官規模考(上)》，《文史》第三十四輯，1991 年，第 34—35 頁。

隧"服役,因張掖郡轄有肩水、居延兩都尉,故所謂"肩水部肩水"當爲肩水都尉所轄肩水塞之意。漢簡中常見的部都尉,①即指肩水、居延一類都尉。又,

  2.117. 狀:公乘,氐池先定里,年卅六歲,姓樂氏,故北庫嗇夫。五鳳元年八月甲辰以功次遷爲肩水士吏,以主塞吏卒爲職☑戍卒趙國柏人希里馬安漢等五百六十四人戍詣張掖,署肩水部,至□□到酒泉沙頭隧,閱具簿□☑   73EJT28:63A
  迺五月丙辰,戍卒趙國柏人希里馬安漢戍詣張掖,署肩水部,行到沙頭隧,閱具簿□□□□□亡滿三☑甘露二年六月己未朔庚申肩水士吏弘別迎三年戍卒……候以律令從事□□□☑ 73EJT28:63B

該簡形制爲兩行,書風嚴整,當爲劾文書。惜部分文字殘泐,文意難以通解,疑似發生戍卒逃亡現象。惜簡文下殘,不清楚呈遞關係。簡文顯示戍卒共564人"署肩水部",據學者研究,甲渠候官塞戍卒二三百名,吏員百人,吏卒總數約400人,②此564人不太可能全部分派在肩水候官塞,故"署肩水部"即分派至肩水都尉,再由後者調配至轄下候官塞。結合漢簡中"部都尉"一詞較爲常見的情況,③A35遺址出土五枚肩水部簿籍簡,皆爲肩水都尉府文書,而非肩水候官塞統轄的"肩水部"。④

---

① 常見的是太守府發給都尉的文書,包含"敢告部都尉卒人"的用語,如 EPT51:202、EPT59:60、EPF22:173、12.1/A33、Ⅱ90DXT0216②:44、Ⅱ90DXT0215③:46 等,不贅。
② 李均明《漢代甲渠候官規模考(下)》,第91頁。
③ 陳夢家指出居延舊簡涉及的數種都尉,肩水塞、居延塞一類爲部都尉,其他尚有農都尉、屬國都尉、關都尉等(《漢簡所見居延邊塞與防禦組織》,見《漢簡綴述》,第39—42頁)。居延新簡及金關簡亦有涉及部都尉的簡,如 EPT51:202、EPT59:60、EPF22:173、73EJT1:2、73EJT37:1563 等。
④ 理論上,五枚標題簡中的"肩水部"還有可能是指肩水候官塞,如同肩水候官擁有轄下諸部的簿籍,肩水都尉亦應擁有轄下肩水、橐他、廣地等候官塞的簿籍。實際上,亦出現甲渠部的詞例,如"匈奴人入殄北塞舉三蓬火後復入甲渠部累舉旁河蓬後復入三十井以内部累舉堠上直上蓬"(EPF16:8),從殄北、甲渠、卅井並列表述來看,甲渠部即甲渠候塞。據此,上舉五枚"肩水部"標題簡亦可能爲肩水候官塞。不過,結合大灣遺址未發現橐他部、廣地部稱呼的材料看,"肩水部"爲肩水都尉的可能性遠大於肩水候官。此外,唐俊峰曾討論肩水都尉府的駐地遷移及肩水北部都尉的設置問題,認爲約在元延元年(前12)至綏和二年(前7)之間,肩水都尉府南遷,此地改爲肩水北部都尉駐地(《A35大灣城遺址肩水都尉府説辨疑——兼論"肩水北部都尉"的官署問題》,《簡帛》第九輯,2014年,第223—240頁)。然而,下簡顯示:
  十二月乙卯,張掖肩水都尉彊下肩水候、北部都尉,承書從事下當用者
    次傳,別書相報,不報之重追之,書到言。 卒史霸、屬賢 73EJF3:186+188
據該簡,北部都尉的級別似在肩水候之下。故此,肩水都尉府的遷移及北部都尉的分置,當重新探討。

另，下簡亦提及"肩水部"：

2.118. 校肩水部移元年十月盡十二月四時・凡出糜五百六石二升校中實得四百六石二升□☒　　　　　　　　　　73EJT23：887

該簡形制爲單札，字迹潦草。簡文肩水部"十月盡十二月"三個月實際消耗糜406石。弱水所出漢簡顯示，屯戍吏卒口糧一般以粟爲主，其次爲麥，糜最爲少見，應屬輔助穀物。① 假設此處肩水部爲肩水候官塞下之部，以每部戍卒24人，戍吏9人，②戍吏每月大石2石（小石3石3斗3升少）、戍卒每月大石1.8石（小石3石）的口糧標準計算，③則三個月應消耗大石184石（小石306石），無論大石小石與該簡406石皆相差甚多。而且，這一推算還是在假設糜爲主食的情況下進行的。故簡2.118"肩水部"一定不是肩水候官塞之部，結合邊塞吏卒的口糧情況看，"肩水部"當即肩水都尉轄區。而且，2.116、2.117、2.118三枚簡並非前舉諸部冠以該部之名的某種簿籍册書，皆爲單純的往來文書，與上舉諸部材料性質不同，自然不足以論證"肩水部"的存在。

關於（2），"肩水候長"的顯例即爲涉及長生的幾份文書，如下：

2.119. 元康二年九月丁酉朔庚申，肩水候長長生敢言之：謹寫移，唯官移昭武獄，敢言之。　　　　　　　　　　　　　　　　　10.11/A33
2.120. 元康二年六月戊戌朔戊戌，肩水候長長生以私印行候事，寫移昭武獄，如律令。　　　　　　　　　　　　　　　　　　20.11/A33

兩簡時間相差僅三個月，且肩水候長均名"長生"，應爲同一人。與此同時，前引簡2.1顯示東部候長也有名爲長生者，如下：

2.1. 元康元年十二月辛丑朔壬寅，東部候長長生敢言之候官：官移大守府所移河南都尉書曰：詔所名捕及鑄僞錢盜賊亡未得者牛延壽、高建等廿四牒，書到，庱　　　　　　　　　　　　　　　　　　20.12A

　　　　　　　　　　　　　　　候史齊、遂昌　　20.12B/A33

該簡明確顯示元康元年（前65），東部候長爲長生。而且材料所見，東部

---

① 趙寵亮《行役戍備——河西漢塞吏卒的屯戍生活》，第170—174頁。驗之以金關簡，亦復如此，涉及粟麥出入的簡達百枚以上，而糜出入簡不足十枚。
② 李均明《漢代甲渠候官規模考（下）》，第81—82頁。
③ 趙寵亮《行役戍備——河西漢塞吏卒的屯戍生活》，第168頁。

候長長生活動於元康元年至元康三年(前63),①涵蓋了"肩水候長"長生的活動年代,因此兩者當爲同一人,故2.119、2.120兩簡的肩水候長應屬泛稱,並不表示長生爲"肩水部"的候長。其他如肩水候史、肩水士吏等的稱呼,應與"肩水候長"相似,皆泛指肩水候官塞的某位候史、士吏等。②

據上文所述,候官遺址迄今未發現"肩水部"的相關簿籍文書,A35遺址出土的肩水部文書亦不屬此"肩水部",所謂的"肩水候長"實際上屬於泛稱,結合學界對性質相同的所謂"甲渠部"的討論,我們以爲肩水候官塞並未設置過"肩水部"。

十一、小結

綜上,肩水候官塞共轄有九個部,材料所見其存在時間上限不一致,中部最早(前68),右後部最晚(前58),兩者相差10年。下限也不一致,其中左前、右後兩部最晚(19年),右前部最早(前37),兩者相差56年。而且,材料所見這九個部的紀年出現頻次及間隔期亦參差不齊(表1-1)。造成這一狀況的原因,一方面在於資料留存及發掘具有很大的偶然性,並不均勻,另一方面,部與部之間的建置、廢棄很可能並不同步,或存在此先彼後的現象。③ 如前所述,肩水塞直到建武三年(27年)五月依然存在,卻不見此時諸部的活動記錄,很可能當時建制尚在,但礙於邊防軍事形勢,大多數"部"都近乎停止活動了。

---

① 詳拙文《漢代肩水塞東部候長繫年初編》,第218—221頁。
② 當候官塞下某部候長代表所屬候對外行文時(簡2.120),需自稱候官名+候長,如肩水候長,實際上並不表示肩水部的存在。另外,亦有珍北隧(EPT40:11、EPT52:405)、廣地隧(73EJT37:718、73EJF3:125)的稱呼,與此同理。這反映了一種關係型的稱呼。另外,簡73EJT4:43並列記載三四處"肩水候長",惜簡牘殘斷嚴重,僅有"甯稚卿"的名字留存下來,另外兩處"肩水候長"亦可能也爲某人姓名,似爲肩水候官塞下某幾個部的候長姓名統計。若此不誤,則更證明所謂"肩水候長"只是泛稱。
③ 有學者指出漢代居延地區存在文書造假的現象,包括武器裝備、吏卒離署、執勤記錄等,很可能與實際情形不符(高震寰《論西北漢簡文書與現實的差距及其意義》,《新史學》第25卷第4期,2014年,第1—42頁)。這一情形所反映的不僅僅是漢朝統治秩序的問題,還透露出文書行政的依賴性和弊端,很多文書上記錄的東西在實際中未必存在。因此,時間特別靠前或靠後而又孤立的材料,很可能只是文書行政的產物,實際活動相對較少。如"萬世隧皆廢置不能發遣卒"(29.14/A32)、"今候長亭隊長皆不居治所毋吏卒"(73EJF3:112)等顯示,實際屯戍活動中即存在很多不合規定的事情。

表 1-1　諸部紀年

諸部	紀　　年
東部	地節三年(前67)、地節四年(前66)、元康元年(前65)、元康二年(前64)、元康三年(前63)、五鳳三年(前55)、甘露二年(前52)、甘露三年(前51)、建始四年(前29)、鴻嘉元年(前20)、元始四年(4年)、居攝三年(8年)、新莽天鳳年間(14—18年)
南部	元康三年(前63)、河平元年(前28)、元延元年(前12)、元延三年(前10)、綏和二年(前7)、建平元年(前6)
西部	元康二年(前64)、建昭五年(前38)、河平四年(前25)、元始元年(1年)
北部	地節四年(前66)、元康二年(前64)、五鳳三年(前55)、永光元年(前43)、永光三年(前41)、永光四年(前40)、建始二年(前31)、永始四年(前13)、建平元年(前6)
中部	地節二年(前68)、地節五年(前65)、五鳳三年(前55)、永光五年(前39)、居攝三年(8年)
左前	元康二年(前64)、元康四年(前62)、居攝三年(公元8年)、始建國天鳳六年(19年)
左後	元康四年(前62)、初元二年(前47)、初元四年(前45)、元延二年(前11)、建平二年(前5)
右前	元康二年(前64)、元康四年(前62)、建昭二年(前37)
右後	神爵四年(前58)、甘露三年(前51)、建始元年(前32)、始建國天鳳六年(19年)

上文從時間序列上探明了諸部的存在,實際上有數枚簡顯示某些部同時出現,如下:

2.121.　☐二人　六年部候長候☐

　　　　☐☐　　凡六部會☐　　　　　　　　73EJH2：87A

　　　　☐☐☐☐史二人☐

　　　　☐長六人卒十五人☐

　　　　西部候長候史二人☐　　　　　　　　73EJH2：87B

该简上下皆残，据正面简文"凡六部会"或为总结性的文书，而背面"西部候长候史"显然记录的是肩水塞，故该简涉及某个时段肩水塞的六个部，虽不清楚具体所指，但显然至少同时存在六个部。此外，2.122（73EJT37：1151）形制爲寛木牍，简文"赋阁"似涉及汉简里常见的阁钱。① 据简文"士吏将余卒"，似涉及某种作业。正面简文所涉及的袤亭、驲望等亭隧，无法判断属於哪个候官塞。简背分上下三栏书写，末端有钩校符号。简文共涉东、南、北、左后等四个部，以及驲北、临利、如意、报胡、代马、禁姦等亭隧。左下角"鼓下余十五石五"，当爲结余统计。该简东部、南部、北部、左后部并列，足证这四部同时存在。该简仅涉及九部中的四部，很可能爲肩水候官制作的某种临时性统计的文书。另，简2.123（73EJC：320）亦爲寛木牍，左右两侧均残，简文显示西部、中部、左后、右前、右部等五部某个时期同时存在。尹并、莊甲等个人与诸部并列，所记爲钱数，不知是否属於阁钱。另，上举简2.9并列西部、南部、左后部，简2.15并列南、北两部。此外，简73EJD：105并列东、南、北、中四部，②简73EJT23：322亦同时涉及中部、北部及左前部。③

综上，结合诸部纪年简的时间节点与诸部并列记载的情况判断，肩水塞所辖九部的主要活动时段，"掐头去尾"后，基本上集中於宣帝地节至新莽始建国年间。这期间，九部应是同时存在的。此前此后，亦有零星活动。

---

① 关於汉简里的阁及阁钱的分析，参谢桂华《居延汉简所见邸与阁》，原载《出土文献研究》第三辑，1998年，此据作者《汉晋简牍论丛》，广西师范大学出版社，2014年，第230—245页；黄浩波《〈肩水金关汉简（壹）〉所见卒阁钱簿》，2012年3月13日刊於简帛网：http：//www.bsm.org.cn/show_article.php？id=1651。
② 简73EJD：105"□谓东部候长忠南部候长尊中部候长明北部"，显示四部并存。该简出土地标记爲T168烽燧遗址，该遗址即橐他塞莫当隧。不过，橐他塞似并无东部的设置，故该简所记信息当爲肩水塞。
③ 简73EJT23：323如下：
　　……
　　见钱十六万八千七百付就人·凡当三万八千六钱　　出钱百中部□□
　　□□□□　　　　　　　　　　　　　　　　　　凡付就人三百九十六钱
　　　　　　　　　　　　　　　　　　　　　　　　　　　　　73EJT23：323A
　　□五十四卩　　中部六十三□百钱　　十一月奉三千
　　左前五十四卩　北部六十三卩　　　　十二月奉三千六百　　四千五百□□
　　　　　　　　　　　　　　　　　　　　　　　　　　　　　73EJT23：323B
　　该简或爲某种钱出入记录，涉及中部、左前、北部等，显然此时三部同时存在。

第一章 肩水塞部隧考

簡 2.122A	簡 2.122B	簡 2.123

簡 2.122A：
賦閣已歸東部卒四人以粟入出朌尸
令士吏將餘卒,持五人食,詣馹望,
各有受閣,令持矛去,並取利袜穿,
即持皮來,令持三皮予服胡千秋爲僵治綺
・出朌卒,閣在府,令袤亭卒持
北辟外垣西面□程

簡 2.122B：
東部三
南部二
北部五 一騂北矛
左後三
士吏張卿二
臨利二
歸禁姦卒同丿
鼓下餘十五石五
歸如意卒張同,爲記,遣令持其□去丿
遣卒蓋宗,詣報胡代馬遂,令亭□□丿

簡 2.123：
尹並錢六百
右後小畜錢六百卅
左後錢五百卅
右後弩就錢百七十
莊甲錢百五十
西部小畜錢五百卅
右前小畜錢六百卅
中部小畜錢六百卅

第三節 諸 隧

排比 A32 及 A33 遺址出土簡牘,明確或推斷轄於肩水塞者共 74 所亭隧。這些亭隧的相關資料很多，爲敘述方便，擇要列舉，全部材料的簡號見本章附表。首先來看冠以肩水（候官）字樣或顯示具有隸屬關係的亭隧，如下：

3.1. 肩水候官駟望隧長公乘楊殷自占書功勞記九月晦日
　　　爲肩水候官駟望隧長四歲十一月十日
　　　凡爲吏四歲十一月十日　　　　●能書會計治官民頗知律令文
　　　其六日五鳳三年九月戊戌病盡癸卯不爲勞　年廿七歲
　　　　　　　　　　　　　　　　　　　　　　73EJT26：88A

3.2. 肩水候官執胡隧長公大夫奚路人，中勞三歲一月，能書會計治官民頗知律令文。年卌七歲，長七尺五寸，氐池宜藥里，家去官六百五十里
　　　　　　　　　　　　　　　　　　　　　　179.4/A33

3.3. 肩水候官始安隧長公乘許宗 中功一 勞一歲十五日 能書會計治官民，頗知律令，文。年卅六，長七尺二寸，觻得千秋里，家去官六百里
　　　　　　　　　　　　　　　　　　　　　　37.57/A32

3.4. ☐水候官受降隧長二歲一月二☐　　　　　242.2/A33

3.5. ●肩水候官廣谷①隧居攝二年兵簿　　　　73EJT23：884

3.6. 肩水候官完軍隧☐　　　　　　　　　　　73EJT6：122

3.7. 肩水候官辟非隧長公乘茍長賢　　　　　　73EJT25：121A

3.8. 肩水候官乘山隧長公乘舒☐　　　　　　　339.8/A33

3.9. ☐水候官如意隧長公大☐☐☐
　　　☐水候官如意隧☐☐☐☐
　　　　　☐☐歲☐　　　　　　　　　　　　239.78/A33

3.10. 張掖肩水東望隧長觻得敬老里不更騶悍　73EJT37：1458A

3.11. 市陽里張延年蘭渡肩水要虜隧塞天田入今　10.22/A33

3.12. 肩水臨田隧長歸方恢叩頭白記☐
　　　橐他候長楊卿閣下　　　　　　　　　　73EJD：308

3.13. 肩水平樂隧長李駿　　　　　　　　　　43.23/A32

3.14. 肩水並山隧長觻得成漢里王步光　　　　403.6/A33

3.15. 肩水壙野隧長鄧就　　　　　　　　　　73EJT37：977

3.16. ☐肩水禁姦隧長代王譚☐

―――――――――――
① "谷"字原未釋，輪廓尚存，據圖版徑改。

　　　　☒二千四百七十六泉六分☒　　　　　　　73EJF3：78+623

3.17. 肩水望城隧長屋蘭大昌里丁禹　未得地節二年正月盡九月積九月奉☒

　　　本始二年六月己巳除　　　　　　已得都內賦錢五千四百

　　　　　　　　　　　　　　　　　　　　73EJT24：945+534

3.18. 二月癸亥除爲肩水臨渠隧長至十二月庚子遣誼之都倉爲

　　　　　　　　　　　　　　　　　　　　　　183.10/A33

3.19. 肩水金關隧長觻得步利里公乘張誼年冊一　建平五☒

　　　　　　　　　　　　　　　　　　　　　86EDT5H：96

3.20. ☒□水候前移□記召倉南隧長疵所□☒　86EDHT：25

　　前三簡皆爲功勞名籍，詳載職務、功勞、文書律令能力、家庭住址等信息。① 簡3.4似亦爲功勞名籍，3.5爲簿籍標題簡，3.12當爲書信。簡3.16上下皆殘，右側似刻齒，據簡文似爲某種錢簿籍，用詞"泉"顯示該簡當爲王莽時期。② 簡3.17爲俸賦名籍，記載除任日期，應當用於計算俸祿及廩食③。3.1—3.9等簡，隧前冠有"肩水候官"，無疑屬於肩水塞。3.10—3.19等冠以"肩水"而非"肩水候官"，雖然"肩水"存在指稱"肩水部"也就是"肩水都尉轄區"的現象，但這十例的語境及用法，當指"肩水候官"或"肩水塞"。此外，3.20上下皆殘，據簡文，似肩水候以"記"召倉南隧長，很可能倉南隧亦轄於肩水塞。若兩者無隸屬關係，肩水候恐怕不會直接發文召喚。綜上，馴望、執胡、始安、受降、廣谷、完軍、辟非、乘山、如意、東望、要虜、臨田、平樂、並山、壙野、禁姦、望城、臨渠、金關、倉南等20所亭隧，均轄於肩水塞。

　　另外，A33和A32遺址出土了穀物、食鹽、俸錢等出入簡，根據發放原則，亦可找出隸屬關係。如下：

3.21. 出粟三斛　稟獲胡隧卒張恩八月食　　　73EJF3：84

---

① 功勞名籍的集成分析，參李天虹《居延漢簡簿籍分類研究》，第143—145頁；李均明《秦漢簡牘文書分類輯解》，第179—180頁；趙寵亮《行役戍備——河西漢塞吏卒的屯戍生活》，第125—128頁。
② 王莽時期漢簡裏"錢"寫作"泉"，見饒宗頤、李均明《新莽簡輯證》，新文豐出版公司，1995年，第112—116頁。
③ 關於俸賦名籍的書式及發放程序，參李天虹《居延漢簡簿籍分類研究》，第26—29頁；李均明《秦漢簡牘文書分類輯解》，第362—366頁。

3.22. 出粟三斛╮╮稟辟之隧長華豐十二月食 十二月五日自取 73EJF3：87

3.23. 出粟三斛三斗三升少 稟要害隧卒孟崇八月食 八月一日自取 桼十╮ 73EJF3：88

3.24. 出糒一斛□斗五升 又二斗五升 凡三斛 稟彊斷卒李二月食 盡二月晦食□ 73EJF3：279

3.25. 出粟三斛三斗三升少 稟廣新隧卒范讓八月食 八月一日自取□□ 73EJF3：397+403

3.26. 出穬穬三斛 稟受降、安世隧長李敞牛成等二人十月食 73EJF3：401

3.27. 出麥二石 稟臨莫隧卒廉襄九月食二十一╮ 73EJT24：43

3.28. 出麥二石 稟河上卒禮猛六月食 二十一 卪〼 73EJC：303

3.29. 出麥一石九斗三升少 以食斥竟隧卒周奉世九月食 10.3/A33

3.30. 出麥一斛九斗三升少 以食通望卒王同四月食①〼 86EDHT：45

3.31. 出糜一石九斗三升少 以食逆寇隧卒王廣國二月食 73EJT30：40

3.32. 出鹽三斗 以食曲②中隧長淳于五月食 73EJT22：68

3.33. 〼麥二石 以食安樂隧戍卒陳廣五月食 卪 332.14/A33

3.34. 〼 稟安竟隧長張誼十二月食 73EJT24：623

3.35. 〼 稟廣漢隧長宋長八月□ 73EJT23：392

3.36. 〼稟萬福隧長宋放十月食 86EDT5H：91

3.37. 累南尹安漢九月食三石三斗 卪 562.28/A33

3.38. 〼稟伏胡隧卒番隆十一月食 十一月辛酉令史宏付候長譚 86EDT16：2

3.39. 〼稟彊漢隧長朱雲四月食 253.3/A33

3.40. 〼望泉隧卒公乘□十二月食 86EDHT：73

3.41. 〼□石前已稟 稟止虜隧長蘇習十一月食 丿 86EDT5H：5

3.42. 〼稟收降卒藉鳳十一月食 十一月乙丑令史豐付鳳 86EDT22：2

---

① "食"字原未釋,圖版尚存"食"字頭,結合文例,徑補。

② 原未釋,據圖版,當爲"曲"。曲中隧亦見於"曲中隧長昭武對市里公"(73EJD：160)。

3.43. ☑稟當谷隧卒王明十一月食　十一月辛酉令史宏付候長譚
　　　　　　　　　　　　　　　　　　　　　　　86EDT22：7
3.44. 出麥二石　稟當利卒孟崇□☑　　　　　86EDT5H：71
3.45. ☑　　稟禁胡隧卒☑　　　　　　　　73EJT24：338
3.46. ☑稟登山隧卒桃永□□☑　　　　　　　86EDT5H：116
3.47. ☑稟安農隧卒田紀五月十九日食　　 ☐　219.21/A33
3.48. 出錢千八百　其六百都君取　給安農隧長李賜之七月八月九月奉自取　　　　　　　　　　　　　　　　　　　　73EJH2：7+85
3.49. ☑親十一月奉　金城隧長魯猛取　 ☐　　339.32/A33
3.50. 出賦錢六百　以給第六隧長馬秋九月奉　九月丙辰獲胡☑
　　　　　　　　　　　　　　　　　　　　　　　86EDT8：10

上舉30枚簡，有27枚爲穀物、鹽出入記錄，3枚爲錢出入記錄。3.21—3.43等簡，均載明某月，應爲發放給所轄吏卒的廩食支出記錄。需要說明的是，儘管部分簡牘出自 A32 而非肩水候官（A33）遺址，但前者依然是肩水塞的轄區，且與肩水候官關係極爲密切，①故將此地出土的廩食發放記錄簡與肩水候官出土的廩食簡同等處理，應當是可行的。3.44"麥二石"，與 3.33 相同，應該也是某個整月的發放記錄，惜下端月份殘缺。簡 3.45、3.46 上下皆殘，據"稟"字，當爲某月廩食，若是一般性的隨機招待消費，則當記爲"食"。因此，簡 3.47 所記雖爲五月十九日而非整月，據"稟"知其當爲廩食，並非臨時性招待消費。3.48、3.49、3.50 三簡爲隧長月俸支出的記錄。綜上，獲胡、辟之、要害、彊斷、廣新、安世、臨莫、河上②、斥竟、通望、逆寇、曲中、安樂、安竟、廣漢、萬福、累南、伏胡、彊漢、望泉、止虜、收降、當谷、當利、禁胡、登山、安農、安農、金城、第六等30所亭隧亦轄於肩水塞。

據下簡，執適隧亦屬肩水塞：

3.51.　　　　　　　止虜隧長申延壽韋直百一☐
　　□□□一枚直二百　執適隧長王遣韋五枚直廿

---

① 參第四章。
② 河上隧較爲特別，除上舉資料出現"河上卒"外，其他多以"河上候史"的身份出現，如73EJT6：90、73EJT23：267、73EJT24：155、73EJT24：637、73EJT37：1163、73EJT37：1581、73EJF1：29等。據高榮、張榮芳研究，一般而言，每部配備一到兩名候史，候史往往主理一隧（《漢簡所見的"候史"》，《中國史研究》2004年第2期，第15—23頁），據此，則河上隧或爲某部候長治所。惜材料有限，不詳何部。此外，簡86EDT5H：128記載"靳豐乘河上金關隧卒朱業"，河上、金關不知是否指一地，惜下端殘損，無法判斷。

□□□長寧章五直廿三　　豆山隧長趙彭助五枚□
　　　　　　　　　　　　　　金關隧長轟定卅五枚直　　　　73EJT24：138

該簡爲寬木牘，分上下兩欄書寫，唯上欄第一行"□□□一枚直二百"字體較大，其餘五行字體均較小，很可能該行"二百"乃數目總計。上欄第二行"長"前之字未釋，察輪廓似爲"隧"字，惜隧名無法確定。該簡很可能爲某部所轄隧長的財務清單。豆山隧當即爲登山隧，據前述，與止虜、金關隧同屬肩水塞，故簡文涉及的執適隧很可能亦轄於肩水塞。

另，尚有一枚寬木牘，涉及很多部隧，如下：

3.52.　望泉吏耿尚見段放見　　治渠卒郭建見　猛胡吏王相見
　　　　滅胡卒杜惲見安長受三月□　第六吏　　　　夷胡吏
　　　　　　　　　　　　　　　　如意吏封憲見　收降吏
　　　　　　　　辟非吏受降吏
　　　　　　　　　　　　　　73EJF3：251A+636B+562A+234A+445A
　　　＼平樂吏六月亡弩三　受降吏王晏見
　　　　萬福吏周望見毋卒
　登山吏二月亡弩三　彊新吏王護六月十三日亡卒賈惲見
　要虜吏六月亡弩三　意吏來舉亡
　　　　　　　　　　　　　　73EJF3：251B+636A+562B+234B+445B

該木牘應爲吏卒在署不在署的檢查記錄。其中，望泉、第六、如意、辟非、收降、平樂、受降、萬福、登山、要虜、夷胡等隧，據前述，轄於肩水塞，而治渠、猛胡、滅胡、意隧、彊新等隸屬關係不明。據大部分亭隧皆轄於肩水塞以及該簡的性質判斷，後六隧很可能亦屬肩水塞。

另外，西漢通行十六時制，每時 10 分，①完整的郵書刺一般記有付受時間，郵書課還記有傳遞里程、用時及是否中程等考核情況。肩水塞的郵書，自北而南存在驛北—沙頭—驛馬的傳遞路綫。部分郵書簡顯示，由驛北至

---

① 居延漢簡的發現爲學界探討漢代，尤其西漢時制提供了大量基礎史料，目前主流的看法是西漢（至少西漢中晚期）通行十六時制、每時十分，但在具體的時稱、時序上尚有分歧。李天虹曾比對綜述各家説法，是迄今爲止最爲全面的研究，參《秦漢時分紀時制綜論》，《考古學報》2012 年第 3 期，第 289—314 頁。亦可參冨谷至編《漢簡語彙考證》，"漢代の時制"，吉村昌之執筆，第 133—150 頁。

沙頭傳遞郵書平均用時 7 分,①由沙頭至騂馬用時 1 時 1 分半分,②而弱水流域的郵書傳遞速度一般爲每時 10 漢里,③故沙頭距騂北僅 7 漢里,不足 3 公里,騂馬距沙頭十一二漢里,約 5 公里。④ 鑒於騂北亭就在 A32 遺址,⑤假使

---

① 明確記載騂北至沙頭之間郵書傳遞時間的簡牘,目前共見如下數簡:簡 73EJT23:624"昏四分賀受莫當卒昌 夜食賀付沙頭卒放",昏即昏時,昏時四分至夜食共歷六分;簡 73EJT4H:12"五月癸亥日中時騂北卒黨受莫當卒同八分時付沙頭卒同",用時 8 分;72EJC:25"正月丙寅平旦卒充受莫當卒禹七分卒付沙頭卒生",用時 7 分。三簡平均,用時 7 分。
② 目前可見,明確記載騂北至沙頭間郵書傳遞時間的共有:簡 506.6"六月十三日庚申日食坐五分沙頭亭長受騂北卒音日東中六分沙頭亭卒宣付騂馬卒",用時 1 時 1 分;505.2"六月廿四日辛酉日蚤食時沙頭亭長 受騂北卒音日食時二分沙頭卒宣付騂馬卒同",用時 1 時 2 分。兩簡平均,取 1.15 時。
③ 郵書簡以"當行"記法定速度,如簡 EPS4T2:8"官去府七十里書一日一夜當行百六十里"、EPF22:147"吞遠隧去居延百卌里檄當行十三時"、EPT57:30"界中二十五里人當行二時五分"、EPT50:107"去臨木隧十七里當行一時七分"等顯示北部居延地區法定速度爲每時十里;簡 73EJT23:764"界中卌五里函行四時五分中程"、73EJF3:143+211+425、73EJF3:628+311"界中百三十里書行十三時中程"等顯示肩水地區法定速度亦每時十里。可見,整個弱水中下游的法定郵書傳遞速度爲每時十里。雖然如此,實際傳遞過程中可能有快有慢,不一定正好達到每時十里的速度。漢魏里,一般以"定行"表示實際用時,目前可見以下材料:EPT52:215"界中八十里定行七時□程"、EPF22:407"界中廿五里書定行一時"、EPW:1"界中九十八里書定行十時中程"、EPC:26"界中九十八里定行十二時過程二時二分"、EPC:37"界中九十八里定行十時中程"、133.23"界中八十里書定行九時留遲一時"、157.14"界中九十五里定行八時三分疾程一時二分"、163.19"卌八里定行三時五分"、231.2"界中八十里書定行十時留遲二時"。有快有慢,但差別不大。而且,涉及騂北、沙頭、騂馬三者的郵書簡,用時基本相同,故應爲通常速度,按每時十里計算當不成問題。
④ 目前發現的西漢木尺、竹尺及骨尺、鐵尺等實物,折合後在 23—23.8 釐米之間,結合秦代尺制,西漢標準 1 尺應爲 23.1 釐米(丘光明、邱隆、楊平《中國科學技術史:度量衡卷》,科學出版社,2001 年,第 198—201 頁)。不過,實際行用中容有誤差,A32 遺址出土兩枚昭宣時期的尺子,分別長 23.6 釐米、23.2 釐米,而居延新簡 EPT58:36 顯示,漢代 1 里等於 300 步,也就是 1 800 尺,在 417—424 米之間(李振宏《居延漢簡與漢代社會》,中華書局,2003 年,第 170 頁),暫取中間值 420 米。下同,不贅。侯旭東曾引金關出土的亭間道里簿推測,沙頭北距 A33 遺址 4 公里,大概位於東部塞內約 A33、A34 遺址之間,而兩遺址相距 5.4 公里,或即騂馬亭(《西漢張掖郡肩水候官騂北亭位置考》,《湖南大學學報(社會科學版)》2016 年第 4 期,第 37 頁)。此説亦證明沙頭、騂馬等當屬於肩水塞。
⑤ 侯旭東利用 A32 遺址出土的"日迹檔"、楬,以及金關出入名籍簡所見的責任人,推測騂北亭位於 A32 遺址塢內(《西漢張掖郡肩水候官騂北亭位置考》,第 32—37 頁)。而沈剛質疑這一觀點,認爲金關隧若設在別處而非 A32 遺址,與通常的命名原則不符,而且道里簿(73EJT28:8)顯示的距離與現存烽燧遺址對應不上,推測騂北亭在金關南部約 0.9 公里處的 T169 遺址(《也談漢代西北邊亭——以張掖太守府轄區爲中心》,《簡帛》第十五輯,2017 年,第 217—218 頁)。筆者贊同騂北亭位於 A32 遺址的觀點,除了侯文舉出的幾點證據外,還有以下理由:(1)若金關隧駐在 A32 遺址,則金關出入記録簡應該出現金關隧吏員的信息,而非騂北亭。而且,A32 遺址出土簡牘中極少金關隧的資料(僅十餘枚);(2)A32 遺址出土了騂北亭長在肩水候面前開封文書的簡(73EJT7:26)。通常情況下,若騂北亭駐在外地,亭長不應在 A32 遺址開封文書;(3)A32 遺址出土兩枚"望金關隧"的候望簽牌(73EJT2:82、73EJF1:89)。據學者研究,這是一種固定起來用於對準候望對象,而非標誌某種物品或文書的簽牌(樂遊《河西漢簡所見候望簽牌探研——兼論簽牌的一種使用方式》,《簡帛研究 2014》,2014 年,第 214—224 頁),而且兩簡出土地皆在塢內烽臺附近,顯是固定在此地用於候望遠處的金關隧的;(4)A32 遺址出土數量不菲的郵書刺,都是以騂北亭爲中心進行記録的,且極少見郵書課,可見留下來的都是原始記録,因此最有可能的就是騂北亭駐在該地;(5)弱水中下游流域的道路曲折回環,郵書刺顯示的數據與現在測算的直綫距離無法吻合。

三者在一條直綫上,驛馬、驛北相距約 8 公里,而 A35 遺址距 A32 約 9.5 公里,①故驛馬亭很可能在 A35 以北或附近,結合該遺址出土郵書簡多以沙頭、驛馬爲中心進行記録的情况,②顯見兩者皆屬肩水塞。驛馬之南的郵亭則爲界亭,③頻見於 A35 遺址出土的郵書簡。其中簡 506.5 顯示界亭距驛馬 30 漢里,④約 12.5 公里,很可能位於肩水塞與驛馬田官交界之地,故名界亭,似亦屬於肩水塞。

除上述涉及的亭隧外,另可推定部分亭隧隸屬於特定的某部(詳第四節),肩水塞共轄共 74 所。

第四節　部、隧隸屬

肩水塞轄九部,亭隧 74 所,部隧隸屬關係如何,本節專注於此。爲敘述方便,逐部考證列舉所轄亭隧,最後予以總結。

一、東部

材料顯示,某個時期東部塞轄有 6 所亭隧,如下:

4.1.　☐候長廣宗主隧六所負二☐☐☐第九☐☐　　　73EJT31∶138

該簡形制爲兩行,殘損嚴重,據簡文判斷似爲某種巡視報告清單。未言候長廣宗所屬何部,不過東部候長有名爲王廣宗者,活動於甘露二年間,⑤很可能爲同一人。若推論不誤,則此時東部轄隧六所。

---

① 邢義田《全球定位系統(GPS)、3D 衛星影像導覽系統(Google Earth)與古代邊塞遺址研究——以額濟納河烽燧及古城遺址爲例(增補稿)》,見《地不愛寶:漢代的簡牘》,第 247 頁。
② 如 495.13+495.28、502.1、502.9+505.22、503.1、505.6、506.5 等簡均以驛馬亭爲中心記録郵書傳遞,簡 505.2、506.6 以沙頭亭爲中心進行記録。記録方式之不同,很可能反映了原始來源地的不同,故使用此類郵書簡時需仔細分辨其記録方式。另外,結合東部候長與驛北亭同駐 A32 遺址,而簡牘多見以驛北亭爲中心記録郵書傳遞的情况,很可能沙頭及驛馬亦當爲某部候長駐地,惜不詳具體何部。
③ "界亭"字原釋作"不今",裘錫圭認爲當改釋,今從。參氏著《再談甘露二年御史書》,原載《考古與文物》1987 年第 1 期,此據《裘錫圭學術文集》第二卷《簡牘帛書卷》,第 166—167 頁。
④ 506.5"二月甲戌夜食驛馬卒良受沙頭卒同夜過半時良付界亭卒豐"顯示,夜食時從驛馬傳遞,至夜過半時方至界亭。而學界關於漢代十六時的時序至今無定論,夜食至夜過半間,2 時、3 時、4 時的説法均存在(李天虹《秦漢時分紀時制綜論》,第 302—306 頁),這裏暫折中取 3 時,約 30 漢里。
⑤ 詳拙文《漢代肩水塞東部候長繫年初編》,第 222—224 頁。

材料不見這 6 所烽燧之名，不過首先可確認騂北亭名列其中。東部候長治所、騂北亭同在 A32 遺址，而且該地還出土有騂北亭呈給東部候長的上行文書，足證其隸屬關係，如下：

4.2. 河平二年十二月甲戌騂北亭長章敢言之治所檄曰　　73EJT10：125

4.3. ☒北亭長章敢言之：迺癸巳平旦時騂北亭卒同受　　73EJC：293

簡 4.2 爲騂北亭長章上呈的文書，呈報對象"治所"當爲東部候長治所，①故其轄於東部候長無疑。簡 4.3 亦爲騂北亭長呈給東部候長的上行文書。這一事實顯示，作爲東部候長駐地的 A32 遺址理應發現東部候長與轄下亭燧之間的往來文書，即：（1）東部塞轄下亭隧上呈的文書正本；（2）東部候長發給轄下亭隧的文書的草稿或底本。根據此點爬梳材料，可發現東部塞所轄的烽燧。

4.4. 神爵二年正月丁未朔癸酉，執適隧長拓敢言之：謹移☐☐簿一編，敢言之。　　　　　　　　　　　　　　　　　　　　73EJT22：25

4.5. 甘露三年五月癸未朔甲午，平樂隧長明敢言之治所檄曰☐☐☐……移檄到，遣☐☐詣官，會己酉旦。謹案戍卒三人，其一人吴憙廼能莎上疾溫幸少愉其毛足進易皮☐出。　　　　　　　　73EJT28：18

4.6. 建始元年九月辛酉朔辛酉，樂昌隧長輔敢言之：謹移卒稟鹽名籍一編，敢言之。　　　　　　　　　　　　　　　　　　　　73EJC：603

4.7. 五月甲午，東部候長充宗謂驩喜隧長廣漢：寫移書到，☐省卒荌，它如候官書律令。　　　　　　　　　　　　　　　　　73EJF1：79

前三簡分別爲執適隧、平樂隧、樂昌隧上呈東部候長的文書，末簡爲東部候長下發給歡喜隧的文書的草稿或底本。這四簡顯示執適隧、平樂隧、樂昌隧、歡喜隧隸屬於東部塞。② 其中簡 4.5 涉及平樂隧，紀年爲甘露三年（前 51），據下述兩簡顯示平樂隧在金關以北：

4.8. 平樂隧長毛武 平樂隧長毛武 葆子男觻得敬老里公乘毛良年廿三 出入　三月癸丑北出　三月癸酉南入
　　　　　　　　　　　　　　　　　　　　　　　　　　　　　73EJT37：83

4.9. 本始四年二月甲辰萬福隧長通光受司馬米二石二斗以虞平樂以南

---

① 該簡"治所"，既可與"敢言之"連讀，亦可與"檄"連讀。無論採取哪一種句讀，"治所"都是呈報對象。
② 關於上述諸簡及四隧轄於東部塞的詳細分析，見第五章。

到如意   73EJT21∶137

　　簡4.8爲出入關名籍簡,記載平樂隧長毛武葆子男毛良出入關。簡末"三月癸丑北出""三月癸酉南入",很可能是同一年,若此不誤,則應先北出後南入。簡4.9顯示平樂隧在如意隧之北,而前舉簡2.84顯示如意隧轄於左後部,據前述左後部在金關以北,故東部塞似不應越過如意隧統轄平樂隧,很可能甘露三年時轄有"平樂以南到如意"的所有隧。不過,左後、左前、北部等三塞亦在金關以北,而東部塞與其他三部統轄亭隧的具體分佈尚不清楚,故暫不列入。或者存在某(些)隧遷移廢棄的情況,惜具體不詳。

　　另,前舉簡3.51並列執適隧、金關隧、止虜隧、豆山隧等,其中,金關隧具體地址不詳,據下述兩簡似亦轄於東部塞:

　　4.10. 二月丁丑告金關隧長賢友等:前官令賢□□☑各傳□□……
　　　　　□□治所□□□□☑   73EJT28∶14A
　　　　　□候史捐之。記到,趣縣索□亭四斤行☑□□記 73EJT28∶14B
　　4.11. 謂隧長賢友等:尉丞卿送刺史都吏北遷谷壹二行東塞,檄到,賢友等☑   73EJT28∶54

簡4.10爲兩行,據簡文屬於下發給金關隧長賢友的"官記",惜內容不詳。簡4.11爲單札,屬於發給隧長賢友的下行文書,兩簡"賢友"很可能爲同一人,若此不誤,則簡4.11亦爲金關隧。該簡顯示刺史都吏出金關北行,沿途經過"東塞",故很可能要求賢友等提前做好巡視準備。據此,則金關隧亦應轄於東部塞。綜上,簡3.51中的執適、金關兩隧皆轄於東部塞,而止虜、豆山隧與之並列,同屬東部塞的可能性比較大。

　　此外,A32遺址出土的一枚楬,顯示登山隧亦當轄於東部塞:

　　4.12. ◎ 登山隧長紳五十丈傳詣候長王卿治所
　　　　　　 各完全封相付屬毋留   73EJT28∶10

楬一般懸掛於所標識的物品或文書上,據之可分爲實物楬和文書楬。① 該簡頂端爲半圓形,沒有塗黑或網狀格紋,但存有繫繩的鑽孔,結合簡文當爲實物楬。"傳詣候長王卿治所",結合出土地駐有東部候長的史實,此"王卿"當即東部候長。登山隧長將五十丈的"紳"傳送給東部候長治所,很可能是在同一部內進行。若登山隧另轄於他部,似當通過其部候長進行傳遞,簡文

---

① 關於楬的分類及特點,可參李均明《秦漢簡牘文書分類輯解》,第456—465頁。

亦當注明東部候長治所,不應省略候長王卿所屬部的名稱。據此,登山隧當轄於東部塞。

綜上,前後轄於東部塞的亭隧,計有駮北亭及執適、平樂、樂昌、驩喜、金關、止虜、登山等隧,共 8 所,較簡 4.1 的數目多出 2 所。實際上,肩水塞存在的近百年中,部隧隸屬關係及亭隧位置的變動恐怕並非罕見,產生"誤差"也很正常。

二、南部

據前引簡 2.21,某個時期南部塞轄 6 所烽隧:

2.21. 南部隧六所狗籠□□□☒　　　　　　　　　232.28/A33

具體哪 6 所亭隧,限於材料,難以索解。又據前引簡 2.8:

2.8. 元延三年四月丙戌朔甲寅南部□☒
　　五月食名籍一編敢言之　　☒　　　　　　　75.9/A32

南部塞呈報五月份廩食簿籍册書,查居延舊簡中包裹號爲 75 的諸簡,並無相關名籍簡。又前引簡 2.6:

2.6. ●南部永始五年☒　　　　　　　　　　　73EJT37:893

似爲某種簿籍册書的標題簡,惜簡文信息太少,難以查證。

三、西部

西部塞目前尚不見其所轄亭隧統計,不知其總數。不過,下簡透露出一些信息:

4.13.　□城仲卿、　　水門王卿、
　　西①部　當井張卿、　壙野田卿、
　　　　　直隧張卿、　　候史王卿、　　　　　73EJT23:726

該簡爲寬木牘,右上殘缺,記□城、當井、直隧、水門、壙野等隧長及候史,不見候長,故應爲西部塞部分吏員名籍。每位吏員名字下面有鈎校符號,似爲

---

① "西"字原未釋,細察圖版,尚存左半部,殘存輪廓似"西",徑改。

某種校對簿籍。① 據此,當井、直隧、水門、壙野等四隧當隸屬於西部塞。

另,前引簡 2.25 亦可推測出某些烽燧:

2.25. 元始元年八月丙戌朔壬子,西部候史武敢言之:謹移吏卒廩名籍
一編,敢言之。　　　　　　　　　　　　　　　　73EJT21:108

該簡爲西部上呈的吏卒廩食名籍册書的呈文簡,惜原册書不存。檢該探方所出簡牘,有兩枚簡似爲吏卒廩名籍簡,如下:

4.14. 壙野隧卒夏則　　　　　　　　　　　　　　73EJT21:261

4.15. 要虜卒徐强　　　　　　　　　　　　　　　73EJT21:316

兩簡皆爲單札,下殘,紋路雖不同,在西北邊塞物資貧乏之地,此種情形恐不足爲怪。最關鍵者,兩簡書式似皆爲吏卒廩食申請名籍,很可能三簡爲殘存册書。若此説不誤,則壙野隧、要虜隧皆屬西部塞。

另外,前引簡 2.23、2.24 與 2.25 相類,同爲簿籍册書的一部分:

2.23. 建昭五年三月丙午朔甲寅西部守候長☐一編敢言之☐
　　　　　　　　　　　　　　　　　　　　　　　73EJT23:352

2.24. ●西部河平四年五月吏卒廩城官名籍　　　　72EJC:182

惜 2.23 殘缺,簿籍名稱不詳,2.24 爲採集簡,無法查找屬於兩份册書的簡牘。

綜上,當井、直隧、水門、壙野、要虜等五隧隸屬於西部塞。

四、北部

北部塞所轄烽燧,據前引簡 2.57,共 7 所:

2.57. 北部隧七所　　省卒五人詣金☐　　　　　 ·73EJH2:59

惜並無隸屬關係明確的材料,亦須借助其他簿籍册書推斷。前舉簡 2.32 很可能與以下諸簡原爲册書:

4.16. ☐廩名籍　　　　　　　　　　　　　　　　177.22/A33

4.17. ☐吏廩名籍　　　　　　　　　　　　　　　125.36/A33

---

① 關於鉤校符的種類及功能,參李均明、劉軍《簡牘文書學》,廣西教育出版社,1999 年,第 78—88 頁。

4.18. 出粟二石　稟士吏滑漢昌六月食　╲　　　125.34+177.12/A33

4.19. 出粟二石　稟夷胡隧長朱霸六月食　╲　　　177.10/A33

4.20. 出粟二石　稟候長楊禹六月食　　　　　177.13/A33

4.21. ■右吏八人　用粟十六石　　　　　　177.11/A33

2.32. ●北部永光三年六月卒稟名籍　　　　　177.14/A33

4.22. 出粟一石九斗三升少　稟☐　　　　　　177.9/A33

4.23. 出粟一石九斗三升少　稟臨☐　　　125.13+125.19/A33

4.24. 粟一石九斗三升少　稟廣谷隧卒秦訟尹六月食╲

　　　　　　　　　　　　　　　　　　177.20+177.18/A33

4.25. ☐升少　稟並山隧卒貫延六月食　╲　　　177.15/A33

4.26. ☐六月食　╲　　　　　　　　　　177.21/A33

4.27. ☐╲　　　　　　　　　　　　　　125.24/A33

4.28. ●凡穀卅一石　其十九石四斗粟　　　　　177.17/A33
　　　　　　　　　十一石六斗參

4.29. 永光三年六月乙卯朔☐
　　　稟名籍一編敢言之　　　　　　　　177.4/A33

上舉 15 枚簡都涉及吏卒稟食，除末簡爲兩行外，其餘皆爲單札，筆迹墨色近似，應爲同一份册書。參以相關研究，復原排列如上。① 該册書顯示，永光三年(前 41)六月，夷胡、廣谷、並山等三隧隸屬於北部塞。

又，據前引 2.34，建始三年北部候長光上呈一份稟鹽名籍簿書：

2.34. 建始二年八月丙辰朔☐☐北部候長光敢言之☐
　　　稟鹽名籍一編敢言之　　　　　　　　141.2A
　　　鄭光私印　　　　　置佐輔發
　　　☐戊午候長鄭光以來　　君前　　　　　141.2B/A33

查 A33 遺址出土簡牘確有兩枚鹽出入名籍，如下：

4.30. 出鹽三升　☐　　　　　　　　　　268.9/A33

4.31. 出鹽二升九龠　☐　　　　　　　　268.12/A33

---

① 若復原無誤的話，一方面，此前學界一般將"出穀+數量+稟吏卒+某月食"格式的簡歸入爲穀物出入簿。該册書，尤其末簡顯示此類記載穀物出入的册書亦名"××稟名籍"；另一方面，該册書顯示部給轄下隧吏卒發放完廩食後，還需要將相關情况匯總給候官，供其核查。4.18、4.19、4.24、4.25、4.26 等數簡末端的鈎校符號，或許即由候官核查後添加的。

兩簡皆爲單札,筆迹亦相似,惜皆爲殘簡,不見具體亭隧。

另,前引兩枚北部候長的呈文簡,如下:

2.33. 永光四年四月庚戌朔庚申,北部候長宣敢言之:謹移吏家屬出入金關簿一編,敢言之。　　　　　　　　　　　73EJT31:63

2.36. 建平元年正月甲子朔戊戌,北部候長宣敢言之:謹移部吏家屬符,調移肩水金關,出入如律令,敢言之。　　　　73EJT37:152

兩簡皆涉及吏家屬符,惜相關簡牘不存。

綜上,北部塞所轄烽燧可考者,共夷胡、廣谷、並山等3所。

五、中部

據前引簡2.63,中部塞轄隧7所:

2.63. 中部候長敕主隧七所當省卒七☑　　　　　　　73EJH2:24

惜亦無明確隸屬關係的烽燧材料,須借助相關簿籍冊書,如下:

2.59. 中部地節五年四月廩名籍　　　　　　　　　　255.34/A33

該簡爲中部廩名籍冊書的標題簡,檢核材料,前引簡3.39可能與之相關:

3.39. ☑廩彊漢隧長朱雲四月食　　　　　　　　　　253.3/A33

若所言不謬,則彊漢隧隸屬於中部塞。又,前引簡:

2.60. 中部五鳳三年正月吏卒被兵簿☑　　　　　　73EJT37:1339

2.62. ●肩水中部居攝三年十月吏卒見缺名　　　　73EJT24:197

2.60爲中部吏卒被兵簿的標題簡,2.62爲吏卒見缺名籍冊書的標題簡。檢核材料,惜無相關者。

綜上,目前僅考見彊漢隧轄於中部塞。

六、左前部

據前引簡2.70,萬世隧轄於左前部:

2.70. 元康二年二月庚子朔乙丑,左前萬世隧長破胡敢言之候官:即日疾心腹,四節不舉　　　　　　　　　　　255.22+5.18/A33

萬世隧前冠以"左前",即屬左前部。又,據前引2.82,左前部轄有夷胡隧:

2.82. ☐己卯定左前候史治所萛胡隧☐　　　　72EJC：216

4.32. 夷胡隧長夏侯慶召詣廷　　五月乙亥日餔坐入　73EJT23：776

4.33. 夷胡隧長司馬章兼直隧留☐☐☐☐將詣廷 五月庚戌日出入

　　　　　　　　　　　　　　　　　　　　　　73EJT23：777

左前候史治所爲萛胡隧,未言候史姓名。"萛胡"當即"夷胡"。4.32、4.33 兩簡顯示夷胡隧長夏侯慶、司馬章"詣廷"經過金關,據前述,"廷"既可表示肩水縣廷又可表示肩水候官,而兩者皆在金關以南,故夷胡隧當在金關以北。

另外,前引簡 2.71 爲戍卒賁賣衣財物爰書名籍册書的呈文簡:

2.71. 元康四年六月丁巳朔庚申,左前候長禹敢言之：謹移戍卒賁賣衣

財物爰書名籍一編,敢言之。　　　　　　　　　　　10.34A

印曰蘭禹

六月壬戌金關卒延壽以來　　　　　候史充國　　10.34B/A33

簡背"金關卒延壽以來",顯示該册書最後送達肩水候官。A33 遺址在金關以南 552 米處,①簿書由金關卒送達,②則左前部候長治所當在金關以北,很可能左前部轄隧當都在金關以北。檢核材料,下述兩簡疑與該簿書相關：

4.34. 貰買皁練複袍一領賈錢二千五百今子算☐　　　　69.1/A33

4.35. 故候史黮得市陽里寧始成貰買執胡隧卒☐　　　117.30/A33

兩簡皆爲單札,筆迹相似,尤其"貰買"兩字,字形絶肖。兩簡字迹與 2.71 亦相似,很可能原爲册書。若推測不誤,該册書涉及執胡隧,隧前省略所屬的候官塞名稱,或許該隧轄於左前部。

綜上,考見左前部烽燧 3 所：萬世、夷胡、執胡。

七、左後部

如前所述,左前部在金關以北。又,據前引 2.84、2.87 兩簡：

2.84. 入小畜雞一雞子五枚　元康四年二月己未朔己巳佐建受左後部,

如意隧長奉親、卒外人輸,子元受　　　　　　　　10.12/A33

---

① 邢義田《全球定位系統(GPS)、3D 衛星影像導覽系統(Google Earth)與古代邊塞遺址研究——以額濟納河烽燧及古城遺址爲例(增補稿)》,見《地不愛寶：漢代的簡牘》,第 247 頁。

② 金關卒職主食民出入關,亦負責傳遞部分文書,如"南檄二皆他候印詣肩水府 ☐付關門卒"(73EJD：14)。另,A33 遺址出土肩水候官封檢,如 5.19、20.14、403.7、562.15 等,題署顯示也由金關卒送達。

2.87. 元延二年四月己酉,尉 告左後守候長 謂桓軍隧長千秋等:府君行塞,即日出關,□以□　　　　　　　　　　73EJT23:308

如意隧、桓軍隧皆隸屬於左後部。另,如意隧出現於前引簡4.9:

4.9. 本始四年二月甲辰萬福隧長通光受司馬米二石二斗以廩平樂以南到如意　　　　　　　　　　　　　　　　73EJT21:137

該簡形制爲單札,簡文"受司馬米二石二斗",司馬爲都尉屬官,此處或爲城司馬。① 據簡文書式,應爲某種廩食簡,應以部爲單位進行編制。若推測不誤,則萬福、平樂、如意三隧當隸屬於左後部,惜平樂、如意兩隧之間的隧名不詳。廩食授受,由萬福隧長通光主持其事,很可能萬福隧爲左後部候長所駐之隧。

又,據下簡:

4.36. 三石具弩十其四傷淵獲胡辟非如意臨渠　　陷堅槀矢五十其五斤呼
三石具弩四皆傷　　槀矢千五十其卅四斤呼三辟非十二如意二第六
瞀十四完　　　　八臨渠廿一完軍
盾四完　　　　　蚩矢千二百其卅斤呼獲胡十八辟非三如意二第六八臨渠
　　　　　　　　六完軍三　　　　　　　　　　　75.17/A32

該簡爲寬木牘,應爲某種兵物簿,記兵器種類、數量、完傷情形。據槀矢多達1 050、蚩矢1 200枚及辟非、如意、獲胡、臨渠等隧反復出現看來,當屬某部的兵器統計。簡牘殘缺,所記並非全部。因如意隧曾隸屬左後部,故該簡很可能爲左後部的兵物統計。若推測不謬,則簡文涉及的獲胡、辟非、如意、臨渠、第六、完軍等六隧轄於左後部。其中有些隧,可能即位於平樂至如意兩隧之間。

另,尚有兩枚左後部簿書的標題簡:

2.86. 左後部初元四年四月己卯盡癸未堠上表出入界課　73EJT10:127
2.88. 左後部建平二年　行塞亭隧名　　　　　　　　　73EJT37:1494

2.86爲表火出入課簿書的標題簡,2.88爲行塞亭隧名簿書的標題簡,惜相關簡牘皆不存。

---

① 關於居延漢簡中所見司馬的研究,參陳夢家《漢簡所見居延邊塞與防禦組織》,見《漢簡綴述》,第44—46頁。

综上，共考见左后部所辖亭隧有如意、桓军、万福、平乐、获胡、辟非、临渠、第六、完军等9所。

八、右前部

如前述，左前、左后两部皆在金关以北，则右前、右后部当在金关以南，很可能分居肩水塞南端两侧。据下简，右前部一度辖有7所烽燧：

4.37. ● 右前候长□□都隧七所　见兹其千束　率亭作四百五十丈
其三所有彊洛四所毋彊洛 其五百束已□

73EJT30：18

该简左右两侧均残缺，形制或为两行，所记当为作务簿。"右前候长□□都隧七所"，"都"即为统辖，都隧7所与简文"其三所有彊洛四所毋彊洛"亦相符。又，如下两简：

4.38. 临泽隧牛印，襄泽隧长李甶，临利隧长孙庆，禽寇隧宋宋良，穷寇隧长张□☑　　　　　　　　　　73EJT23：287A

右前部隧亭　　　　　　　　　　　　　　　73EJT23：287B

4.39. ☑受仓南表六通付右前乘胡隧候长☑　　　73EJT25：23

简4.38"禽寇隧宋宋良"，前"宋"字当为"长"之讹，惜简牍下残，失去部分亭隧。4.39为表火传递记录简，"付右前乘胡隧候长"，"候"或为衍字。两简显示，临泽、襄泽、临利、禽寇、穷寇、乘胡等6所辖于右前部。前五隧很可能是逐隧列举，彼此相邻。又，下简：

4.40. ……　　　　　坞上□鹿卢不调利已利
襄泽隧　坞南面呼以作治　六石弩一伤渊中已作治　临泽隧长赵印兼
　　　　狗少一今以具　　　辛未章不知蓬火今以知　73EJT37：1069

该简分四栏书写，记载襄泽隧兵物装配及修治情况。据简末"临泽隧长赵印兼"，临泽隧长赵印兼襄泽隧长，推测两隧当属同部，且很可能亦相邻。

据前引简2.98，禁姦隧辖于右前部：

2.98. 入狗一枚　元康四年二月己未朔己巳佐建受右前部，禁姦卒充输，子元受，致书在子元所　　　　　　　　　5.12/A33

禁姦隧前直接冠以右前部，隶属关系明确。

此外，A33遗址出土了右前部亭隧被兵簿册书的呈文简：

2.99. □康四年十月乙卯朔,肩水右前候長信都敢言之:謹移亭隧守御器簿一編,敢言之。　　　　　　　　　　　　　329.1/A33

檢核材料,原册書相關簡牘已不存。

綜上,右前部共轄臨澤、襄澤、臨利、禽寇、窮寇、乘胡、禁姦等亭隧。

九、右後部

右後部烽燧資料甚少,僅有一份勞賜名籍簿書的標題簡:

2.107. ●右後甘露三年三月戍卒勞賜名籍　　　73EJT28:22

惜該簿書相關簡牘不存。

表 1-2　肩水塞部、隧隸屬①

部	亭/隧
東部	驛北、執適、樂昌、驪喜、金關、登山、止虜、平樂
西部	當井、直隧、水門、壙野、要虜
北部	廣谷、並山、夷胡
中部	彊漢
左前	萬世、執胡、夷胡
左後	桓軍、獲胡、辟非、臨渠、第六、完軍、如意、萬福、平樂
右前	臨澤、襄澤、臨利、禽寇、窮寇、乘胡、禁姦
不詳	東望、馴望、臨田、始安、受降、乘山、望城、辟之、要害、彊斷、廣新、安世、臨莫、河上、斥竟、通望、逆寇、曲中、安樂、安竟、廣漢、累南、禁胡、安農、金城、當谷、當利、望泉、安農、猛胡、滅胡、收降、憙隧、沙頭、驛馬、界亭、治渠、倉南、伏胡、彊新

十、小結

綜上,部隧隸屬關係明確的亭隧考得 36 所,且平樂隧兩轄於東部、左後部,夷胡隧兩屬於北部、左前部,故實際僅查明 34 所(表 1-2),另外 40 所不詳所屬。因簡牘材料遺留及出土發掘的偶然和隨機,故各部考見的亭隧數目不一,南部、右後部甚至一無所獲。加之肩水塞前後近百年,轄境及隧名

---

① 某些兩屬的亭隧,以斜體標示。

當有所變化，東部、右前部所轄亭隧超過7所，原因或即在此。

第五節 餘 論

經過上述繁瑣考證，現簡單總結一下：肩水塞不遲於元鳳三年四月即已設立，直到建武三年五月尚有零星活動，共轄有東、南、西、北、中、左前、左後、右前、右後等九部，考見74所亭隧，僅34所知所屬何部（表1-2），（章末附表）。

據前所述，左前、左後等兩部塞均位於金關以北。一般而言，當時東面爲左、西面爲右，如匈奴左部在東方、右部在西方，而肩水塞整體上呈東北——西南走向，故左前、左後兩部在北部，右前、右後當在南部，也就是肩水塞南端。另，前述北部塞亦在金關以北，按照每部轄6到7所亭隧計算，金關以北當有20所左右亭隧，以南當約有50所。不過，目前查勘發現金關東北最近的烽燧遺址（T168）即橐他塞莫當隧，因此，這20所肩水塞的亭隧到底在何處，尚不清楚。很可能金關以北原築有迄未發現或已消失的其他烽燧，甚者肩水、橐他兩塞的防綫歷史上有所調整，亭隧名稱亦隨之更換。這兩種情況都可能存在。

學界通常認爲肩水塞分佈在弱水兩岸，位於今沙棗墩水庫北至A32遺址這一地域內。① 目前所見，弱水東岸自金關南至今沙棗墩水庫有一道塞墻，長約60公里，分佈著17座烽燧遺址和金關。西岸自金關南至今天倉鄉國光村亦有一道塞墻，長約45公里，計有11座烽燧。兩塞間分佈有10座烽燧。② 總計38所亭隧，僅簡牘考證所得的一半。實際上，以亭隧間距2公里計算，③ 東西兩塞當有50餘所，與考證所得相近。因此，目前看來，很可能將近半數的烽燧遺址尚未發現或已不存。④ 此外，A35遺址當靠近駟馬屯田

---

① 肩水塞的具體統轄地域，尚未確定，這裏暫從通說，參吳礽驤《河西漢塞調查與研究》，第160頁。
② 關於金關以南弱水兩岸肩水塞的亭隧遺址現存情況，參吳礽驤《河西漢塞調查與研究》，第160—170頁。
③ 據調查，東岸烽燧遺址間距多爲2.3公里，如A32、T174、T175、T176四者之間相距皆約2.3公里，另如T195、T197間距2.3公里，T198、T200相距2.1公里。其他如T180、T181相距1.6公里，T181、T182相距1.7公里，T182、T186相距1.65公里，T197、T198相距1.8公里，而T200、T202相距14.8公里。實際上，有不少烽燧未發現或已消失，綜合前列數據，亭隧間距2公里可能較爲常見。
④ 比對附圖二，或許金關西北、東北方向原築有亭隧亦未可知。

區,從駅北、駅馬兩亭的命名看,駅馬屯田區亦當在此附近。駅馬屯田區是否有自己所屬的亭隧防綫,亦未可知。故實際上,金關以南肩水塞亭隧的設置較爲複雜,目前尚難以將考證所得與考古勘察發現完全對應起來。

肩水塞亭/隧詳表①

亭/隧	簡　　　　號	屬部
駅北亭	14.2/A33、14.3/A33、54.25/A33、239.83+85/A33、255.27/A33、339.3/A33、73EJT4：110、73EJT4：158、73EJT6：14、73EJT6：20、73EJT6：132、73EJT7：26、73EJT9：379、73EJT10：125、73EJT10：226、73EJT10：330、73EJT21：61、73EJT21：161、73EJT21：230、73EJT22：8、73EJT22：34、73EJT22：77、73EJT22：79、73EJT22：110、73EJT23：84、73EJT23：186、73EJT23：215、73EJT23：259、73EJT23：268、73EJT23：286、73EJT23：349、73EJT23：522、73EJT23：573、73EJT23：784、73EJT23：787、73EJT23：873、73EJT23：885、73EJT24：34、73EJT24：65、73EJT24：69、73EJT24：191、73EJT24：823、73EJT24：856（s）、73EJT25：47、73EJT25：122、73EJT25：135、73EJT26：98、73EJT26：103、73EJT26：149、73EJT26：233、73EJT27：44、73EJT28：39、73EJT28：117、73EJT29：16、73EJT29：122、73EJT30：34、73EJT30：61、73EJT30：102、73EJT30：125、73EJT33：14、73EJT33：25、73EJT33：53、73EJT37：798、73EJT37：1175、73EJF3：160、73EJF3：460、73EJF3：467、73EJD：34、73EJD：117、73EJD：125、73EJD：142、73EJD：288、72EJC：3、72EJC：266、72EJC：457、72EJC：591、86EDT7：3、86EDT5H：150 等	東部
執適隧	255.15/A33、584.1/A33、73EJT7：25、73EJT7：200、73EJT21：96、73EJT21：149、73EJT22：25、73EJT23：289、73EJT23：408、73EJT23：426、73EJT23：491+492+525+947+1038、73EJT23：697、73EJT24：138、73EJT26：54、73EJT26：107、73EJT26：282、73EJT28：48、73EJT28：113、73EJT30：85、73EJT4H：2、73EJC：418、73EJC：487、73EJC：507	
樂昌隧	237.44/A33、332.5/A33、339.18/A33、73EJT23：877、73EJT24：52、73EJT32：39、73EJC：603	
驪喜隧	7.8/A33、7.20/A33、53.3/A33、73EJT1：171、73EJT21：385、73EJT22：46、73EJT24：593、73EJF1：71、73EJF1：79	
金關隧	146.60/A33、73EJT2：82、73EJT23：1023、73EJT24：79、73EJT24：138、73EJT24：143、73EJT27：81、73EJT28：14、73EJT28：28、73EJT29：107、73EJF1：27、73EJF1：89、86EDT5H：96、86EDT5H：128	

---

① 單就漢代邊塞而言,漢簡里經常出現的亭、隧,其建築形制相同,職能略有區別,可謂異名而同指。爲表述方便,亭隧互見者一般採用習見稱呼,如沙頭亭較爲常見,偶見沙頭隧,本表則徑稱沙頭亭,寫作沙頭隧的簡號後括以 s,反之括以 t 表示亭。下同,不贅。

（續表）

亭/隧	簡　號	屬部
登山隧	288.18/A32、403.11/A33、73EJT1：92、73EJT2：16、73EJT4：93、73EJT6：63、73EJT7：25、73EJT7：51、73EJT10：158、73EJT23：61、73EJT23：177+171、73EJT23：408、73EJT23：885、73EJT24：138、73EJT24：327、73EJT25：59、73EJT26：59、73EJT26：156、73EJT28：10、73EJT28：41、73EJT29：58、73EJT30：35、73EJT31：127、73EJT37：1345、73EJH1：18、73EJF3：251+636+562+234+445、86EDT16：22、86EDT5H：116	東部
止虜隧	126.40+536.4/A33、73EJT1：23、73EJT21：11、73EJT21：12、73EJT21：13、73EJT23：481、73EJT24：138、73EJF3：535、86EDT5：3、86EDT5H：5、86EDT5H：135	
平樂隧	43.23/A32、73EJT9：26、73EJT21：40、73EJT21：137、73EJT21：356、73EJT22：34、73EJT23：68、73EJT23：491+492+525+947+1038、73EJT23：633、73EJT24：45、73EJT24：46、73EJT24：294、73EJT28：7、73EJT28：11、73EJT28：16、73EJT28：18、73EJT28：117、73EJT29：31、73EJT30：35、73EJT31：80、73EJT31：117、73EJT32：53、73EJT37：83、73EJT37：560、73EJH2：33、73EJF1：70、73EJF3：251+636+562+234+445、72EJC：63、73EJC：479、73EJC：615、86EDHT：41、86EDT5H：123+127	東部或左後
當井隧	146.77/A33、183.6/A33、219.24/A33、232.4/A33、332.17/A33、350.7/A33、350.42/A33、562.7/A33、73EJT1：36、73EJT23：236、73EJT23：726、73EJT24：12、73EJT24：24、73EJT24：701、73EJT32：57+49、73EJT33：35	西部
直隧	407.8/A33、73EJT23：777、73EJT24：557、72EJC：280	
水門隧	14.25/A33、253.10+284.14/A33、306.1/A33、337.9/A33、562.21/A33、565.12/A33、73EJT21：288、73EJT23：501、73EJT23：503、73EJT23：726、73EJT23：925、73EJT23：963、73EJT23：964、73EJT24：523、73EJT4H：73、73EJF3：382	
壙野隧①	41.1+41.29/A33、73EJT3：28、73EJT21：261、73EJT23：482、73EJT23：726、73EJT23：965、73EJT24：24、73EJT24：151、73EJT24：557、73EJT37：977、73EJD：216、86EDT5H：57+78	

---

① 右側所列諸簡，大部分寫作"壙野"，唯 73EJT21：261、73EJT37：977 寫作"曠野"，73EJT23：482、73EJT23：965、73EJT24：151、73EJT24：557、73EJD：216 諸簡寫作"廣野"，疑皆"壙野"之異文，故此表及文中暫且統一作"壙野"。

（續表）

亭/隧	簡　　　號	屬部
要虜隧	10.22/A33、20.7/A33、288.6/A32、288.19/A32、288.27/A32、73EJT3：104、73EJT4：153、73EJT7：189、73EJT9：26、73EJT9：236、73EJT10：149、73EJT21：173、73EJT21：316、73EJT22：10、73EJT23：114、73EJT23：248、73EJT23：605、73EJT23：769、73EJT23：934、73EJT28：107、73EJT29：111、73EJF3：58、73EJF3：455、73EJF3：251+636+562+234+445	西部
廣谷隧	7.2/A33、177.20+177.18/A33、324.5/A33、336.33/A33、433.33+433.48/A33、73EJT23：531+509、73EJT23：884、73EJT24：770、73EJT30：131、73EJT30：189、73EJT31：94	北部
並山隧	13.7/A33、177.15/A33、268.23/A33、332.5/A33、349.11/A33、387.5/A33、403.6/A33、433.25/A33、73EJT22：135、73EJT27：132、73EJT30：7+19、73EJT30：74、73EJF3：95、86EDT5：15	
夷胡隧	13.3/A33、53.22/A33、116.5/A33、146.52+116.43/A33、177.10/A33、219.7/A33、253.6/A33、353.1/A33、73EJT2：16、73EJT6：60、73EJT23：493、73EJT23：666、3EJT23：776、73EJT23：777、73EJT24：523、73EJF3：46、73EJF3：251+636+562+234+445、72EJC：216	北部或左前
彊漢隧	141.5/A33、253.3/A33、73EJT21：401、73EJT23：289、73EJT29：1、73EJT31：160、73EJT34：19、73EJH2：66	中部
萬世隧	15.2+119.4/A32、29.14/A32、255.22+5.18/A33、433.19/A33、73EJT4：110、73EJT23：764、73EJT24：144、73EJF2：44、73EJD：262、86EDT8：3	左前
執胡隧	41.16/A33、117.30/A33、179.4/A33、306.5/A33、336.19/A33、73EJT7：76、73EJT23：765、73EJT23：1046	
桓軍隧	73EJT23：308	
獲胡隧	433.13/A33、73EJF3：84、73EJF3：110	
辟非隧	75.17/A32、199.3/A33、341.16/A33、73EJT25：121、73EJT26：174、73EJF2：49+9、73EJF3：251+636+562+234+445	左後
臨渠隧	10.16/A33、11.16/A33、14.8/A33、75.17/A32、183.10/A33、346.11/A33、73EJT1：58、73EJF3：108、86EDT8：23	
第六隧	31.12/A33、36.20/A33、41.9/A33、75.17/A32、219.14/A33、255.4/A33、73EJT7：86、73EJT23：113、73EJT23：176、73EJT23：375、73EJT23：666、73EJT23：764、73EJT31：129、73EJF3：85、73EJF3：242、73EJF3：251+636+562+234+445、73EJF3：557、86EDHT：38	

（續表）

亭/隧	簡　　號	屬部
完軍隧	75.17/A32、179.8/A33、242.4/A33、73EJT6：122、73EJT7：195、73EJT24：46、86EDHT：38	左後
如意隧	7.7/A33、10.12/A33、10.26/A33、14.19/A33、75.17/A32、100.40/A33、213.18/A33、239.78/A33、73EJT9：250、73EJT21：137、73EJT24：723、73EJT26：230、73EJT37：1151、73EJF3：86、73EJF3：251+636+562+234+445、73EJF3：318	
萬福隧	213.13/A33、73EJT21：137、73EJT21：355、73EJT22：11、73EJT22：108、73EJT23：633、73EJT23：695、73EJT24：46、73EJT24：265、73EJT24：797、73EJT26：154、73EJT29：5、73EJT31：117、73EJT37：98、73EJF3：242、73EJF3：285、73EJC：426、73EJF3：251+636+562+234+445、73EJT4H：76、86EDT5H：91	
臨澤隧	73EJT6：65、73EJT23：287、73EJT23：414、73EJT37：117、73EJT37：967、73EJT37：1069、73EJF3：348、73EJF3：528、86EDT5H：55	右前
襄澤隧	10.36/A33、116.6/A33、407.10/A33、433.38/A33、73EJT23：122、73EJT23：287、73EJT37：719、73EJT37：1069、86EDHT：27	
臨利隧	288.6/A32、73EJT6：87、73EJT8：16、73EJT21：32、73EJT23：287、73EJT23：877、73EJT24：612、73EJT30：39、73EJT37：1151、73EJT37：1512	
禽寇隧	10.9/A33、50.6/A32、73EJT10：131、73EJT23：287、73EJT29：71、73EJT30：32、73EJT31：33、73EJT34：48、73EJH1：7、73EJF3：83、73EJF3：323、73EJD：75	
窮寇隧	117.19/A33、274.37/A33、332.24/A33、73EJT23：116、73EJT23：125、73EJT23：287、86EDH：16、86EDT5H：56	
乘胡隧	349.43/A33、560.30/A33、564.25/A33、564.26/A33、584.3/A33、73EJT25：23、73EJT29：46、73EJT30：31、73EJD：75	
禁姦隧	5.4/A33、5.12/A33、10.13/A33、32.12A/A32、213.38/A33、215.45/A33、288.1/A32、73EJT6：109、73EJT21：14、73EJT23：202、73EJT23：769、73EJT23：991、73EJT24：605、73EJT26：125、73EJT28：2、73EJT30：7+19、73EJT31：113、73EJT37：628+658、73EJT37：1151、73EJT37：1223、73EJF3：78+623、72EJC：158、72EJC：225、73EJC：491、86EDT7：9、86EDT5H：240	

（續表）

亭/隧	簡　　號	屬部
東望隧	5.5/A33、7.34/A33、15.3/A32、118.6/A33、73EJT7∶50、73EJT23∶876、73EJT24∶46、73EJT30∶70、73EJT37∶1458、73EJF3∶455、72EJC∶198、86EDT5H∶111+51	不詳
駟望隧	75.13/A32、118.7/A33、288.6/A32、73EJT23∶390、73EJT23∶510、73EJT23∶627、73EJT23∶912、73EJT26∶88、73EJT34∶23、73EJT37∶1151	
臨田隧	117.39/A33、118.7/A33、239.102/A33、349.1/A33、73EJT3∶74、73EJT4∶114、73EJD∶308、86EDT5H∶28	
始安隧	37.57/A32、146.42/A33、183.9/A33、232.16/A33、332.15/A33、73EJT11∶16、73EJT23∶262、73EJT23∶295、73EJT37∶194、73EJT37∶1121	
受降隧	242.2/A33、433.3/A33、433.32/A33、73EJT6∶55、73EJT6∶146、73EJT7∶55、73EJT8∶34、73EJT11∶2、73EJT21∶326、73EJT23∶369、73EJT23∶585、73EJT23∶969、73EJF3∶251+636+562+234+445、73EJF3∶401、73EJD∶214、86EDT40∶2	
乘山隧	339.8/A33、349.44/A33、73EJT4∶110、73EJT21∶459+451、73EJF3∶165、73EJF3∶427、86EDT5H∶218	
望城隧	50.25/A32、250.11/A33、562.7/A33、73EJT23∶488、73EJT24∶148、73EJT24∶945、73EJT27∶67、73EJT28∶45、72EJD∶211、72EJC∶278	
辟之隧	73EJT1∶254、73EJF3∶87	
要害隧	232.5/A33、288.6/A32、73EJF3∶62、73EJF3∶88、73EJF3∶89、73EJF3∶317、86EDH∶5	
彊斷隧	73EJF3∶279	
廣新隧	73EJF3∶397+403	
安世隧	73EJT23∶826、73EJF3∶401、86EDT28∶13、86EDHT∶23、86EDHT∶49	
臨莫隧	126.40+536.4/A33、131.60/A33、239.22/A33、288.6/A32、73EJT21∶204、73EJT24∶43、73EJT30∶7+19、73EJT32∶5	
河上隧	73EJC∶303	
斥竟隧	10.3/A33、73EJT23∶365、73EJF3∶165、86EDT1∶2	
通望隧	86EDHT∶45	

（續表）

亭/隧	簡　　號	屬部
逆寇隧	73EJT23：1060、73EJT24：137、73EJT25：130、73EJT30：40、73EJT37：130①、73EJD：75	不詳
曲中隧	73EJT22：68、73EJD：160	
安樂隧	117.17/A33、332.14/A33、73EJT23：481、73EJT23：991、86EDH：3	
安竟隧	124.12+126.4/A33、255.12/A33、562.7/A33、73EJT23：500+511、73EJT24：623、73EJT37：622、86EDT8：59	
廣漢隧	75.3/A32、73EJT23：392、73EJT23：532、73EJT23：815、73EJT37：82	
累南亭	562.28/A33、73EJT24：783、73EJT24：887、73EJF3：429+434	
禁胡隧	73EJT24：338	
伏胡隧	86EDT16：2、86EDT16：2	
安農隧	585.7/A33、73EJT23：298、73EJH2：7+85、73EJF3：504	
金城隧	146.4/A33、339.32/A33、73EJF3：165、72EJC：201、86EDT4：5、86EDT34：8	
當谷隧	237.56/A33、433.1/A33、564.5/A33、73EJT28：23、86EDT22：7、86EDT34：2	
當利隧	288.22/A32、73EJT10：402、73EJT23：82、73EJT23：991、73EJT24：291、73EJT26：73、73EJT30：238、73EJT32：39、86EDH：28、86EDT5H：71	
望泉隧	118.30/A33、255.40A/A33、73EJT23：661、73EJT24：399、73EJF3：251+636+562+234+445、86EDT8：28+86EDHT：73	
安農隧	219.21/A33	
猛胡隧	73EJF3：251+636+562+234+445	
滅胡隧	73EJF3：251+636+562+234+445	
收降隧	73EJF3：251+636+562+234+445、86EDT10：9、86EDT22：2	
意隧	73EJF3：251+636+562+234+445	

---

① 原釋"送寇"，誤，徑改。

（續表）

亭/隧	簡　　號	屬部
沙頭亭	7.30/A33、288.30/A32、73EJT2∶23、73EJT2∶27、73EJT5∶71、73EJT7∶27、73EJT21∶83、73EJT21∶363、73EJT23∶137、73EJT23∶156、73EJT23∶505、73EJT23∶624、73EJT23∶804、73EJT23∶895、73EJT23∶933、73EJT23∶938、73EJT23∶1021、73EJT24∶28、73EJT24∶108、73EJT24∶491、73EJT24∶627、73EJT26∶3、73EJT26∶39（s）、73EJT26∶53、73EJT26∶98、73EJT28∶28、73EJT28∶57、73EJT28∶60、73EJT28∶61、73EJT28∶63（s）、73EJT28∶82、73EJT33∶68、73EJT33∶79、73EJH1∶19（s）、73EJF3∶42、73EJF3∶345、73EJF3∶460、73EJF3∶585、73EJT4H∶4、73EJT4H∶27、73EJT4H∶81、72EJC∶25、72EJC∶458、86EDT1∶1、86EDT5H∶159	不詳
驛馬亭	255.38（s）/A33、495.13+495.28/A35、495.21/A35、505.2/A35、506.5/A35、506.6/A35、73EJD∶309	
界亭	505.23/A35、506.10/A35、73EJT21∶1、73EJT21∶344、73EJT22∶33、73EJT24∶26、73EJT24∶642、73EJT25∶47、73EJT37∶697、73EJC∶422（s）、86EDT5H∶110	
治渠隧	73EJF3∶251+636+562+234+445	
倉南隧	73EJT24∶969、73EJT25∶23、73EJF3∶164、86EDHT∶25	
伏胡隧	86EDT16∶2、288.6/A32	
彊新隧	73EJF3∶251+636+562+234+445	

附記：本章原刊《文史》2018年第1期，發表時刪去附表，今錄上，並據地灣簡修訂全文。

第二章
橐他塞部隧考

橐他塞沿弱水東岸設置，與肩水塞級別相同，亦轄於肩水都尉。一般認爲，該候官塞北起 T154，南到 T168 烽燧遺址（書末附圖二），在肩水、廣地兩塞之間。該塞主要負責警戒候望，地位、作用雖不及肩水塞，但亦不可輕視。此前，僅數位學者關注橐他塞部隧設置，①在部隧設置及隸屬等方面，有待進一步研究。

第一節　存續時間及轄區

資料所見，橐他塞的最早紀年爲五鳳三年（前 55）四月，如下簡：

1.1. 五鳳三年四月甲戌橐他候博移肩水候官：遣隧長勝

73EJT37：1535A

館里冀巷等四人詣僵落作所，因迎罷省卒四人，檄到往來，願令史

73EJT37：1535B

該簡形制爲觚，下殘，僅兩面有字。據簡文，橐他候官轄下四人前往"僵落作所"，並迎接四位罷、省卒。可能事涉肩水塞，故橐他候博移文肩水候官，此時肩水候或駐 A32 遺址。

---

① 陳夢家《漢簡所見居延邊塞與防禦組織》第七、八等表，見《漢簡綴述》，第 79、90 頁；永田英正《居延漢簡研究》第四章《簡牘所見漢代邊郡的統治組織》，第 350 頁；吴軍《漢簡中河西邊郡的防禦組織研究》，第 36—37 頁；黄艷萍《〈肩水金關漢簡〉所見"燧"及其命名探析》，《敦煌研究》2016 年第 1 期，第 119 頁。

最晚的明確紀年爲建武四年(28年)九月,如下:

1.2. 建武四年九月戊子,從史閌敢言之:行道,以月十日到橐他候官,遇
橐他守尉馮承,言今月二日胡虜入酒泉□□　　　2000ES9SF3:4A
入肩水塞,略得焦鳳牛十餘頭、羌女子一人,將西渡河。虜四騎止都倉
西放馬,六十餘騎止金關西。月九日=蚤食時……　2000ES9SF3:4B
前輩到金關西,門下掾誼等皆在金關,不得相聞。閌等在候官,即日餔
時塵,烟火到石南亭,昏時火遂……　　　　　　　2000ES9SF3:4C
恐爲胡虜所圍守,閌即夜與居延以合從王常俱還到廣地胡池亭止,虜從
靡隨河水草北行,虜□……　　　　　　　　　　　2000ES9SF3:4D
……□請居延郵候寫移□□驚當□……　　　　　　2000ES9SF3:4E

該簡形制爲多面體的觚,出土自甲渠塞轄下亭隧。據簡文,從史閌報告匈奴騎兵犯塞之事。文中明確提及橐他候官,故建武四年九月,橐他候官的建制尚存。

此外,另有三簡透露出橐他塞南北轄區的具體里程。1.3(73EJF3:628+311)、1.4(73EJF3:143+211+425)兩簡爲郵書課,除記有付受時間外,亦記總里程、用時及中程與否等考核情況。① 簡1.5(73EJT37:918+1517)爲表火出入刺,無考核記錄。② 簡1.3無明確紀年,據研究,"大尹"的使用在新莽始建國元年(9年)之後,故簡文"延亭大尹府"顯示該簡爲王莽簡。③ 查曆日,新莽時期四月干支有庚子,五月有庚戌、辛亥者,唯天鳳元年、天鳳五年,無法確定何者爲是,暫定爲天鳳年間(14—18年)。簡1.3的記錄,始於莫當卒受驛北卒,止於高顯卒付守林卒,④換言之,其記錄的里程界限位於莫當、守林之間。據簡1.5,高顯屬於橐他塞,下一站——守林隧——轄於廣地塞,而驛北亭轄於肩水塞,故簡1.3雖未明言橐他塞,其所記的傳遞里程實際上屬於橐他塞。故該簡雖然出土自A32遺址,實際上反應的是橐他塞而非肩水塞的郵書傳遞情況。簡1.4亦是始於莫當、止於守林,所記

---

① 關於郵書課的書式及性質,參李均明《秦漢簡牘文書分類輯解》,第421—428頁。
② 關於表火出入刺的分析,參李均明《秦漢簡牘文書分類輯解》,第420—421頁。
③ 王莽於始建國元年,改太守爲大尹(《漢書》卷九九中《王莽傳中》,第4103頁),故該簡當在此之後。另,簡文中"延亭"亦顯示屬於新莽時期。參饒宗頤、李均明《新莽簡輯證》,第171—172頁。
④ 簡文"顯高"當爲高顯之倒誤。

簡 1.3	簡 1.4	簡 1.5
□司馬行大尹事 詣延亭大尹府三月庚子起 五月庚戌日餔時莫當卒受騂北卒 五月辛亥日入時顯高卒付守林卒同 界中百三十里書行十三時中程	北書一封張掖右大尉 詣後大尉府三月甲辰起 三月辛亥日蚤食時莫當卒受騂北卒 三月壬子日西中時高顯隧卒同付守林隧卒同 界中百三十里書行十三時中程	入亡人赤表函二　其一起廣地守林隧 一起橐他高①顯隧 元延三年七月丁巳夜食五分騂北卒賀受莫當隧卒同

亦爲橐他塞。② 雖無紀年,不過簡文"大尉"顯示當在天鳳元年(14 年)以

---

① 原釋作"亭",據圖版,當爲"高",徑改。
② 兩份記載橐他塞的郵書課,均出土自 A32 遺址,具體而言,出土自肩水金關東側關門內的房屋隔牆的窄間裏(F3),而莫當隧守禦器簿出自 T37。F3 位於 T37 之內,東面隔間就是檔案室,簡牘文書原本保存在此隔間內,超過一定年限者則廢棄抛散。若此說不誤,則"始建國二年莫當隧守禦器簿"原本或許也存放在檔案室內,後來才抛棄在屋外。另外,該房屋遺址還出土一枚橐他候官的封檢,"橐他官以亭行"(73EJF3:66+381),以及橐他塞所轄的石南亭卒廩食記錄簡,"石南亭卒朱護　就食城官"(73EJF3:394)。因此,屬於橐他塞的文書檔案即有一份册書、兩份郵書課,外加一枚橐他候官封檢及其他相關簡牘,似乎橐他塞的某位官吏某個時期曾駐足該房屋,故留下一些橐他塞的文書檔案。僅屬推測,錄此待考。

後。① 查曆日,天鳳元年、天鳳二年、天鳳三年、地皇三年等,三月干支均有甲辰、辛亥、壬子,故皆有可能。鑒於地皇三年天下多事,邊郡未必平靜,此時金關地區的活動幾已停止,故不取,暫定橐他塞時間下限爲簡 1.3 的天鳳五年。1.3、1.4 兩簡顯示郵書由橐他入廣地界最先爲守林隧接棒,故守林隧當爲廣地塞負責郵書傳遞的最南端亭隧,高顯隧當爲橐他塞負責郵書傳遞的最北端亭隧,兩者距邊界當不太遠。兩簡考課語"界中百三十里書行十三時中程"顯示,新莽時期橐他塞南北長約 130 漢里,合 55.6 公里。

綜上,至遲自五鳳三年(前 55)四月橐他塞建制即已存在,至建武四年(28 年)九月尚存。此間亦有很多紀年材料,顯示橐他塞的紀年具有連續性,間隔最久者亦不過九年(表 2-1)。

表 2-1　橐他塞紀年

時　間②	涉及人員	簡　　號
五鳳三年(前 55)四月	橐他候博	73EJT37:1535
五鳳三年(前 55)八月	橐他塞尉幸	73EJT37:1149
五鳳四年(前 54)六月	故荄亭長闖得	73EJT37:656+1376
初元四年(前 45)正月庚申	駮③馬亭長孫猛	73EJT31:40
初元四年(前 45)正月癸酉	殄虜隧長奉	73EJT30:62
永光二年(前 42)正月		73EJT7:128
永光四年(前 40)正月	延壽隧長孫晦、吞胡隧長張彭祖	29.1/A32、29.2/A32
建昭二年④(前 37)三月	肩水城尉奉世	73EJD:36、73EJT3:109
建始元年(前 32)七月	肩水關嗇夫賞	73EJC:589
河平三年(前 26)五月	橐他候福	73EJC:312

---

① 王莽於天鳳元年改都尉稱太尉,亦寫作大尉(《漢書》卷九九中《王莽傳中》,第 4137 頁)。涉及此官職的王莽簡,見饒宗頤、李均明《新莽簡輯證》,第 136—138 頁。
② 時間一欄僅記年月,年月相同者標注日期。
③ 原釋作"馳",細察圖版,右半部爲"交",非"也",徑改。
④ 簡 73EJD:36 上殘,紀年僅存"年三月癸巳朔庚申"。查曆日,自昭帝至新莽滅亡,三月朔日爲癸巳者僅建昭二年(前 37)、建元元年(前 6),兩者相差三十餘年。而該簡出現的肩水城尉奉世,亦出現於簡 73EJT3:109,後者紀年爲永光五年(前 38),簡 73EJD:36 與此相近,故暫定該簡紀年爲建昭二年。

（續表）

時　間	涉及人員	簡　號
河平五年（前24）正月	橐他守塞尉勵	73EJD∶42
陽朔二年（前23）七月	橐他塞尉義	73EJD∶3
陽朔四年（前21）十一月①	肩水候宗	73EJT21∶109
永始四年（前13）	通道亭長宋捐之	73EJT37∶1059
永始五年（前12）閏正月	橐他守候護	73EJT37∶1065
元延元年（前12）十月	橐佗守候護	506.9/A35
元延元年（前12）十一月	橐他守塞尉宣	73EJT37∶1396
元延三年（前10）七月		73EJT37∶918+1517
綏和二年（前7）十一月	橐他候普、令史永	73EJT37∶783
建平元年（前6）正月	沙上隧長魯欽	73EJT37∶754
建平元年（前6）十二月	橐他塞尉立	73EJT37∶1061
建平元年（前6）	勇士隧長井臨	73EJT6∶42
建平二年（前5）正月	收降隧長陳建	73EJT37∶756
建平二年（前5）五月	橐他候普	73EJT37∶616
建平三年（前4）正月	通望隧長成裒	73EJT3∶89
建平四年（前3）正月癸丑	肩水候憲	73EJT37∶1378+1134
建平四年（前3）正月	石南亭長王並	73EJT37∶762
元始四年（4年）五月	肩水守候橐他塞尉業	73EJT23∶278
元始六年（6年）正月	橐他候秉	73EJT24∶32
居攝元年（6年）十月	殄虜隧長孫猛	73EJT23∶667
居攝元年（6年）	橐他候秉	73EJT23∶762
居攝二年（7年）八月		73EJT23∶877
始建國元年（9年）正月	橐他守候孝	73EJF3∶120
始建國元年（9年）二月	橐他守候孝、令史順	73EJF3∶117

---

① 原簡上殘，紀年僅餘"朔四年十一月丁巳朔庚辰"，昭帝以後至新莽滅亡，年號帶"朔"字者僅成帝陽朔，查曆日，該年十一月朔日確爲丁巳，與簡文相合，故記如此。

（續表）

時　　間	涉及人員	簡　　號
始建國元年（9 年）三月		73EJT7：56
始建國二年（10 年）五月	橐他守候義、令史恭	73EJT37：1537、73EJT37：1538、73EJT37：1546
天鳳五年（18 年）五月		73EJF3：628+311
建武四年（27 年）九月	橐他守尉馮承	2000ES9SF3：4

第二節　南、中、北三部

材料顯示，橐他候官塞曾設置南部，如下：

2.1. 八月庚申，橐佗候賢謂南部候長定昌：寫移書到，逐捕驗問害奴山樹等，言案致收責□記。以檄言。封傳上計吏。它如都尉府書律令／尉史明
　　　　　　　　　　　　　　　　　　　　　　　　　　　73EJT30：26

2.2. 陽朔四年九月丁巳朔己未南部候長博敢言之部吏□武守□
　　　　　　　　　　　　　　　　　　　　　　　　　　　73EJD：68

2.3. 南部候長薛鳳　校郵書表火肩水界中出入盡十二月　軺車一乘用馬二匹　●其一匹騮牡齒
　　　　　　　　　子男觻得安國里薛級年十五　　　　／馬騩牝齒八歲　　　七歲
　　　　　　　　　　　　　　　　　　　　　　　　　　　73EJT37：779

簡2.1 形制爲兩行。簡文顯示橐他候賢要求南部候長定昌按照"都尉府書"的命令，逐捕驗問害奴山樹等，所犯何事不詳。開頭有月日而無紀年，結合簡文判斷，該簡當爲橐他候轉發肩水都尉府文書的下行簡，原册書應謄抄都尉府書的内容，惜相關簡牘已不存。該簡出土自 A32 遺址，可能事涉該地駐扎機構。橐他候直接向南部候長發文，顯然該南部候長屬橐他塞，若爲肩水塞下南部候長，當通過肩水候官這一層級。簡2.2 形制爲單札，草書色彩較爲濃厚，雖然 T168 遺址簡牘混入了部分其他簡（詳附録一），結合該地駐有南部候長看來，此簡似確實出自當地，或爲南部候長的呈文簡草稿。若推測不誤，博亦爲橐他塞南部候長。簡2.3 形制爲兩行，分三欄書寫。據簡文，南部候長薛鳳在肩水界中校核郵書及表火的傳遞，故出入金關。上端完好，

"南部"前原無限定詞,據簡文"肩水界中"判斷,當屬橐他塞。① 該簡很可能爲橐他候下發給金關的通關文書附件(牒),詳載出入時間及所乘車馬。② 若推測不誤,則此定昌、博、薛鳳三人皆當爲橐他塞南部候長,橐他塞設有南部無疑。

此外,南部候長除上述諸人外,還有韓卿、楊卿等。如下:

2.4. 南部候長韓卿治所　　　　　　　　　　73EJD：296
2.5. 南部候長楊卿治所　　　　　　　　　　73EJD：301
2.6. 南部候長韓卿治所隧次行　　　　　　　73EJD：228

三簡皆爲封檢,無封泥匣。此外,材料顯示南部候長還有稱爲格卿者:

2.7. 肩水候長范賀叩頭白記
　　　橐他候長格卿門下　　　　　　　　　73EJD：360

該簡爲削衣,殘損嚴重,據簡文判斷,肩水塞轄下某部候長范賀寫信給橐他候長格卿,因該簡出土地駐有南部候長,故此格卿當即南部候長。③

另,還出現了南部塞候史,如下:

2.8.　　　　　　　　　　母昭武平都里虞儉年五十
　橐他南部候史虞憲　　　　妻大女醜年廿五　大車一兩

---

① 據目前出土的相關簡牘,一般而言,橐他塞吏卒前往肩水塞,往往言"肩水界中",如下簡:
　□□□年十月庚申朔癸亥橐他塞尉
　肩水界中官除如牒書到出入如律令　　　　　　　　　73EJT37：1162A
　張掖橐塞尉　　即日嗇夫豐發
　　　　　　　　□□□以來　　門下　　　　　　　　73EJT37：1162B
據簡文,橐他塞尉似因轄下吏卒前往肩水界而向金關發文。另外,橐他塞發給金關的過關文書,吏卒信息一般以牒的形式附上,每"牒"並不需特別注明"橐他"字樣。肩水塞吏卒前往橐他塞,往往言"橐他界中",如下:
　元延二年正月癸亥朔壬午,肩水關嗇夫欽以小官行
　事,隧長章輔自言遣收責橐他界中,出入盡十二月止,如律令　　73EJT23：79A
　　　　　　　　守令史駿　　　　　　　　　　　　　　　73EJT23：79B
　建平四年正月丁未朔癸丑,肩水候憲謂關嗇夫吏:據書葆妻子收責橐他界中,名縣爵里官除年
　姓如牒,書到出入盡十二月,如律令。　　　　　　　73EJT37：1378+1134
　肩水部卒董習　行書橐他界中盡十二月　　　　　　　73EJT37：1432
前兩簡皆由肩水候(或兼行候事者)發出,出行者當爲轄下吏卒,末簡郵卒出行,故三簡皆爲肩水塞吏卒前往橐他塞,用詞"橐他界中"。目前尚未見肩水塞吏卒出行而言"肩水界中者",綜上,簡 2.3 爲橐他南部候長的可能性比較大。
② 關於通關致書的情況,詳參拙文《漢代的通關致書與肩水金關》,《絲路文明》第二輯,2017 年,第 21—44 頁。
③ 簡文雖然出現肩水候長、橐他候長,並不代表存在肩水部、橐他部,僅僅是"涉外"聯繫時的泛稱而已。

建平四年正月家屬出入盡十二月符　　子小女孫子年七歲 用牛二頭
　　　　　　　　　　　　　　　　子小男馮子年四歲 用馬一匹
　　　　　　　　　　　　　　　　　　　　　　　73EJT37：758

該簡爲家屬出入符，右側刻齒，詳細記載南部候史虞憲的家庭成員及車馬信息，使用有效期爲建平四年（3 年）一整年。據下述兩簡，此虞憲建平四年亦擔任過橐他塞通道亭長：

2.9.　　　　　　　　　妻大女觻得常樂里宋待君年廿二
橐他通道亭長宋捐之　　子小男自當年九
永始四年家屬符盡十二月　子小女廉年六　　　　73EJT37：1059

2.10. 通道亭長虞憲 母昭武平都里虞僉①年五十　十一月壬寅候史□□入
　　　　　　　　　　　　　　　　　　　　　　十二月丁巳北嗇夫豐出
　　　　　　　　　　　　　　　　　　　　　　　73EJT37：1514

前簡爲永始四年（前 13）通道亭長宋捐之的家屬符，載其妻、子信息，顯示通道亭轄於橐他塞。後簡爲虞憲母親出入金關的記錄簡，先南入後北出，與通道亭位於橐他塞境内的地理方位相符。候史地位高於隧長，②而亭、隧異名同實，很可能建平四年（前 3）某個時間點，虞憲由南部候史降爲通道亭長。

除南部外，橐他塞還設有中部、北部，惜材料不多：

2.11.　　　　　　　　　妻大女觻得安□里程昭年廿八
橐他中部候長程忠　　　子小女買年八歲
建平四年正月家屬出入盡十二月符　子小女遷年三歲　　小奴滿
　　　　　　　　　　　子小女來卿年二歲　牛車一兩牛二頭
　　　　　　　　　　　弟小男音年十八　　軺車一用馬二匹
　　　　　　　　　　　　　73EJT37：1528+280+1457

2.12. 橐佗中部候長程□☒
　　　須以過將軍莫☒　　　　　　　　　　100.38A
　　　　　　　　　　　　　　　　　　　　100.38B/A33

2.13. 正月壬子橐他北部候長勳以私印行候事：寫移書到。出……正月。如律令。　　　　　　　　　　73EJT37：1439

簡 2.11 爲寬木牘，爲建平四年橐他中部候長程忠的家屬出入符，詳載妻女

---

① 此字原釋作"俠"，比對圖版，不類金關簡中的俠字（73EJT33：67、73EJT34：12、73EJF1：88 等），與簡 73EJT37：758"僉"字絕肖。又皆爲昭武平都里，年五十，個人信息亦相符，徑改。
② 高榮、張榮芳《漢簡所見的"候史"》，第 20—21 頁。

兄弟、小奴及車馬信息，出入符有效期爲建平四年整年。簡 2.12 上端兩側皆有刻槽，原應爲楬，據簡文原似用於標記某種文書檔案。簡文"中部候長程□"很可能與簡 2.11 程忠爲同一人。簡 2.13 左右皆殘，很可能原爲兩行，據簡文推測，橐他北部候長以兼行候事的身份移文金關，所涉内容應爲轄下吏卒出行。

綜上，橐他塞設有南、中、北三部。其中南部候長某段時期駐於 T168 遺址，該地即金關簡中習見的莫當隧。南部候長見有定昌、博、薛鳳、韓卿、楊卿、格卿等六位，候史僅見虞憲一人。中部、北部材料甚少，僅考得中部候長程忠、北部候長勳等兩人。

第三節　諸隧及部、隧隸屬

上節考證橐他塞設有南、中、北三部既竟，本節嘗試考證各部所轄亭隧。據下述兩簡，南部塞兩端似分別爲莫當、殄虜二隧，界中 53 漢里：

3.1. 從莫當至殄虜五十三里　　　　　　　　　　　73EJD：24
3.2. ☐居攝元年十月乙丑令史武付橐佗殄虜隧長孫猛　73EJT23：667

兩簡皆爲單札。前簡完整無殘損，僅上端書寫，下端大部空白，據内容似爲某種道里簿。後簡殘損，簡文顯示殄虜隧屬橐他塞。因莫當爲南部塞起點，而殄虜隧亦屬橐他塞，故前簡所記很可能爲南部塞的起止及界中距離。據前述，新莽天鳳五年橐他塞南北長 130 漢里，若南部塞 53 漢里，則中部、北部各約 40 漢里，相差不大，存在此種可能。若推測不誤，則殄虜隧當爲南部塞北界。

材料顯示，南部塞除轄莫當隧外，尚轄有通望隧、臨道隧：

3.3.　☐卒黄宗　　通望隧卒吕庇　　受延隧卒周畢、　萬年隧卒周章
　　　☐卒任奴　　破適隧卒董輔　　累下隧卒桓調、　右五人廣地
　　　☐隧卒樊抵　右橐佗五人　　　滅虜隧卒張湯、
　　　　　　　　　　　　　　　　　次累隧周竟、
　　　　　　　　　　　　　　　　　　73EJT7：24+72EJC：155A
　　　　　　　　　　　　　　　守令史宣
　　　　　　　　　　　　　　　　　　73EJT7：24+72EJC：155B

3.4.　☐　稟通望卒祝識四月盡五月積二月食　☐　　　73EJD：154A

前簡形制爲寬木牘,上端切削成三角形。據簡文,似爲某種戍卒統計簿,記載黃宗、吕庇、任奴、董輔、樊抵等橐他五名隧卒,惜上殘,現存簡文僅顯示通望、破適兩隧轄於橐他塞。該簡顯示受延、萬年、累下、滅虜、次累等五隧轄於廣地塞。簡背具名"守令史宣",書風筆迹似與正文相同,據此該簡很可能爲某候官所製作。後簡形制爲單札,據簡文很可能爲某種穀物出入簿。以月爲單位,通望隧卒祝識獲得四月、五月兩個月的虜食,顯見非臨時性消費。而該簡出土地爲南部候長駐地,結合通望隧轄於橐他塞的情況,故通望隧很可能轄於南部塞,該簡爲南部塞編制的穀物出入記録。① 另:

3.5. 臨道隧　　　　　　念一毋維　　　☐　　73EJD:69
　　　　　　　　　　　卒☐☐

該簡形制爲單札,下端有灼燒痕迹。察其書式,似爲某種兵物簿。這種兵物簿,多數由部編制,以隧爲單位記録。② 很可能原爲册書,惜其餘不存。結合南部候長駐在 T168 遺址的情況,該簡很可能即由南部塞製作。若此説不誤,則臨道隧亦當屬南部塞。

另,據家屬符製作的一般流程判斷,石南亭亦屬南部。如下:

3.6.　　　　　　　　　　　　妻大女昭武宜衆里王辨年五十
橐他石南亭長王並　　　　　子男嘉年十一歲
建平四年正月家屬出入盡十二月符　　大車一兩
　　　　　　　　　　　　　　用牛二頭
　　　　　　　　　　　　　　用馬一匹　　73EJT37:762

2.21.　　　　　　　　　　　母昭武平都里虞倫年五十
橐他南部候史虞憲　　　　　妻大女醜年廿五　大車一兩
建平四年正月家屬出入盡十二月符　子小女孫子年七歲 用牛二頭
　　　　　　　　　　　　　　子小男馮子年四歲 用馬一匹
　　　　　　　　　　　　　　　　　　　73EJT37:758

兩簡分別爲橐他塞石南亭長、南部候史的家屬符,細察筆迹書風,極爲相似,當出自同一人之手。一般而言,目前所見金關遺留的家屬符,先由諸部製

---

① T168 遺址還出土一枚日迹檢,73EJD:320,四面皆寫有"通望隧日迹檢"。之所以在此出現,很可能與其轄於南部塞有關。
② 弱水流域出土的漢簡,涉及兵物簿籍者,包括被兵名籍、折傷兵名籍、被兵簿、永元兵物簿、折傷兵簿、守禦器簿等等,多數由部編制呈報。參李天虹《居延漢簡簿籍分類研究》,第 90—116 頁。

作,然後上呈候官審核,候官再移送至相應關口。① 結合 2.21 出現的南部候史,兩枚家屬符應該均由南部製作,則石南亭當屬南部塞。

此外,千秋隧似屬中部塞,如下:

3.7. 千秋隧長辛匡　詣府　八月廿六日南入九月廿四日出
　　　　　　　　　　　　　　　　　　　　　73EJF3：277+479

3.8. ☒□中部千秋隧☒　　　　　　　　　　　73EJD：373

前簡形制爲單札,後簡爲削衣。據前簡,千秋隧長辛匡因詣府而經過金關,先南入後北出,顯示千秋隧當在金關以北。據後簡,千秋隧屬於中部塞,惜未言具體候官塞。若此中部塞屬於肩水候官塞,則當設置在金關以南,而肩水都尉府亦在南,故辛匡詣府不須經過金關,因此中部塞只可能位於金關以北。金關以北有橐他、廣地及居延都尉轄下的其他幾個候官塞,結合簡牘出土地轄於橐他塞的情況,該中部很可能即爲橐他候官中部塞。若此不誤,則橐他中部塞轄有千秋隧。另,據上引簡 1.3、1.4、1.5,高顯隧爲橐他塞北界,很可能轄於北部塞。

綜上,考見南部塞長約 53 漢里,合 22.3 公里,南起莫當隧,北至殄虜隧,通望、臨道、石南 3 所亭隧亦轄於南部塞。千秋隧轄於中部塞,高顯隧轄於北部,另有破適隧、通道亭亦屬橐他塞,共 9 所亭隧。

此外,材料顯示另有 22 所亭隧明確隸屬於橐他塞,惜不詳轄於何部。實際上,涉及下述亭隧的簡牘資料很多(本章附表),爲節省筆墨,擇要列舉。如下:

3.9. 肩水橐他候長勇士隧長□□孫宏
　　肩水都尉君司馬莊行丞事以詔書增宏勞十二月廿四
　　　　　　　　　　　　　　　　　　　　　73EJT37：850+35

3.10. 橐他博望隧長解憂　弟大男觻得壽光里孫青劍一　　73EJT7：5

3.11.　　　　　妻大女昭武萬歲里孫弟卿年廿一

永光四年正月己酉　　子小女王女年三歲

橐佗延壽隧長孫晦符 弟小女耳年九歲　　　　　皆黑色 29.1/A32

3.12.　　　　　妻大女昭武萬歲里張春年卅二

永光四年正月己酉　　子大男輔年十九歲

橐佗吞胡隧長張彭祖符 子小男廣宗年十二歲

---

① 詳拙文《漢代的出入關符與肩水金關》,《簡牘學研究》第七輯,2018 年,第 108—113 頁。

　　　　　　　　　子小女女足年九歲
　　　　　　　　　輔妻南來年十五歲　　　　　皆黑色　29.2/A32
3.13. 槖佗野馬隧吏妻子與金關關門爲出入符◎　　73EJT21：136
3.14. ☑　以食槖佗次稽隧卒☑　　　　　　　　73EJT30：38
3.15. 槖他卻適隧長孟☑　　　　　　　　　　　73EJT37：1425
3.16.　　　　　　　　子女華置年
槖他斬首隧長□憲　子男□子
　　　　　　☑　　　　　　　　　　　　　　73EJT37：538
3.17. 槖他沙上隧☑　　　　　　　　　　　　　73EJT37：582
3.18. 正月丁未朔丙寅槖佗稽北亭長常敢言之
　　　□龍常廼己酉除爲稽北亭長不受縣出關　　73EJT31：69
3.19. 槖他稽落亭長犯法反不論願以律取□　　　73EJC：448A
3.20. 槖佗駮馬亭長猛　　　　　　　　　　　　73EJT32：12
3.21. □延都尉二月乙丑起府
　　　時槖佗先登卒孫彭受付莫當　　　　　　　73EJT25：105
3.22.　　　　　　妻大女觻得安成里陳自爲年冊四
槖他收降隧長陳建　　子小男惲年九歲
建平二年正月家屬符　子小女護□年　　車一兩　73EJT37：756
3.23. 槖佗駮兵亭長□　　　☑　　　　　　　　75.30/A32
3.24.　　　　☑　
肩水槖他累山亭長□舍　　□舍妻☑
　　　　　　　　　　　　子小男☑　　　　　　73EJT5：16
3.25.　　　　　亭長閻得葆昭武破胡里公乘王延年=廿八歲長七尺五寸
五鳳四年六月戊申葆觻得承明里大夫王賢年十五歲長七尺 皆黑色
槖他故駮亭長符　葆昭武破胡里大女秋年十八歲 入出止
　　　　　　　　　　　　　　　　　　73EJT37：656+1376
3.26.
槖他聖宜亭長張譚符 ◎ 妻大女觻得安□☑
□光二年……　　　　弟大女……☑　　　　　73EJT9：275
3.27.　　　　　　　妻大女陽年廿三　　車牛一兩
槖他曲河亭長昭武宜春里　子小女頃閭年三歲　用牛二頭
陸永家屬符　　　　　　　　　　　　　　　　73EJT37：761

3.28. 橐佗石郵亭長妻孝君　　　　　　　　　　　73EJT9：105

3.29.　　　☐

橐他上利隧長家屬　　子小男恭年六歲☐

建始四年正月己丑符 ◎ 子小女君█年四歲☐

　　　　　　　　子小男相年二歲☐　　　73EJT28：9A

　　　　金關　　　　　　　　　　　　　73EJT28：9B

3.30.

橐他駮南亭長孫章　　妻大女䚔得壽貴里孫遷年廿五

陽朔三年正月家屬符　子小男自當年二

　　　　　　　　皆黑色　　　　　　　　73EJT37：1007

3.11、3.12、3.25、3.26、3.29、3.30 六簡分別爲橐他塞轄下延壽、吞胡、故茭、聖宜、上利、駮南亭（隧）長的家屬出入符。簡 3.29 右殘刻齒不存，其餘均右側刻齒，且詳細記載了妻子及子女的姓名、身份、年齡等信息。3.11、3.12、3.25、3.30 四簡簡末均注明膚色。簡 3.26 殘缺，據簡文判斷，當亦爲家屬符。3.22、3.27 兩簡皆完整，右側刻齒，分別爲收降、曲河亭（隧）長的家屬符。3.16、3.24 兩簡殘損，文字缺漏且刻齒不存，察現存文字及書式，似亦爲家屬出入符。① 3.13 亦爲出入符，下端有鑽孔，似爲穿繩之用。簡 3.21 當爲郵書傳遞記錄。其他諸簡或爲行政文書。簡 3.9"肩水橐他候長勇士隧長"似難索解，或許表示此時勇士隧長兼橐他某部候長，若此不誤，則勇士隧亦當屬橐他塞。上舉 22 枚簡，涉及勇士、博望、延壽、吞胡、野馬、次稽、卻適、斬首、沙上、稽北、稽落、駮馬、先登、收降、駮兵、累山、故駮、圣宜、曲河、石郵、上利、駮南等 22 所亭隧，簡文皆注明屬於橐他塞。

表 2-2　橐他塞部隧（亭）簡表②

部　名	亭/隧名
南部	莫當、通望、臨道、石南、殄虜
中部	千秋

---

① 關於家屬符書式及形制，見拙文《漢代的出入關符與肩水金關》，第 101—106 頁。
② 陳夢家曾據簡 81.8/A22 認爲橐他塞轄有誠勢隧（《漢簡所見居延邊塞與防禦組織》，見《漢簡綴述》，第 90 頁），實際上該簡筆畫縱橫交錯，簡文錯雜，當爲無意義的習字簡，似不足以據此認定誠勢隧屬於橐他塞。

(續表)

部　名	亭/隧名
北部	高顯
不詳	通道、破適、勇士、博望、延壽、吞胡、野馬、次稽、卻適、斬首、沙上、稽北、稽落、駮馬、先登、收降、駮兵、累山、故駮、圣宜、曲河、石鄲、上利、駮南

綜上，南部塞長約 53 漢里，所轄亭隧考得莫當、通望、臨道、石南、珍虜等 5 所，其中莫當、珍虜分別爲南、北界。中部、北部約各長 40 漢里左右，僅考見分別轄有千秋隧、高顯隧。此外，另有 24 所亭隧亦轄於橐他塞，惜不詳何部（表 2－2）。

第四節　餘　　論

綜上，橐他塞的建制至遲自五鳳三年（前 55）四月即已存在，至建武四年（28 年）九月尚存。橐他塞設有南、中、北三部，共考見 31 所亭隧（表 2－2）。該候官塞沿弱水而設，自北向南，中間似無屯田區，故其主要起到保護交通綫、警戒候望的作用，實際上很可能僅轄南、中、北三部，並無東西及左右諸部的設置，故部的考證當符合史實。

據調查，現在通行認定的橐他塞範圍，自北向南依次爲 T154、T155、T156、A28、T157、T158、F159（障）、T160、A29、T161、T162、T163、T164、T165、A30、A31、T166、T167、T168 等 18 所亭隧及一座鄣城遺址（書末附圖二），均沿弱水東岸而設，長約 50 公里。亭隧間距不一，T154、T155 兩者相距最近，約 1 公里，其他相距 1.5 公里左右者較多，而 A28、T156 相距最遠，約 12 公里，T158、F159 相距約 5.3 公里。[①] 顯然，邊塞亭隧設置不應太過疏闊，很可能部分遺址尚未發現或已不存。另，橐他塞新莽時南北長約 55.6 公里，以亭隧間距 1.5 公里計算，似應設有 37 所，今僅考見 31 所。若原本設有 37 所左右的亭隧，則每部當轄 12 所左右，與肩水、甲渠塞相比爲多。

---

① 吳礽驤《河西漢塞調查與研究》，第 158—160 頁。

橐他塞亭/燧詳表

亭/隧	簡　　　號	屬部
莫當隧	73EJT2：23、73EJT3：34、73EJT5：78、73EJT15：3、73EJT21：29、73EJT21：201、73EJT23：23、73EJT23：118、73EJT23：157、73EJT23：258、73EJT23：292、73EJT23：471、73EJT23：496+1059+506、73EJT23：624、73EJT23：642、73EJT23：656、73EJT23：804、73EJT23：824、73EJT23：873、73EJT23：933、73EJT23：1055、73EJT24：409、73EJT24：416、73EJT24：627、73EJT25：105、73EJT26：53、73EJT26：60、73EJT26：77、73EJT26：96、73EJT26：103、73EJT27：25、73EJT28：28、73EJT28：60、73EJT28：61、73EJT28：62、73EJT28：79、73EJT29：8、73EJT30：206、73EJT31：117、73EJT32：26、73EJT33：79、73EJT37：68、73EJT37：489、73EJT37：918+1517、73EJT37：1537、73EJT37：1538、73EJT37：1546、73EJF3：112、73EJF3：143+211+425、73EJF3：197+174、73EJF3：311、73EJT4H：27、73EJD：18、73EJD：24、73EJD：42、73EJD：93、73EJD：117、73EJD：125、73EJD：231、73EJD：299、73EJD：300、73EJD：303、73EJD：306、73EJD：312、73EJD：318、73EJD：319、72EJC：3、72EJC：4、72EJC：25、72EJC：489、72EJC：591、72EJC：611 等	南部
通望隧	505.14/A35、73EJT3：89、73EJT7：24、73EJT24：152、73EJT37：176、73EJD：67、73EJD：154、73EJD：185、73EJD：258、73EJD：320	
臨道隧	87.7+87.8/A33、73EJT24：698、73EJD：69、73EJD：258	
石南亭	118.5/A33、73EJT1：35、73EJT1：39、73EJT9：87、73EJT37：762、73EJT37：1472	
殄虜隧	73EJT23：667、73EJT24：693、73EJT24：762、73EJT30：62、73EJT37：216、73EJT37：502、73EJT37：667、73EJD：24	
千秋隧	73EJF3：277+479、73EJD：373、73EJC：434	中部
高顯隧	73EJT37：918+1517、73EJD：267、73EJF3：145、73EJF3：143+211+425、73EJF3：628+311①	北部
破適隧	73EJT7：24、73EJT7：1082	不詳
勇士隧	73EJT6：42、73EJT23：1064、73EJT37：850+35、73EJF3：130、73EJF3：592	

---

① 該簡原作"顯高"，應爲"高顯"之誤。

（續表）

亭/隧	簡　　號	屬部
博望隧	73EJT7：5、73EJT10：132①	不詳
延壽隧	29.1/A32、73EJT9：85	
吞胡隧	29.2/A32、73EJT7：128②	
野馬隧	50.9/A32、73EJT21：136、73EJT28：116+118、73EJT37：846	
次稽隧	73EJT30：38	
卻適隧	73EJT22：131、73EJT24：432、73EJT37：81、73EJT37：1425	
斬首隧	73EJT37：538、73EJD：93、73EJD：258	
沙上隧	73EJT2：48、73EJT23：672、73EJT37：582、73EJT37：754	
稽北亭	73EJT24：960、73EJT31：69、73EJF3：389、73EJD：306	
稽落亭	73EJT22：110、73EJT24：751、73EJT29：101、73EJT37：1329、73EJF3：185、73EJF3：345、73EJD：120、73EJC：448	
駮馬亭	73EJT31：40、73EJT32：12、73EJT37：787、73EJD：319	
先登隧	87.4/A33、87.10/A33、73EJT2：92+88、73EJT7：113、73EJT8：72、73EJT10：361、73EJT21：483、73EJT25：105	
通道亭	73EJT10：97、73EJT21：452、73EJT26：121、73EJT29：27、73EJT37：1059、73EJT37：1514	
收降隧	131.12/A33、73EJT1：183、73EJT23：342、73EJT37：756、73EJD：33、73EJD：34、73EJD：88、73EJD：101	
駮兵亭	75.30/A32	
累山亭③	75.8/A32、73EJT1：160、73EJT5：16、73EJT23：763、73EJT29：50、73EJF3：140、72ECC：18	

---

① 簡73EJT7：5顯示博望隧屬橐他塞，73EJT10：201、73EJT28：77顯示廣地塞亦有博望隧，唯簡73EJT10：132不詳何屬，故兩列之。

② 該簡右殘，"吞胡"兩字原未釋，細察圖版，左側輪廓甚明，徑補。

③ 73EJT5：16顯示橐他塞統轄累山隧，73EJT24：291、72EJC：137顯示廣地塞統轄同名亭隧，其他如75.8/A32、73EJT1：160、73EJT23：763、73EJT29：50、73EJF3：140、72ECC：18等簡不詳何屬，故兩列之。

（續表）

亭/隧	簡　　號	屬部
故駮亭	73EJT24：13、73EJT37：656+1376、73EJC：441	不詳
聖宜亭	73EJT9：275	
曲河亭	73EJT1：16、73EJT11：28、73EJT37：178、73EJT37：761、73EJT37：870、73EJT37：1464	
石郵亭	73EJT9：105	
上利隧	73EJT28：9	
駮南亭	75.1/A32、73EJT28：97	

附記：該文原刊《敦煌研究》2019年第1期，收入本書時加以修訂。

第三章
廣地塞部隧考

廣地塞在橐他塞之北，沿弱水東岸設置，在肩水都尉轄區的北部，再往北即是居延都尉統轄的卅井塞。與肩水、橐他兩塞相比，廣地塞資料最少，目前僅見陳夢家、永田英正、吴軍、黄艷萍等的討論。① 本章在此基礎上，進一步討論廣地塞的部隧設置。

第一節 存續時間

據簡 1.1（73EJT24∶244），廣地塞最早的紀年爲宣帝地節元年（前 69）四月。該簡形制爲寬木牘，墨色殘泐。簡文"行在所"換行頂格書寫，"上行在所"當指上報皇帝。② "昧死再拜"，或與"變事書"有關。③ 上下兩端皆記傳遞時間，上端爲五年四月戊申，下端本始五年四月己酉，④月日相接，當爲同一年。從廣地塞至金關原不需要太久，況且該簡標明"騎置馳行"，速度當

---

① 陳夢家《漢簡所見居延邊塞與防禦組織》第七、八等表，見《漢簡綴述》，第 79、90 頁；永田英正《居延漢簡研究》第四章《簡牘所見漢代邊郡的統治組織》，第 350、352 頁；吴軍《漢簡中河西邊郡的防禦組織研究》，第 37 頁；黄艷萍《〈肩水金關漢簡〉所見"隧"及其命名分析》，第 119 頁。
② 上行在所、詣行在所，懸泉簡即見這類用法，如 Ⅱ90DXT0214④∶78"鴻嘉三年正月壬辰，遣守屬田忠送自來鄯善王副使姑蟲、山王副使烏不脉，奉獻詣行在所，爲駕一乘傳。敦煌長史充國行太守事、丞晏謂敦煌：爲駕，當舍傳舍、郡邸，如律令。六月辛酉西"、Ⅱ90DXT0114②∶206"出緑緯書一封，西域都護上，詣行在所公車司馬以聞，緑緯孤輿緼檢皆完，緯長丈一尺。元始五年三月丁卯日入時，遮要馬醫王竟、奴鐵柱付縣泉佐馬賞"。兩簡釋文見胡平生、張德芳編撰《敦煌懸泉漢簡釋粹》，上海古籍出版社，2001 年，第 108—109、111—112 頁。
③ 關於變事書用語及傳遞方式的分析，見李均明《秦漢簡牘文書分類輯解》，第 43—44 頁。
④ 簡文原作"本始元年"，但元年四月干支無己酉，結合圖版，當爲"五年"。本始五年，即地節元年。而實際上，本始年號行用不止四年，簡牘可見本始六年正月（213.16/A33、306.13/A33、73EJT26∶42）、二月（73EJT1∶156）的記載。關於本始改元地節的原因、背景及時間，可參辛德勇《建元與改元》，第 119—240 頁。

超過常見的"以郵行"。① 若此不誤,則不遲於地節元年四月,廣地塞即已設置。而肩水、橐他兩塞分別始見於元鳳三年(前 78)、五鳳三年(前 55),②考慮到三塞南北相接,很可能同時或略有先後籌劃建立,簡牘所見僅爲片面而已。

最晚的紀年爲東漢和帝永元七年(95 年),材料即著名的永元兵物簿。該簿書由 77 枚簡組成,出土時編繩完好,是目前所見編聯簡牘最多的完整册書。該簿書由廣地南部候長呈報,包含永元五年(93 年)六月、永元五年七月、永元六年(94 年)七月三份月言簿,以及永元七年正月盡三月、四月盡六月兩份四時簿,共五份册書。簡文太長,爲節省筆墨,僅引永元五年六月月言簿及永元七年四月盡六月四時簿如下:

1.2. 廣地南部言永元五年六月官兵釜磑月言簿
　　承五月餘官弩二張箭八十八枚釜一口磑二合
　　今　　　　餘官弩二張箭八十八枚釜一口磑二合
　　赤弩一張力四石木關
　　陷堅羊頭銅鏃箭卅八枚
　　故釜一口鋘有銅口呼長五寸
　　磑一合上蓋缺二所各大如䟽
　　●右破胡隧兵物
　　●赤弩一張力四石五木破起繳往往絶
　　盲矢銅鏃箭五十枚
　　磑一合敝盡不任用
　　●右澗上隧兵物
　　●凡弩二張箭八十八枚釜一口磑二合　　毋入出
　　永元五年六月壬辰朔一日壬辰廣地南部

簡 1.1

張掖肩水廣地候賞□長昌昧死再拜□
騎置馳行上
行在所公車司馬以聞
□五年四月戊申日餔時受□□

本始五年四月己酉日蚤食時
人□□□長壽隧□□□隧長妻報報子□□□□

---

① 初世賓《懸泉漢簡拾遺(五)》,《出土文獻研究》第十二輯,2013 年,第 238 頁;張俊民《懸泉漢簡所見"騎置"簡及其他》,見作者《敦煌懸泉置出土文書研究》,甘肅教育出版社,2015 年,第 165—167 頁。
② 詳第一、二章。

候長信叩頭死罪敢言之謹移六月見官兵物
　　月言簿一編叩頭死罪敢言之
　　……
　　●廣地南部言永元七年四月盡六月見官兵釜䃽四時簿
　　承三月餘官弩二張箭八十八枚釜一口䃽二合
　　●赤弩一張力四石木關
　　陷堅羊頭銅鍭箭卅八枚
　　故釜一口錍有固口呼長五寸
　　䃽一合上蓋缺二所各大如疎
　　●右破胡隧
　　●赤弩一張力四石五木破起繳往往絕
　　盲矢銅鍭箭五十枚
　　䃽一合敝盡不任用
　　●右澗上隧
　　永元七年六月辛亥朔二日壬子廣地南部候
　　長　叩頭死罪敢言之謹移四月盡六月見官兵釜
　　䃽四時簿一編叩頭死罪敢言之　　　　　　128.1/A27

永元兵物簿的五份冊書，記載了南部塞兵物裝備情況。記錄格式大同小異，前兩份冊書依次記載"承前月餘兵物總數""今餘兵物總數"，然後按照破胡、澗上兩隧的順序逐個記錄"今餘兵物詳情"，最後附上呈文語。後三份冊書大體相同，唯不載"今餘兵物總數"一項。細察南部塞的兵物裝備，僅記弩、箭、釜、䃽，種類上遠少於通常的亭隧武器配備。① 破胡、澗上兩隧的兵物種類及數量，與南部塞"見官兵物"恰相符合，很可能永元年間南部塞僅轄此兩隧。而且，永元五年六月至永元七年六月，兩年間一直維持"弩二張箭八十八枚釜一口䃽二合"的裝備水平，各種武器均未見增減，"陷堅羊頭銅鍭箭"未射出一枚。另外，自永元五年六月始，破胡、澗上兩隧配備的"䃽"缺敝不可正常使用，直到永元七年六月亦未維修或調換。之所以如此，很可能

---

① 關於亭隧、戍卒的武器配備情況及相關被兵簿的分析，可參初世賓《漢邊塞守禦器備考略》，見甘肅省文物工作隊、甘肅省博物館編《漢簡研究文集》，甘肅人民出版社，1984 年，第 142—222 頁；趙沛《居延漢簡所見〈兵簿〉〈被兵簿〉——兼論居延邊塞兵器配給》，《西北史地》1994 年第 4 期，第 20—29 頁；李天虹《居延漢簡簿籍分類研究》，第 90—120 頁；趙寵亮《行役戍備——河西漢塞吏卒的屯戍生活》，第 254—264 頁。

是因爲永元年間弱水流域的邊防不受重視,武器裝備得不到正常的補給;亦或小吏不認真對待,文書已成具文,故與實際情形不符。

五份簿書中,永元五年六月、永元五年七月、永元六年七月三份月言簿各用一條繩編聯,最後兩份四時簿共用一條繩編聯在一起。四條編繩相綰,繫結在一起。第三份册書——永元六年七月月言簿——末簡空白,第五份册書——永元七年四月盡六月四時簿——末簡亦空白。據此,整個簿書似可分爲兩部分。前三份册書字體細瘦,筆迹相似,皆爲月言簿;後兩份册書墨色較濃,筆迹與前者似有不同,皆爲四時簿。五份册書橫跨三年,僅記載三個月份、兩個"四時",最後卻編聯在一起,而且僅第一份册書署有南部候長之名,其他均留白未署,頗顯奇怪。

綜上,廣地塞至遲不晚於宣帝地節元年四月即已設置,至東漢和帝永元七年六月尚存。此外,兩者之間的紀年材料頗多,均在新莽滅亡之前(表3-1),且紀年較爲連續。不過,進入東漢以後的紀年材料,僅餘永元兵物簿"一枝獨秀"。永元年間,南部塞似僅轄破胡、潤上兩隧。綜合看來,很可能此時弱水流域的屯戍活動已極衰落,僅零星存在。

表 3-1　廣地塞紀年

時　　間①	涉及人物	簡　　號	備注
本始元年(前73)四月	廣地候賓(?)	73EJT24:244	
元康二年(前64)十二月	廣地士吏樂世	73EJT30:17	
神爵三年(前59)四月	廣地候遺	73EJT37:1379	觚
五鳳元年(前57)十二月	廣地某部候長蘇得	73EJT37:1100+271、73EJT37:243②	
五鳳二年(前56)三月		73EJT21:281	
五鳳二年(前56)十一月		73EJT37:49	觚
五鳳四年(前54)五月丁丑	廣地候豐	73EJT37:1533	

---

① 時間一欄僅記年月,年月相同者標注日期。
② 綜合簡73EJT37:1100+271"五鳳元年十二月乙酉朔丁酉嗇夫光敢言之肩水令史蘇得前與妻子居官今得遷爲廣地候長謁以籍出得妻子之官敢言之"及73EJT37:243"廣地候長蘇得妻觻得孝仁",蘇得原爲肩水塞令史,後遷爲廣地塞某部候長。

（續表）

時　間	涉及人物	簡　號	備注
五鳳四年（前54）五月乙未	廣地守候塞尉順	73EJT37：1062	
五鳳四年（前54）六月		EPT53：229	
甘露元年（前53）十一月	廣地士吏護粟兼行塞尉事	73EJT37：96	
甘露五年（前49）二月		73EJT32：50	
建始元年（前32）七月	肩水金關嗇夫賞	73EJC：589	
建始四年（前29）十一月	廣地候仁	73EJD：43	
河平五年（前24）正月①		29.10/A32	
元延三年（前10）七月		73EJT37：918+1517	
綏和二年（前7）閏七月	廣地守候番和尉常②	73EJT37：148+422	
建平元年（前6）四月	廣地候況、令史嘉	73EJT37：1503	
建平元年（前6）十月	廣地某部候長趙審	73EJT37：964+1124+1352	
建平二年（前5）五月	廣地觻得守塞尉博③	73EJT37：803	
建平四年（前3）十二月癸酉	廣地候況、守令史憚	73EJT37：800	
建平四年④（前3）十二月甲戌	廣地候況、守令史憚	73EJT37：1502	
居攝二年（7年）八月		73EJT23：877	
居攝三年（8年）閏正月		73EJF3：41+77	
始建國元年（9年）七月	廣地某隧隧長梁鳳	73EJF3：125	
始建國二年（10年）十一月	廣地守候紀	73EJF3：123+561	
永元五年（93年）六、七月	南部候長信	128.1/A27	永元兵物簿
永元六年（94年）七月	南部候長		
永元七年（95年）三、六月	南部候長		

---

① 原簡寫作"河平五年正辛亥"，漏"月"字。
② "廣地守候番和尉常"很可能表示由番和縣尉守廣地候之職。
③ 簡73EJT37：803記載"廣地觻得守塞尉博"，書式頗爲奇怪，疑"廣地"後漏字，或亦爲守官。
④ 簡73EJT37：1502上殘，紀年僅餘"年十二月辛未朔甲戌"，比對簡73EJT37：800，兩簡皆出現廣地候況，簡末具名皆爲守令史憚，而且月朔亦同，故簡73EJT37：1502當爲建平四年十二月甲戌，在簡73EJT37：800的次日。

第二節　部、隧及隸屬

　　永元兵物簿顯示廣地塞設有南部，該簿書出土地——A27遺址——通常認爲即南部候長駐地。既設南部，恐亦當設北部。① 廣地、橐他兩塞作用相似，旨在警戒弱水及交通綫，故廣地塞很可能亦設中部，共南、中、北三部。據下述兩簡，新莽天鳳年間守林隧爲廣地塞南界，似當亦屬南部。如下：

2.1.　詣延亭大尹府三月庚子起　　五月庚戌日餔時莫當卒受騂北卒
　　　☑司馬行大尹事　　　　　　五月辛亥日入時顯高卒付守林卒同
　　　　　　　　　　　　　　　　界中百三十里書行十三時中程
　　　　　　　　　　　　　　　　　　　　　　73EJF3：628+311

2.2.　入亡人赤表函二　其一起廣地守林隧　元延三年七月丁巳夜食五分騂北卒賀受
　　　　　　　　　　　一起橐他高顯隧
　莫當隧卒同　　　　　　　　　　　　　　73EJT37：918+1517

　　前簡爲郵書課，記錄付受時間、總里程、用時及中程與否等考核情況。據簡文"延亭大尹府"及曆日推算，該簡當爲天鳳五年(18年)。② 該郵書課，考核的是郵書從莫當隧傳遞至守林隧的時間及總里程。而莫當隧的上一站騂北亭轄於肩水塞，據後簡，元延三年七月高顯隧轄於橐他塞、守林隧轄於廣地塞。綜合兩簡可知，莫當、高顯兩隧當爲橐他塞的南北界頂端的亭隧，而守林隧爲廣地塞南部負責郵書傳遞的第一個亭隧。守林隧因位於廣地塞最南端，新莽天鳳五年時似當轄於南部塞。

　　綜上，新莽天鳳五年時，廣地南部塞轄有守林隧。東漢永元年間，南部塞僅轄破胡、澗上兩隧，永元五年六月時信爲候長。

　　此外，另有17所亭隧，材料明確顯示隸屬於廣地塞。諸隧相關材料頗多，此處僅擇要例舉，詳見文末附表。如下：

2.3.　☑卒黃宗　通望隧卒呂庇　受延隧卒周畢、　萬年隧卒周章
　　　☑卒任奴　破適隧卒董輔　累下隧卒桓調、　右五人廣地

---

① 陳夢家曾據232.33、255.2、232.28、141.2、246.35、306.12等簡認爲，廣地設有北部(《漢簡所見居延邊塞與防禦組織》，見《漢簡綴述》，第79頁)。筆者覆檢發現，這些簡均出土自A33遺址，實際上反映的是肩水塞而非廣地塞北部的情況。

② 具體分析，詳第二章。

☒卒樊抵　　右橐佗五人　　　減虜隧卒張湯、
　　　　　　　　　　　　　　次累隧周竟、
　　　　　　　　　　　　　　　　73EJT7：24+72EJC：155A
　　守令史宣　　　　　　　　　　73EJT7：24+72EJC：155B

2.4.　☒廣地伏之隧長勒登七月奉　　☒　　73EJT25：98
2.5.　☒廣地勝之隧長☒　　　　　　　　　131.19/A33
2.6.　　　後起隧長逢尊妻居延廣地里逢廉年卅五
廣地　　子小女君曼年十一歲　　　　大車一兩
　　　　葆聟居延龍起里王都年廿二　　用馬二匹
　　　　　　　　　　　　　　　　用牛二　　73EJT6：41A
2.7.　☒　六百　　給廣地博望隧長☒　　73EJT28：77
2.8.　☒廣地石北隧長董青得☒　　　　　73EJT25：184
2.9.　☒廣地美草隧長孫博出☒　　　　　73EJT26：137
2.10. 廣地[?]都亭長蘇安世妻居延鉼庭里薛存年廿九長☒
　　　　　　　　　　　　　　　　　　　73EJH1：25
2.11.　☒出倉麥十石輸廣地累山亭　　　72EJC：137
2.12. 廣地◎　毋患隧長安世葆居延中宿里公乘徐孺
　　　　　　年七十歲長七尺一寸黑色　　73EJT37：1057A
　　　　　金關符　　　　　　　　　　　73EJT37：1057B
2.13. 舉二苣火博南隧去當谷隧三百卌步廣地同亭卒☒　EPT57：17
2.14.　　　　九月辛巳日入誠勢北隧卒戍受甲渠臨木隧卒有人定五分卅井
南書一封居延都尉章　詣張掖大守府 卅井南界隧卒輔付廣地北界隧卒明北
　　　　　　界去誠勢北隧卅八里定行三時五分☒☒三分　163.19/A22
2.15. 廣地①◎　望遠隧長奴子小女居延城勢里郭婢年十歲
　　　　　　　長五尺黑色　　　　　　　73EJT24：296

簡2.3爲寬木牘,上端切削成三角形,部分簡文殘去。現存簡文顯示受延、萬年、累下、減虜、次累等五隧轄於廣地塞。此外,黃宗、呂庇、任奴、董輔、樊抵等五名隧卒轄於橐他塞,惜上殘,僅知通望、破適兩隧轄於橐他塞。② 簡背具名"守令史宣",書風筆迹與正面相似,該簡或爲某候官所製作。2.6、2.12、2.15 三簡爲家屬出入符,2.9、2.10 兩簡當爲出入名籍,2.13 涉及烽火傳

---

① "廣地"原釋爲"四年",據圖版徑改。
② 詳第二章。

遞,2.14 爲郵書課。① 13 枚簡涉及受延、萬年、累下、滅虜、次累、伏之、勝之、後起、博望、石北、美草、☒都、累山、毋患、同亭、北界、望遠等 17 所亭隧,簡文注明皆轄於廣地塞,惜不詳何部。又,據下簡:

2.16. 累下二里隧長忘生　　望遠三里隧長□
　　　後起三里隧長畢　　　木辟三里亭長安世　　　　73EJT22:5

該簡似爲某種亭隧道里長吏統計簿,累下、後起、望遠、木辟四隧並列,且相距三漢里,上文顯示累下、後起、望遠轄於廣地塞,故木辟隧亦當同屬廣地塞,甚至可能同屬一部。

表 3-2　廣地塞部、隧

部 名	亭/隧名
南部	守林、破胡、澗上
不詳	受延、萬年、累下、滅虜、次累、伏之、勝之、後起、博望、石北、美草、☒都、累山、毋患、同亭、北界、望遠、木辟

綜上可知,廣地塞設有南部,因其與橐他塞相類,均沿弱水而設,主要負責維護交通綫的順暢及警戒候望,故很可能亦設有北部、中部。因資料限制,僅考見新莽天鳳時守林隧轄於南部塞,永元年間南部塞僅轄破胡、澗上兩隧(表 3-2)。此外,尚有 18 所亭隧亦屬廣地塞,惜不詳何部。

第三節　餘　　論

最晚自宣帝地節元年四月廣地塞即已設置,此後直到新莽滅亡,均見有

---

① 一般而言,郵書課多由部製作呈給候官,排除偶然性,則簡 2.14 的出土地 A22 遺址當爲某部候長或候官所在。而卅井候官一般認爲在 P9 博羅松治遺址,故 A22 遺址當爲卅井塞下某部候長所駐。此說並非僅有簡 2.14 一枚孤證,A22 遺址還出土一枚封檢,"誠南候長王士治所以亭行"(81.2)顯示該地當爲誠南部候長駐地。另外,該地出土簡牘中有數枚簡顯示降虜隧當轄於誠南部,如"·卅井降虜隧始建二年四月什器簿"(81.3)爲册書標題簡,"敢言之以今年五月廿八日戊戌除補卅井降虜隧"(163.7A)很可能涉及降虜隧長的除補,"入茭二百　元始三年十一月庚辰降虜隧長垣並受尉史譚"(163.20)爲茭出入記錄,簡背且有刻齒,這三枚簡應該不是隨意性記載,降虜隧轄於誠南部的可能性非常大。另外,據學者研究,A22 東面 2 公里的 A21 遺址爲卅井懸索關所在(冨谷至《文書行政的漢帝國》,第 263—268 頁),若此說不誤,則懸索關亦非位於卅井候官塞的最邊界,類似於金關與肩水塞的空間結構關係。

廣地塞的紀年材料。東漢以後，唯有永元兵物簿"一枝獨秀"，顯示和帝時期廣地塞尚有活動，惜相關考古調查發掘不夠充分，無法得知此時期及此前此後的情況。整體而言，廣地塞很可能亦設南、中、北三部，共考得 21 所亭隧（表3－2），僅守林、破胡、澗上三隧知其轄於南部塞，其他皆不詳。據永元五年到七年南部塞僅轄有破胡、澗上兩隧判斷，此時期廣地塞建制尚存，但隨著漢廷與北匈奴戰爭的前線轉移到今新疆北部、西部地區，弱水中下游流域的邊防地位與作用恐亦隨之下降，故廣地塞的亭隧設置較爲疏闊，武器配給亦不及時。

調查顯示，目前學界通常認定的廣地塞範圍，南起 A27 遺址，北至 A23 遺址，共有 T142、T143、A23、K823、A24（障）、T144、A25、T145、T146、T147、A26、T148、T149、T150、T151、T152、T153、A27 等 17 座烽燧及 1 座鄣城，長約 60 公里。實際上，北段自 A24 以北，長約 40 公里，僅存稀疏的亭隧；南段自 A24 以南有 14 個烽臺，長約 17 公里，平均間距約 1.5 公里。① 若整體看來，廣地塞亭隧間距均爲 1.5 公里，②則當有 40 座左右，遠超本文所考及現存遺址數，應有不少亭隧已消失或尚未發現。若原本設有 40 所左右的亭隧，則每部當轄 10 所以上，與肩水、甲渠塞相比爲多，與橐他塞類似。

廣地塞亭/隧詳表

亭/隧	簡　　號	屬部
破胡隧	128.1/A22、103.42③(t)/A8	
澗上隧	128.1/A22	
守林隧	73EJT2：75、73EJT37：918+1517、73EJF3：143+211+425、73EJF3：311、73EJC：358	南部
受延隧	73EJT8：69、73EJT23：977、73EJT37：1221、72EJC：155	不詳
萬年隧	72EJC：155	
累下隧	73EJT21：208、73EJT22：5、73EJT37：757、72EJC：155	

---

① 中國社會科學院考古研究所編《居延漢簡甲乙編》下册，附錄二《額濟納河流域障隧述要》，第 309—311 頁。
② 簡 2.16 顯示，累下、望遠、後起、木辟四所亭隧相距僅二三漢里，尚不足 1.5 公里。這裏取概數。
③ 該簡稱破胡亭，漢簡里經常出現的亭、隧，其建築形制相同，職能略有區別，可謂異名而同指。爲表述方便，亭隧互見者一般採用習見稱呼。

（續表）

亭/隧	簡　　號	屬部
滅虜隧	73EJT8：93、73EJT37：890、72EJC：155	不詳
次累隧	72EJC：155、EPT59：645	
伏之隧	73EJT25：98	
勝之隧	131.19/A33、73EJT24：965、73EJT37：62	
後起隧	73EJT6：41、73EJT22：5、73EJT37：891	
博望隧①	73EJT10：132、73EJT10：201、73EJT28：77、73EJT29：33	
石北隧	73EJT25：184、73EJC：410	
美草隧	73EJT10：19、73EJT26：137、73EJT37：586	
▨都亭	73EJH1：25	
累山隧②	75.8/A32、73EJT1：160、73EJT23：763、73EJT24：291、73EJT29：50、73EJF3：140、72EJC：137(t)、72ECC：18	
毋患隧	73EJT37：1057	
同亭	EPT57：17	
北界隧	163.19/A22、73EJT22：11	
望遠隧	73EJT22：5、73EJT24：296	
木辟亭	73EJT22：5、73EJD：61	

　　附記：該文原刊《出土文獻研究》第十六輯，2017年，收入本書時加以修訂。

---

① 簡73EJT7：5顯示博望隧屬橐他塞，73EJT10：201、73EJT28：77顯示廣地塞亦有博望隧，唯簡73EJT10：132不詳何屬，故兩列之。
② 73EJT5：16顯示橐他塞統轄累山隧，73EJT24：291、72EJC：137顯示廣地塞統轄同名亭隧，其他如75.8/A32、73EJT1：160、73EJT23：763、73EJT29：50、73EJF3：140、72ECC：18等簡不詳何屬，故兩列之。

下 編
漢代弱水中下游流域邊防機構駐地研究

序　說

本編主要考察肩水候、東部候長及候官置的駐地問題。

機構或機構長官駐地的研究，不僅包括給已知的考古學遺址確定其作爲官署機構的名稱，也包括據出土簡牘推知某個官署機構或其名稱，進而確定其所處的大致或精確位置。這類研究，可稱之爲"遺址定名"。學界在這方面已有不少研究，並且形成了一些典型作法。進入具體研究之前，首先回顧一下這方面的工作。

最早利用簡牘進行遺址定名的當推王國維。前期因不知簡牘的具體出土地點，他依據郵書刺、封檢及相關簡牘僅能推定各烽燧次第，尚無法落實到具體的地理方位上，[①]後期利用斯坦因的原始記録，不僅糾正了前面工作的部分錯誤，且將諸多烽燧地名落實在地圖上。[②] 總結其定位官署遺址的資料，包括書信、呈文、封檢、郵書刺及楬。王國維前期依據書信及公文呈文辨析樓蘭、海頭地望時，認爲此類材料"皆於姓名前著具書之地"，但其後意識到如此作法存在危險，"由所出之簡以定其地之名，亦有當審愼者：異地具書，自署地名一也；記事之中，偶涉他地二也"，隨即又特别强調楬起到的地名標識作用，"唯器物之楬所署之地，則以本地之物署本地之名，毫無疑義"。[③] 另外，王國維考察郵書刺時，强調"古人封書既用璽印，故但須署受書之人，不須自署官位、姓名"，並且注意到有些簡兼署發信日期。[④] 這些研究均具有開創意義。

其後，隨着數量豐富的居延舊簡的發掘與公佈，復原弱水流域的屯戍機構自然也提上日程，較爲系統而全面地開展這項工作的是陳夢家。此前，勞榦也涉及這項工作，可惜既未意識到簡牘出土地的重要性，亦無法充分獲知

[①] 王國維、羅振玉《流沙墜簡》，1914年初版，1934年修訂，此據何立民點校本，浙江古籍出版社，2013年，第3—11、50—56頁。
[②] 王國維、羅振玉《流沙墜簡》，第170—171、197—206頁。
[③] 王國維、羅振玉《流沙墜簡》，第7、170頁。
[④] 王國維、羅振玉《流沙墜簡》，第51頁。

簡牘的具體出土地點，因此問題不少。① 陳夢家的復原之所以卓有成效，與其充分利用貝格曼的發掘報告並且摸清了全部簡牘的出土地點有關。② 有此條件，陳夢家即依據簡牘的出土地整理出郵書記錄，並按照南書、北書的次序排列出郵站表，在此基礎上輔以各遺址出土的封檢，據之判斷出這些遺址的機構名稱。③ 此外，他還注意到官署機構與遺址的建築結構及出土簿籍的匹配，這一作法值得重視。可以説，陳夢家據有資料之全面、考察之系統、方法之科學，皆超過前人，因此後來居上，在學界産生很大的影響。但陳夢家關於居延都尉府也位於 A8 遺址（破城子）的看法，受到永田英正的質疑。④ 觀其方法，除延續陳氏之思路，重新整理解讀郵書記錄及封檢外，還據候官處存有"詣官簿"推測都尉府也有相應的"詣府"簡。另，永田英正分析甲渠候官第四隧出土的簡牘時指出，若要據某遺址所出簡牘判定該遺址的機構名稱，則可考慮從封檢、安置在物品上的楬、簿籍等三項入手。⑤

此外，卅井塞南端的 A21 遺址與金關遺址，兩者皆出土了書式相同的出入關名籍簡。此前李均明曾注意及此，認爲前者亦當爲一處關卡，⑥冨谷至推定該地即懸索關所在。⑦ 解決問題的關鍵就在於，此地出土了與"關卡"這一機構身份相匹配的簡牘。最近，侯旭東撰文考定驛北亭位於 A32 遺址，兼用郵書刺、日迹檮、出入關記録及楬，並將驛北亭的位置與亭間道里簿及 A33 遺址周邊烽燧的實測距離相對照，可以説進一步擴大了遺址定名工作所能利用的資料範圍。⑧

綜上不難發現，在遺址定名工作中，封檢不僅起到較大的作用，而且使用頻繁。實際上，學界對封檢本身的研究並不涉及遺址定名。大略而言，已有研究可分爲形制與書式兩方面。前者主要集中在封泥匣的有無及封緘方

---

① 勞榦《居延漢簡考釋——考證之部》，第 30—33 頁。勞榦的失誤，一定程度上也算情有可原，畢竟全部簡牘的出土地信息，要等到 1980 年《居延漢簡甲乙編》出版後方爲學界所知。
② 1959 年出版的《居延漢簡甲編》（中國科學院考古研究所編，科學出版社）僅查明部分簡牘的出土地點，使用起來多有不便，而標記全部簡牘出土地點的《居延漢簡甲乙編》雖然遲至 1980 年才出版，但記有全部簡牘及遺物出土地點的登記册，早在 1962 年 3 月就已被考古所清理出來。陳夢家提到甲編、乙編已釋未釋的編號及標記册（《漢簡考述》，原載《考古學報》1963 年第 1 期，見《漢簡綴述》，第 9、29 頁），與考古所清理出來的登記册（中國社會科學院考古研究所編《居延漢簡甲乙編》下册，第 291 頁），應是同一份文件，因此陳夢家得以利用。
③ 陳夢家《漢簡考述》，見《漢簡綴述》，第 1—36 頁。
④ 永田英正《居延漢簡研究》第五章《評陳夢家"破城子爲居延都尉府"説》，第 354—370 頁。
⑤ 永田英正《甲渠塞第四隧出土簡牘分析》，第 250 頁。
⑥ 李均明《漢簡所見出入符、傳與出入名籍》，《文史》第十九輯，1983 年，第 34—35 頁。
⑦ 冨谷至《文書行政的漢帝國》，第 263—268 頁。
⑧ 侯旭東《西漢張掖郡肩水候官驛北亭位置考》，第 32—37 頁，插頁及封三。

式等方面，①但分類迄無統一認識，主要是樣本數量不足所致。② 至於封檢題署文字的書式，學界關注亦久，也無統一分類。③ 另有學者集成大量封檢，結合形制及書式探討封檢的使用與功能。④ 這些研究均不涉及封檢的定名功能。不可否認的是，封檢正中以醒目大字題署的單位或個人均爲收件者，這一點已成共識。學界在遺址定名時利用封檢，也主要與其題署收件者有關。雖然不能百分之百確定，只要出土署有收件者的封檢，就一定意味著出土地即爲收件者駐地，但驗之以往的研究，這一關係基本上是成立的。⑤

---

① 王國維《簡牘檢署考》，1912 年日文初版，1914 年中文初版，此據胡平生、馬月華《簡牘檢署考校注》，上海古籍出版社，2004 年，第 75—99 頁；勞榦《居延漢簡考釋——考證之部》，第 2—3 頁；永田英正《書契》，收入林巳奈夫編《漢代の文物》，京都大學人文科學研究所，1976 年，第 502—505 頁；大庭脩《漢簡研究》第二篇第五章《再論"檢"》，1992 年初刊，此據徐世虹中譯，廣西師範大學出版社，2001 年，第 176—204 頁；鄔文玲《"合檄"試探》，《簡帛研究 2008》，2010 年，第 151—173 頁；何佳、黃樸華《東漢簡"合檄"封緘方式試探》，《齊魯學刊》2013 年第 4 期，第 44—47 頁；冨谷至《文書行政的漢帝國》，第 160—170 頁；籾山明《魏晉樓蘭簡的形態——封檢を中心として》，原刊冨谷至編《流沙出土的文字資料——樓蘭‧尼雅出土文書を中心に》，京都大學學術出版會，2001 年，此據作者《秦漢出土文字史料の研究》，第 62—100 頁。
② 爲表述與分析的方便，不妨借鑒學界關於封泥的研究，將那些沒有封泥匣的封檢統稱爲"平檢"。"平檢"之説及其封印方式，見孫慰祖《封泥的發現與古代封泥的作用》，作者《封泥：發現與研究》，上海書店出版社，2002 年，第 7 頁；及《封泥和古代封緘方式的研究》，作者《可齋論印新稿》，上海辭書出版社，2003 年，第 122—123 頁。
③ 侯燦《勞榦〈居延漢簡考釋‧簡牘之制〉平議》，收入甘肅考古文物研究所編《秦漢簡牘論文集》，第 256—284 頁；李均明《封檢題署考略》，《文物》1990 年第 10 期，第 72—78 頁；李均明《秦漢簡牘文書分類輯解》，第 440—456 頁；單印飛針對里耶秦簡所見的封檢，重新探討了其題署格式（《秦代封檢題署新探——以里耶秦簡爲中心》，《出土文獻研究》第十六輯，2017 年，第 175—190 頁）。
④ 青木俊介《封檢の形態發展》，收入籾山明、佐藤信編《文獻と遺物の境界Ⅱ》，東京外國語大學アジア‧アフリカ言語文化研究所，2014 年，第 229—246 頁；鷹取祐司《秦漢官文書の基礎的研究》第二部第六章《文書の宛名簡》，汲古書院，2015 年，第 371—440 頁。鷹取祐司發現，河西地區出土的漢代封檢，絶大多數都無封泥匣，有封泥匣者不足 7%（第 376 頁）。關於日本、中國古代有匣封檢的比較研究，可參山中章《匣付木簡の製作技法と機能に關する一考察》，見籾山明、佐藤信編《文獻と遺物の境界Ⅱ》，第 247—256 頁。
⑤ 鷹取祐司曾將河西地區漢簡中的封檢集成列表，計有 A7、A8、A22、A32、A33、P1、P9、D21 等遺址出土者，封檢題署與學界推斷出的遺址名稱並無扞格之處（《秦漢官文書の基礎的研究》第二部第六章《文書の宛名簡》，第 415—440 頁）。唯 A7 有數枚甲渠候封檢，A8 有一枚居延都尉封檢（259.8），A33 出土數枚金關封檢，與學界對甲渠候官與肩水候官駐地的認識相矛盾。但 A7 所出甲渠候封檢，乃採集簡，非發掘出土，可能屬於簡牘再利用或其他特殊情況。另外，A7 還有一枚令史受理的入粟登記簡（16.2），而 A7 乃一烽燧，既不應有入粟記錄簡也不應有令史，此簡出現於 A7 當爲偶然，甲渠候的封檢也應如此。至於 A8 遺址出土的 259.5，A 面題署"都尉府都尉府"，B 面題署"居延"，當爲習字。A32 遺址以北第一個烽燧 T168 亦採集一批簡牘，公佈在金關漢簡第五册裏，中有肩水金關封檢及其他相關簡牘百枚左右，原應出自 A32 遺址（詳附錄《金關簡第五册 73EJD 部分簡牘出土地獻疑》）。另，A33 遺址出土了十枚肩水金關封檢，其中七枚（41.5、53.17、74.5、199.22、207.3、242.25、350.41）屬於 20 世紀 30 年代發掘的居延舊簡，86EDT34：1、86EDH：6、86EDT5：1 爲 80 年代發掘的地灣漢簡。地灣簡刊佈之前，筆者推測七枚居延舊簡中的金關封檢原本出土自 A32 遺址，因當時條件落後，故發掘或整理過程中混入 A33 遺址簡牘（詳郭偉濤《漢代肩水金關關吏編年及相關問題》，《出土文獻》第十輯，2017 年，第 236—242 頁）。而 20 世紀 80 年代發掘的地灣漢簡中也出現了金關封檢，雖然僅有三枚，但不 （轉下頁）

綜上，利用簡牘材料開展遺址定名的工作，必須把簡文與出土位置充分結合起來，並放在整個邊塞屯戍組織體系中予以考慮。其中，最爲重要的資料就是封檢、郵書簡、附有傳送及開封記録的文書，而標明物品的楬及寫有收件者或發件者的公文書也值得留意。

附記：藤田高夫先生對出土簡牘與官署定名問題，亦有相應討論與總結，同樣指出封檢、楬、記有發件者或收件者信息的文書等在判斷官署名稱方面具有重要作用。(《敦煌居延漢簡による漢代文書行政の基礎的研究》，《國際簡牘學會會刊》第三號，2001年，第473—491頁)。筆者失察，未及引用。

（接上頁）得不説，筆者原先的推測難以成立。那麽，又該如何解釋A33遺址出現十枚金關封檢（A33遺址共出土封檢約五十五枚）的現象呢？筆者苦思良久，尚無確解，或許還應該從A33、A32兩遺址駐扎機構具備密切關聯的角度去理解。畢竟，如下文所言，肩水候官始終在A33遺址，而肩水候長期駐在A32遺址，該地甚至可視爲肩水候"官"的一部分，金關封檢出現在A33遺址或許可從這一點出發進行理解。但這麽做，也有情理不通之處，畢竟A32遺址還駐有東部候長治所，也轄於肩水塞，爲何東部候長封檢不像金關封檢一樣見於A33遺址呢？這個問題依然難以回答。雖然如此，作爲總的原則，封檢題署與遺址駐扎機構相對應，對西北漢簡而言，僅見此一例外，整體上應該還是可以成立的。此外，官署之間因業務需要，彼此文書往來頻繁，而且還存在簡牘重新利用及人事調動的情況，偶有一兩枚其他官署的封檢或文書也在情理之中，如永田英正就指出甲渠候官第四隧出土了甲渠第三十七隧長及臨桐隧長的文書（永田英正《甲渠塞第四隧出土簡牘分析》，第253頁）。總而言之，封檢可視爲遺址定名工作的有力證據。附帶指出，高村武幸統計里耶遷陵縣遷遺址古井出土的第八層秦簡，約有三百餘枚封檢，中有數枚與遷陵縣完全無關者(《里耶秦簡第八層出土簡牘の基礎の研究》，《三重大史學》第14卷，2014年，第31、38頁)，據單印飛對該批封檢題署的重新理解(《秦代封檢題署新探——以里耶秦簡爲中心》，《出土文獻研究》第十六輯，2017年，第175—190頁)，應該是原本用於發往題署地卻因故未發出而留下的。

第四章

肩水候駐地考

陳夢家系統考證漢代弱水中下游流域諸機構的駐地所在,認爲肩水候官位於 A33 遺址。① 此説向爲學界信從,成爲相關研究的基礎。實際上,當時資料有限,所論不乏推測。筆者排比新出金關簡發現,作爲肩水塞日常政務處理中心及物資集散基地,肩水候官確實位於 A33 遺址,不過作爲肩水塞的最高長官,肩水候亦常在 A32 遺址駐足辦公,該地對肩水塞具有特别的意義,甚至可視爲肩水候"官"的一部分。析言之,自宣帝早期至陽朔元年(前 24)這段時間内,肩水候應多駐 A33 遺址,其中甘露五鳳年間可能駐在 A32 遺址;最晚從陽朔四年(前 21)十一月開始,直到居攝二年(7 年),肩水候常駐 A32 遺址。本章綜合分析封檢、相關文書及郵書簡,考證肩水候駐地的移動。

第一節 封檢所見肩水候駐地

如前所述,封檢在遺址定名工作中發揮極其重要的作用,本節首先考察 A33、A32 兩地出土的肩水候(官)封檢。②

一、A33 遺址出土肩水候(官)封檢

A33 遺址出土近 3 000 枚漢簡,目前可見約有 55 枚封檢,③其中僅簡

---

① 陳夢家《漢簡考述》,見《漢簡綴述》,第 24、25 頁。
② 少部分封檢題署"肩水候",可能爲"肩水候官"的省稱。作爲官署機構的"官"具有固定性,建築形制上有一定的規模,與臨時駐地不同。不過,假若肩水候駐在"官"之外的某地,發給他的文書封檢並不因此而僅題署爲"肩水候"。
③ 86EDHT:6、86EDT5H:1 兩簡雖然形制爲封檢,但題署爲習字,不計。86EDT5:22、131.70 兩簡爲削衣,但字體及行款似封檢,亦不計。

20.1、74.1、236.1 等有封泥匣，其餘似皆無封泥匣或因殘斷而無法判斷。實際上，有無封泥匣，並不妨礙其標識的作用，故一併討論。55 枚封檢中，肩水候（官）封檢 47 枚，佔五分之四還多。①

這 47 枚肩水候（官）封檢，按照書式的不同，可細分爲五種類型（章末附表）。Ⅰ型共有 26 枚，寬度不一，察其書式應爲封檢無疑，如下簡：

  1.1. 肩水候官   13.5/A33

僅題署"肩水候官"作爲標識。Ⅱ型如下簡：

  1.2. 肩水候官行者走   74.18/A33

注明了傳送方式，共 4 枚。Ⅲ型共 11 枚，不僅寫有收件者"肩水候官"，而且注明了發件者之印章及傳送者身份姓名和送達時間，如下簡：

  1.3. 印曰朱千秋
    肩水候官
      十二月壬申隧長勤光以來   5.2/A33

説明文字分列"肩水候官"兩側，字體較小，部分簡墨色濃淡不一，屬於二次書寫。Ⅳ型共 3 枚，是Ⅱ型和Ⅲ型的結合體，不僅標注收件者、傳送方式，且注明了發件者之印章、送件者身份姓名及送達時間，兩側文字與中間題署亦筆迹有別。如下簡：

  1.4. 張掖都尉章
    肩水候以郵行
      九月庚午府卒孫意以來   74.4/A33

Ⅴ型共 3 枚，如下簡：

  1.5.   廩名籍
    肩水候官 穀簿
       歲留□   5.16/A33

上標肩水候官，下面以小字説明簿籍名稱或事項，頗爲特別。

  A33 遺址出土上述五類肩水候（官）封檢，可能用於傳遞文書，也可能傳

---

① A33、A32 遺址還出土"肩水廷"封檢，通常而言，廷指縣廷，但有時也指候官，如 A8 遺址出土"伐胡隧長程塑詣廷受奉七月辛旦入（EPT3：1）"，詣廷顯然是指前往甲渠候官。因此，本文將兩地出土的肩水廷封檢視同肩水候官封檢，一併統計。

遞實物。① 唯Ⅰ型的書式較爲特別。② 這五類封檢，絕大部分題署爲肩水候官，少部分題署肩水候，兩者均爲收件者。

二、A32 遺址出土肩水候（官）封檢

A32 出土肩水候（官）封檢共計 53 枚（章末附表），③約佔總數的五分之一。④ 這 53 枚封檢中，僅 73EJT37：48 有封泥槽，形制瘦長，其餘皆無。比照前面的分類，A32 出土肩水候（官）封檢，Ⅰ型共 31 枚，如下簡：

  1.6. 肩水候官   73EJT1：71

Ⅱ型 13 枚，如下簡：

  1.7. 肩水候官以郵行   73EJT23：51

Ⅲ型 8 枚，如下簡：

  1.8.　　張掖□□□印

  肩水候官

    九月己亥騶北卒林赦之以來   73EJT37：1314

Ⅴ型僅 1 枚，左半殘去，如下：

  1.9.　　　□肩水候簿餘

  肩水候　錢百八十

     □   73EJT30：127

A32 遺址出土肩水候（官）封檢，絕大部分亦題署肩水候官，少部分題署肩水候。共四種類型，沒有Ⅳ型。Ⅲ型封檢記有傳送信息。

綜上，A33、A32 兩遺址出土了大量肩水候官封檢。如前所述，學界在推定遺址的機構時，最常利用的就是封檢，封檢正中以醒目大字題署的機構或

---

① 文書封檢與實物封檢的劃分，見李均明《封檢題署考略》，第 72—76 頁。
② 冨谷至認爲這種題署名稱單位而無其他文字説明的封檢，僅用於文書短距離傳送的候官內部，並進一步認爲封檢匣的有無表示 "內檢" "外檢" 的不同（《文書行政的漢帝國》，第 160—164 頁）。鷹取祐司集成了 479 例敦煌及弱水流域漢簡中的封檢，通過排比分析，對冨谷至的説法提出批評，認爲形制上各有不同的封檢僅與發信者的地位及封閉保密措施有關，與文書的傳送方式無關，而且候官轄區外的文書傳送，除採用 "以郵行" 外就是縣次傳及亭次傳，因此並無特別的必要去記載其傳送方式（《秦漢官文書的基礎的研究》第二部第六章《文書の宛名簡》，第 406 頁）。
③ 2EJC：29、73EJT1：97 兩簡雖然行款字體極類封檢，但本身爲削衣，故不計。
④ 據筆者粗略統計，目前 A32 共出土封檢 270 枚左右，其中金關封檢爲 149 枚，東部候長 19 枚，關嗇夫 19 枚。

個人均爲收件者。基本上，某遺址出土封檢題署的機構或個人，即表示該機構或個人某段時間駐在此遺址。封檢可以起到類似於門牌的指示作用。因此，A32、A33兩地出土大量肩水候（官）封檢，即可認爲兩地皆爲肩水候（官）駐地。尤其Ⅲ型封檢，有簽收時所做的記錄，更可證明這一觀點。

那麼，兩地皆爲肩水候（官）所在的現象，該如何理解呢？畢竟兩遺址相距550多米，兩者不可能同時均爲肩水候（官）。筆者以爲，很可能存在時間序列上的變化，即肩水候（官）存在遷移現象。若要證明此點，僅依據未載紀年的封檢是辦不到的，必須審視兩地出土的相關文書。

第二節　文書所見肩水候駐地及時間

漢代官文書的運行，有一定的制度規定和慣例，根據某些文書的文本內容及出土地信息，並結合邊郡的行政組織體系深入分析，可以判定肩水候駐地。經檢核比對，我們發現共有三十多份文書，既可確證肩水候駐地又有明確的紀年。大致可分爲四類：(1)肩水候上呈文書的草稿或留底；(2)其他機構呈給肩水候官的文書；(3)記有"發君前"字樣，表示在肩水候面前開封，也就表示簡牘出土地爲肩水候駐地；(4)簡背有簽收記錄，結合文書涉及的上下級及其出土地，可以判斷肩水候（官）的駐地。也有兼而有之者。最爲直接有力的當屬第三類"發君前"材料。四類文書互相印證補充，足以明確肩水候駐地。爲行文方便，按照時間先後逐個梳理考證相關文書，最後結合A32、A33出土的其他文書簡，尤其是簿書標題簡，予以總結說明。

(1) 元康元年（前65）正月丁丑①

2.1. 地節五年正月丙子朔丁丑，肩水候房以私印行事敢言之都尉府：府

---

① 地節五年之前，尚有一枚地節二年（前68）的文書簡，需要仔細辨析：
地節二年六月辛卯朔壬巳，肩水候房謂候長光：官以姑臧所移卒被兵本籍爲行邊兵丞相史王卿治卒被兵以校閱亭隧卒被兵，皆多þõ具不相應，或易處不如本籍。今寫所治亭別被兵籍并編，移書到，光以籍閱具卒兵。兵即不應籍，更實定此籍。隨兵所在亭各實弩力石、射步數，令可知。費事詣官，會月廿八日夕。須以集，爲丞相史王卿治事，課後不如會日者致案。毋忽，如律令。　7.7A
印曰張掖肩候
六月戊午如意卒安世以來　　　守令史禹　　　7.7B/A33
該簡正面及簡背具其名書風謹嚴，應爲一人所書，印文及傳遞信息字迹潦草，當屬二次書寫。文書由肩水候房下發給候長光，要求候長光"賫事詣官"，簡背簽收記錄顯示已送達候長駐地，綜合簡文可得出：簡牘出土地——A33——爲候長駐地，地節二年六月肩水候駐地不在該地。但是，A33遺址非候長駐地，而且肩水候官塞亦不存"肩水部"（詳第一章），此矛盾之一，故候　（轉下頁）

移大守府所移敦煌大守府書曰：故大司馬博　　　　10.35A
　　　　　　　　　　　　　　　　令史拓尉史義　10.35B/A33

該簡形制爲兩行。據簡文可知，先是張掖太守府將敦煌太守府文書下發至肩水都尉府，都尉府再下發至肩水候官，簡2.1即爲肩水候房就此向肩水都尉府匯報工作的上行文書，原件應爲冊書，惜其餘不存。從呈文者肩水候和呈報對象都尉府的關係看，這份文書或者作爲草稿/底本出土於肩水候駐地，或者作爲文書正本出土於肩水都尉府所在地，二者必居其一。學界通常認爲肩水都尉府駐於A35遺址，因此簡2.1出土地（A33遺址）當爲肩水候駐地。細察圖版，文字工整，正背面書風一致，應爲同一人書寫，唯"房"之簽名字迹不同，當爲別筆所簽，因此這份文書很可能作爲副本留底存檔，或者沒有發出去。另，宣帝地節五年四月改年號爲元康，①簡2.1"地節五年正月"紀年與之相符，地節五年即元康元年。

（2）元康元年（前65）正月戊寅

2.2. 地節五年正月丙子朔戊寅，肩水候房以私印行事，謂士吏平：候行塞，書到平行候事，真官到，若有代，罷，如律令。　　73EJT21：42+38A
……　　　　　　　　　　　　　　　　　　/令史拓尉史義

印曰候房印
正月戊寅鄣卒福以來　　　　　　　　　　　　　　　73EJT21：42+38B

該冊書爲肩水候交待士吏平兼行候事的文件。② 甲渠塞轄下約十個候部，配備三名士吏，每名士吏負責三到四部，③而肩水塞轄有九個部，④士吏數量不詳，或許士吏平可能負責東部及其他兩三部，此時駐在A32遺址，因此這份文書出土於此地。簡背"鄣卒福以來"顯示福的身份爲鄣卒，一般而言，鄣即

（接上頁）長光駐地不當在A33遺址；肩水候房又見於地節四年至元康二年，且簡2.1亦爲候房上呈之文書，所見肩水候駐地皆在A33遺址，與該簡不合。有没有可能該簡原出自A32遺址，因故誤入地灣簡呢？暫且存疑。此外，兩千年來人力及自然對居延地區遺址及遺物的改變不可小覷，也可能該簡因此而出現在A33遺址。另一方面該簡所述肩水候駐地不在A33的情形，又屬孤例，且有本始年間冊書的標題簡（●肩水候官本始二年十 97.12/A33），此後一段時間內亦駐於A33遺址，故暫且將之排除。

① 陳夢家《漢簡年曆表序》，見《漢簡綴述》，第234頁；辛德勇《建元與改元——西漢新莽年號研究》，第219頁。
② 兩枚簡可編聯，見侯旭東《西漢張掖郡肩水候繫年初編——兼論候行塞時的人事安排與用印》，第184—185頁。
③ 王之璞《西北漢簡所見"士吏"研究》，碩士學位論文，西北師範大學，2015年，第31—33頁。
④ 詳第一章。

指肩水候官所駐之 A33 遺址,故該册書當由彼處發來,也即地節五年正月肩水候駐在 A33 遺址。時間是簡 2.1 的次日。

(3) 元康元年(前 65)十二月壬寅

2.3. 元康元年十二月辛丑朔壬寅,東部候長長生敢言之候官:官移大守府所移河南都尉書曰:詔所名捕及鑄僞錢盜賊亡未得者牛延壽、高建等廿四牒,書到度　　　　　　　　　　　　　　　20.12A

候史齊、遂昌　　20.12B/A33

該簡形制爲兩行,正背面書風一致,候長簽名筆迹與其他文字相似,應爲同一人書寫。據簡文可知,先是河南都尉府發文張掖太守府請求協助抓捕牛延壽、高建等,太守府接文後下發給肩水候,肩水候又下發至東部候長,簡 2.3 即爲東部候長向肩水候官匯報搜捕盜賊的文書。據呈文者東部候長與呈報對象肩水候官的關係,這份文書或者作爲草稿/底本出土於東部候長駐地,或者作爲文書正本送達肩水候官,二者必居其一。東部候長自地節四年(前 66)至元始四年(4 年)一直駐在 A32 遺址,①因此,元康元年(前 65)十二月簡 2.3 出土地——A33 遺址——爲肩水候官所在地,該簡爲文書正本。②

(4) 元康二年(前 64)二月乙丑

2.4. 元康二年二月庚子朔乙丑,左前萬世隧長破胡敢言之候官:即日疾心腹,四節不舉　　　　　　　　　　　255.22+5.18/A33

該簡內容爲病書,形制爲兩行,字迹工整。據簡文,左前部萬世隧長破胡因身體抱恙而向候官直接匯報,很可能是請求休息或就醫。③ 通常情況下,文書應逐級上呈或下發,④即隧長首先向候長匯報,然後由候長再"寫移"上呈

---

① 詳第五章。
② 角谷常子認爲,文書草稿兼用單札與兩行,前者居多,正本使用兩行(《簡牘の形狀における意味》,收入冨谷至編《邊境出土木簡の研究》,京都:朋友書店,2003 年,第 90—98 頁)。這點值得重視,但文書行政的實際過程中也不能排除因陋就簡的情況(邢義田《漢代簡牘公文書的正本、副本、草稿和簽署問題》,《中研院歷史語言研究所集刊》第 82 本第 4 分,2011 年,第 629—630 頁及腳注 115)。持平而論,角谷常子之説當爲常見現象。
③ 關於病書,參李均明《秦漢簡牘文書分類輯解》,第 56—57 頁。
④ 卜憲群《秦漢公文文書與官僚行政管理》,《歷史研究》1997 年第 4 期,第 44 頁。卜憲群不及利用的張家山漢簡《二年律令》顯示當時法律即規定逐級上報:縣道官有請而當爲律令者,各請屬所二千石官,二千石官上相國、御史,相國、御史案духо。當請,請之,毋得徑請者。徑請者/219,罰金四兩/220(彭浩、陳偉、工藤元男主編《二年律令與奏讞書:張家山二四七號漢墓出土法律文獻釋讀》,上海古籍出版社,2007 年,第 179 頁)。據此,漢初越級請示還要罰金四兩。秦漢文書簡所見,逐級上呈文書乃是常態。當然,也存在一些例外,如下引簡 2.4、2.5,皆由隧長直接上呈肩水候。

候官。這件文書的上呈程序較爲特別,但並不妨礙據此判斷肩水候官所在。比照簡 2.1、簡 2.3 可知,簡 2.4 的出土地很可能爲萬世隧長駐地,或肩水候官。左前部當位於 A32 以北,①因此,該簡出土地當爲肩水候官所在,文書乃正本。

(5) 元康四年(前 62)三月乙巳

2.5. 元康四年三月戊子朔甲辰,望泉隧長忠敢言之候官:謹寫移病卒爰書一編,敢言之。　　　　　　　　　　　　　　　　255.40A

印曰馬忠印

三月乙巳金關卒□以來　　　　　　　　　　　　　255.40B/A33

該簡形制爲兩行,正面文字謹嚴工整,背面潦草,顯係二次書寫。簡文明言望泉隧長向候官呈報病卒爰書,簡背"三月乙巳金關卒□以來"顯示已經送達目的地,故該簡出土地——A33 遺址,即爲候官。此地僅設肩水候官,並無其他候官,故該地即爲肩水候官。

(6) 元康四年(前 62)六月壬戌

2.6. 元康四年六月丁巳朔庚申,左前候長禹敢言之:謹移戍卒貰賣衣財物爰書名籍一編,敢言之。　　　　　　　　　　　　　10.34A

印曰藺禹

六月壬戌金關卒延壽以來　　候史充國　　　　　10.34B/A33

該簡形制爲兩行,字迹工整,簡背具名"候史充國"與正面書風一致,當爲同一人書寫。簡背印文及簽收記錄字體瘦小潦草,當爲文件收到後書寫。據簡文,左前候長報告的是一份戍卒貰賣財物的名籍簿書,簡 2.6 應是該册書的呈文,屬册書最末一簡,故背後有文書抄寫者的署名以及傳遞和簽收記錄。② 報告人爲左前候長,據文書逐級上呈及下發的通例,報告對象當爲左前候長的直屬上級——肩水候。據簡背的簽收記錄"金關卒延壽以來",簡 2.6 已經送達目的地,則其出土地元康四年六月時當爲肩水候駐地。

(7) 五鳳元年(前 57)十一月(?)

2.7. 十一月甲□,肩水候福敢言之:謹□

---

① 北部、左前、左後三部似設於金關以北,具體地點待考(詳第一章)。
② 關於簿籍册書呈文簡的編聯位置,可參侯旭東《西北所出漢代簿籍册書簡的排列與復原——從東漢永元兵物簿説起》,《史學集刊》2014 年第 1 期,第 58—73 頁。

調報。敢言之。　☑　　　　　　　　　　　73EJT34：2

2.8. ☑□肩水候福敢言之：府移☑

……　　　　　　　　　　　　　　　　　　73EJT27：8

2.9. 五鳳元年十一月乙卯朔辛酉，肩水候福謂關嗇夫光：候行塞，光兼行候事，真官到　　　　　　　　　　　　　　73EJT8：8

上述三簡形制皆爲兩行。2.7、2.8 兩簡爲肩水候福的呈文簡，據 2.7 簡首無朔日的紀日情況判斷，當爲轉呈某件文書，2.8 呈文對象當爲肩水都尉府。兩簡出土自 A32 遺址，應是作爲文書草稿或底本而存留。據 2.9，肩水候福出現於五鳳元年（前 57），故暫定 2.7 爲五鳳元年十一月。另外，簡 2.9 爲肩水候發給關嗇夫的下行文書，因金關就在 A32 遺址，故無法斷定此時肩水候福究竟在 A32 或 A33。

此外還有一枚五鳳三年（前 55）的觚，亦涉肩水候官，但地點不確，暫附於下：

2.10. 五鳳三年四月甲戌，橐他候博移肩水候官：遣隧長勝☑

73EJT37：1535A

館里冀巷等四人詣僵落作所，因迎罷省卒，四人檄到往來，願令史☑

73EJT37：1535B

該簡形制爲觚，下殘。橐他候向肩水候官移文，轄下四人前往"僵落作所"，①並迎接罷省卒。可能事涉肩水候官，故橐他候移文。也有可能迎接罷省卒需要通關，故由肩水候將文書轉發至金關，該簡因此在 A32 遺址出土。該簡並不能確證五鳳三年四月時，肩水候就在 A32 遺址，録此備考。

（8）甘露二年（前 52）三月

2.11. 甘露二年三月庚寅朔丙辰，東部候長廣宗敢言之：廷甲寅病溫，四支不舉，未能視事，謁報，敢言之。　　　73EJT29：115A+116

王廣宗印

---

① 關於"僵落"一詞的含義，初世賓認爲即"虎落"，也就是藩籬、柴薄，是城防外圍的簡易障礙物，用以阻擋地方近距攻城，後世發展成爲"羊馬墻"。在漢代邊塞，虎落一般距亭隧尚有些距離，並非隧腳下的尖木樁區（初世賓《漢邊塞守禦器備考略》，見甘肅省文物工作隊、甘肅省博物館編《漢簡研究文集》，第 197—198 頁）。鷹取祐司在此基礎上綜合排比傳世文獻及簡牘材料，討論了僵落的構成、作業等相關問題（見冨谷至編《漢簡語彙考證》，第 188—196 頁）。在简牘材料裏，僵落亦寫作彊落、橿落、強落，"落"亦寫作"格"。

三月乙①卯驛北卒齊以來　　　　　　　　　　　73EJT29：115B

這份文書由兩簡組成，字迹書風一致，尤其"敢言之"三字的架構轉折非常相似，可復原爲册書。唯簡背印文及傳送記錄字迹迥異，屬二次書寫。簡背印文"王廣宗"當即文書報告者東部候長廣宗。按照文書逐級上呈的通例，肩水候當爲其呈報對象。簽收記錄"驛北卒齊以來"表示文書已經送達目的地。因此，甘露二年（前52）三月二十六日（乙卯），肩水候似駐在該册書的出土地——A32遺址。不過，該簡紀日存在很大的問題，"甘露二年三月庚寅朔丙辰"呈報文書，月朔與今人推定者相合。按照簡牘本身記載朔日推算，丙辰爲三月二十七日。此後三天的干支分別爲丁巳、戊午、己未。細察圖版，簡背干支爲"乙卯"，尤其"卯"字清晰可辨確鑿無疑。若乙卯不誤，則時間爲三月二十六日，也意味著文書在呈報的前一天就收到了。該簡正面文字工整，不太可能出錯，簡背屬於備注性質的簽收記錄，或許記載錯誤。

此外，甘露二年之後，A32遺址還出土一枚肩水候官封檢，所記時間爲初元二年（前47），但疑似習字，暫附於此：

2.12. 肩水候官行者走　　□ ▣　　　　　　　　73EJT29：125A
譚伏地再拜請
　中君　　　　　　大令　　　應令
　　初元二年十月戊子朔壬寅敢言之　　　　　　　73EJT29：125B

該封檢有封泥槽，題署"肩水候官行者走"，屬於前述Ⅱ型封檢。簡背存在兩種筆迹："初元二年十月戊子朔壬寅敢言之"及"大令""應令"文字細瘦修長，與正面相似；"譚伏地再拜請中君"潦草無章法，顯係別筆所書。據前述對A33、A32兩地出土封檢的分析，一般而言封檢均出土自題署機構所在地，若此不誤，則初元二年十月壬寅肩水候當在A32遺址。查該簡年月朔日，與今人所推相符。不過，簡背文字不易理解，尤其是"大令""應令"的含義及兩種筆迹的現象，另外"敢言之"前面亦無呈文者姓名，較爲少見。鑒於該簡的異樣，不能排除A32遺址某機構人員因向肩水候官呈文，故製作此枚封檢，最終並未發出而留下的可能。又或者，該簡簡背爲無意義的習書。

（9）甘露三年（前51）七月壬辰

2.13. 甘露三年七月壬午朔壬辰，肩水城尉利親移肩水候官：出穀食吏

---

① "乙"原釋爲"已"，據圖版當爲"乙"，徑改。

六月七月石斗各如牒，書到，构校，簿入八月報，毋令繆，如律令。

86EDT1∶1A

印曰肩水城尉

七月乙未沙頭卒丁顛以來　　　　　　嗇夫買臣　　　　86EDT1∶1B

據簡文，肩水城尉向肩水候官移文，簡背"沙頭卒丁顛以來"顯示文書已經送達目的地。而該簡出自 A33 遺址，甘露三年七月，該地顯然爲肩水候官所在。

(10) 建始元年(前32)三月丙戌

2.14. 建始元年三月甲子朔癸未，右後士吏雲敢言之：迺十二月甲辰受遣，盡甲子，積廿日，食未得。唯官移　　　　　　　　　284.1/A33

城官致，敢言之。　　　　　以檄報吏殘日食皆常詣官廩

　　　　　　　　　　　　非得廩城官　　　　　　　　　　284.4A

董雲　　　　　　　　　　　令史博發

三月丙戌肩水庫嗇夫魚宗以來　　　君前　　　　　　284.4B/A33

兩簡均出土自 A33 遺址，編號相近，所記事件、人物相同，故可復原爲册書。據簡文，右後部士吏董雲報告所欠廩食之事，一般而言，部呈報文書的對象通常爲候官，而且簡文"唯官"表示向候官申訴。而册書背部簽收記錄"三月丙戌肩水庫嗇夫魚宗以來"，顯示文件已經由庫嗇夫魚宗送達候官。故該地當爲肩水候官所在。肩水庫設在肩水都尉駐地——A35 遺址，①位於 A33 遺址南部，而右後部在肩水塞南端，故可由魚宗捎帶過來。册書背部"以檄報吏：殘日食皆常詣官廩，非得廩城官"，當是肩水候官的批示記錄。意思是以檄的形式告知董雲，剩餘廩食應當向候官而非肩水城官申請。

需要著重指出的是，册書背部"令史博發君前"亦可證明肩水候當時駐在 A33 遺址。在河西地區，漢簡可見太守府君、刺史某君，但更爲常見的是候君，②如"甲渠候君移過所"(EPT26∶1)、"候君詣府"(EPT48∶25)、"候君付(候)長霸候史延壽"(EPT51∶239)、"候君對府"(EPT51∶475)等等。

---

① 該地不僅駐有肩水都尉，肩水城尉，亦設有倉、庫，以及依託都倉設立的都倉置。
② 陳夢家《漢簡所見居延邊塞與防禦組織》，見《漢簡綴述》，第 47 頁。

"發"即開封,①"令史博發君前"表示令史博在肩水候面前開封文書。"某某發"這一現象,同樣見於甲渠候官所在的 A8 與肩水都尉府所在的 A35 遺址。如下:

2.15. 竟寧元年二月庚子朔壬寅居延令宣□☑　　　　　　190.1A
　　　二月戊午三壄卒胡以來　　　君發☑　　　　　　190.1B/A8
2.16. 元延元年十月甲午朔戊午,橐佗守候護移肩水城官:吏自言責甴
夫榮晏如牒,書到驗問收責,報,如律令。　　　　　　506.9A
張肩塞尉印　　　　　　　即日甴夫尊發
十月壬戌卒周平以來　　　尉前　　　　　佐相　506.9B/A35

簡 2.15 顯示,文書由居延令發出,簡背傳送記錄"二月戊午三壄卒胡以來"表示已經送達目的地,也就是甲渠候官。"君發"無疑當指甲渠候開封。簡 2.16 顯示,橐他守候移文肩水城官,要求協助追債。簡背"十月壬戌卒周平以來"顯示已經送達目的地,也就是肩水城官。"甴夫尊發尉前"表示在肩水城尉面前開封。兩簡的用語"君發""發尉前",恰與學界對其駐札機構的判斷相吻合。

綜合諸簡可知,册書 2.14 顯示建始元年三月肩水候駐在 A33 遺址。其最爲直接的證據,就是文書接收方收到文書留下的開封記錄——"發君前"。

(11) 建始二年(前 31)八月戊午

2.17. 建始二年八月丙辰朔□□,北部候長光敢言之:□□廩鹽名籍一編,敢言之。　　　　　　　　　　　　　　　　　141.2A
鄭光私印　　　　　　　　置佐輔發
□□戊午候長鄭光以來　　君前　　　　　　　141.2B/A33

該簡形制爲兩行,殘泐磨滅甚多,書風謹嚴,部分文字不可辨識。該簡乃北部候長所呈,文書持送者侯長光、呈報者北部候長光,當與印文"鄭光"爲同一人,按照文書逐級上呈的慣例,應呈給其直接上級肩水候,"候長鄭光以來"顯示文書已經送達目的地——肩水候駐地。而且,比對册書 2.14 可知,"置佐輔發君前"表示候官置的置佐輔在肩水候面前打開。該簡爲廩鹽名籍

---

① 汪桂海曾詳細討論漢代官文書的發文、收文與啓封制度(《漢代官文書的收發與啓封》,原刊《簡帛研究》第三輯,1998 年,此據作者《秦漢簡牘探研》,臺北:文津出版社,2009 年,第 17—27 頁)。藤田勝久對於簡牘中"發"的含義進行了綜合探討(《漢代簡牘的文書處理與"發"》,收入黎明釗主編《漢帝國的制度與社會秩序》,香港:牛津大學出版社,2012 年,第 207—246 頁)。

簿書的呈文簡，當應編排在最末。

（12）河平四年（前25）十月丁酉

2.18. 河平四年十月庚辰朔丁　酉，肩水候丹敢言之：　謹移傳驛馬名籍□□，敢言之。　　　　　　　　　　　　　　　　284.2A

令史臨尉史音　　　284.2B/A33

該簡上下留有兩處空白，當爲編繩所過。文書未言呈報對象，按照文書逐級上呈的通例，當呈給肩水都尉府，與簡2.1相同。此類文書或者發現於呈報者肩水候駐地，或者發現於呈報對象肩水都尉駐地，二者必居其一。肩水都尉駐在A35遺址，因此該簡出土地——A33遺址，只能視作肩水候駐地。

（13）陽朔元年（前24）三月己卯

2.19. 陽朔元年三月戊申朔己卯，肩水候丹移昭武：書☐

73EJT21∶98

該簡爲單札，下殘，字迹談不上工整。據簡文，陽朔元年三月己卯肩水候丹移文昭武，很可能此前與昭武縣之間有文書往來。該簡很可能作爲草稿留在A32遺址。一般而言，這種文書應由肩水候屬吏代爲起草。不過，負責文書工作的屬吏應當隨侍長官身邊，無論該文書由肩水候本人或其屬吏代爲起草，當時肩水候似皆應駐在A32遺址。

（14）陽朔元年（前24）五月丁未

2.20. 陽朔元年五月丁未朔丁卯，肩水候丹移觻得：出穀付廄佐丁充食柱馬石斗如牒，書到，願令史簿入六月四時，報，如律令　　已入

73EJT21∶102A

令史臨尉史音　　　73EJT21∶102B

該簡形制爲兩行，簡背上端原有不相關的習字，不錄。據簡文，肩水候丹移文觻得，要求將此前廄佐消費的穀物計入相關簿籍上報。"丹"字與其他文字筆迹相同，顯非別筆所書。下端"已入"筆迹似與其他文字不同，疑是收到觻得回復後所添加的備注。該文書起草者，與簡2.18相同，皆爲令史臨尉史音，不過兩簡筆迹明顯不同。該文書顯示，陽朔元年五月丁卯肩水候丹在A32遺址，至少文書起草者當在此地。

(15) 陽朔元年(前24)六月戊子

2.21. 陽朔元年六月丙子朔戊子，右後候長嘉敢言之：官檄曰：具移吏貟卒責多少，牒別言，會月廿日。謹移部吏貟卒責，以六月奉錢償如牒，敢言之。　　　　　　　　　　　　　　　　　　　　86EDT65：1A

　　□嘉印　　　　　　　　史臨發
　　□月……卒同來　　　　君前　　　　　　　　　　86EDT65：1B

該簡爲右後候長呈報文書。簡文"敢言之官檄"，無論是採用上述句讀，還是句讀爲"敢言之官：檄"，呈報對象都是候官。右後部爲肩水塞所轄，故該文書應該呈送至肩水候官。簡背"卒同來"顯示該簡已經送達目的地，也就是送達了肩水候官。比對册書2.14，簡背"史臨發君前"，毫無疑問表示陽朔元年六月，肩水候就在A33遺址。

(16) 陽朔元年(前24)九月癸亥

2.22. 陽朔元年九月乙巳朔癸亥，肩水候丹敢言之：從□□　　284.8A
　　　　　　　　　　　　　　　　　令史譚　　　　284.8B/A33

據簡文，肩水候丹上呈某種文書。比照簡2.18可知，該簡應當亦呈報肩水都尉府，而陽朔元年九月，該簡出土地——A33遺址，爲肩水候駐地。另，該簡與2.18、2.19、2.20等簡的"肩水候丹"時間上接近，當爲同一人。

(17) 陽朔二/三年四月辛酉

2.23. 八月癸卯□張□□長□丞□移□□如律令　　　73EJT7：26A
　　張掖水章丞　　　　　　　　騎北亭長章發
　　四月辛酉茂陵男子張霸以來　　君前　　　　　　73EJT7：26B
2.24. 河平二年十二月甲戌騎北亭長章敢言之治所檄曰　73EJT10：125

簡2.23爲寬木牘，下殘。簡文開頭紀月日而無紀年，據此當爲某種轉發移文。簡背文字"騎北亭長章發君前"顯示該文書由騎北亭長在肩水候面前開封。該簡雖無紀年，但正背簡文顯示，某年八月癸卯移文，次年四月辛酉送達。而據簡2.24，騎北亭長章見於河平二年(前27)十二月，且亭長章僅有此一枚紀年簡，不見其餘。一般而言，亭隧長任職不會很久，暫且以河平二年爲中心，向前後各延五年。符合當年四月干支有辛酉、前年八月干支有癸卯者共計：建始元年(前32)、建始二年(前31)、陽朔二年(前23)、陽朔三年(前22)，目前難以判斷何者爲是。鑒於陽朔年間之前肩水候較少駐在

A32 遺址，筆者暫且將該文書的時間定爲陽朔二年或三年。

（18）陽朔四年（前 21）十一月庚辰

2.25. ☑朔四年十一月丁巳朔庚辰，肩水候宗移橐佗：就人載穀名□☑

73EJT21：109A

守令史音

73EJT21：109B

該簡形制爲單札，肩水候"宗"的簽名字體幾乎是其他文字的兩倍大小，筆迹亦不同，當爲別筆所書。據簡文，肩水候宗移文橐他候官，事涉就人載穀，惜下殘，不得其詳。該簡很可能由肩水候簽名後，作爲副本留存。若此不誤，則陽朔四年（前 21）十一月庚辰，肩水候駐在 A32 遺址。

（19）鴻嘉元年（前 20）正月前後

2.26. ☑年九月丁巳朔庚申，陽翟邑獄守丞就兼行丞事移：函里男子李立第臨自言取傳之居延，過所縣邑侯國勿苛留，如律令。候自發

140.1A

陽翟獄丞

☑長二丈二尺直千六百錢□曼□身乃予之

……

140.1B/A32

該簡形制爲兩行，上殘。紀年無存，查曆日，自昭帝至新莽九月朔日爲丁巳者僅昭帝始元四年、成帝陽朔四年，[①]而始元四年太早，故只可取陽朔四年。正面字迹工整，書風謹嚴，唯"候自發"潦草隨意，當爲別筆所書。一般而言，私人傳信均錄副過關，抄件文字筆迹墨色均一致，而該簡卻非如此，較爲奇特。據簡文知，該簡爲陽翟獄丞簽發的過關證件。簡背第二行"長二丈二尺直千六百錢□具曼□身乃予之"與傳信無關，且書寫隨意，當爲後期二次使用或臨時記事。傳信均需封緘，過關時打開核驗，"候自發"即指肩水候開封。該私傳於陽朔四年九月由陽翟邑開具，使用者亦當爲陽翟人，從陽翟至金關尚須時日，暫定在鴻嘉元年正月前後到達金關。[②] 肩水候此時應駐於

---

① 朱桂昌編著《太初日曆表》，第 47、171 頁。
② 陽朔五年即鴻嘉元年，此前學者注意到簡牘中行用陽朔五年紀年的最晚月份爲四月，鴻嘉元年最早的月份爲六月，故推定當年四五月份改元（辛德勇《建元與改元——西漢新莽年號研究》，第 220 頁）。實際上，金關簡可見陽朔五年六月的紀年（73EJT37：1019），故西北地區應當在六月份接到改元詔書，從此行用鴻嘉年號紀年。

A32 遺址，這枚私傳由其開封。

(20) 鴻嘉四年（前 17）二月辛未

2.27. 鴻嘉四年二月丁卯朔辛未，肩水守候長謂關嗇夫吏：督蓬史張卿
葆從者名縣爵里年姓各如牒，書到，出入如律令　　　　　72EJC：2A
君印　　　　　　　　　嗇夫譚發
二月辛未鄣以來　　　　君前　　　　　　　守令史宣　　72EJC：2B

該簡形制爲兩行，正面文字及簡背具名工整謹嚴，應爲一人書寫，簡背簽收及開封記錄較潦草，當爲二次書寫。據簡文，因督蓬史張卿從者出行，①故肩水守候長移書金關。"守候長"當即名爲"長"的守候，關嗇夫吏爲關嗇夫的泛稱，並非嗇夫名"吏"，據簡背此時嗇夫名"譚"。該簡採集於 A32 遺址，基本上等同於在該地出土。結合冊書 2.14 可知，"嗇夫譚發君前"顯示肩水守候此時駐在 A32 遺址，與關嗇夫同處該地。簡背"君印"顯示所封爲肩水候之印。雖然肩水候、關嗇夫同處一地，但在出入金關及其他事情上依然以文書而非口頭通知。②

(21) 元延元年（前 12）閏正月壬午

2.28. 永始五年閏月己巳朔戊寅，橐他守候護移肩水金關：遣令史呂鳳
持傳車詣府，名縣爵里年姓如牒，書到，出入如律令。　73EJT37：1065A
張肩塞尉　　　　　　　嗇夫欽白發
閏月壬午以來③　　　　君前　　　　／令史鳳尉史敞
　　　　　　　　　　　　　　　　　　　　　　　　　　73EJT37：1065B

該簡形制爲兩行，字迹極潦草。從正反兩面字迹看來，存在兩次書寫：正面及簡背具名"令史鳳尉史敞"書風一致，墨色較濃，應爲同一人書寫；簡背其他文字墨色較淡，書風一致，且與正面迥異，當爲二次書寫。因此，可排除習字的可能。據簡文，橐他候官令史呂鳳前往肩水都尉府，故橐他守候護移文

---

① "督蓬"當即"督烽"，漢簡裏兩字常通。據王俊梅研究，督烽掾一般是都尉府派駐候官塞的屬吏（《簡牘所見"督烽掾"試説》，《蘭州學刊》2007 年第 5 期，第 176—177 頁），該簡"督蓬史"的性質或與之相似。
② 睡虎地秦簡《內史雜》即規定"有事請也，必以書，毋口請，毋羈請（188）"（陳偉主編《秦簡牘合集：釋文注釋修訂本（壹）》，武漢大學出版社，2016 年，第 35 頁），如此方有案可查。在文書行政方面，漢代似亦如此。
③ 原釋爲"閏月壬申況以來"，細察圖版"閏月"與"以來"之間較爲模糊，似僅有兩字，當即干支，並無"況"字。又，原干支釋作"壬申"，細察圖版，字迹極爲潦草，不類"申"字，而且，查曆日，永始五年閏正月，壬申爲四日，而簽發日期爲十日（戊寅），不合常理。據圖版，或爲午。

金關。簡文"名縣爵里年姓如牒",應該還附有牒書詳載呂鳳的個人信息,可惜無存。簡背印文"張肩塞尉"即肩水塞尉,很可能"護"在守橐他候之前爲肩水塞尉,守官之初不及刻印,暫以故印封緘。① 嗇夫欽即關嗇夫李欽,"嗇夫欽白發君前"表示關嗇夫在肩水候面前匯報開封。此簡紀年爲永始五年,是年六七月間改元爲元延元年,②查曆日表,當年閏正月,簡文與之相符。

(22) 元延元年(前12)二月丙午

2.29. 永始五年二月戊戌朔丙午,肩水候憲敢言之:府下詔書二事,其一事常以二月遣謁者　　　　　　　　　　　　　　73EJT37:770A

守令襃 大　　　　　　　守令史襃　　73EJT37:770B

該簡形制爲單札,簡背"守令襃 大"應爲習字,下端具名"守令史襃"及正面文字書風一致,筆迹墨色相似,應爲同一人書寫。據簡文,肩水都尉府之前曾向肩水候下發詔書,該簡當爲肩水候憲就此向都尉府報告的文書。因都尉府在A35遺址,文書出土地當爲肩水候駐地。簡背多出習字,該簡或爲草稿。③ 永始五年即元延元年,朔日皆合。

(23) 元延元年(前12)十一月辛卯

2.30. 元延元年十一月甲子朔辛卯,橐他守塞尉宣移肩☐

……　　　　　　　　　　　　　　　73EJT37:1396A

十一月辛卯以來　　　　君前　　　　73EJT37:1396B

該簡形制爲兩行,惜左半殘去,僅餘部分筆畫無法辨識文字,下端亦殘。據簡文文意,"肩"下所缺者似當爲"水金關"。若此不誤,橐他守塞尉向金關移文,可能與吏卒出入有關。簡背文字墨色字迹皆不同於正面,應屬二次書寫。接收記錄"十一月辛卯以來"顯示文書已送達金關,"君前"右側文字不可辨識。結合册書2.14知,"君前"應爲在君前開封,此時肩水候應駐於A32遺址。

---

① 張俊民曾據懸泉漢簡討論敦煌郡轄縣令長的守官現象,發現守官人員多非本縣(《懸泉漢簡新見的兩例漢代職官制度》,《敦煌研究》2015年第6期,第99—100頁),簡2.28以肩水塞尉而守橐他候恰與此相合。
② 辛德勇《建元與改元——西漢新莽年號研究》,第220頁。
③ 邢義田曾討論草稿與副本的關係,認爲草稿可能字迹潦草,使用替代符合"ㄙ",但非絕對如此,有删補痕迹及自名爲草者則肯定爲草稿(《漢代簡牘公文書的正本、副本、草稿和簽署問題》,第652—665、666—667頁)。

(24) 綏和二年(前7)四月乙巳

2.31. 綏和二年四月己亥朔癸卯,守城尉賞移肩水金關、居延卅井縣索
關:吏自言遣所葆

…… 73EJT37:1067A

四月乙巳北　　　　　　　白發君前　　　73EJT37:1067B

該簡形制爲兩行,左半殘去,僅餘點畫不可辨識。正背面文字均十分潦草。城尉即肩水城尉,與肩水都尉同在 A35 遺址。① 很可能屬下所葆人員北上,沿途先後經過金關與懸索關,故守城尉移文的對象包括兩者。簡背"四月乙巳北"表示四月七日過金關而北,符合當事人的行進方向。"白發君前"右側殘去,比對册書 2.14 知,某人在肩水候面前開封。因此,綏和二年四月肩水候當駐於 A32 遺址。

(25) 建平元年(前6)十月

2.32. □□□年十月庚申朔癸亥,橐他塞尉……肩水界中,官除如牒,書
到,出入如律令。　　　　　　　　　　　73EJT37:1162A

張掖橐塞尉　　　　　　即日嗇夫豐發
……以來　　　　　　　　門下　　　　73EJT37:1162B

該簡形制爲兩行,右側殘損,僅部分文字可識。據正面"朔""牒"二字下留空及簡文"官除如牒",原件當爲册書,惜其餘不存。橐他塞尉因轄下吏卒出行而移文,雖未言移文對象,據接受記録"□□□以來",並結合該簡出土自 A32 遺址的情況判斷,應向金關移文。"門下"即爲"君門下"的省稱,漢簡中稱候君門下者甚多,如"甲渠君門下"(EPT40:2)、"甲渠候曹君門下"(EPT40:7、EPT40:8、EPT40:208)、"甲渠候解君門下"(EPT50:139)等等。"即日嗇夫豐發君門下"表示當天關嗇夫豐在肩水候面前開封,此時肩水候當駐於 A32 遺址。因該簡右上殘缺,紀年不存,查曆日表,自武帝至新莽滅亡十月朔日爲庚申者僅武帝元光六年、宣帝元康三年與哀帝建平元年,驗以嗇夫豐的活動年代,②當爲建平元年。

---

① 陳夢家《漢簡所見居延邊塞與防禦組織》,見《漢簡綴述》,第 45—46 頁;唐俊峰《A35 大灣城遺址肩水都尉府説辨疑——兼論"肩水北部都尉"的官署問題》,第 229 頁。
② 金關嗇夫李豐,約活動於建平元年至四年,詳黄浩波《肩水金關關嗇夫李豐簡考》,簡帛網,2016年2月26日(http://www.bsm.org.cn/show_article.php?id=2477)。

(26)建平元年(前6)十二月壬戌

2.33. 建平元年十二月己未朔辛酉,橐他塞尉立移肩水金關:候長宋敞自
言:與葆之觻得,名縣里年姓如牒,書到,出入如律令。　73EJT37:1061A
張掖橐他候印　　　　　　即日嗇夫豐發
十二月壬戌令史義以來　　門下　　　　　　　　　73EJT37:1061B

該簡形制爲兩行,正背面墨色相似。據簡文,橐他塞尉因轄下候長與葆一起前往觻得而移文金關,"名縣里年姓如牒"顯示應附有"牒",惜無存。細察簡牘,並無編聯留白,很可能先寫後編,編繩痕迹已不存。簡背印文爲橐他候,與文書發件者塞尉不符,不知何故。比照簡2.14、2.32可知,"即日嗇夫豐發門下"表示十二月四日(壬戌)關嗇夫豐在肩水候面前開封,移文日期爲十二月三日(辛酉),相隔甚短,符合橐他、肩水候兩塞相接的情形。此時肩水候應駐在A32遺址。"令史義以來"顯示文書由令史義送來,而非候長宋敞或其他出差人員,原因待考。

此外,另有一份文書亦由關嗇夫豐在肩水候面前打開,如下:

2.34. ☑□守丞宮移卅井縣索、肩水金關:寫移書到,出入如律令。
兼掾豐守令史宣佐恭　　　　　　　　73EJT37:1560A+246B+61A
居令延印　　　　即日嗇夫豐發
……　　　　　　君前①　　　　　　73EJT37:1560B+246A+61B

該簡形制爲兩行,殘缺不全。據正面"守丞宮"及簡背印文"居延令印",知該文書由居延縣發出。簡背"即日嗇夫豐發君前",顯示關嗇夫李豐在肩水候面前打開。而居延守丞宮出現於建平元年九月(73EJT37:1045)、建平三年九月(73EJT37:303),關嗇夫李豐活動於建平元年至建平四年,故無法精確推測該簡的時間,當在嗇夫豐活動時間範圍內。綜而言之,簡2.34顯示建平年間肩水候駐在A32遺址。因紀年不確,下表統計時未納入。

(27)建平二年(前5)正月丙申

2.35. 建平二年正②月戊子朔乙未,橐他候普移肩水金關:吏☑
　　　　　　　　　　　　　　　　　　　　　　　73EJT37:616A
　　正月丙申以來　　門下③　　　　佐☑　　　73EJT37:616B

---

① "君前"原未釋,細察圖版,筆畫鮮明,徑補。
② "正"字原釋作"五",細察圖版,不確,當爲"正",徑改。
③ "門下"二字,原釋爲"日入",細察圖版,近似勾畫符號,與其他處出現的"門下"極像,徑改。

該簡爲寬木牘,左側殘缺,尚存部分點畫,僅餘右側一行文字,下端亦殘,簡文尚可通解。據簡文,建平二年五月乙未槖他候移文金關,次日(丙申)送來。該文書由某位佐起草,惜佐的名字及所涉之事不詳。"門下"右側所殘當爲開封者,顯示在肩水候面前開封。故建平二年正月,肩水候當駐 A32 遺址。

此外,約建平二年左右,候史丹亦曾在肩水候面前開封文書,如下:

2.36. ☑延延水丞就迎鐵器大司農府,移肩水金關:遣就人名籍如牒☑
                 73EJT37:182+1532A

    候史丹發
   君前   嗇夫豐 73EJT37:182+1532B

該簡形制爲兩行,上下皆殘。據殘存簡文,延水遣就人前往大司農府迎取鐵器,①故將相關人員名籍移往金關。簡背"候史丹發君前"顯示候史丹在肩水候面前開封。簡背下端"嗇夫豐"當爲該文書的負責者,屬於延水,與關嗇夫豐當非同一人。惜該簡紀年不存。據下簡,候史丹出現於建平二年六月:

2.37. 建平二年六月丙辰朔☑
候長趙審寧歸屋蘭,名縣爵里年姓如牒,書到,出入如☑
                 73EJT37:651+727A

    候史丹發
  觻得塞尉印   ☑   73EJT37:651+727B

該簡形制爲兩行,右下殘缺。據簡文,候長趙審歸寧屋蘭縣,因經過金關,故由其上級機構移文。該文書送達金關後,由候史丹開封。因部分文字殘去,是否在肩水候面前開封不得而知。該簡顯示候史丹活動於建平二年六月,故簡 2.36 的時間當亦在此前後。簡背文字顯示該文書封以觻得塞尉印,而觻得、屋蘭都在金關以南,因此候長寧歸不必行經金關,頗爲奇怪。筆者懷疑,"觻得塞尉"的"觻得"是指塞尉之籍貫。而候長"趙審"建平元年十月爲

---

① "延水"出現較少,裘錫圭認爲或屬都水官(《從出土文字資料看秦和西漢時代官有農田的經營》,《裘錫圭學術文集》第五卷《古代歷史・思想・民俗卷》,第 220—221 頁),籾山明繼承此説法(《漢代エチナ=オアシスにおける開發と防衛綫の展開》,此據《秦漢出土文字史料の研究》,第 317—320 頁),冨谷至似認爲與井井、甲渠、珍北相似,當爲候官(《文書行政の漢帝國》,第 282 頁)。"延水"這個機構的性質,還有待進一步研究。

廣地塞某部候長(73EJT37：964+1124+1352)，與該簡時間相近，兩者很可能爲同一人，該文書當由廣地塞發出。另，與"鱳得塞尉"相關的"廣地鱳得守塞尉博"出現在建平二年五月(73EJT37：803、73EJT37：716)，與該簡僅差一個月，也可能是指同一人。這一點，也證明該文書由廣地塞發出。

(28) 元始元年(公元1年)二月丙午

2.38. 元始元年正月己未朔癸未，西鄉嗇夫蔡敢言之：□□☒毋官獄徵事，當得以令取傳。謁移肩水金關、居☒

正月癸未氐池長良移肩水金關、居☒　　　　　　　　73EJC：316A

氐池長印　　　　　嗇夫□

二月丙午以來北出　　君門下①　　　　　　　　　　73EJC：316B

該簡爲寬木牘，下殘。簡背有氐、丞、出等數個習字，墨色筆迹明顯不同，清理習字後簡文如上。據現存簡文，元始元年正月二十五日(癸未)氐池長簽發了一份傳文書，二月十八日(丙午)持有者攜帶傳文書到達金關，關吏核驗後放行，持有者繼續北上。簡背"嗇夫□發君門下"，顯示該傳文書由某位關嗇夫在肩水候面前開封，此時肩水候當駐在該地。

(29) 元始元年(1年)五月己巳

2.39. 元壽二年十月丁(辛)卯朔辛卯，②廣昌鄉嗇夫假佐宏敢言之：陽里男子任良自言欲得取傳，爲家私使之武威張掖郡中。謹案：良年五十八，更賦皆給，毋官獄徵事，非亡人命者，當得取傳。謁移過所河津關，毋苛留，如律令。

十月辛卯雍令　丞鳳移過所如律令

馬車一兩用馬一匹齒十二歲牛車一兩用牛二頭／掾並守令史普

　　　　　　　　　　　　　　　　　　　　　　　73EJT23：897A

雍丞之印　　　　　嗇夫賞白

五月己巳以來南　　君門下　　　　　　　　　　　73EJT23：897B

該簡爲寬木牘，正面乃私傳。傳主任良提出申請，鄉嗇夫核查後呈報雍縣，由縣令丞批准簽發。傳信附有任良所用車馬詳情。任良持傳出行，經過金

---

① "君門下"原釋爲"君卿卩"，細察圖版，後兩字當爲"門下"，逕改。
② 原釋作"七"，簡背亦釋爲"七月辛卯"，實際上漢簡裏"十""七"兩字極易混淆，橫豎長短相類，結合字形及月朔干支，兩處皆爲"十月"，逕改。元壽二年十月朔日爲辛卯，簡文丁卯當爲辛卯之譌。

關時由關吏録副後放行,故正背筆迹一致。簡背"五月乙巳以來南"顯示次年——元始元年——經金關南下,當屬歸程。"嗇夫賞白君門下"顯示關嗇夫賞在肩水候面前報告,因此,元始元年五月乙巳肩水候應駐於 A32 遺址。另,雍縣縣令之名留白,疑原件即如此或關吏漏抄。①

(30) 元始四年(4年)五月乙未

2.40. 元始四年五月庚午朔乙未,東部候長放敢言之：謹移亡人火出入界相付日時一編,敢言之。　　　　　　　　　73EJT23：855A

牟放印　　　　　　　　　　令史發

五月乙未以來　　　　　　　君前　　　　　　73EJT23：855B

該簡形制爲兩行,正面書寫工整謹嚴,背面潦草隨意,應爲後期書寫。據簡文,東部候長放報告亡人及表火傳遞情況,報告對象應爲其直屬上級肩水候。簡背印文牟放,當即東部候長放。"令史發君前"即令史在肩水候面前開封,據學者研究,令史設置於縣、候官或司馬、千人等機構中,主要負責文書、倉庫相關業務及劾狀製作、驗問收責等,②而在漢簡中較爲常見的是候官令史。因此處爲肩水候,故令史當爲候官令史。此時肩水候應駐於 A32 遺址。當然,無法絕對排除肩水候此時行塞至此的可能性。漢代邊郡,令史也行塞,③但作爲主要處理文書業務的書記官,迄今未見令史與候一起行塞的例子。因此,綜合各方面情況來看,該簡顯示此時肩水候應駐於 A32 遺址。若推測不誤,則該簡乃東部候長的呈文正本,加以封緘,並加蓋候長牟放之印呈給肩水候,送到後拆封、謄寫印文,並記錄送達的時間。因東部候長也駐於 A32 遺址,所以當天即送來。④ 有時,令史及傳送者姓名身份一併記錄,該簡背面極潦草,漏記傳送者。

---

① 居延新簡中 F22 遺址也出土兩份居延縣令未署名的冊書,分析見邢義田《漢代簡牘公文書的正本、副本、草稿和簽署問題》,第 634—639 頁。
② 關於令史設置的機構、令史職掌,及其與尉史的關係,可參吉川佑資《漢代邊境における令史と尉史》,《史泉》107 號,2008 年,第 19—38 頁。
③ 不僅令史行塞,尉史、候史、隧長、候長、士吏、司馬、千人、都尉、太守等也需要行塞,詳參均和、劉軍《漢簡舉書與行塞考》,《簡牘學研究》第二輯,1998 年,第 152—154 頁。
④ 雖然同駐一地,但業務處理上,並非僅僅依賴口頭表達,也常用到文書。如甲渠候官文書吏與甲渠候的例子,可參仲山茂《漢代における長吏と屬吏のあいだ——文書制度の觀點から》,《日本秦漢史學會會報》第 3 號,2002 年,第 15—21、25—29 頁;劉欣寧《漢代政務溝通中的文書與口頭傳達:以居延甲渠候官爲例》,《中研院歷史語言研究所集刊》第 89 本第 3 分,2018 年,第 461—479 頁。

(31) 元始五年(5年)四月己酉

2.41. 元始五年四月己酉,肩水守候城守尉臨敢言之：始安

　　　　　　　　　　　　　　　　　　73EJT23：786

該簡爲單札,字迹潦草。據簡文,元始五年四月時,肩水守候和守塞尉聯袂向上級匯報某件事情,但 A32、A33 遺址極少見到肩水塞尉相關的文書,因此將肩水候視爲文書的呈報者當無問題。比對簡 2.1、2.18,該文書呈文對象亦當爲肩水都尉,而後者駐地遠在 A35 遺址,故元始五年四月,肩水候駐在 A32 遺址。

(32) 居攝元年(6年)正月

2.42. 元始六年正月庚寅朔庚　戌,橐他候秉移肩水候　官：出粟給令史官吏如牒,前移先校,連月　不爲簿入,令府卻出。書到,願令史簿入。

　　　　　　　　　　　　　　　　　　73EJT24：32

該簡形制爲兩行,字迹不算潦草。存有兩道編聯留空,與簡文"如牒"相符,惜相關簡牘已不存。據簡文,橐他候官曾出粟給肩水候官官吏,而後者未計入相關賬目,致使橐他候官上呈肩水都尉府的賬目被"卻出",故橐他候再次移文肩水候官要求"簿入"相關賬目。據簡牘編聯留空看來,應該是橐他候移文原件。該文書明言移至肩水候官,很可能此時肩水候就在 A32 遺址,故文書送至此地。該簡顯示,元始六年(6年)正月肩水候在 A32 遺址。元始六年即居攝元年。

(33) 居攝二年(7年)三月辛亥

2.43. 居攝二年三月甲申朔癸卯,居延庫守丞仁移卅井縣索肩水金關：都尉史曹解掾葆與官大奴杜同俱移簿大守府,名如牒,書到,出入如律令

　　　　　　　　　　　　　　　　　　73EJT8：51A

居延庫丞印　　　　嗇夫常①發

　　　　　　君門下　掾戎佐鳳　　　73EJT8：51B

2.44. 官大奴杜同年廿三　三月辛亥☐　　73EJT8：52

簡 2.43 爲寬木牘,簡 2.44 爲單札,編繩尚存。兩簡可編聯,2.44 在前,2.43

---

① 原釋作"當",據馬智全意見改釋,見作者《肩水金關嗇夫紀年考》,張德芳主編《甘肅省第三屆簡牘學國際學術研討會論文集》,第 260—261 頁。

在後。① 據簡文知,居延庫遣人前往張掖太守府呈報簿籍,因此向懸索關、金關移文。該文書爲原件,簡 2.43 背面上端及簡 2.44 下端"三月辛亥",與正面字迹迥異,爲關吏書寫。"嗇夫常發君門下"顯示關嗇夫常在肩水候面前開封,居攝二年三月二十八日(辛亥)肩水候應駐於 A32 遺址。

需要澄清的是一枚居耴三年的呈文簡,該簡出自 A33 遺址,如下:

2.45. 居耴三年正月壬辰肩水候　敢言之府☐　　　86EDT5H：10

該簡下殘,單從簡文判斷,無疑是以肩水候名義向都尉府匯報工作,似乎顯示居攝三年正月,肩水候在 A33 遺址。然而,該簡字迹潦草,且候下未署名,筆者推測還存在一種可能:即該地作爲肩水塞的大本營——肩水候官,部分吏卒依然駐守,該簡很可能是由文書吏以肩水候名義起草的文書,留待塞候從 A32 遺址過來簽署。不過,目前情況下,還難以斷然排除任何一種可能。

表 4-1　肩水候(官)駐地及時間

序號	時　　間	駐地	簡　　號
1	元康元年(前65)正月丁丑	A33	10.35/A33
2	元康元年(前65)正月戊寅	A33	73EJT21：42+38
3	元康元年(前65)十二月壬寅	A33	20.12/A33
4	元康二年(前64)二月乙丑	A33	255.22+5.18/A33
5	元康四年(前62)三月乙巳	A33	255.40/A33
6	元康四年(前62)六月壬戌	A33	10.34/A33
7	五鳳元年(前57)十一月(?)	A32	73EJT34：2、73EJT27：8、73EJT8：8
8	甘露二年(前52)三月	A32	73EJT29：115+116
9	甘露三年(前51)七月壬辰	A33	86EDT1：1
10	建始元年(前32)三月丙戌	A33	284.1/A33
11	建始二年(前31)八月戊午	A33	141.2/A33
12	河平四年(前25)十月丁酉	A33	284.2/A33

---

① 詳青木俊介《肩水金關漢簡の致と通關制度》,《日本秦漢史學會會報》第 12 號,2014 年,第 46 頁。

（續表）

序號	時間	駐地	簡號
13	陽朔元年(前24)三月己卯	A32	73EJT21：98
14	陽朔元年(前24)五月丁未	A32	73EJT21：102
15	陽朔元年(前24)六月戊子	A33	86EDT65：1
16	陽朔元年(前24)九月癸亥	A33	284.8/A33
17	陽朔二/三年(前23/22)四月辛酉(？)	A32	73EJT7：26
18	陽朔四年(前21)十一月庚辰	A32	73EJT21：109
19	鴻嘉元年(前20)正月(？)	A32	140.1/A32
20	鴻嘉四年(前17)二月辛未	A32	72EJC：2
21	元延元年(前12)閏正月壬午	A32	73EJT37：1065
22	元延元年(前12)二月丙午	A32	73EJT37：770
23	元延元年(前12)十一月辛卯	A32	73EJT37：1396
24	綏和二年(前7)四月乙巳	A32	73EJT37：1067
25	建平元年(前6)十月	A32	73EJT37：1162
26	建平元年(前6)十二月壬戌	A32	73EJT37：1061
27	建平二年(前5)正月丙申	A32	73EJT37：616
28	元壽二年(前1)五月己巳	A32	73EJT23：897
29	元始元年(1年)二月丙午	A32	73EJC：316
30	元始四年(4年)五月乙未	A32	73EJT23：855
31	元始五年(5年)四月己酉	A32	73EJT23：786
32	居攝元年(6年)正月	A32	73EJT24：32
33	居攝二年(7年)三月辛亥	A32	73EJT8：51

　　綜上，系統梳理了與肩水候駐地相關的諸多文書，排列如上表後不難發現，大約以陽朔元年(前24)爲界，此前肩水候多出現在A33遺址，此後基本上均出現在A32遺址。陽朔元年九月之前，亦有一段時間，即五鳳元年(前57)十一月至甘露二年(前52)三月間，肩水候可能亦駐A32遺址。排比

A33 遺址出土的其他紀年簡牘，亦與此相符，如下：

 2.46. ●肩水候官本始二年十☐   97.12/A33
 2.47. ●肩水候官地節☐四年計餘兵穀☐財物簿毋餘船毋餘茭
                     14.1/A33
 2.48. 肩水候官地節三年十月以來盡四年九月吏卒廩食名 13.1/A33
 2.49. ●肩水候官元康元年五月鄣卒廩名籍☐   109.1/A33
 2.50. 肩水候官元康二年七月糞賣船錢出☐   255.3/A33
 2.51. ●肩水候官元康四年十月守御器簿☐   126.11/A33
 2.52. 肩水候官元康四年十二月四時雜簿   5.1/A33
 2.53. ☐肩水候官甘露三年十月盡四年九月☐   250.2/A33
 2.54. ●肩水候官建昭三年正月☐   31.17/A33
 2.55. ●南部地節四年七月盡九月鹽☐   213.9/A33
 2.56. 中部地節五年四月廩名籍 ☐   255.34/A33
 2.57. ●北部永光三年六月卒廩名籍   177.14/A33

前九枚皆爲簿書標題簡，以肩水候官爲單位製作。後三枚分別爲東部、中部、北部所呈的簿書標題簡。作爲肩水塞和肩水候官的長官，肩水候對簿書負有審核之責，[1]故這批簿書應經肩水候過目，很可能當時肩水候亦在 A33 遺址。這些簿書的時間集中在宣帝地節元康年間及甘露三年之後，恰恰缺少五鳳元年至甘露二年的資料。而 A32 遺址出土了這期間的相關紀年簡，如下：

 2.58. 中部五鳳三年正月吏卒被兵簿☐   73EJT37：1339
 2.59. ●肩水候官甘露二年二月戊寅士吏☐   73EJT28：34A
 2.60. 肩水候官甘露二年十月士吏昌所將省卒離茭日作簿 ☐
                     73EJT29：97

2.58 爲中部所呈吏卒被兵簿的標題簡，後兩簡皆爲肩水候官簿書標題簡。綜合判斷，陽朔元年之前，肩水候常駐的應是 A33 遺址，期間大概只有一段時間，即五鳳元年至甘露二年，肩水候駐在 A32 遺址。據學者研究，肩水候福的任職時間爲五鳳元年十一月至甘露三年，[2]與此相吻合，兩者或許有關。

---

[1] 永田英正《居延漢簡研究》，第 311—318 頁。
[2] 侯旭東《西漢張掖郡肩水候繫年初編——兼論候行塞時的人事安排與用印》，第 182 頁。

與此同時，我們也應考慮到 A32 遺址某個機構的官吏兼行候事而產生的特殊文書現象。據學者研究，兼行候事者並不移動，依然駐在原地，只不過原本發給塞候的文書轉送至兼行候事者駐地。而目前可見，元康元年正月、元康二年六月、元康二年閏七月、元康二年九月、五鳳元年十一月、甘露元年十一月、甘露二年三月（？）及甘露至黃龍年間某年的四月丙子、建昭三年前後、竟寧元年十一月、建始元年七月等時間點，肩水候均由 A32 遺址駐扎機構的官吏兼行。① 這也可能是下述簡牘出現在 A32 遺址的原因：

2.61.　☐候官黃龍元年二月吏卒簿　　☐　　　　　73EJT34：30
2.62.　肩水候官建昭三年十月候長殿最名　☐　　　73EJT22：22
2.63.　●肩水候官建昭三年吏卒被兵簿　☐　　　　73EJT33：51+55
2.64.　●肩水候官建始元年七月盡九月居延 吏出入關名籍
　　　　　　　　　　　　　　　　　　　　　　　73EJT37：671+1009

這四枚肩水候官簿書標題簡的時間，基本上能與上舉 A32 遺址官吏兼行候事的時間對應得上，很可能呈報對象就是兼行候事者。當然，亦有例外者，如下：

2.65.　肩水候官地節二年☐　　　　　　　　　　　73EJT1：292
2.66.　肩水候官地節四年吏受奉賦名籍☐　　　　　73EJT24：786+692
2.67.　左後部初元四年四月己卯盡癸未燧　上表出入界課　☐
　　　　　　　　　　　　　　　　　　　　　　　73EJT10：127
2.68.　●肩水候官初元四年吏卒一歲用食　度簿　　73EJT33：42
2.69.　肩水官候建昭元年十月旦☐☐☐具簿☐　　　73EJT21：263
2.70.　●西部河平四年五月吏卒稟城官名籍　　☐　72EJC：182

這六枚簿書標題簡，時間上無法與兼行候事者一一對應。不過，考慮到簿書的編制一般都提前或延後，外加簡牘遺存的偶然性，以及人爲因素導致的簡牘位置變動，上舉六枚標題簡似乎不足以否定前述推論。

　　而自陽朔元年開始，肩水候多出現在 A32 遺址。需要指出的是肩水候

――――――――――
① 侯旭東《漢代西北邊塞他官兼行候事如何工作？》，張德芳主編《甘肅省第三屆簡牘學國際學術研討會論文集》，第 158—179 頁。當然，不排除少數情況下，兼行者離開原崗位的可能。如懸泉漢簡 IIDXT0214③：64 記載，"甘露三年五月癸未朔丁酉，肩水倉長延年以近次行大守事、庫丞奉意兼行丞事謂過所：遣氏池東鄣燧長司馬承明，以詔書送施刑士陽關。乘所占用馬，當舍傳舍從者，如律令。"此例所見，駐在肩水都尉府（A35）的肩水倉章兼行張掖郡太守事時，可能需要前往觻得處理公務。

丹似未固定駐在一地，而是交替出現於 A33 或 A32 遺址。或許，肩水候移駐它處並非一蹴而就，而是有一個漸進的過程，因此才產生這種在兩地交替出現的現象。又或者，考慮到文書通常由屬吏代替長官起草的事實，陽朔元年三月、陽朔元年五月兩份文書也許並不足以證明肩水候丹就駐在 A32 遺址。無論怎樣，至晚自陽朔四年（前 21）十一月開始，直到居攝二年（7 年），近三十年間肩水候整齊劃一地出現在 A32 遺址，且頻次頗高。這期間，該地亦出土相關紀年簡，如下：

2.71. ●肩水候官永始四年七月破船簿 ☑　　　　73EJT23∶94
2.72. 左後部建平二年　行塞亭隧名　　　　　　73EJT37∶1494
2.73. 元始元年八月丙戌朔壬子，西部候史武敢言之：謹移吏卒廩名籍一編，敢言之。　　　　　　　　　　　　　73EJT21∶108

雖然這三十年間，肩水候多以"發君前""發君門下"的形式出現，似乎不能直接表示肩水候就在此地辦公，但肩水候向上級呈報文書的亦有三例（序號 18、22、31），外加 A32 遺址出土的衆多肩水候（官）封檢，綜合判斷，認定這期間肩水候駐在此地當不成問題。而且，肩水候的屬吏——令史——亦在此地出現，負責文書工作（序號 18、22、30）。此外，亦見尉史通關的簡牘，如下：

2.74. 定陶□亭長第里公乘靳舍年卅四長七尺四寸黑色尉史恭入
　　　　　　　　　　　　　　　　　　　　　73EJT33∶76
2.75. 濟陰定陶西鄉嗇夫中關里公乘張廣年卅五長七尺二寸黑色尉史定入、
　　　　　　　　　　　　　　　　　　　　　73EJT37∶822

筆者排比通關簡牘發現，負責通關者，除尉史外，尚有關嗇夫、關佐、關卒、驛北亭長、候史等，後五位無一例外皆駐於 A32 遺址，尉史應該也不例外。據研究，尉史爲塞候、塞尉屬吏，不見於諸部和其他機構，[①]而 A32 遺址並未駐扎塞尉，因此上述兩簡的尉史，應作爲肩水候屬吏駐在 A32 遺址，故臨時負責通關。儘管尉史恭、尉史定活動年代不詳，但據此可知，肩水候駐在此地時，爲其服務的文書吏亦隨侍在側。由此可見，肩水候在此地應非臨時停留，而是處理了大量的文書事務。

---

① 陳夢家《漢簡所見居延邊塞與防禦組織》，見《漢簡綴述》，第 49、52 頁。

細審 A33 遺址出土的同時段簡牘,雖然大多數紀年簡皆殘,然下述數簡值得重視:

2.76. 東部居聑三年七月吏卒稟名☐   86EDT5H∶98
2.77. 東部居聑三年八月九月稟名籍☐   86EDT5H∶168
2.78. •肩水候官始建國元年☐   86EDT3∶2

三簡均爲單札。結合簡文,前兩簡當爲東部稟名籍簿冊的標題簡,末簡簡首有黑色圓點,亦當爲某種簿籍標題簡。末簡顯示,始建國元年以肩水候官爲單位編制的某種簿籍,還留在 A33 遺址,很可能此時該地依然承擔候官的作用。前兩簡雖以東部起首,但結合肩水塞的部隧設置,毫無疑問是指肩水候官塞轄下的東部。理論上講,某部的吏卒稟名籍,最可能出土自該部駐地或其上級——候官——的所在地,若此不誤,很顯然兩簡出土地當爲東部的上級——肩水候官——的所在地。也就是説,新莽居攝及始建國元年,A33 遺址依然是肩水候官所在地。鑒於 A33 遺址的建築規模較 A32 遺址更像候官,而前者出土簡牘數量遠少於後者,很可能丟失部分歷史信息,因此筆者推測,雖然肩水候前後移動,但作爲肩水塞的大本營,肩水候官從始至終應該都在 A33 遺址。

若上述不謬,宣帝早期至陽朔元年之前,肩水候多駐 A33 遺址,其中五鳳元年至甘露二年,肩水候很可能亦駐 A32 遺址。最晚自陽朔四年十一月起,直到居攝二年,近三十年的時間裏,肩水候常駐 A32 遺址。在肩水候駐在 A32 遺址的時期内,肩水塞一些需要肩水候本人過目的文書事務,皆在此地處理,但肩水候官依然還在 A33 遺址。

需要指出的是,有三枚出土於 A32 遺址的"候臨"簡,顯示肩水候親臨此地,但並不足以據此認定肩水候駐在 A32 遺址。如下:

2.79. 使者一人 假司馬一人 騎士廿九人 •凡卌四人 傳車二乘 軺車五乘 吏八人 廄御一人 民四人 官馬卌五匹 馬七匹 候臨元康二年七月辛未嗇夫成佐通內   73EJT3∶98
2.80. ☐十四匹   元康二年十二月戊寅嗇夫蓋衆內
       ☐車六兩   候君臨   72EJC∶145
2.81. ☐☐三月奉 元康五年三月癸未朔癸卯士吏橫付襄澤隧長樂成
                        /候房臨
                                                        73EJT37∶719

簡 2.79 分上下兩欄左右兩行書寫，據簡文，似某個使團入關。"候臨"二字前後雖無特殊隔斷符號，但也不似使團成員，應表示肩水候到場的意思。"嗇夫成關佐通内"顯示關嗇夫、關佐雙雙在場，有可能這次使團干係重大，金關長吏及肩水候均在場，以示隆重。簡 2.80 與之相似，不贅。簡 2.81 應屬某種受俸簿籍，"候房臨"表示肩水候房親臨現場，上有一道斜杠，用以強調或提示。鑒於漢簡中出現候行塞時給官吏發放俸禄的情形，①簡 2.81 很可能也是如此。另，此簡紀年爲元康五年（前 61）三月，②簡文出現肩水候房與士吏横，而候房任職於地節、元康年間，士吏横出現於元康五年，③隧長樂成資料有限難以詳考，而地節五年肩水候房尚駐於 A33 遺址，元康二年也在該地（表 1－1），④因此簡 2.81 所謂"候房臨"實際上只能理解爲肩水候房至 A32 遺址發放俸禄，不足以説明此時肩水候就駐在這裏。綜合看來，在肩水候駐地的考證上，"候臨"簡不足與上舉"發君前"及肩水候親自處理文書的諸簡相比，可排除。

第三節　郵書刺所見肩水候駐地

學界進行遺址定名工作常用的郵書記録，A33 遺址出土較少，目前僅發現十數枚，且殘損過甚無法分析。不過，A32 遺址出土較多此類簡牘。設在該地的驛北亭，承擔著郵書傳遞的任務，自北而南組成"莫當—驛北—沙頭"的傳遞路綫，⑤留下頗多郵書簡。此外，A35 遺址出土的郵書簡亦透露出肩水候駐地的信息。仔細比對這類簡牘，從中也可發現肩水候駐地的蛛絲馬迹。

---

① A8 破城子出土了一份文書，"甘露二年四月庚申朔辛巳，甲渠鄣候漢彊敢言之：謹移四月行塞臨賦吏三月奉秩別用錢簿一編，敢言之。書即日鋪時起候官"（EPT56：6A），簡文"臨賦吏"應該就是親臨現場給官吏發放俸禄（均和、劉軍《漢簡舉書與行塞考》，第 154 頁）。
② 元康五年三月改元爲神爵元年（《漢書》卷八《宣帝紀》，第 259 頁）。
③ 肩水候房及士吏横代行候事，可參侯旭東《西漢張掖郡肩水候繫年初編——兼論候行塞時的人事安排與用印》，第 181—182 頁。
④ A32 遺址出土一份文書，73EJT21：43"元康二年九月丁酉朔己未，肩水候房以私印行事謂候長長生：候行塞，書到行候事"，簡背具名爲令史利尉史義。此簡形制兩行，字迹工整，極可能由 A33 遺址發來，顯示肩水候房此時駐於該地。
⑤ 鷹取祐司集成復原了北部居延及南部肩水地區的郵書傳遞路綫，指出肩水地區一般沿著莫當—驛北—沙頭—驛馬的路綫傳遞（《漢代の居延・肩水地域における文書傳送》，原刊《立命館東洋史學》第 36 號，2013 年，此據作者《秦漢官文書の基礎的研究》，第 331—370 頁）。

排比發現,涉及肩水候的郵書簡共 13 枚,其中簡 73EJT23:164 無法判斷肩水候方位,不贅。其他 12 枚中:(1)一枚證明肩水候在 A32 遺址以南;(2)一枚證明肩水候在 A32 遺址;(3)四枚可證明肩水候在 A32 以北;(4)六枚無法判斷肩水候在 A32 或其北,但絕不在南。

一、證明肩水候駐在 A32 以南的郵書刺

簡 3.1(73EJT23:496+1059+506)上殘,不詳南北書。不過,第一行"四封詣張掖太守府一封詣肩水都尉府"及"一封詣熒陽罷戍田"所涉及的文書目的地張掖太守府、肩水都尉府及熒陽等,皆在簡牘出土地(A32)以南,當向南傳遞,屬南書無疑。第二行"七封居延令印二封詣觻得一封詣酒泉樂涫一封詣館陶",顯示文書由北面的居延縣發出,目的地觻得、樂涫、館陶皆在 A32 遺址以南,與該簡爲南書的判斷相符。第三行"一封詣肩水候官一封詣日勒一封詣魏郡館陶",與第二行合起來共七封,當接續連言。若此不誤,則傳遞給肩水候官的文書亦屬南書。而且,傳遞記錄"閏月戊午卒宗受莫當日蚤食行"顯示,上述羅列的諸多文書皆由莫當隧卒傳來,驛北亭卒接到後立即向南傳遞,由此可見,發給肩水候官的文書亦繼續南行了。結合學界對肩水候官位置的研究,A32 遺址以南目前僅見 A33 遺址曾爲肩水候駐地,故該簡反映肩水候當時駐在 A33 遺址。惜未記載具體年代,簡文涉及的驛北亭卒宗,亦無法推定年代。

二、證明肩水候駐在 A32 的郵書刺

簡 3.2(505.2/A35)出土自肩水都尉府遺址,上下完整,並無殘損,且"沙頭亭長"下空一格,與左側對齊,疑爲編繩所過。材料顯示沙頭距驛北不足 3 公里,驛馬距沙頭約 5 公里,而且 A35 遺址出土郵書簡多以沙頭、驛馬爲中心進行記錄。簡 3.2 傳遞記錄"六月廿四日辛酉日蚤食時沙頭亭長受驛北卒音日食時二分沙頭卒宣付驛馬卒同",顯然以沙頭亭爲中心記錄。結合該簡存在的編聯痕迹,似乎當屬呈報至肩水都尉府的郵書簿册,具體由哪個機構製作呈報尚待深入研究。該簡顯示,肩水候發出文書呈給肩水都尉府,第一棒由驛北卒音負責,向南逐次由沙頭、驛馬負責傳遞。細察圖版,上下兩欄書寫,且以墨點提示下欄的傳遞記錄,記載信息清晰而完整,因此不存在版式錯亂或信息殘缺的情况。驛北亭位於 A32 遺址,而肩水候文書由其負責傳遞第一棒,最爲可能的是肩水候此時亦駐該地。又,該簡紀年約在綏和

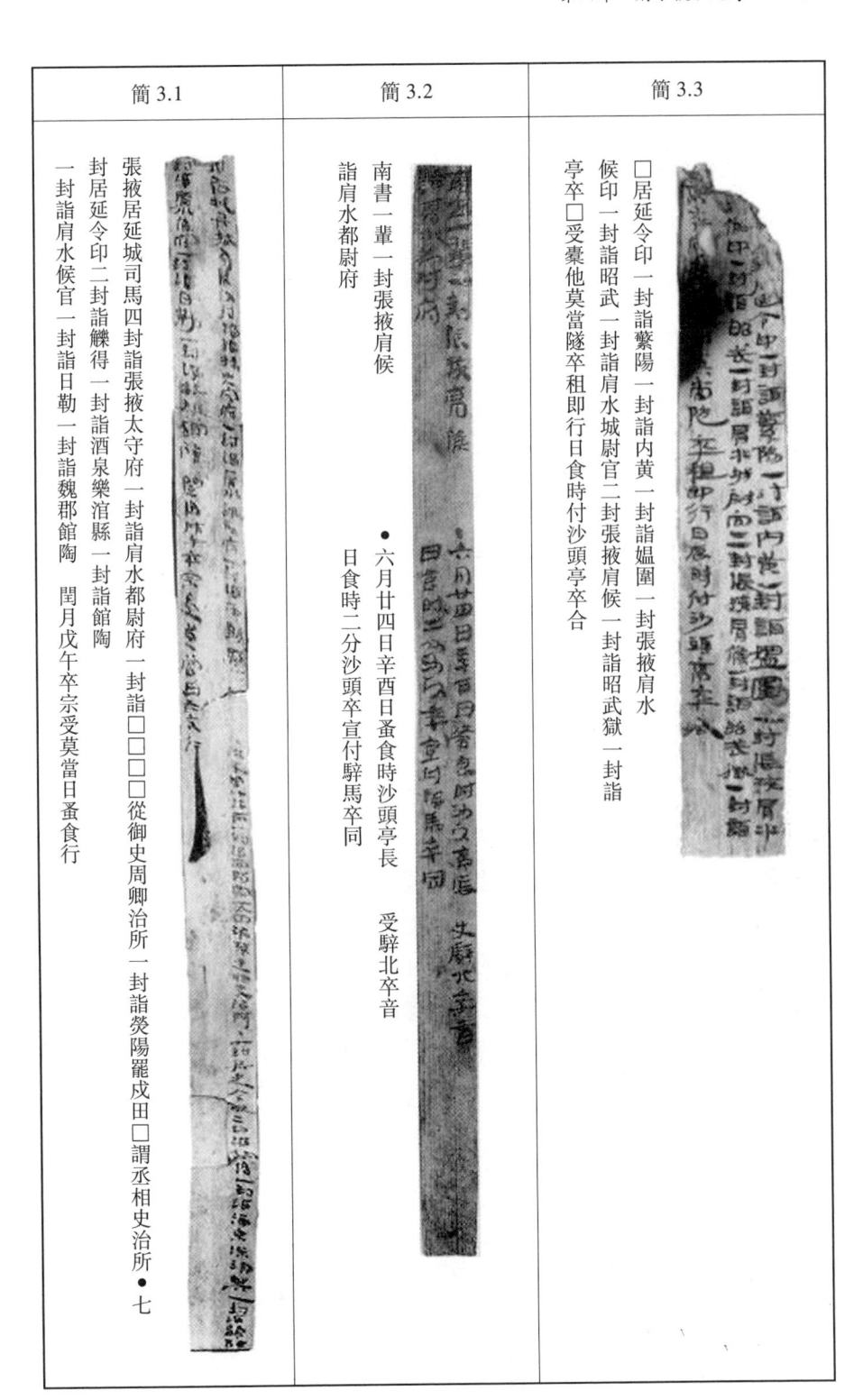

簡 3.1	簡 3.2	簡 3.3
張掖居延城司馬四封詣張掖太守府一封詣肩水都尉府一封詣□□□從御史周卿治所一封詣熒陽罷戍田□謂丞相史治所 •七封居延令印二封詣鱳得一封詣酒泉樂涫縣一封詣館陶一封詣肩水候官一封詣日勒一封詣魏郡館陶　閏月戊午卒宗受莫當日蚤食行	南書一輩一封張掖肩候詣肩水都尉府 • 六月廿四日辛酉日蚤食時沙頭亭長 日食時二分沙頭卒宣付驛馬卒同　受駮北卒音	□居延令印一封詣縈陽一封詣內黃一封詣縕圍一封張掖肩水候印一封詣昭武一封詣肩水城尉官二封張掖肩候一封詣昭武獄一封詣亭卒□受橐他莫當隧卒租即行日食時付沙頭亭卒合

年間，①恰與上節梳理的肩水候移駐時間相符。當然，因爲該簡的傳遞情況以沙頭亭爲中心記錄，也存在驛北亭前還有其他亭隧傳遞的可能，但鑒於A32、A33及驛北、沙頭的相對位置，這種可能性很小。

三、證明肩水候在 A32 以北的郵書刺

這一類郵書刺，兩枚南書（表4-10），兩枚北書（表4-11）。

兩枚南書中，簡3.3（73EJT23∶933）較有代表性。該簡上殘，未明言南北書，但從右側第一行詣縈陽、內黃等看來，當屬向南傳遞的南書。中間一行所詣之昭武、肩水城尉官也在 A32 以南，也符合南書的傳遞方向。"二封張掖肩候一封詣昭武獄"顯示有兩封爲張掖肩水候印，其中一封詣昭武獄，結合傳遞記錄"亭卒囗受橐他莫當隧卒租即行日食時付沙頭亭卒合"，驛北亭卒囗從橐他塞莫當隧卒租處接到郵書後立即向南傳送，日食時交給沙頭亭卒合，證明肩水候發出的文書由莫當隧卒送來，故此時肩水候當在 A32 遺址以北。簡文中出現的莫當卒租，僅此一見。沙頭亭卒合出現於73EJT23∶1021，涉及莫當卒充。檢核材料，名爲充的卒很多，②但均無莫當卒，故無法判定簡3.3的年代。

另外，簡3.4（73EJT23∶824）上下皆殘，雖未明言南書，結合肩水都尉府在南（A35）的史實，從"詣肩水都尉府"判斷，當屬南書無疑。"一封張掖肩候印詣城尉"表明由肩水候發往肩水城尉，肩水城尉與肩水都尉府同在 A32 以南的 A35 遺址。傳遞記錄"橐他莫當隧卒仁即行日未入"前缺者當爲"受"，表示接力莫當卒向南傳遞，後面殘缺者應爲付沙頭卒的相關記錄。若此不誤，則肩水候發往肩水城尉的郵書亦由莫當卒送來，故此時肩水候也應在 A32 遺址以北。莫當卒仁僅此一見，無法推斷簡3.4的年代。

此外，兩枚北書簡亦反映出肩水候位於 A32 以北。簡3.5（73EJT37∶1071）第二行"二封觻得長印一詣居延都尉一詣肩水候官"顯示兩封文書皆來自觻得，分別發往居延都尉府和肩水候官。第三行"三封肩水千人一詣肩

---

① A35 遺址出土郵書刺紀年的推斷，詳參唐俊峰《A35 大灣城遺址肩水都尉府説辨疑——兼論"肩水北部都尉"的官署問題》，第 231、237—240 頁。
② 沙頭亭卒充（73EJT23∶938）、田卒梁國牛充（73EJT21∶419）、受降隧卒吕充（73EJT11∶2）、田卒梁國兒充（73EJT27∶21）、戍卒梁國陳充（73EJT9∶39）、田卒潁川韓充（73EJT3∶97）、右前部禁姦隧卒充（5.12）等等。諸"充"皆無紀年，唯禁姦隧卒充爲元康四年二月己巳，但亦於事無補。

第四章　肩水候駐地考

簡3.4	簡3.5	簡3.6
候印詣肩水都尉府一封張掖肩候印詣城尉 橐他莫當隧卒仁即行日未入一干時	北書十四封 其四封肩水倉長印二詣居延都尉二詣居延 二封小府詣居延都尉一詣肩水候官 三封肩水千人一詣肩水候一詣橐他一詣廣地 二封櫟得長印一詣居延都尉一詣肩水候官 一封淮陽內史詣居延都尉府 一封昭武長印詣居延令丞發 當 十月壬午日二干時□馮賢卒周六始付	其四封張掖長史三詣居延都尉 □封張掖大守章詣居延都尉一詣居延 二封櫟得令印一詣肩水候官一詣居延 一封酒泉大守章詣居延都尉 一封張掖都尉章詣橐他 一封昭武置丞詣居延　一檄會水北界郵印詣居延都尉 付莫當 十月丙寅失中時縣受沙頭卒

水候一詣橐他一詣廣地"表示三封郵書皆來自肩水千人官，分別詣肩水、橐他和廣地候。兩處傳遞方向均與"北書"題署相符。傳遞記錄"十月壬午日二干時□馮賢卒周六始付當"不完整，未記載"受"的對象。"付當"很可能爲"付莫當"的省稱，此類省稱習見於郵書刺，表示已經向北傳遞了。若此説不誤，則肩水候也在 A32 以北。簡 3.6（73EJT2∶23）上殘，不載南北書。據"四封張掖長史三詣居延都尉一詣居延""酒泉太守章詣居延都尉"，"張掖都尉章詣橐他"等傳遞方向知爲北書。簡文"二封觻得令印一詣肩水候官一詣居延"顯示兩封發自觻得縣的文書分別發給肩水候和居延地區，結合傳遞記錄"十月丙寅日中時縣受沙頭卒付莫當"顯示，郵書交給莫當卒繼續北傳，則此時則肩水候也在 A32 以北。簡 3.5 馮賢、簡 3.6 縣均爲驛北亭卒，經檢核比對相關材料，皆無法判定兩簡的年代。

另，細察簡 3.3、簡 3.4 的付受記錄不難發現，莫當隧卒前均綴以"橐他"（附表 4-10），簡 3.5、簡 3.6 未綴"橐他"（附表 4-11），恐爲省稱，這幾處"橐他"當指橐他塞，表示莫當隧轄於該候官塞。而莫當隧就是金關以北第一座烽燧遺址（編號 T168），距金關約 1.6 公里，①金關以南爲肩水塞，金關以北即爲橐他塞。這個認識，與上文金關以北部分地區尚屬肩水塞的推測（第一章）不符。筆者推測有三種可能：（1）莫當隧的位置前後有變動，上舉四枚簡傳遞時莫當隧位於更北處，具體地點不詳；②（2）四枚郵書簡，記錄有誤；③（3）四枚郵書簡記錄不夠嚴謹，3.3、3.4 把從 A32 或 A33 發出的肩水候官郵書與自北而南的南書混在一起記錄，3.5、3.6 則是把傳遞至 A32 或 A33 的肩水候官文書與自南而北的北書混淆記錄。即使上述推測均不對，也不足以證明肩水候駐地在 A32 遺址以北，因爲別無其他強硬證據。筆者推測，很可能是肩水候前往 A32 遺址以北行塞或處理事務，某些特殊文書須

---

① T168 遺址出土不少簡牘，反映某段時期莫當隧確實位於此地，詳附錄《金關簡第五册 73EJD 部分簡牘出土地獻疑》。
② 據初世賓研究，北部居延地區郵書及烽火並非逐隧（亭）傳遞，而由固定幾個亭隧承擔，彼此並不相接，間隔數燧（《居延烽火考述——兼論古代烽號的演變》，收入甘肅省文物工作隊、甘肅省博物館編《漢簡研究文集》，第 389—391 頁），肩水地區很可能亦如此。若此不誤，則莫當與驛北不當相鄰，而且材料顯示金關以北尚設置有北部、左前、左後等三部，因此，理論上，莫當不應位於 T168 遺址，但該地出土簡牘及相關郵書簡顯示某段時期莫當隧確實在此。或許在不同的歷史時期，莫當隧存在位置變動。
③ A32 遺址出土的郵書簡，屬於原始的郵書刺，很可能因尚未經過部吏的整理，故相關記錄甚爲隨意潦草，出現很多機構名稱省稱及信息不完整的情況。另外，懸泉置遺址出土漢簡反映當地郵書傳遞記錄誤亂甚多，如"九月戊午郵書令史弦告遮要以東亭長：間者郵書皆不中程，諸……券相付受日時甚無狀，自今以來，使界上置函南，外常完，函……"（V90DXT1310③∶135B）（引自張俊民《敦煌懸泉置出土文書研究》，第 158 頁），很可能上舉四枚郵書刺亦屬誤書。

肩水候親自處理,故產生了這四枚郵書刺。金關以北雖有部分肩水塞亭隧,其地位不足與金關相比,肩水候未必會常駐其地。因此,就肩水候常駐之地而言,恐只有 A33、A32 兩地。

簡 3.7	簡 3.8	簡 3.9A	簡 3.9B	簡 3.10
南書二封　皆張掖肩候印　一詣武昭　一詣肩水都尉府　四月戊戌夜食時卒幼受澤嬰付沙頭卒輔	書四封合檄二單檄四　其三封張掖都尉章詣肩水塞他廣地候　一封肩水都尉詣廣地候官　合檄一張掖都尉章詣居延都尉府　檄四張掖都尉章詣肩水塞他廣地候督蓬吏　•二月壬申平旦受界亭卒輔蚤食時沙頭	三月一日北書十一封　一封張掖大守章詣居延都尉二月乙巳起　一封張掖長史行大守事詣三官三官詣居延都尉二月己酉起　一封肩水都尉詣廣地　一角得丞印詣廣地　九封肩水都尉詣三官三封其三詔書　•□□兌恩□□	一封張掖水長詣肩水候官　一封張掖得丞印詣居延　一封角得丞印詣臨谷候印	南書二封　其一封候印詣肩水府二月辛亥起　一封肩候印詣肩水府二月壬子起

四、無法確定肩水候所在的郵書刺

這一類簡共六枚,僅兩枚有付受記錄,四枚沒有。

首先分析前兩枚。簡 3.7(73EJT26∶3)字迹極潦草,但書式與一般郵書刺無疑,且簡文流暢無重複,不似習字簡。兩封皆發自肩水候,收件者肩水都尉府與昭武(簡文"武昭"當爲譌寫)在南,與南書題署也相符。但付受記錄"卒幼受澤嬰付沙頭卒輔"的澤嬰,存在兩種可能:(1)澤嬰爲莫當卒,如此則肩水候在 A32 以北無疑,(2)澤嬰就在 A32 遺址,爲肩水塞轄下之卒,如此則肩水候駐在此地。澤嬰僅此一見,難以判斷何者爲是。沙頭卒輔還見於殘簡 73EJT24∶108"日入卒武受沙頭亭卒輔",其中卒武當爲騂北亭卒武,又見於郵書刺 73EJT23∶118、73EJT30∶206,惜皆不足以判定年代。簡 3.8(73EJT24∶26)上下均殘,付受記錄"二月壬申平旦受界亭卒輔蚤食時沙頭"略顯奇怪,不僅記沙頭且有沙頭的上一站"界亭",推測殘去的記錄很可能是沙頭付騂北亭,這種記載前面兩站的郵書刺在 A32 出土的簡牘裏較少見,但可判斷當爲北書,與簡文"張掖都尉詣居延都尉府"也相符。據"其三封張掖都尉章詣肩水橐他廣地候",肩水候與橐他、廣地候並列,但缺乏騂北與莫當的付受記錄,無法排除肩水都尉發給肩水候的郵書僅到 A32 即止,其他郵書繼續北行的可能性。亦或者發給肩水候的郵書與發給橐他候、廣地候的郵書一起繼續北行。界亭卒輔僅此一見,故無法判斷簡 3.8 的年代。

另外四枚郵書刺缺乏傳遞記錄,更無法判定肩水候位置。簡 3.9(73EJT31∶114)下殘,正背面字迹相似,題署北書。"一封張掖大守章詣居延都尉二月乙巳起"所記日期爲張掖太守府發出的時間。題署"十一封",僅正面就已十二封,背面三封,實際上共十五封北書。正面第三行"九封肩水都尉詣三官官三封",其中的"三官"當爲肩水候官、橐他候官、廣地候官的省稱,三者並稱在郵書刺裏偶爾出現。背面"張掖水長詣肩水候官",也符合北書的傳遞方向。綜合看來,因爲付受記錄的殘缺,儘管收件者肩水候官與橐他、廣地、居延等並列,但還是不能判定發給肩水候官的文書是到此即止還是繼續北傳。簡 3.10(73EJT26∶58)"肩水府"當爲"肩水都尉府"的省稱,在 A32 以南,符合南書的傳遞方向。第二行"肩候"即爲"肩水候"省稱,第一行"候印"漏記某候信息,可排除肩水候,否則即可寫作"皆肩水候印"。因缺乏相關受付記錄,無法判斷肩水候的郵來自 A32 還是其北。不能排除此時肩水候駐地在 A32,發往肩水都尉府的郵書與其他的南書放在一起傳遞。

下述兩簡亦無法判斷肩水候確切的位置：

3.11.　☑張掖都尉章一詣肩水候一詣橐佗候一詣廣地候
　　　　☑□憙印詣嗇夫去疾　　　　　　　十月戊寅□☑
　　　　　　　　　　　　　　　　　　　　　　73EJT25：175

3.12.　　　　　一封觻得長印行大守事詣居延都尉五月壬子起一封昆蹏令印
廿四日　詣肩水五月辛亥起一封氐池長印詣廣地……☑
北書十一封　私印詣橐佗官一封昭武長印詣橐他官一封屋蘭長印詣肩
　　　　水官五封觻得丞印三封……☑
　　　　居延五月丙寅日□□……☑　　　　73EJT23：131+862

前簡上下皆殘，付受記錄"十月戊寅□"以下殘缺，雖可判斷該簡爲北書，但"詣肩水候"的文書是到此而止還是繼續北行卻不得而知。第二行"詣嗇夫去疾"的去疾，不確定是否爲關嗇夫。① 後簡與前簡相似，亦無付受記錄，因此肩水候的位置也存在兩種可能。

綜而言之，上舉六枚郵書刺，僅簡3.7、簡3.8記載付受信息，而負責傳遞的亭隧卒皆無助於判斷簡牘的年代，因此無法結合表1-1判定這六枚郵書刺涉及的肩水候的駐地。很可能，六枚中既有肩水候駐在A32遺址者，也有肩水候位於A32遺址以北者，而且未必在北面同一個地方。與此同時，肩水候作爲肩水塞的負責人，其離署外出，或行塞或處理某些事務，較爲常見。② 肩水塞在A32以北還設有左前部、左後部及北部三塞，轄有十數所亭隧，肩水候前往這一地區行塞巡視，也是其分内之事。因此筆者傾向認爲，肩水候因行塞或處理公務而前往A32以北，日常性的文書雖交由兼行候事者代爲處理，但一些重要或特殊的文書恐怕還會由肩水候本人進行處理，存在一定的文書活動亦很正常。因此，即使這六枚郵書刺涉及的肩水候均在A32遺址以北，也不足以證明其駐在當地。

此外，上舉後兩類十枚郵書刺記載"肩水候（官）"時，寫法並不一致，如簡3.3、簡3.4、簡3.7爲"張掖肩候"，簡3.5一爲"肩水候官"一爲"肩水候"，簡3.6"肩水候官"，簡3.8、簡3.11"肩水候"，簡3.9相當於兩處"肩水候官"，簡3.10"肩候"，簡3.12"肩水官"，而且簡3.10漏記某候信息，可見郵書刺作爲原始記

---

① 與嗇夫去疾有關的材料，除簡3.11外尚有73EJT34：4與41.27+41.32兩簡，嗇夫去疾與尉史、令史並列作爲文書具名者出現，但無法判斷其爲何官，很可能爲關嗇夫。
② 張文瀚曾對甲渠候的行塞進行過分析，並推測鄣候行塞較爲頻繁，見作者《漢代甲渠候官的日常管理》，第21—25頁。

錄的隨意性。① 據此,某些郵書刺帶有"官"字樣,也不足以説明其爲治所和駐地。由此看來,這十枚郵書刺很可能均顯示肩水候駐地在 A32 遺址。

第四節 塞尉駐地

塞尉一般設於邊郡,是候官塞軍事方面的領導者,秩兩百石(282.15/A8),遠低於塞候的比六百石(259.2/A8),但地位及級別在士吏、候長、隧長之上,對這些吏員亦有統轄與領導責任。

關於塞尉駐地問題,陳夢家曾提示一枚"尉卿治所"的簡牘,但未給出明確的看法。② 李均明認爲當駐在候官鄣,換言之,即與塞候駐在一地。③ 此後,李迎春援引嚴耕望關於内地縣尉與縣令長異署的觀點,結合漢簡裏文書下達的情況判斷塞尉與塞候不駐一地。④ 仔細檢視這些説法及其依據,皆不盡正確,尚有進一步討論的空間。實際上,塞尉與塞候的關係,確實類似内地縣尉與縣令長的關係,我們的討論也先從内地入手。

嚴耕望最早關注到縣尉的治所問題,認爲"尉常以部爲稱,故多與令長別治"。⑤ 此後,鄒水杰在繼承嚴耕望觀點的基礎上作了較爲全面的探討,進一步認爲"有左、右二尉的縣,其尉别有治所",如果某縣僅有一尉,也與縣令長别治。⑥ 筆者以爲,兩名以上的縣尉,因分部而治,其治所自當與縣令長有别,這點應該没有問題,但在僅有一尉的情況下,可能未必異署。兩位學者舉證的華容、監利兩縣,出自《水經注》的記載,如下:

　　山枕大江,山東有城,故華容縣尉舊治也……江之北岸,上有小城,故監利縣尉治也。⑦

---

① 郵書刺記載的隨意性與不規範顯示,其很可能由讀寫水平不高的驛北亭吏卒製作,核驗郵書傳遞是否"中程"的郵書課經過部吏的整理方才規範。關於基層隧長的書寫能力問題,參邢義田《漢代邊塞隧長的文書能力與教育——對中國古代基層社會讀寫能力的反思》,《中研院歷史語言研究所集刊》第 88 本第 1 分,2017 年,第 85—144 頁。
② 陳夢家《漢簡所見居延邊塞與防禦組織》,見《漢簡綴述》,第 51—52 頁。
③ 李均明《漢代甲渠候官規模考(上)》,第 29 頁。
④ 李迎春《秦漢郡縣屬吏制度演變考》,第 120 頁。
⑤ 嚴耕望《中國地方行政制度史·秦漢地方行政制度》,1961 年初版,此據上海古籍出版社,2007 年,第 220 頁。
⑥ 鄒水杰《兩漢縣行政研究》,湖南人民出版社,2008 年,第 77—78 頁。
⑦ 酈道元著,王先謙校《合校水經注》卷三五《江水(三)》,中華書局,2009 年,第 500—501 頁。

此處所記的監利縣尉，楊守敬據《宋書·謝晦傳》認爲是監利左尉。① 筆者以爲，這一推測是有道理的，古籍及簡牘中常見以概稱代替準確稱呼的現象，監利左尉亦屬監利縣尉之一，故如此記載。以此反觀華容縣尉，雖然史籍中未見該縣左尉、右尉的記載，但不能排除漏載的可能。另外，内蒙古和林格爾出土的東漢墓葬壁畫有一幅研究者習稱的"武成城圖"，所繪應是東漢定襄郡武成縣的佈局示意圖。該圖右上榜題"長史宫門"，這個院落應該就是長史府第，下面有墙隔開。在第一、二兩道粗筆勾勒的墙中間，還有一道墙，綫條細小，但尚可分辨出來，右側榜題"武成寺門"，也就是武成縣署。進入大門後，右側房屋榜題"武成長舍"，折而左行有一間榜題"尉舍"的房屋（圖 4-1）。漢代畫像石及壁畫所繪圖像，因爲技法及主題展現的考慮，人物及建築比例往往失調，但對照該墓同出的"寧城圖""繁陽圖"，在城市及衙署的空間分佈方面，應該基本吻合實情。② 若此不誤，則武成縣的縣長和縣尉，其"舍"雖然尚有一段距離，但無疑在同一個官署。

若上述推測不謬，漢代縣尉未必皆與令長别治，需要具體分析。回過頭來再討論漢代邊塞，尤其是甲渠塞、肩水塞的情況。筆者以爲，兩候官塞的塞尉均與塞候别治，而甲渠塞尉短時間内與甲渠候同駐 A8 遺址。

首先討論甲渠塞。檢核甲渠候官遺址出土簡牘，亦可發現三枚顯示甲渠塞尉與塞候别治的封檢。如下：

4.1.　　　張掖甲渠塞尉

甲渠官亭次急行　　　　　　　☐

　　　十月癸巳隧長尚以來　　　　　　　　　EPT48∶118

4.2.　　　張掖甲渠塞尉印

甲渠官亭次行

　　　　　☐　　　　　　　　　　　　　　　EPT65∶328

4.3. 張掖甲渠塞尉

甲渠官　　　　　　　　　☐

　　　九月癸亥卒同以來　　　　　　　　　133.1+194.9/A8

---

① 酈道元著，楊守敬、熊會貞疏《水經注疏》卷三五《江水（三）》，江蘇古籍出版社，1989 年，第 2877—2878 頁。
② 關於和林格爾漢墓壁畫反映的城市及衙署佈局，可參徐蘋芳《馬王堆三號漢墓出土的帛畫"城邑圖"及其有關問題》，《簡帛研究》第一輯，1993 年，第 108—112 頁；佐原康夫《漢代の官衙と屬吏について》，原載《東方學報》第 61 號，1989 年，此據作者《漢代都市機構の研究》，汲古書院，2002 年，第 196—215 頁。

圖 4-1　武成城圖①

這三枚封檢的目的地都是甲渠官,也就是甲渠候官,恰好與出土地吻合,説明已經送達。封檢左側均爲"甲渠塞尉",顯示發件者爲甲渠塞尉,前兩枚注明"亭次(急)行"的傳遞方式,也就表示甲渠塞尉發給甲渠候官的文書需要逐亭傳遞,據此,則兩者不可能駐在一地。第三枚雖未注明傳遞方式,但既然使用封檢封緘起來,很可能只是省略未載傳遞方式而已。而且,下述兩簡顯示甲渠尉另有治所:

4.4. 甲渠尉朱子舉　治吞遠隧☐　　　　　　　　　　　EPT65∶181
4.5. 張博史臨辭皆曰黨去年六月中守塞尉治當曲隧　　　EPT20∶10

吞遠隧乃甲渠塞吞遠部候長所駐之隧,當曲隧是不侵部最北端的烽燧,②據

---

① 内蒙古自治區博物館文物工作隊編《和林格爾漢墓壁畫》,文物出版社,1978年,第147頁。
② 李均明《漢代甲渠候官規模考(下)》,第82、86頁。

此,在甲渠塞建制存續的近百年中,塞尉與塞候不同,至少有兩個治所,或許不同的塞尉,甚至不同的時段,駐在不同的亭隧。可惜的是,相關簡牘皆無紀年,無法進一步確定不同時段的變化。

此外,下述幾枚 A8 遺址出土的簡牘,似顯示甲渠塞尉亦駐該地。如下:

4.6. 尉以亭行　　　　　　　　　　　　　　　　　　EPT51:160
4.7. 　　居延令印
　　　☒ 甲渠發候尉前
　　　……　　　　　　　　　　　　　　　　　　　55.1/A8
4.8. ▨候尉上書
　　　▨副　　　　　　　　　　　　　　　　　　　EPT59:578

前兩枚爲封檢,4.6 以尉爲收件者,若該封檢不是製作好後未發出,就是該地即爲尉的駐地,4.7 注明"發候尉前",值得玩味,或許候尉同駐一地。4.8 爲楬,標識的是候尉上書的副本,結合簡 4.7,很可能某段時期,甲渠候與塞尉同在 A8 遺址。若然,則甲渠塞尉何時遷過來的呢?甲渠候官遺址出土數枚甲渠塞尉放以行候事的身份向居延都尉府呈報的文書(EPF22:45、EPF22:47、EPF22:48、EPF22:50、EPF22:54、EPF22:55),時間是建武四年(28年)五月八日(戊子)。雖然兼行候事者的身份多樣,且未必均與塞候同署,但一般情況下兩者應該不會距離太遠。或許此時,甲渠塞尉就駐在 A8 遺址。新莽及建武初邊境多事,或存在一些駐地方面的調整,惜具體遷來時間不詳。

再來分析肩水塞的情況。檢核材料發現,肩水候的正式官署——肩水候官所在地 A33 遺址——極少涉及肩水塞尉的文書,尤其是沒有作爲發件者和收件者的肩水塞尉的文書。僅見前舉簡 2.41,肩水守塞尉與守候一起呈報文書,但簡牘殘損,難以深論。另外,下簡顯示,尉有單獨的鄣:

4.10. ☒人在尉鄣 ☒
　　　☒一人在官一人□ ☒　　　　　　　　　　　86EDT10:8

該簡殘損嚴重,似爲某種統計簿籍,惜性質不詳。簡文明列"尉鄣",與"官"分開。在西北漢簡中,鄣多指候駐守的候官,以甲渠候官(A8)遺址爲例,整個建築即可稱爲鄣,①當然,也可稱爲官。通常情況下,多見鄣候(EPT51:

---

① 發掘者往往將較大的院子稱爲塢,而其北部、F18、F19 所在的較小的建築,則稱爲鄣(參甘肅居延考古隊《居延漢代遺址的發掘和新出土的簡册文物》,第 2—3 頁)。這一作法,與簡牘不合。漢簡常見鄣卒一詞(73EJT1:15、73EJT29:84、73EJT24:260、EPT5:63、EPT51:8 等),顯然是指包括塢院在內的整個建築。

156、EPT51：171、EPT53：29、EPT59：14、73EJT23：911、73EJD：319 等）或候鄣（EPT51：191、254.13/A8 等）的用法，此處分列"尉鄣"與"官"，當是爲了與候的駐地相區别。無論如何，該簡顯示，尉有單獨的障，與"官"——也就是候的駐地——不同。可惜該簡殘損，不清楚反映的是哪個候官塞，但從其出土自肩水候官（A33）遺址看來，應該是指肩水塞。

簡 4.11	簡 4.12

簡 4.11：
南書二封合檄一
　其一封居延都尉章詣張掖大守府　十二月戊申人定五分驛北亭卒壽受莫當
　一封張肩塞尉詣昭武　　　　　　隧卒同夜半□□□□

簡 4.12：
丁卯南書八封
張掖候印詣肩水都尉府
十二月戊子……肩水塞尉其一封詣都尉府莫當隧卒柱以來
十二月
正月壬辰南書六封其四檄二書 莫當以來

從 A32 遺址出土的兩枚郵書刺看來,肩水塞尉似駐在北部。簡 4.11(73EJT28∶62),文字清晰,但左側殘斷,無法全部辨識。下端識讀不出的文字可能爲"付沙頭卒"的記録。題署南書與"駅北亭卒壽受莫當隧卒同"的傳遞方向也相符。① 第二行"張肩塞尉詣昭武",漏掉"印"字,顯示郵書來自張掖肩水塞尉,向昭武傳遞。據此,肩水塞尉當時在 A32 以北。莫當隧卒同又見於元延三年(前 10)七月,②若兩者爲一人,則此時肩水塞尉在 A32 以北。簡 4.12(73EJT21∶29)題署南書,傳遞記録"莫當隧卒柱以來""莫當以來"亦與之相符。第一行"張掖候印"漏掉某候信息。如前所述,這種省稱及過於隨意的現象在駅北亭郵書刺里很常見。第二行文字漫漶不易辨識,從"肩水塞尉其一封詣都尉府"的表述看,"其"字之前説的應該是"×封",③"肩水塞尉"漏掉"印"字,表示發信者爲肩水塞尉。結合"南書"的記載,所詣對象當是肩水都尉府。若推測不誤,則肩水塞尉當時在 A32 以北。惜莫當隧卒柱僅此一見,無法推定其年代。當然,現在還不清楚是肩水塞尉駐地在金關以北某地,還是行塞至金關以北。若屬前者,具體在何處?是一直在駐在金關以北某地,還是僅限於元延三年前後?這些問題目前尚無法回答,有待更多資料的出土刊布。

雖然在機構設置及性質上,漢代邊塞塞尉與塞候類似於内地縣尉與令長的關係,但從簡牘材料看來,肩水塞尉不與肩水候同駐 A33 遺址,甲渠塞尉僅短時期内與甲渠候同署,這一點倒是與内地不同。

當然,限於材料,縣尉及塞尉的駐地問題,尤其是内地縣尉,目前還難有系統的認識。上舉東漢武城縣、甲渠塞、肩水塞,很難説具有普遍意義。

第五節 小 結

綜上封檢、文書及郵書刺的考證,宣帝早期至陽朔元年(前 24)之間,肩水候多駐 A33 遺址,其間的五鳳元年至甘露二年可能亦駐 A32 遺址,最晚自陽朔四年(前 21)十一月開始,直到居攝二年(7 年),肩水候常駐 A32 遺

---

① "隧卒"原釋作"隧長",據圖版,徑改。
② 73EJT37∶918+1517"元延三年七月丁巳夜食五分駅北卒賀受莫當隧卒同"爲亡人赤表傳遞記録,也出現莫當隧卒同。
③ 通常情況下,"其一封"講的都是"××封"之後第一封郵書。不過,該簡較爲奇怪,"其一封"之後未列出第二封甚至更多郵書的信息。

址。部分郵書刺顯示肩水候在 A32 遺址以北者,應爲特殊文書現象,並非肩水候在當地常駐。新莽後期及建武初期,情況如何,尚待相關資料的刊佈。作爲肩水塞軍事方面的專職領導者,肩水塞尉不駐在肩水候官(A33 遺址),駐地有可能在金關以北某地。

　　A33、A32 遺址間直綫距離僅 552 米,① 可以説近在咫尺,彼此來往十分近便。② 如此短的距離内開闢兩處重要的軍事行政設施,在整個河西邊塞絶無僅有,筆者以爲 A32 遺址最早出現的金關(前 80)原本作爲肩水候官的附屬機構存在,故相距密邇。其後,隨著東部候長、驛北亭等人員或機構的落户,A32 遺址規模相形擴大,亦日漸獨立。肩水候爲掌控這一重要的設施,而常駐當地,部分屬吏亦隨之而來,文書事務亦在此地處理,甚至於可將此地視爲肩水塞日常政務處理的第二個中心。進入成帝陽朔年間,很可能相沿成俗,或其他未知的原因,肩水候長期駐在此地。

　　與此同時,隨肩水候同在 A32 遺址的屬吏應當不多,肩水塞大部分事務應該還是在 A33 遺址——也就是肩水候官——處理。尤其是穀物廩食的存儲發放,需要一定的倉儲機構,很可能一直都設在 A33 遺址,而並未移至 A32 遺址。此外,據研究,約有二十名左右的吏卒居住在候官,協助塞候工作,③ 因此需要一定規模的場地與房屋。綜觀 A33、A32 兩遺址的規模及建築形制(附圖三、五),只有前者築有鄣城,規模宏大,符合這一點。後者雖有塢院,規模不及前者,且未見鄣城。④ 因此,嚴格來講,作爲具有一定建築形制和規模的肩水塞政務中心和物資集散基地——肩水候官,始終位於 A33 遺址。當然,這僅是推測,有待於驗證。

　　肩水候及少量屬吏常駐 A32 遺址,部分事務及文書亦在此地處理,一定意義上可將該地視爲肩水候"官"的一部分。而該遺址的建築規模,滿足金

---

① 邢義田《全球定位系統(GPS)、3D 衛星影像導覽系統(Google Earth)與古代邊塞遺址研究——以額濟納河烽燧及古城遺址爲例(增補稿)》,見《地不愛寶:漢代的簡牘》,第 247 頁。
② 空間上的近便可能也是 A32 遺址機構官吏(東部候長、關嗇夫、關佐、驛北亭長等)多代行候事的重要原因。另外,官場内部的人際關係在兼行、代行等職務變動上亦起到重大作用(詳參侯旭東《西漢張掖郡肩水候繫年初編——兼論候行塞時的人事安排與用印》,第 189—190 頁)。
③ 李均明《漢代甲渠候官規模考(上)》,第 30 頁。
④ A32 遺址塢牆北長 36.5 米,南長 35.3 米,東長 24 米,但東牆南部不存,從遺址平面圖看來(附圖三),原牆不短於南北牆,當在 35 米左右(甘肅居延考古隊《居延漢代遺址的發掘和新出土的簡册文物》,第 5 頁),故整體上約 35×35 米。A33 遺址,鄣方 21.6 米,塢牆經過改築,晚期南北牆長 49 米,東牆 37 米,西牆 59 米(吴礽驤《河西漢塞調查與研究》,第 162—164 頁)。另,甲渠候官遺址發掘顯示,鄣方 23.3 米,南部相連的塢院,規模 47.5×45.5 米,兩者規模皆比 A32 遺址大一些,且有鄣。

關、駅北亭、東部候長治所及部分肩水候官人員的需要，應是可以的。肩水候雖常駐此地，但並未修築鄣城，很可能增修了一些房屋。①

附表 4–1　A33 出土肩水候官 I 型封檢

序　號	簡　　文	簡　號	備　注
1	肩水候	5.17	右下方似刮削,殘存"張掖"兩字
2	肩水候官☒	7.38	
3	肩水候☒	11.14	
4	肩水候官	13.5	
5	肩水候☒	74.1	字迹稚拙,下端塗畫
6	肩水候☒	131.67	
7	肩水候	236.2	
8	肩水候官☒	250.12	
9	肩水候官	263.15	
10	肩水候官	284.6	
11	肩水候☒	335.44	
12	肩水候官☒	336.2	
13	肩水候官☒	336.17	
14	肩水候官	337.11	
15	肩水候☒	350.4	
16	肩水候☒	403.5	
17	肩水候官	86EDT2：6	
18	肩水候官	86EDT5：22	削衣
19	肩水候官	86EDT40：6	
20	肩水候官	86EDT65：15	
21	肩水候官	86EDHT：2	下端小字"被書"

---

① 發掘顯示,該塢址曾重修過,屬於不同時期(甘肅居延考古隊《居延漢代遺址的發掘和新出土的簡冊文物》,第 5 頁),院內房屋很可能亦存在不同時期修築的現象。此外,馬圈灣漢簡的出土地(D21)一般被認爲是玉門候官遺址,發掘顯示該遺址更形卑小,不見鄣城及塢墻(甘肅省博物館、敦煌縣文化館《敦煌馬圈灣漢代烽燧遺址發掘簡報》,《文物》1981 年第 10 期,第 1—8 頁)。很可能邊塞地區多因地制宜,因陋就簡,不見得均有統一規劃與形制。

（續表）

序號	簡文	簡號	備注
22	肩水候官	86EDHT：3	
23	肩水候官	86EDHT：4	
24	肩水候官	86EDHT：5	
25	肩水候官	86EDHT：33	
26	肩水候官	86EDHT：34	

附表 4-2　A33 出土肩水候官Ⅱ型封檢

序號	簡文	簡號	備注
1	☐肩水候官行者走	74.18	
2	☐候官以郵☐①	219.11	
3	肩水以郵行	86EDT22：1	下端習字"糸☐死☐"
4	肩水廷隧次行	86EDT5H：2	

附表 4-3　A33 出土肩水候官Ⅲ型封檢

序號	簡文	發件者	送件人	簡號
1	印曰朱千秋 肩水候官 十二月壬申隧長勤光以來	朱千秋	隧長勤光	5.2
2	☐☐私印 肩水候官 ☐☐禁姦卒延以來	☐☐	禁姦卒延	5.4
3	闕遼私印 肩水候官 八月戊子金關卒德以來	闕遼	金關卒德	5.19
4	莊齋印 肩水候官 二月辛酉鄣卒壽以來	莊齋	鄣卒壽	10.38

---

① 該簡上下皆殘，僅存"候官以郵"四字，因其出土地很長一段時間爲肩水候駐地，故上端所缺者當爲"肩水"。又，左右兩側似亦不存，殘寬 1.4 釐米，不詳兩側有無其他文字。暫且歸入Ⅱ型封檢。

（續表）

序號	簡　　文	發件者	送件人	簡　號
5	印曰張掖肩水司馬印 肩水候 　　三月丁丑驛北卒樂成以來	張掖肩水司馬	驛北卒樂成	14.3
6	印曰段□印 肩水候官 　　八月乙亥驛北卒以來	段□	驛北卒	20.10
7	章曰張掖都尉章 肩水候 　　四月丙辰驛北卒宗以□□	張掖都尉	驛北卒宗	54.25
8	☑ 肩水候官 　　六月庚戌金關卒乙以來		金關卒乙	403.7
9	印曰□信□印 肩水候官 　　□□卒□以來		卒□	562.6
10	印曰牛慶 肩水候官 　　四月乙亥金關卒未央	牛慶	金關卒未央	562.14
11	印曰張猛印 肩水候官 　　三月癸未驛北卒勝以來	張猛	驛北卒勝	86EDT7：3

附表 4-4　A33 出土肩水候官 Ⅳ 型封檢

序號	簡　　文	發件者	送件人	簡　號
1	印破 肩水候官吏馬馳行　　　☑ 　　十二月丙寅金關卒外人以來		金關卒外人	20.1
2	☑ 肩水候官以郵行 　　☑以來①			53.18
3	張掖都尉章 肩水候以郵行 　　九月庚午府卒孫意以來	張掖都尉	府卒孫意	74.4

---

① 原簡左側文字未釋，細察圖版並比對文例，尚存"以來"右半，徑補。

附表 4－5　A33 出土肩水候官 V 型封檢

序　號	簡　　　文	簡　號
1	肩水候官　廩名籍　穀簿　歲留□	5.16
2	肩水候官　名捕酒泉大　守男敦煌大守	280.7
3	肩水候官　壬申右一工起斥竟隧□	558.1

附表 4－6　A32 出土肩水候官 I 型封檢

序號	簡　文	簡　　號	備　注
1	肩水候官	73EJT1：71	
2	肩水候官	73EJT2：24	
3	肩水候官	73EJT4：105	
4	肩水候官	73EJT5：74	
5	肩水候官	73EJT5：75	
6	肩水候官	73EJT5：77	
7	肩水候官	73EJT9：89	
8	肩水候官□	73EJT10：4	
9	肩水候官	73EJT10：141	頂端有黑點
10	肩水候官	73EJT10：142	
11	肩水候官	73EJT21：36	
12	肩水候官	73EJT21：132	
13	肩水候官	73EJT23：154	
14	肩水候官□	73EJT23：203	
15	肩水候	73EJT23：798	
16	肩水候官□	73EJT23：851	

（續表）

序號	簡　文	簡　　號	備　注
17	肩水候官	73EJT24：271	
18	肩水候官	73EJT24：530	
19	肩水候官	73EJT24：573	
20	☑水候官	73EJT26：215	
21	肩水候官	73EJT29：119	
22	肩水候官	73EJT29：121	
23	肩水候官	73EJT34：15	
24	肩水候官	73EJT37：46	
25	肩水候官	73EJT37：47A	B面習字
26	肩水候官☑	73EJT37：48	
27	肩水候官	73EJT37：818	左下"出關致"
28	肩水候官	73EJF3：452	
29	肩水候官	73EJC：596	
30	肩水候	73EJC：645	
31	☑水候官☑	212.68	

附表 4－7　A32 出土肩水候官 II 型封檢

序號	簡　文	簡　　號	備　注
1	肩水候官以郵行	73EJT4：106	
2	肩水候官以☑	73EJT8：22	
3	肩水候官以郵行	73EJT10：22	
4	肩水候官以郵亭晝夜行	73EJT10：202A	B面習字
5	肩水候官以郵行	73EJT23：51	
6	肩水候官行者走☑	73EJT29：125A	B面習字
7	肩水候官以郵行☑	73EJT30：228	
8	肩水候官以郵行☑	73EJT30：229A	墨色極淡，B面"☐☐令"
9	肩水候官以郵行☑	73EJT33：74	
10	☑肩水候亭次行	73EJT37：1056	
11	肩水候以郵行	73EJC：597	

（續表）

序號	簡文	簡號	備注
12	肩水候官隧次行	32.23	
13	☑肩水廷①隧次行	288.32	

附表4-8 A32出土肩水候官Ⅲ型封檢

序號	簡文	發件者	送件人	簡號
1	章曰肩水都尉章 肩水候官 ☑	肩水都尉		73EJT21：91
2	章曰肩水都尉章 肩水候官 屬當時致	居延都尉		73EJT24：130
3	☑ 肩候 五月癸巳亭長甯忠以來		亭長甯忠	73EJT37：843
4	張掖□□□印 肩水候官 九月己亥驛北卒林赦之以來	張掖□□	驛北卒林赦之	73EJT37：1314
5	☑ 肩水候官 八月丁酉沙頭卒□以來		沙頭卒□	73EJF3：585
6	☑ 肩水候 八月驛北亭卒成以來		驛北亭卒成	73EJC：457
7	☑ 肩水候 六月戊戌王宣以來		王宣	73EJC：502
8	印曰張☑ 肩水候 ☑	張×		77.21/A32

---

① "廷"字原補釋爲"候"，細察圖版，當爲"廷"，徑改。

附表 4-9　A32 出土肩水候官 V 型封檢

序　號	簡　　文	簡　號
1	□肩水候簿餘 肩水候　錢百八十 ☑	73EJT30：127

附表 4-10　肩水候南書表（A32）

序號	發信者	收信者	受×	付×	南/北書	簡　號
1	張掖肩候	昭武獄	橐他莫當隧卒租	沙頭亭卒合	無	73EJT23：933
2	張掖肩候	（肩水）城尉	橐他莫當隧卒仁		無	73EJT23：824

附表 4-11　肩水候北書表（A32）

序號	發信者	收信者	受 ×	付 ×	南/北書	簡　號
1	觻得長印	肩水候官			北書	73EJT37：1071
	肩水千人	肩水候				
2	觻得令印	肩水候官	沙頭	莫當	無	73EJT2：23

附記：該文原刊《簡帛》第十四輯，2017 年，收入本書時作了較大幅度修訂。

第五章
肩水塞東部候長駐地考

　　東部塞是肩水候官塞統轄的九部之一，其負責人——東部候長——的駐地所在，此前未見相關研究。檢核材料發現，東部候長似始終駐在 A32 遺址，換言之，A32 遺址即爲東部候長治所。本章綜合分析封檢、楬及相關文書，加以論證。

第一節　A32 遺址出土東部候長封檢

　　A32 遺址共見約 250 枚封檢，題署候長者共計 23 枚，其中 6 枚僅以候長開頭，未言何部，明確記作東部（候長）者共 17 枚。這 17 枚中，有 1 枚較爲特別，放在後面分析。剩下 16 枚東部封檢，按照書式之不同，可分爲 5 種類型：

　　Ⅰ型封檢僅題署"東部候長"，如下簡：

　　1.1. 東部候長　　　　　　　　　　　　　73EJT25：16

沒有其他信息，共有 3 枚。

　　Ⅱ型封檢題署"東部候長+名字"，如下：

　　1.2. 東部候長放　　　　　　　　　　　　73EJT27：47

　　1.3. 東部候長廣宗　　　　　　　　　　　73EJT28：1

共計 7 枚。

　　Ⅲ型題署"（東部）候長+某卿+治所"，如下：

　　1.4. 東部候長孫卿治所　　　　　　　　　73EJT21：22

　　1.5. 東部候長黃卿治所　　　　　　　　　73EJT29：124

共計3枚。

Ⅳ型封檢僅有1枚,在Ⅲ型基礎上又加上傳遞方式,如下:

1.6. 東部候長王卿治所次亭行　　　　　　　　73EJT29:123

Ⅴ型封檢共2枚,皆有封泥匣,題署特別,如下:

1.7. 左前候長隧長黨寫傳至東部隧次行☐　　　73EJT27:46
1.8. 佐前候長光等寫傳東部候長廣宗行者走☐　73EJT28:20

2枚簡結合看來,應是左前部將抄寫的一份文書傳遞至東部候長處,末尾還記有傳送方式。簡1.7"左前候長隧長黨"應爲隧長黨兼行左前候長之意,僅言至東部,未言候長姓名。簡1.8"佐前"即爲"左前",記有東部候長之名。兩枚封檢稍有不同,但傳送目的地均爲東部候長駐地。

另有1枚與"記"有關的東部封檢,如下:

1.9. 王臨叩頭白記
　　 東部候長平卿門下　　　　　　　　　　　 73EJT27:49

這枚封檢有封泥匣,凹槽用於填充封泥按捺印文。題署顯示封緘的內容當爲王臨呈送給東部候長平卿的"記"。據學者研究,"記"既有類似於個人書信的私記,也有嚴謹性弱於正式官文書的官記,①簡1.9不好判斷屬於何者。凹槽內已無封泥,説明已經開封閲讀,據此則當時東部候長駐於A32遺址。簡文涉及的王臨與候長平卿,似僅此一見,無法判斷其年代。

綜觀上舉17枚東部封檢,雖然書式及形制各有不同,但從題署來看,均要發送給東部候長或其駐地,途中截留或遺存的可能性較小,應該最終都到達了目的地,即東部候長駐地。換言之,既然這批封檢出土於A32遺址,也就意味著此地爲東部候長駐地。

此外,必須指出的是,金關簡中封檢頗多,但除去東部外,未見明確記載的其他部的封檢,如南、西、北等諸部。因此,另外五枚署名爲候長的封檢(73EJT24:531、73EJT23:169、73EJT28:5、73EJT28:59、73EJT33:70),可能也屬東部,只是簡文省略而已。下枚"候長"封檢,可能亦與東部有關:

1.10. 候長得望十月甲寅☐□□□╱　73EJT4:51

該簡亦有封泥匣。凹槽下殘有三個字的輪廓,無法釋讀。"十月甲寅"可能

---

① 李均明《秦漢簡牘文書分類輯解》,第109—128頁。

表示發件地發出的日期,封泥槽下面殘損的幾個字很可能即爲發件機構,"起××"。"候長得望"當爲收件者,據前述候長封檢的情況判斷,該簡雖僅有候長而未冠所屬機構,爲東部候長的可能性比較大。

綜上,東部候長封檢共計 17 枚,加上 6 枚疑似者,幾佔全部封檢的十分之一。據之推定出土地——A32 遺址——爲東部候長駐地,不爲無據。

第二節　A32 遺址出土的候長楬

掛在特定物品或文書上起到指示説明作用的"楬",也可作爲遺址定名的證據。① 按照形制不同,楬可分爲兩種,一種是簡首呈半圓形,塗黑或畫以網狀格紋,且有鑽孔以便穿繩;一種無網狀格紋,簡首稍下刻削成缺口,用來繫繩。② 按照所附對象的不同,又可分爲實物楬和文書楬。③

A32 出土兩枚與候長有關的楬,均爲實物楬。首先看第一枚:

2.1. ▨候長陳長生

　　 ▨六石具弩一　　　　　　　　　　　　　　　　　73EJT6∶19

該簡頂端爲半圓形,且畫以網狀格紋,用來標識候長陳長生配備的兵器——六石之弩及其數量。當然,標識候長物品的楬並不一定僅僅發現於候長駐地,有些部隧的實物及文書上呈到候官,或者文書作業涉及到不同的部隧,候官存儲標識時應該也是按照部隧進行的,因此也可能候官處發現標識轄下部隧的楬。不過,該簡題署僅有候長之名而無候長所屬之部,若此楬爲候官所製作並附在候長武器上,當説明爲某部候長,這樣指示較爲明確,故該楬應該就是候長陳長生的駐地所使用的。而且,東部候長有名長生者,如"東部候長長生"(73EJT30∶92),當即陳長生,④很可能這枚楬所標識的就是東部候長長生的武器。

---

① 侯旭東曾對楬在遺址定名工作中的作用進行過詳細討論,參氏著《西漢張掖郡肩水候官駅北亭位置考》,第 36 頁腳注⑤。
② 關於出土楬的形制及分類,可參冨谷至《木簡竹簡述説的古代中國——書寫材料的文化史》,2003 年初版,2014 年增補再版,此據劉恒武中譯,人民出版社,2007 年,第 52 頁;李均明《秦漢簡牘文書分類輯解》,第 457 頁;莊小霞《東牌見"中倉租券簽牌"考釋》,《簡帛》第五輯,2010 年,第 415 頁。
③ 李均明《秦漢簡牘文書分類輯解》,第 456—465 頁。
④ 東部候長陳長生活動於元康年間,詳拙文《漢代肩水塞東部候長繫年初編》,第 218—221 頁。

再來看第二枚,如下:

2.2. ◎ 登山隧長紳五十丈傳詣候長王卿治所　　　　73EJT28∶10
　　　　各完全封相付屬冊留

該簡頂端爲半圓形,雖無塗黑或網狀格紋,但存有繫繩的鑽孔,其形制爲楬無疑。觀其內容"傳詣候長王卿治所",又似用於傳遞的封檢。有可能這枚楬既標識傳送的物品——登山隧長五十丈紳,又順帶標明傳送目的地。題署"傳詣候長王卿治所",顯示目的地爲候長治所。如前所述,該簡出土地——A32 遺址——僅見東部封檢,故該簡候長王卿治所當即東部候長駐地。簡文涉及的東部候長王卿,可能爲王武或王廣宗,王武見於地節三年（前 67）,王廣宗約活動於甘露年間。①

綜上,借助 A32 遺址出土的封檢及楬,基本可以判定,此地爲東部候長駐地。而且,綜合分析 A32 遺址出土的封檢,涉及某部或候長者,僅有東部而無其他部,故其他部未駐該地。

第三節　A32 遺址出土東部候長相關文書

因工作業務上的需要,候長與轄下亭隧及上級肩水候之間必然有文書往來,進一步說,東部候長作爲東部塞的負責人,假若駐在 A32 遺址,則必然有下列四類文書:（1）轄下諸亭隧需要向東部候長匯報工作,因此應當有亭隧的上行文書;（2）東部候長發文給轄下亭隧布置任務、指導工作,因此當有下行文書的底本或草稿。同理,肩水候與東部候長之間存在直接的上下級關係,必然有:（3）肩水候發給東部候長的文書正本;（4）東部候長呈文給肩水候的文書底本或草稿。實際上,A32 遺址恰恰出土了這四類文書。

首先來看第一類東部塞轄下亭隧呈報的上行文書,如下:

3.1. 甘露三年五月癸未朔甲午,平樂隧長明敢言之治所檄曰□□
　　□……移檄到,遣□□詣官,會己酉旦。謹案戍卒三人,其一人吳熹廼
　　能莎上疾溫辛少愉其毛足進易皮□出　　　　　　　73EJT28∶18

該簡形制爲兩行,下殘,簡文尚能通解。平樂隧長向"治所"匯報隧卒吳熹患

---

① 詳拙文《漢代肩水塞東部候長繫年初編》,第 217—218、222—224 頁。

病等事,惜未明言哪一級官吏的治所。河西地區,使者、塞尉、千人、士吏、候長等所駐烽燧均可稱爲治所,①但以候長治所最爲常見,如下述三簡:

3.2. ☑□適隧長安世敢言之東部候長陳卿治所:謹移疾
　　　　　　　　　　　　　　　　　　　　　　　73EJT23:771
3.3. ☑敢言之候長治所☑　　　　　　　　　　　73EJT2:66
3.4. 謹移卒自言一事,唯治所移官,敢言之。　　　73EJT24:18

簡 3.2 爲□適隧長安世上報給東部候長陳卿的文書,簡文徑稱"東部候長陳卿治所"。候長陳卿若與簡 2.1 的候長陳長生爲同一人,則也活動於元康年間。簡 3.3 殘損嚴重,文書發件人不清楚,比對簡 3.2 可知,很可能也是東部候長轄下的某個亭隧。簡 3.4 上報內容爲"卒自言"之事,卒的直屬上級爲隧長,因此簡 3.4 的發件者當爲某隧隧長,而據簡文"唯治所移官",雖未明言呈送給候長,但"官"即候官,按照漢代文書逐級上呈下發的慣例,當由候長向候官處匯報,則"治所"爲候長駐地。這與破城子發現的隧長黨病書的文書運行流程也一致(詳下)。綜合看來,三簡皆顯示候長駐地爲治所。當然,士吏、塞尉、使者的駐地也可稱爲治所,不可武斷認爲簡 3.1 匯報的對象就是候長。但發件人爲平樂隧長,根據文書逐級上報的慣例,可排除塞尉、使者的可能性,而且也不見塞尉駐於 A32 遺址的材料。至於士吏,儘管也偶涉文書事,但其性質爲武官,主要負責亭隧候望、通烽火、備盜賊等事務,②在文書行政上干係不大,迄今未見亭隧向士吏匯報工作的材料。因此,簡 3.1 的呈報對象不太可能是士吏。綜合各方面情況,簡 3.1 呈送目的地當爲候長治所,結合前述諸多東部候長封檢及簡 3.2"敢言之東部候長陳卿治所"的情況,簡 3.1 呈報的是東部候長治所。若推測不誤,則簡文"檄到詣官"可解釋爲候長援引的候官檄文,而非隧長直接向候官呈文,目前也未見到稱候官

---

① 使者(包括刺史)稱治所者,有"言之府移使者治所錄曰詔書"(EPF22:360);塞尉稱治所者,有"執胡隧長李丹持當隧鼓詣尉治所"(EPF22:694);千人所駐稱治所者,有"一封不可知詣居延千人彭君治所"(EPC:24);士吏所駐稱治所者有"甲渠士吏臧卿治所"(EPTS4T2:36);候長治所較爲常見,如"候長李卿治所"(EPTS4T2:38)、"第四候長治所以"(EPF22:738)等,此不贅舉。
② 黎明釗《士吏的職責與工作:額濟納漢簡讀記》,《中國文化研究所學報》第 48 期,2008 年,第 15—34 頁;羅仕杰《從居延漢簡看士吏的建置、遷調與職責》,《嶺東學報》第 31 期,2012 年,第 284—287 頁;王之璞《西北漢簡所見士吏研究》,第 74—78 頁。學界一般認爲士吏爲塞尉屬吏,但所據資料多爲"告謂"格式的下行文書(陳夢家《漢簡所見居延邊塞與防禦組織》,見《漢簡綴述》,第 53 頁;王之璞《西北漢簡所見"士吏"研究》,第 67—73 頁),筆者以爲此類資料不可徑從,有待進一步分析。

爲治所的例子。

不過，儘管查明了簡 3.1 呈送的目的地爲候長治所，並不足以就表明其發掘地 A32 遺址即爲候長駐地，因爲在邊塞的文書行政中，尚存候長接到亭隧的報告後附以"按語"再轉呈候官的現象。如著名的候長黨病册書：

3.5. 建武三年三月丁亥朔己丑，城北隧長黨敢言之：迺二月壬午，病加兩脾，癰種，匈脅支滿，不耐食　　　　　　　　　　　　EPF22：80

3.6. 飲，未能視事，敢言之。　　　　　　　　　　　　EPF22：81

3.7. 三月丁亥朔辛卯，城北守候長匡敢言之：謹寫移隧長黨書如牒，敢言之。今言府請令就醫　　　　　　　　　　　　　　　　EPF22：82

三枚簡發現於甲渠候官遺址（A8），原當編聯成册。① 除簡 3.7 末尾的批示"今言府請令就醫"外，其他内容字迹相同書風一致，疑由候長下的書記員書寫。據簡文可知整個流程爲：（1）建武三年（27 年）三月三日（己丑）隧長黨向候長匯報病情申請休息或就醫，（2）候長接報後，於三月五日（辛卯）"寫移"隧長匯報書並附加"說明"呈給甲渠候。據學者研究，漢魏三國甚至隋唐時"寫"表示完整謄寫，與"鈔"表示部分謄寫不同，②因此簡 3.5 應不減一字照録了隧長黨匯報的文書。文末批語"今言府請令就醫"似顯示，甲渠候在接到都尉府批示之前就"擅自"同意隧長黨先行休息就醫了，或許此類病假請示很常見，都尉府一般都會允准，故甲渠候可預支都尉府的意見。從"言府"判斷，甲渠候還是向都尉府請示了的，後續可能還會將都尉府的意見反饋給候長、由候長再下達隧長黨，以完成相關的行政流程。隧長黨請假的程序，反映了漢代文書逐級上呈和下發的運行制度。③

據此反觀簡 3.1，很可能也存在東部候長接到平樂隧長報告後上呈給肩水候的情况，若如此則簡 3.1 的發現地當爲肩水候的駐地。不過，據前述考證，肩水候大致從鴻嘉元年（前 20）起方常駐 A32 遺址，簡 3.1 涉及的甘露三年（前 51）尚駐在 A33 遺址，因此該簡若存在類似隧長黨病書的情况，則應發現於 A33 而非 A32 遺址，故這種可能性基本不存在。總而言之，簡 3.1

---

① 對這份册書編聯及筆迹的分析，參邢義田《漢代簡牘公文書的正本、副本、草稿和簽署問題》，第 609—611 頁。
② 童嶺《鈔寫有別論——六朝書籍文化史識小錄一種》，《漢學研究》第 29 卷第 1 期，2011 年，第 257—280 頁。
③ 與簡 3.7 性質相類的文書，還有 EPT52：108、EPT56：67，兩簡均有"謹寫移"字樣，顯示亦爲轉呈。另外，甲渠候官遺址破城子出土簡牘，如 3.14、6.8、127.9、262.33 等（文繁不贅），恐亦與隧長黨病書相似，皆由候長轉呈甲渠候官。

的發掘地即爲其呈送對象東部候長的治所。此簡形制爲兩行,且字迹工整,應爲平樂隧長呈送過來的文書正本而非草稿。該簡顯示甘露三年平樂隧轄於東部塞,此前可能轄於其他部。① 此外,還有一枚平樂隧的呈文簡,如下:

  3.8. 甘露三年四月甲寅朔丙辰,平樂隧長明敢言之:☐☐病卒爰書一編,敢言之。   73EJT28:16

該簡形制爲兩行,字迹工整,爲平樂隧長呈報的病卒爰書册的呈文簡。雖未言呈報對象及帶有"治所"字樣,比對簡 3.1 可知,該簡亦當呈報給東部候長,甘露三年四月,東部候長駐於 A32 遺址。

  與平樂隧類似者,還有執適隧、樂昌隧的呈文簡,如下:

  3.9. 神爵二年正月丁未朔癸酉,執適隧長拓敢言之:謹移☐☐簿一編,敢言之。   73EJT22:25

  3.10. ☐丑執適隧長臘之敢言之☐

    ☐☐罷軍廼丙子從省來道疾☐   73EJT28:113

  3.11. 建始元年九月辛酉 朔辛酉,樂昌 隧長輔敢言之:謹移卒稟鹽名籍一編,敢言之   73EJC:603

三簡形制爲兩行。前兩簡均由執適隧長報告,簡 3.9 爲某種簿籍文書的呈文簡,簡 3.10 似匯報吏卒行道疾病。簡 3.11 爲樂昌隧長呈報的廩鹽名籍簿書的呈文簡,且有兩處編聯留白。儘管兩簡皆未言呈報對象,但所涉時間分別爲神爵二年(前 60)正月及建始元年(前 32)九月,兩個時間點肩水候均駐在 A33 遺址,比對簡 3.1 可知,其呈報對象爲東部候長,當時東部候長應駐簡牘出土地——在 A32 遺址。簡 3.11 爲採集簡,與發掘出土的簡牘雖有不同,但畢竟尚有明確的採集地點,除非有堅實的反證,一般而言,在出土地點的認定上可與發掘簡一視同仁。

  不僅轄下亭隧需向候長呈文匯報工作,東部候長亦須行文所轄亭隧指導工作,故亦當有下行文書的底稿或草稿,即第二類文書。如下簡:

  3.12. 五月甲午,東部候長充宗謂騅喜隧長廣漢:寫移書到,☐省卒茭,它如候官書律令。   73EJF1:79

該簡紀月日而無紀年。結合簡文"寫移書到"及"它如候官書律令",可以推

———————
① 宣帝本始、元康年間,平樂隧可能轄於左後部(詳第一章)。

斷應爲候長轉發候官的下行文書,直接發給驪喜隧。據簡文主要是省卒伐茭工作,當與下簡相關:

3.13. 地節四年五月庚辰朔辛巳,肩水候房以私印行事謂候長充宗:官當空道,過往來乘傳客及斥☐甚劇,毋以給。書到,充宗各以閒時省卒及美草盛時茭,各如牒。務得美草,毋假時。畢已,移☐☐☐行茭須以給往來乘傳馬及斥候騎馬食,毋忽,如律令。　　73EJF1:74

該簡爲寬木牘,下殘,三行書寫,字迹欠工整,一筆下來,候房簽名與其他文字無異。據簡文可知,肩水候房發文給候長充宗,要求以閒時及水草豐茂時組織人力伐茭,供給過往吏卒,正好與簡 3.12 的信息相吻合。簡 3.13 "如牒",但所附"牒書"現在無存。另,簡 3.12 字距疏闊結字端正,簡 3.13 細密緊湊字體傾斜,而且簡 3.12 寬度不及簡 3.13。仔細比對五、月、候、長等字,筆勢架構亦不同,兩簡應非同一人書寫。

綜合判斷,地節四年(前 66)五月二日(辛巳),肩水候房發文給東部候長充宗,要求其省卒伐茭。文書(簡 3.13)送達候長駐地 A32 遺址,東部候長接到後向轄下諸隧布置任務,在當月十五日(甲午)發文給驪喜隧,簡 3.12 應是這份文書的稿本或存檔底本,正本應該已經發往驪喜隧。若此說不誤,則兩簡皆可證東部候長駐於 A32 遺址,時間在地節四年五月。

如前所述,肩水候乃東部候長的直屬上級,在工作業務上聯繫緊密,兩者之間必然也存在上下行文書。前舉 3.13 就是肩水候下發給東部候長的下行文書,此類文書還有下枚:

3.14. 元康二年九月丁酉朔己未,肩水候房以私☐
　　　行事,謂候長長生:候行塞,書到行候事☐　　73EJT21:43A
　　　　　令史利尉史義　　　　　　　　　　　　73EJT21:43B

該簡形制爲兩行,下殘,筆力劣弱但不潦草,正背面書風一致,候房簽名字迹與其他文字相同,當爲一筆而就。據簡文,候房吩咐東部候長長生,在候行塞時由其代行候事。元康二年肩水候駐在 A33 遺址,而該文書發給候長,雖無接收記錄,但既然出土於 A32 遺址,則表明應已送達,此地當時即爲東部候長駐地。

東部候長亦須向其上級肩水候呈報文書匯報事務,即第四類文書。如下:

3.15. 甘露三年二月乙卯朔辛未，東部候長廣宗敢言之： 官下大守都尉
府書曰案往者卒過　　　　　　　　　　　　　　　　73EJT25：6

該簡形制爲單札，字迹工整，一筆而就。據簡文，肩水候轉發了一份都尉府的文書給東部候長，而簡3.15即爲東部候長呈給候官的答復呈文。簡文開頭記年月日完整，則東部候長廣宗爲這份文書的負責人，而非逐級轉發文書中涉及的人員。因此，這件文書的出土地，或爲收件者肩水候駐地，或爲發件者東部候長駐地，二者必居其一。甘露二年肩水候尚駐於A33遺址，故該簡出土地——A32遺址——當時應爲東部候長駐地，這份文書應爲起草的稿本或存檔的副本，正本已發往A33遺址。

綜上四類文書，東部候長駐地當在A32遺址，所涉及的時間多在成帝之前。實際上，該地亦出土頗多成帝之後的東部候長文書，如下述兩簡：

3.16. 元始四年五月庚午朔乙未，東部候長放敢言之： 謹移亡人火出入
界相付日時一編，敢言之。　　　　　　　　　　　　73EJT23：855A

牟放印　　　　　　　令史發
五月乙未以來　　　　君前　　　　　　　　　　　　73EJT23：855B

3.17. ☐☐年三月辛卯肩水東部候長憲受庫庶士宣☐
　　　　　　　　　　　　　　　　　　　　　　73EJT24：749+983

前簡形制爲兩行。正面書寫工整嚴謹，簡背字迹潦草隨意，應爲接到文書後二次書寫。據簡文，元始四年（4年）五月東部候長當向肩水候呈報亡人及表火簿書，該簡爲簿書末簡。此時肩水候駐在A32遺址，故簡背"令史發君前"顯示令史在肩水候面前開封。後簡上殘，據簡文似爲某種物資出入記錄。紀年不存，不過出現了"四"作"三"這一特殊寫法。據學者研究，西北漢簡所見的"三"使用於王莽始建國二年至地皇四年之間。[1] 查曆日，始建國元年至地皇四年間，四月干支含辛卯者有天鳳元年、二年、四年、五年，故該簡當在天鳳元年至五年間。"庶士"的用法亦見於王莽簡，[2]出現於天鳳元年（73EJF3：179）、天鳳五年（73EJF3：328），與前面推斷相符。兩簡雖不能直接證明東部候長就駐在A32遺址，但亦無法排除此種可能，鑒於此前

---

[1] 森鹿三《居延出土的王莽簡》，原刊《東方學報》33期，1963年，此據中譯，收入中國社會科學院歷史研究所戰國秦漢史研究室編《簡牘研究譯叢》第一輯，中國社會科學出版社，1983年，第13頁； 饒宗頤、李均明《新莽簡輯證》，第103—106；焦天然《新莽簡判斷標準補説——以居延新簡爲例》，《中國國家博物館館刊》2016年第11期，第103頁。
[2] 饒宗頤、李均明《新莽簡輯證》，第162—164頁。

東部候長駐在此地,亦未見駐在他處的材料,故筆者傾向於認爲直到平帝及新莽時期,東部候長駐地一直在 A32 遺址。

第四節　A32 遺址出土候史相關簡牘

A32 遺址數見候史的身影,推測其應當是隨候長駐在該地的。如下:

4.1. 居延左部守游徼肩水里士伍張武年五十六　十一月庚子候史丹入☐　　　　　　　　　　　　　　　　　73EJT37：701

4.2. 居延亭長李義 馬一匹騩牝齒五歲　十二月癸卯北候史丹出
　　　　　　　　　　　　　　　　　　　73EJT37：956

4.3. ☐威卿禹仲孫任　十一月癸亥候史丹内　73EJT37：1565

4.4. ☐十二月壬申北候史丹出　　　　　　73EJT37：230

這四枚都是通關記錄簡,均由候史丹放行。一般而言,多由關嗇夫、關佐等審查通關人員,其次亦見到駐在該地的駭北亭長、隨侍肩水候而駐在此地的尉史等負責通關,上舉四簡候史審查放行,當因其亦駐在 A32 遺址,故臨時當值。此外,下述兩簡顯示,候史丹亦駐此地:

4.5. ☐延延水丞就迎鐵器大司農府,移肩水金關:遣就人名籍如牒☐
　　　　　　　　　　　　　　　　　　　73EJT37：182+1532A

　　　　候史丹發
　　　　君前　　　　　　嗇夫豐　73EJT37：182+1532B

4.6. 建平二年六月丙辰朔☐
候長趙審寧歸屋蘭,名縣爵里年姓如牒,書到,出入如☐
　　　　　　　　　　　　　　　　　　　73EJT37：651+727A

　　　　候史丹發
䚡得塞尉印　　　　☐　　　73EJT37：651+727B

兩簡均屬通關致書的移送狀,前簡"候史丹發君前"、後簡"候史丹發"均顯示,候史丹在 A32 遺址。若在外地,則文書不當由其開封。此外,簡 73EJT37：828 亦由候史丹開封,不贅。

綜合上舉通關簡及文書開封簡,候史丹駐在 A32 遺址無疑。一般而言,候史作爲候長的屬吏，大多數情況下每部僅設一名，①與候長同駐一地，②負責該部的文書工作。候史丹建平二年（前5）六月既然出現在A32遺址，那麼與其同部的某個候長亦當駐在該地，結合前述東部候長的封檢、楬及相關文書，只能是東部候長。

第五節　餘　　論

　　綜上對封檢、楬及相關文書的分析，東部候長一直駐在A32遺址，該地即東部候長治所。通觀前述材料，絕大多數都出自該遺址的T21—T29諸探方，這一系列探方位於塢院的北部，與沿牆而設的房屋相重合（書末附圖三、四）。東部候長是否就在其中某（些）間房屋辦公，尚待進一步研究。另外，東部候長作爲東部塞的負責者及轄下亭隧與肩水候之間的中層機構，在文書行政上必然發揮或大或小的作用，其所經手或處理的文書自然也存留於A32遺址。換言之，現在刊佈的金關簡中必然有部分文書簿籍屬於東部候長的遺留物。此前，學界對"部"的研究主要集中在轄區、命名、職掌及對候長任官資格的分析上，對"部"在文書行政上的運作詳情及其在整個邊塞防禦系統中所起的具體作用著墨不多。恰當、科學地分析這批東部候長名下的文書，亦不難從個案的角度考察"部"級機構的日常管理實態及其在整個邊塞系統中所起到的真正作用。

　　此外，自貝格曼、陳夢家將A32遺址視作金關所在地以來，③這個說法

---

① 一般情況下，每部設一名候史（李均明《漢代甲渠候官規模考（上）》，第28頁），當然也存在兩名的現象，如下：

　　元康元年十二月辛丑朔壬寅，東部候長生敢言之候官：官移太守府所移河南都尉書曰詔所名捕及鑄僞錢、賊亡未得者牛延壽、高建等廿四牒，書到　　　　　　　　　20.12A
　　　　　　　　　　　　　　　　　　　　　　　　候史齊、遂昌　　20.12B／A33
　　玉門部士吏五人　候長七人　候史八人　隧長二十九人　候令史三人　　79DMT9：38

前簡落款齊、遂昌兩人當皆爲東部候史，不過也恰恰證明二人同駐候長治所，否則也無法共同負責候長文書。後簡顯示玉門塞有候長七人、候史八人，顯然某一部有兩名候史，但同時也顯示大多數部都僅設一名。

② 當然，候長、候史分駐不同亭隧的例子也有，如甲渠塞第廿三部，候長駐在第廿三隧（EPT20：3），而候史駐在第廿六隧（EPT5：17）。候史若與候長異署，部的文書工作可能將落在候長肩上，這種情況應該較少出現。

③ 貝格曼認爲"塞門"入口處的A32遺址即爲出入邊塞的關口（弗克·貝格曼考察，博·索瑪斯特勒姆整理《內蒙古額濟納河流域考古報告》，1956、1958年初版，此據張德芳等中譯，學苑出版社，2014年，第327頁），陳夢家後來排比該地出土封檢及其他郵書刺，論證金關位於A32遺址（《漢簡考述》，見《漢簡綴述》，第29—30頁）。

一直爲學界所沿用。20世紀70年代初在此地進行了較系統的考古發掘,考古隊根據遺址勘察及所出簡牘初步認定此地至少有金關、金關隧和通道廄三個單位,兼具關卡、斥候、驛廄等多種職能。① 近年來,李均明撰文討論了此地所駐通道廄的相關問題。② 實際上,該地是個複合型遺址,不僅駐有金關、通道廄、驛北亭,亦是東部候長的駐地。據前述,很長一段時期內,肩水候亦常駐此地。因此,就整個肩水塞甚至弱水中下游流域的屯戍系統而言,A32遺址在當時所起的作用是多方面的。不僅僅是稽查過往吏民、傳遞郵書、供給過往吏卒,作爲東部候長和肩水候的駐地,也一度是東部塞及肩水候官塞的日常管理中心。因此,再以金關稱呼A32遺址,會遮蔽其完整的功能與作用。當然,"金關"這一稱呼畢竟相沿成俗,而且現在刊佈的簡牘也以其命名,沿用舊稱有一定的合理性,但我們對A32遺址的複雜性一定要有清醒的認識。只有如此,在使用金關簡時,才不至於對其性質和作用產生誤判。

附表1:A32出土東部候長Ⅰ型封檢

序　號	簡　　文	簡　號
1	東部候長	73EJT7:28
2	東部候長　☒	73EJT25:16
3	東部候長	73EJT32:34

附表2:A32出土東部候長Ⅱ型封檢

序　號	簡　　文	簡　號
1	東部候長放	73EJT27:47
2	東部候長□□☒	73EJT25:215
3	東部候長廣宗	73EJT28:1

---

① 甘肅居延考古隊《居延漢代遺址的發掘和新出土的簡册文物》,第5頁。
② 李均明《通道廄考——與敦煌懸泉廄的比較研究》,原刊《出土文獻》第二輯,2011年,收入作者《耕耘録——簡牘研究叢稿》,人民美術出版社,2015年,第155—164頁。不過,確認屬於通道廄遺物的簡牘,僅數份散亂册書,時間爲昭帝元鳳五年、六年(73EJT10:107、73EJT10:150、73EJT10:209、73EJT10:295等)。這批資料均出土自A32遺址南部的灰坑及垃圾堆内,其中簡牘當爲駐在A32遺址的機構所拋棄者。當然,理論上還存在通道廄駐在其他地方,因文書行政而向A32遺址的機構呈文的可能性。不過,昭帝元鳳年間,此地似僅駐有金關,通道廄無須向其移文,故這個可能性無法成立。綜合判斷,很可能昭帝時期,通道廄亦駐在A32遺址,後來廢棄或遷走。橐他塞轄有通道亭,或與此有關。

（續表）

序 號	簡 文	簡 號
4	東部候長廣宗	73EJT29：120
5	東部候長長生	73EJT30：92
6	東部候長□□	73EJT37：1490
7	東部候長彊	73EJC：335

附表 3：A32 出土東部候長Ⅲ型封檢

序 號	簡 文	簡 號
1	東部候長孫卿治所	73EJT21：22
2	東部候長王卿治所　☑	73EJT25：18
3	東部候長黃卿治所	73EJT29：124

附表 4：A32 出土東部候長Ⅳ型封檢

序 號	簡 文	簡 號
1	東部候長王卿治所次亭行	73EJT29：123

附表 5：A32 出土東部候長Ⅴ型封檢

序 號	簡 文	簡 號
1	左前候長隧長黨寫傳至東部隧次行☑	73EJT27：46
2	佐前候長光等寫傳東部候長廣宗行者走☑	73EJT28：20

附表 6：A32 出土"候長"封檢

序 號	簡 文	簡 號
1	候長周□☑	73EJT24：531
2	候長治所	73EJT28：5
3	候長孫卿治所	73EJT23：169
4	候長王卿治所	73EJT28：59
5	候長楊卿治所	73EJT33：70
6	候長得望十月甲寅☑□□□☑	73EJT4：51

附記：該文原刊《簡帛研究》2017 年春夏卷，收入本書時加以修訂。

第六章
弱水中下游流域邊防系統的"置"

劉邦稱帝不久，逃亡海島的田橫蒙詔前往雒陽覲見，途徑"尸鄉廄置"時自刎而死。① 文帝即位第二年（前178），因連續兩次日食而下詔"舉賢良方正能直言極諫者"，要求"太僕見馬遺財足，餘皆以給傳置"。② 史籍中關於此類"置"的記載不絕如縷，但言辭簡短，難以深考。

隨著懸泉置漢簡及其他敦煌漢簡的出土和零星刊佈，張傳璽、何雙全、宮宅潔、張俊民、張德芳、趙岩、李並成、呂志峰等陸續展開對"置"的研究。③ 綜觀上述成果，基本上圍繞位於今敦煌市與瓜州縣交界處的懸泉置及其所出簡牘展開，而忽視了弱水中下游流域的"置"。目前僅見吳昌廉、高榮兩位學者注意到北部居延地區的"置"，但亦未涉及南部肩水地區，④且將弱水中下游流域的"置"與懸泉置合在一起討論。如此處理，雖然在資料上可收左右逢源之效，但實際上泯滅了"置"的地域性特徵。

---

① 《史記》卷九四《田儋列傳》，中華書局，2014年，第3212頁。
② 《史記》卷一〇《孝文本紀》，第535頁。
③ 張傳璽《懸泉置、效穀縣、魚澤鄣的設與廢》，收入《張維華紀念文集》，齊魯書社，1997年，第102—115頁；何雙全《漢代西北驛道與傳置——甲渠候官、懸泉漢簡〈傳置道里簿〉考述》，《中國歷史博物館館刊》1998年第1期，第62—69頁；宮宅潔《懸泉置及其周邊——敦煌至安西間的歷史地理》，原刊《シルクロード學研究》22號，2005年，此據中譯，刊於《簡帛研究2004》，2006年，第391—429頁；張經久、張俊民《敦煌漢代懸泉置遺址出土的"騎置"簡》，《敦煌學輯刊》2008年第2期，第59—73頁；張德芳《懸泉漢簡中的"懸泉置"》，《簡帛研究2006》，2008年，第169—182頁；李岩雲《1998年敦煌小方盤城出土的一批簡牘涉及的相關問題》，《敦煌研究》2009年第2期，第132—135頁；趙岩《論漢代邊地傳食的供給——以敦煌懸泉置漢簡爲考察中心》，《敦煌學輯刊》2009年第2期，第139—147頁；李並成《漢敦煌郡境內置、騎置、驛等位置考》，《敦煌研究》2011年第3期，第70—77頁；呂志峰《敦煌懸泉置考論——以敦煌懸泉漢簡爲中心》，《敦煌研究》2013年第4期，第66—72頁；李並成《漢酒泉郡十一置考》，《敦煌研究》2014年第1期，第115—120頁；張俊民《西漢敦煌郡縣置名稱考》、《懸泉漢簡所見"置嗇夫"人名綜述》，收入作者《敦煌懸泉置出土文書研究》，第168—183、184—233頁。
④ 吳昌廉《漢"置"初探》，《簡牘學報》第十五期，1993年，第1—22頁；高榮《論秦漢的置》上、下，分別刊於《魯東大學學報（哲學社會科學版）》第29卷第5、6期，2012年，第60—65、59—65頁。

實際上,弱水中下游流域設立了頗多"置"的機構,通常被認爲肩水候官所在地的 A33 遺址,設有"置",橐他、廣地候官亦設"置",肩水城官(A35)設立了都倉置,北部居延地區亦設立了"置"。而且,此地區邊塞防禦系統中的"置",其設置背景及功能,與處於郡縣體制下的懸泉置並不完全相同。有鑒於此,本章先行考察這一地區"置"的具體分佈,在此基礎上揭示其設置的特點及職能。必須説明的是,弱水中下游流域不僅建置居延都尉、肩水都尉等軍事體系,亦有肩水縣、居延縣等民政機構,這裏主要討論前者中的"置"。

第一節　肩水地區的"置"

肩水都尉轄區内的"置",筆者所見,似尚無學者討論。實際上,肩水都尉轄區内,肩水、橐他、廣地各候官設有"置",肩水城官所在地(A35)設立都倉置。

一、候官"置"

證明肩水候官設立了"置"這個機構的最直接材料,是下述這枚置佐在肩水候面前開封文書的簡牘:

1.1. 建始二年八月丙辰朔□□,北部候長光敢言之:□□稟鹽名籍一編,敢言之。　　　　　　　　　　　　　　　　　　　　　141.2A
鄭光私印　　　　　　　　　　　置佐輔發
□□戊午候長鄭光以來　　　　　君前　　　　141.2B/A33

該簡形制爲兩行,正面文字工整嚴謹,簡背筆迹與之不同,顯係文書送達後别筆所書。據簡文,建始二年(前 31)八月北部候長光呈報稟鹽名籍,簡背印文"鄭光私印"及"□□戊午候長鄭光以來"顯示北部候長姓名爲鄭光,文書由候長本人送來。建始二年九月無戊午,故簡文"戊午"當爲八月三日,惜無法判斷該簿書是事先申請稟鹽,還是事後匯報稟鹽發放情況。該簡出土地——A33 遺址——在當時爲肩水候駐地,而且文書一般逐級上呈或下發,故此該文書呈報對象當爲肩水候。在西北邊塞文書中"君"一般指"候",開封記錄"置佐輔發君前",顯示原簿書由名爲輔的置佐在肩水候面前打開,亦與文書呈報對象吻合。最保守的推測,該簡涉及的建始二年八月三日,置佐輔在 A33 遺址。

無獨有偶,材料顯示橐他候官亦設有"置",如下:

1.2. 居攝元年……朔乙□橐他候秉移肩水金關□□

　　　……府官□　　　　　　　　　　　73EJT23:762A

　　　　　　　　　　　　　　置佐豐　　73EJT23:762B

該簡右下殘,原文書字迹工整謹嚴,墨色較濃。文書發到金關後廢棄,刮削後用於習字,故正背兩面有些文字極潦草,墨色極淡。此處僅錄原來簡文,不錄後期習字內容。據簡文,居攝元年(6 年)某月橐他候秉移文肩水金關,或涉通關。簡背落款爲"置佐豐",顯示該文書當由名爲"豐"的置佐負責。一般而言,橐他候發出的文書當由其駐地——橐他候官——的屬吏負責草擬繕寫,因此該簡的"置"當設於橐他候官。此外,另有兩簡亦證明橐他置的存在:

1.3. 　　　橐他置佐昭武便處里審長　妻大女至年卅五　牛車一兩

建平二年家屬符　　　　　　　　　子小女侯年四　　用牛四頭

　　　　　　　　　　　　　　　　子小男小奴年一歲

　　　　　　　　　　　　　　　　　　　　　　73EJT37:175

1.4. □……始二年九月甲辰主官掾常付橐它置佐登　　EPT52:36

簡 1.3 爲寬木牘,右側刻齒。該簡爲橐他置佐審長的家屬符,詳載妻子、子女的身份名字年齡及車馬信息,通關時合符。簡 1.4 爲單札,上端墨色脫去,部分文字無法釋讀。紀年僅存"始二年九月甲辰",自昭帝至東漢早期,年號爲"×始"且紀年至二年者,有本始、建始、永始、元始等,據曆日表,建始二年(前 31)九月二十日、元始二年(2 年)九月二十六日的干支皆爲甲辰。① 而甲渠候官的"掾常"見於河平二年(前 27)五月(178.19/A8)和新莽天鳳元年(14 年)六月(EPT5:50),雖然不能排除其他人重名的可能性,但簡 1.4 主官掾常活動於建始河平年間的可能性更大一些,② 故暫定該簡年代爲建始二年九月二十日。這一天,主官掾常交給橐他置佐登某種物品,該簡或爲某

---

① 朱桂昌編著《太初日曆表》,第 151、215 頁。
② 關於"主官"及"主官掾"的含義,可參李迎春《論居延漢簡"主官"稱謂——兼談漢代"掾""史"稱謂之關係》,收入中共金塔縣委、金塔縣人民政府、酒泉市文物管理局、甘肅簡牘博物館、甘肅敦煌學學會編《金塔居延遺址與絲綢之路歷史文化研究》,甘肅教育出版社,2014 年,第 314—321 頁;吉川佑資《前漢時代の掾》,第 9—12 頁;冨谷至編《漢簡語彙考證》,第 264—269 頁(鷹取祐司執筆)。

種錢物出入簿籍。兩簡明確顯示,成帝建始及哀帝建平年間,橐他置的建制是存在的。此前,吳昌廉曾據遮虜置與候官、橐他置與橐他候官同名的現象,推測"置"當與鄣相鄰或共構。① 這一看法很敏鋭,但理論上還存在另一種可能,即所謂"橐他置"是轄於橐他塞而非位於橐他候官的置,對外行文時往往亦稱爲"橐他置"。不過,並無材料支持後一種可能。結合簡 1.2 置佐位於橐他候官的情況,兩簡所涉的橐他置很可能亦設於橐他候官。

廣地候官置與橐他情況類似,如下:

1.5. 始建國二年十一月癸亥朔癸亥,廣地守候紀移肩水金關:吏詣☐官除如牒,書到出入,如律令。　　　　　　　73EJF3:123+561A

廣地候印

十一月四日入　　　　　　　　　　　　　　　　　　置②輿商

73EJF3:123+561B

1.6. 府録毋擅入常鄉廣地置佐鄭衆　　　　　　　　　73EJT37:775

1.7. ☐八人其一人車父 ·凡百卅九人 轺車七兩☐☐☐☐牛 車百一十兩☐

☐百卅人其十六人輸廣地置 馬七匹　牛百一十二其十五輸廣地置③☐

73EJH1:30

簡 1.5 形制爲寬木牘,字迹潦草。據簡文,因轄下吏卒出行,故廣地候移文金關。簡背具名"置輿商",顯示該文書由商負責,商的身份爲"置輿"。《漢書·嚴助傳》記載"廝輿之卒有一不備而歸者",顏師古注曰"輿,主駕車者",④據此"置輿商"似即在"置"工作的駕車人。⑤ 既然該文書由置輿負責,結合簡 1.6、簡 1.7,廣地候官亦當設有"置"的機構。⑥ 簡 1.6 爲單札,墨色雖淡,字迹不似習書。原應爲册書,惜其餘不存。簡文難解,但"廣地置佐鄭衆"無疑應當連讀。簡 1.7 下殘,文字細密工整,分左右兩行書寫。據簡

---

① 吳昌廉《漢"置"初探》,第 19 頁。
② 原釋作"盡",細察圖版,當爲"置",徑改。
③ 末字原釋作"還",細察圖版,與前面"置"字絶肖,當爲"置",徑改。
④ 《漢書》卷六四《嚴助傳》,第 2784—2785 頁。
⑤ 一般而言,駕車者應從事力役,似不負責文書工作。不過,新出地灣簡中有一枚以置輿名義呈報的文書,"閏月辛亥置輿普敢言之謹寫重敢言之"(86EDT5H:9+21),可見置輿也處理文書業務。或許,"置輿"與傳世文獻中負責駕車的"輿"不同。此外,長沙五一廣場出土東漢簡牘所見,"驂駕"與賊曹掾、驛曹史,同被稱爲典主者掾史(2010CWJ1③:201-1),可見,傳統上對置輿、驂駕等的理解,略顯片面。
⑥ 西北漢簡還見有司御一職(王錦城《西北漢簡所見"司御錢"考》,《敦煌研究》2018 年第 6 期,第 134—139 頁),可能跟置輿還不是一回事。

文,似當爲某種車馬運輸統計簿,"其十六人輸廣地置"及"其十五輸廣地置"證明廣地置的存在。可惜的是,該廣地置與上舉簡 1.3、簡 1.4 類似,不知是設立於廣地候官,還是候官塞其他地方。比對肩水候官、橐他候官設立的"置",廣地置似也應設立在廣地候官。

此外,另有殘簡顯示候官置的設立,如下:

1.8. ☒□義行候事移肩水金關: 遣
　　　☒□迎錢城倉。書到,出□如　　　　　73EJT3: 11A
　　　　　　置佐安　　　　　　　　　　　　73EJT3: 11B

該簡形制爲兩行,上端有燒灼痕迹,很可能該文書廢棄後即用作燃料。據簡文,"義行候事"遣人到城倉(A35)迎取錢物,故移書金關,可惜不詳兼行候事者的本職及駐地。該文書以塞候名義發出,落款爲"置佐安",即該文書由名叫安的置佐負責,故此該"置"亦設立於候官的可能性比較大。惜不詳候官名稱。

據上,肩水、橐他、廣地三候官應當設立了"置"的機構。此外,肩水候官所在——A33 遺址——亦出土不少相關文書,如下:

1.9. ☒陽朔二年六月乙巳佐博受居延假□☒　　226.11/A33
1.10. 陽朔三年正月丁卯朔乙亥,置佐博敢言之:謹移秫粟麴269.1/A33

簡 1.9 形制爲單札,上下均殘,似爲某種物資出入記錄,由佐博接收。簡 1.10 顯示,陽朔三年(前 22)正月丁亥,置佐博上報某種簿籍,涉及秫粟麴等。有學者認爲,河西邊塞文書中草稿多用單札,亦兼用兩行,而正本必用兩行,①據簡 1.10 形制爲單札判斷,很可能爲呈報文書的草稿。因此,該簡雖爲呈文簡,並不證明由設於其他地方的"置"呈送過來,而應由設在 A33 遺址——也就是肩水候官——的"置"所起草。兩簡相距不足一年,前簡"佐博"與後簡"置佐博"當爲同一人,只是記載時省略而已。此外,A32 遺址亦出土數枚相關簡牘,如下:

1.11. 出黄梁米一斗一　其□□　建始三年三月丁未置佐親☒
　　　　　　　　　　　　　　　　　　　　　　　73EJT37: 448
1.12. ☒□□□　建平二年十一月丙戌置佐並受☒　73EJT37: 639
1.13. 出麥十八石　合□尸　居攝元年六月癸未置佐玄付乘 胡隧長放
　　　　　　　　　　　　　　　　　　　　73EJT23: 561+577

---

① 角谷常子《簡牘の形狀における意味》,第 90—98 頁。

三簡形制皆爲單札,均爲物資出納記錄。簡1.11紀年爲建始三年(前30)三月,此時肩水候尚駐A33,①該簡之所以出現在A32遺址,很可能因此時肩水候不在署,由A32遺址某個機構的官吏兼行候事,故設於A33遺址的"置"將文書呈給此地的兼行候事者。其餘兩簡紀年分別爲建平二年(前5)十一月、居攝元年(7年)六月,這兩個時間點,肩水候已經常駐A32遺址,不過,肩水塞的大本營——肩水候官——應該依然在A33遺址,推測"置"並未遷移,只不過相關文書轉呈至A32遺址了。

綜上,肩水候官所在地設立了"置"的機構,橐他、廣地候官亦如此。

二、都倉置

除設在候官的"置"外,肩水地區還設有所謂的都倉置。如下:

1.14. 都倉置佐程譚 葆屋蘭大昌里趙勤年卌八 十二月癸亥北嗇夫豐出
已入　　　　　　　　　　　　　　　　　　　　　　　73EJT37:129

1.15. 月十一日具記:都倉置牛車皆毋它,已北,尊以即日發去有屬證居
☐者言:居延穀倉出入百十二石耳·禄得遣史蜚廉卿送卒□肩水,以今月二……屠李君及諸君,凡六人,車數十百兩,禄得吏民爲
　　　　　　　　　　　　　　　　　　　　　　　　73EJF3:336+324

簡1.14形制爲單札,屬於通關出入名籍簡。細察圖版,末端"已入"兩字的位置偏右,與上面文字正中書寫迥然有別,顯係後期填注。若此不誤,則趙勤先出關後入關。就金關的具體方位而言,過關北行爲出,南行爲入,故此,都倉置當設於金關以南的某地。簡1.15左殘,簡首"月"明顯大於其他文字,故"月"或指當月。據簡文,似觻得派遣屠李等六人及近百輛車前往居延地區運輸穀物。書信開頭提及都倉置牛車似已過關而北,寫信人"尊"亦已離開。因簡文殘缺,不清楚都倉置是否與觻得有關係,或許兩者並無統屬關係,僅因觻得運糧而臨時征調都倉置的牛車。

都倉置,顧名思義,當指設於都倉的置。明確都倉的位置,即找到都倉置的所在。據下簡,都倉似當設在A35遺址:

1.16. 實宣伏地叩頭白記:

---

① 詳第四章。

董房、馮孝卿坐前：萬年毋恙！頃者不相見於，宣身上部屬亭，迹候爲事也，毋可憂者。迫駒執所屬，故不得詣二卿坐前，甚

502.14+505.38+505.43A

毋狀。願房、孝卿到自愛，怒力加意，慎官事，叩頭叩頭，幸甚幸甚。宣在驪喜隧，去都倉三十除（餘）里，獨弟六隧卒杜程、李侯常得奏都倉，二卿時時數寄記書，相問音聲，意中快也。實中兄

502.14+505.38+505.43B/A35

該書信原爲寬木牘，裂爲數塊，今三塊拼合，左側尚殘，文意不完。據簡文，實宣寫信給董房、馮孝兩人，書信主要匯報實宣自己服役的情況。其中"獨弟六隧卒杜程、李侯常得奏都倉，二卿時時數寄記書"顯示，董房、馮孝兩人可能常託前往都倉的杜程、李侯將書信帶給實宣，從這個表述看，董、封辦公地點當在都倉，而該簡出土自 A35 遺址，故即都倉所在。實宣寫給董、封兩人的書信，送到了目的地。都倉之"都"字，原本即有總體、中心的意思，①該地築城，規模宏大，爲肩水都尉轄區的中心，設在該地亦屬常理。另外，簡文"宣在驪喜隧，去都倉四十餘里"顯示，都倉與驪喜隧相距 40 餘漢里，暫取 42 漢里，約爲 17.6 公里。驪喜隧轄於東部，具體位置不詳，該書信涉及的第六隧轄於左前部，在金關以北，②而東部候長駐地——A32 遺址——距離 A35 遺址直綫約 9.5 公里。③ 不過，漢代的里程一般爲步行里數，並非直綫距離。弱水沿綫道路曲折回環，兩組數據相差近一倍，恐亦正常。驗以下簡，亦大致相符：

1.17. ☒□卿御至通遠廿一日謁官廿二日還宿橋北廿三日日迹數……☒
☒迹南日中迹北竟還廿六日旦迹南日中迹北竟還廿七旦迹南日……☒
☒□會吏□弩周初八日旦南迹□日入迹南竟二日……☒
☒舖迹南竟九日旦迹南日中迹北至還五日旦迹南……☒

73EJD：120A

☒閒　旦迹北竟還　日食時入關將卒詣　旦北至□□□　旦迹☒
☒塞　下舖南竟　　行莫宿都倉　　　□召卒出入□　□徙□□☒

---

① 宣帝神爵三年，西域置都護，顔師古注"都猶總也，言總護南北之道"(《漢書》卷九六上《西域傳上》，第 3874 頁)。
② 詳第一章。
③ 邢義田《全球定位系統(GPS)、3D 衛星影像導覽系統(Google Earth)與古代邊塞遺址研究——以額濟納河烽燧及古城遺址爲例(增補稿)》，見《地不愛寶：漢代的簡牘》，第 247 頁。

☐稽落食陳卿舍　　　　　　　日入到治所☐　宿趙☐☐☐
☐　　　　　　　　　　　　　竟　　　　　73EJD：120B

该簡爲寬木牘，上下皆殘。簡文似記錄了事主兩個月的主要工作，絕大多數爲日迹。正面未分欄，當竪讀，簡背分欄，每欄當從右自左讀，故此現存第三欄當讀爲"日食時入關將卒詣行莫宿都倉"。若此不誤，則"日食時"入關，①暮宿都倉，正好爲一日的行程。漢代軍隊輕行一日五十里，重行三十里，②該簡"將卒"而行，當可視爲行軍，前進距離當在五十里左右。前引1.16顯示驛喜隧距都倉四十餘里，兩者差相仿佛。此外，還有不少簡涉及都倉，如74.17/A33、73EJT23：876、73EJT23：1037、73EJT24：817、73EJT37：131、73EJT37：397、73EJT37：767、73EJH2：76、73EJF1：70及書信簡73EJT23：404、73EJT30：27+T26：21、73EJF3：333、73EJD：39等等，皆無助於考證都倉位置，不贅。

　　A35遺址因屬於肩水都尉駐地，故修築一定規模的城。這個城本身亦設專門機構進行管理，即城官，③亦稱肩水城官，長官爲城尉。換言之，城尉與肩水都尉同駐A35遺址。材料顯示，肩水城官承擔了供應肩水都尉轄區內吏卒口糧廩食的任務，如下：

1.18. ●西部河平四年五月吏卒稟城官名籍　　　　72EJC：182
1.19. ●初元五年六月所受城官穀簿　　　　　　204.3/A32
1.20. 永始四年七月壬寅朔☐
　　　廩城官名籍一編敢☐　　　　　　　　　73EJT24：133
1.21. 石南亭卒朱護　就食城官　　　　　　　　73EJF3：394
1.22. 建始元年三月甲子朔癸未，右後士吏雲敢言之：迺十二月甲辰受遣，盡甲子，積廿日，食未得。唯官移　　　　　　　284.1/A33
城官致，敢言之。　　　　以檄報：吏殘日食皆常詣官廩，
　　　　　　　　　　　　非得廩城官　　　　　　　284.4A

---

① "日食時"當即簡牘中常見的"食時"，基本上在上午九、十點鐘。
② 《漢書》卷七〇《陳湯傳》"兵輕行五十里，重行三十里"（第3023頁），《漢書》卷七二《王吉傳》"師日行三十里，吉行五十里"（第3058頁），可見漢代軍隊輕行、重行的速度，一般爲每日五十、三十里。進一步研究，可參邢義田《漢代案比在縣或在鄉？》，原刊《中研院歷史語言研究所集刊》第60本第2分，1989年，此據作者《治國安邦：法制、行政與軍事》，中華書局，2011年，第223頁。
③ 關於城官的解釋，可參陳夢家《漢簡所見居延邊塞與防禦組織》，見《漢簡綴述》，第45—46頁；沈剛《居延漢簡語詞彙釋》，科學出版社，2008年，第164頁。

董雲　　　　　　　　　　　令史博發
三月丙戌肩水庫嗇夫魚宗以來　　　君前　　　284.4B/A33

上舉五份文書皆涉及城官。前兩簡形制皆爲單札。簡1.18爲肩水候官塞所轄西部塞製作的吏卒廩城官名籍簿書的標題簡，簡1.19爲某機構接受城官穀物簿籍的標題簡。簡1.20爲兩行，據簡文，爲某機構上呈廩食城官名籍簿書的呈文簡。簡1.21形制爲單札，似爲某種戍卒廩食簿籍冊書的一枚。石南亭轄於橐他塞，①因亭卒前往城官就食，該簡可能屬於通關致書的附牒。文書1.22由兩簡編聯而成。據簡文，右後部士吏雲向肩水候官呈文，請求移文城官補足二十日的廩食。簡背右上角"董雲"當爲原封之印的名字，當即右後部士吏雲。"三月丙戌肩水庫嗇夫宋宗以來"顯示該文書由庫嗇夫宋宗帶到肩水候官（A33），而右後部在肩水塞南端，因此肩水庫當與士吏董雲治所相近，可能順路捎帶。"令史博發君前"顯示，文書由令史博在肩水候官面前開封。正面小字"以檄報吏：殘日食皆常詣官廩，非得廩城官"當爲肩水候官的批復。尚不清楚的是，這一批復是候官立即作出，還是請示肩水城官後作出。上舉諸簡，皆顯示城官承擔供應亭塞吏卒穀物廩食方面的功能。而且，據末簡推測，很可能城官作爲總的後勤基地，平時將穀物運送至各候官，由候官再行分配發放，並非直接由城官向全體吏卒發放，遇到特殊情況才由城官臨時發放。若此不誤，則城官必設有規模不小的倉，專門存儲穀物，而A35遺址臨近驛馬屯田區，該地亦出土不少屯田相關的簡牘，結合都倉的大致方位，判斷都倉設在A35遺址亦合情合理。

而且，肩水城官恰恰設有"置"。如下：

1.23. 始建國三年五月庚寅朔壬辰，肩水守城尉萌移肩水金關：吏所葆名如牒，書到出入，如律令。　　　　　　　　　　73EJF3：155A
　　　　　　　　　　　　　　置輿鳳　　　　73EJF3：155B

該簡形制爲兩行，字迹工整。據簡文，始建國三年五月肩水守城尉萌移文金關，涉及人員通關。簡背具名"置輿鳳"，比對前引簡1.5可知，在"置"駕車的鳳負責肩水城尉發出的這份文書。據此，肩水城官當設有"置"。都倉既設在該地，那麼該簡的"置"當即都倉置。需要強調的是，雖然都倉置設在

---

① 詳第二章。

A35 遺址，但該機構應該直屬於肩水城官，而非肩水都尉府。

此外，A35 遺址不僅設都倉，亦設庫，如下：

1.24. 建平二年八月乙卯朔辛酉肩水庫嗇夫賞以小官印行城尉事移肩水金關　　　　　　　　☑　　　　73EJT37：1068

1.25. 始建國二年八月甲午朔丙辰，肩水庫有秩良以小官印行城尉文書事，移肩水金關、居延三十井縣索關：吏所葆名縣　73EJF3：327

1.26. 戍卒昭武步廣里不更楊當年廿九 迎吏奉城官 五月辛丑南 六月辛酉北嗇 ☑

　　　　　　　　　　　　　　　　　　　　　　　　73EJT37：912

簡 1.24 左殘，原應爲兩行，簡 1.25 亦爲兩行。兩簡皆爲肩水庫嗇夫兼行城尉事，簡 1.25 涉及吏民通關，簡 1.24 或亦如此，時間分別爲建平二年（前 5）、始建國二年（10 年）。此前，學者發現居延城倉長兼行都尉事，據此認爲城倉與都尉府同處一地，①兼行城尉事的情況當與此類似，肩水庫嗇夫兼行城尉之事，兩者亦當同處 A35 遺址，便於處理相關業務。簡 1.26 爲通關記錄簡，簡文顯示戍卒楊當前往城官迎取吏俸，可見城官當存儲一定的錢物，很可能設有專門的機構。另，前舉簡 1.22 顯示，肩水庫當在肩水塞南部。綜合諸簡及 A35 遺址的性質、地理位置，該地應屬肩水都尉轄區的總後勤基地，當設有"庫"。②

綜上考證，所謂的"都倉置"當位於 A35 遺址，該地設有都倉，亦設"庫"的機構。A35 遺址駐有肩水都尉府和肩水城官，因其臨近弱水中下游兩大屯田區之一的駟馬屯田區，故匯聚儲存物資較爲方便。而且，該地作爲肩水都尉轄區的總後勤基地，負有供應及調配轄區內物資的任務，設立倉和庫亦屬事之當然。

---

① 陳夢家《漢簡所見居延邊塞與防禦組織》，見《漢簡綴述》，第 45—46 頁。
② 關於里耶秦簡及西北漢簡所見"庫"的研究，可參沈剛《簡牘檔案文書所見秦漢時期的"庫"》，張德芳主編《甘肅省第三屆國際簡牘學學術研討會論文集》，第 290—303 頁。此外，武威郡的姑臧庫與河西地區的武器供應存在密切的關係，參李均明《尹灣漢墓出土"武庫永始四年兵車器集簿"初探》，見連雲港市博物館、中國文物研究所編《尹灣漢墓簡牘綜論》，科學出版社，1999 年，第 94—95 頁；馬智全《姑臧庫與漢代河西兵物管理》，《魯東大學學報（哲學社會科學版）》第 33 卷第 1 期，2016 年，第 62—64、96 頁。亦偶見金關庫，73EJT22：31"金關庫本始元年四月乙酉以來積作簿"，惜僅此一條材料，不詳設置時間及地點，當距金關不遠。

第二節　居延地區的"置"

北部甲渠、殄北、卅井三塞,負有拱衛居延屯田區的責任,其地位與作用與南部肩水都尉統轄諸候官塞相比,有過之而無不及。而且,居延地區的地理環境較南部更爲優越,適宜屯墾,故屯戍活動更爲發達,人口更爲繁盛。因此,居延地區的"置"設立更多,更爲普遍,也更爲分散。此前吳昌廉曾注意到吞遠置、第三置、遮虜置等的存在[①],惜未注意其設立背景及新沙置。下面結合倉及邊塞防禦組織體系,討論居延地區的"置"。

一、吞遠置

據下述諸簡,甲渠塞設有吞遠置：

2.1.　☐伐茭千石積吞遠置☐　　　　　　　　　EPT48：60A
　　　☐伐☐茭千石積吞遠☐　　　　　　　　　EPT48：60B

2.2.　☐☐吞遠置園中茭腐敗未以食馬見在　　　EPT52：173+336[②]

2.3.　出粟大石廿五石　車一兩　始建國二年正月壬辰觻家昌里齊憙就人同里陳豐付吞遠置令史長　　　　　　　　　EPT59：175

2.4.　☐府……告居延甲渠鄣候言主驛馬不侵候長業城北候長宏☐☐
　　　　　　　　　　　　　　　　　　　　　　EPF22：477A

　　　☐居延以吞遠置茭千束貸甲渠草盛伐茭償畢已言有　EPF22：477B

　　　☐將軍令 所吞遠置茭言會六月廿五日 ●又言償置茭會七月廿日 建武六年二月☐　　　　　　　　　　　　　　EPF22：477C

　　　☐☐☐☐驛馬伐茭所三千束毋出七月晦　　　EPF22：477D

簡2.1兩面文字基本相同,據書式,似爲某種楬,惜上下皆殘,無從明確判斷。簡2.2形制爲單札,上下皆殘,據簡文,似爲文書。這兩簡顯示,吞遠置存放不少的茭,且有園地。簡2.3形制爲單札,始建國二年(10年)正月有二十五大石的粟交給吞遠置令史長,可能令史長在"置"這個機構當值。簡2.4

---

① 吳昌廉《漢"置"初探》,第5—7頁。
② 兩簡綴合,參姚磊《〈居延新簡〉綴合(六)》,2018年12月19日刊於簡帛網,http://www.bsm.org.cn/show_article.php? id=3273。

爲四面體的觚,殘損嚴重。據簡文,似乎吞遠置將一千束的茭貸給甲渠塞,可能未及時歸還,故上級機構發文追查。

與此同時,亦設立了吞遠倉,如下:

2.5. 新始建國地皇上戊元年

▨八月以來吞遠倉廩

吏卒刺　　　　　　　　　　　　　　　EPT43：30A

▨吞遠倉吏卒刺　　　　　　　　　　　EPT43：30B

該簡簡首爲半圓形,且塗畫網狀格紋,當爲楬。據簡文,吞遠倉給吏卒發放新莽地皇元年(20年)八月以後的廩食,該楬當懸掛於這些原始記錄上,起到標識的作用。據下述諸簡,吞遠倉當設在吞遠隧。

2.6. 吞遠隧倉新始建國☒①戊三年三月☒　　EPT26：8
2.7. 吞遠隧倉新始建國地皇上戊二年七月穀出簿及☒☒尸

　　　　　　　　　　　　　　　　　EPT65：135+138②
2.8. ▨右吞遠部☒☒　　　　　　　　　　EPT10：19
2.9. ●吞遠部建昭五年三月過書刺☒　　　EPT52：72

四枚簡皆爲單札。前兩簡顯示,所謂吞遠倉,全名當爲吞遠隧倉,即設於吞遠隧的倉。後兩簡,據其書式,當爲某種簿籍的標題簡。吞遠部的得名,應該源於該部候長駐在吞遠隧。③ 吞遠隧作爲吞遠部的候長治所,其規模當較一般亭隧爲大,應有足夠空間設立倉、置。

二、第三置

著名的"候粟君所責寇恩事書"涉及了所謂的第三置,該簿書内容甚多,僅節引相關簡文如下:

2.10. 直三千;大笥一合,直千;一石去盧一,直六百;𢾭索二枚,直千;皆

---

① 細察該簡圖版,建國、戊之間斷裂,"國"字僅存右半,尚可辨識,"戊"的上半部略殘。一般而言,王莽時期的紀年簡,往往"上戊"連稱,常見爲始"建國地皇/天鳳上戊",如簡2.7所示,而該簡書法不合。兩枚殘簡的茬口,亦不甚吻合。不過,整理者將之綴爲一枚簡,且僅有一個編號,或許該簡記載簡略亦未可知。録此存疑。
② 兩簡綴合,參姚磊《〈居延新簡〉綴合(二十四)》,2019年2月25日刊於簡帛網,http://www.bsm.org.cn/show_article.php?id=3322。
③ 李均明排比甲渠塞的部隧設置,亦認爲部的名稱與所在亭隧相同(《漢代甲渠候官規模考(下)》,第82頁)。

在業車上。與業俱來還到北部,爲業買肉十斤,直穀一石。到弟三置,爲業糴大麥二石。凡爲穀三石,錢萬五千六百,皆在業所。恩與業俱來到居延後,恩

                  EPF22:25

該段簡文是寇恩自述爲甲渠候粟君妻子業購買物資的花費,其中提到在第三置購買二石的大麥。比對吞遠置可知,第三置恐當設於第三隧。該隧材料甚多,僅引一枚如下:

2.11. 第三隧長薛寄   二月食三石   二月辛亥自取 EPF22:88

第三隧爲第三部候長駐地,該部初元年間共統轄萬歲、卻適、臨之、第一、第二、第三等亭隧,習稱爲萬歲部,第三部當爲别名。① 因此第三置亦設於第三部候長治所。不過,第三隧倉未見,倒有第三部傳舍的記載,如下:

2.12. □粟廿石 給萬歲傳舍   214.128/A8
       柱馬食

若釋文無誤的話,萬歲部或設有傳舍。不過,傳舍之設,在弱水中下游流域的軍事防禦體系裏似僅此一見。

  此前,高榮據"第三置"的命名,推測當有第一置、第二置等。② 目前尚未見到相關資料,而且弱水中下游流域的邊塞機構命名未必嚴格按照數字順序。

三、新沙置

  據下述兩簡,卅井塞設有新沙置:

2.13. 入粟 給都吏壯卿燊戒塞上 綏和元年六月庚戌新沙置卒馬受次東候長章   155.15/A21

2.14. 騎歸吞遠隧其夜人定時新沙置吏馮章行珍北警橄來永求

                  EPF22:196

簡 2.13 形制爲單札,出土於 A21 遺址,卅井塞懸索關即設在該地。③ 簡文顯

---

① 李均明《漢代甲渠候官規模考(下)》,第 84 頁。
② 高榮《論秦漢的置》上,第 61 頁。
③ 李均明《漢簡所見出入符、傳與出入名籍》,第 34—35 頁;冨谷至《文書行政的漢帝國》,第 263—268 頁。

示,次東部候長章將粟交給新沙置卒馬,具體數目未載。而次東部轄於卅井塞,①故新沙置轄於卅井塞的可能性較大。簡 2.14 爲著名的"建武三年死駒案"卷宗的一枚,該簡顯示新沙置吏馮章承擔傳遞警檄的任務。弱水中下游的"置",唯有此條明確顯示承擔了傳遞警檄的任務,似屬偶然現象。

四、遮虜置

材料還見有遮虜置與遮虜隧,如下:

2.15. 禹令卒龐耐行書夜昏五分付遮虜置吏辛戍☐　　　EPT65：315

2.16. 察微卒楊寅　　　遮虜辛成☐　　制虜卒　　　除☐
　　　駉望卒　　　　逆胡卒蘇☐　　望虜卒
　　　☐頭卒范禹　　驚虜卒王☐　　　　　　　　　276.8/A8

前簡形制爲單札,下殘。簡文顯示,一封郵書交付遮虜置吏辛戍手中,據"禹令卒龐耐行書"判斷,該簡並非習見的郵書刺或郵書課,或爲普通文書,因此不足以據此認定遮虜置負責郵書的傳遞。後簡爲寬木牘,分上下三欄書寫。共涉及察微、制虜、駉望、逆胡、望虜、驚虜、沙頭、遮虜等八所亭隧,其中前六所皆轄於甲渠塞,制虜、驚虜轄於吞遠部,察微、駉望轄於不侵部,望虜轄於臨木部,②逆胡不詳何部,③唯有沙頭轄於肩水塞。④據此,該簡所記亭隧並不一定皆轄於甲渠塞,遮虜隧亦無從考見其上級機構,遮虜置的問題亦無從解決。

綜上,北部居延都尉轄區,因其生產生活環境更爲優越,屯戍活動較肩水地區更爲發達,"置"的設置也比較多。所考見的"置"多設於部,而非候官,如甲渠塞設有吞遠置、第三置,分別位於吞遠部、第三部候長治所。據學者研究第三部(亦名萬歲部)位於河北道上塞南端,吞遠部位於河南道上塞北部,⑤皆在交通綫上。此外,卅井塞設有新沙置。甲渠候官遺址出土資料最爲豐富,而不見"置"的直接相關資料,恐怕甲渠候官並未設立這個機構。這點與南部的肩水、橐他、廣地候官不同。據學者研究,甲渠塞設置了上舉吞遠倉、萬歲倉外,亦設第廿三倉與候官倉。⑥材料顯示,吞遠置依託吞遠倉

---

① 陳夢家《漢簡所見居延邊塞與防禦組織》,見《漢簡綴述》,第 79 頁。
② 李均明《漢代甲渠候官規模考(下)》,第 84—87 頁。
③ 李均明《漢代甲渠候官規模考(上)》,第 43 頁。
④ 詳第一章。
⑤ 李均明《漢代甲渠候官規模考(下)》,第 88 頁;李振宏《居延漢簡與漢代社會》,第 152—161 頁。
⑥ 李均明《漢代甲渠候官規模考(下)》,頁 89—91。

而建,卻不見第廿三置及候官置,頗爲奇怪。

第三節　論　"置"

弱水中下游流域設立的"置",因位於邊地,與亭塞相間,故其設立背景、職掌及職官設置,與懸泉置不同,具有鮮明的地域色彩。

一、設立背景

據前對都倉置、吞遠置等的討論不難看出,弱水中下游地區"置"的設立往往依託於倉。"置"設在候官的原因之一,即是候官處有倉。據學者研究,甲渠候官設有倉,①肩水候官遺址亦發現吏卒廩食及穀物出入的簿籍,②固然不能絕對排除部隧上呈的可能性,但很大可能顯示該地亦當設倉。橐他、廣地及北部的卅井、珍北等候官,可能亦設倉。

不過,候官儘管設倉,卻極少出現"候官倉"的字眼,這點值得注意。目前僅見下簡明言"候官倉":

3.1. ☐受候官倉　　　　　　　　　　　　　　　　　EPT4∶57

該簡上殘,出土自甲渠候官遺址,倉當指甲渠候官倉。該地出土的其他涉及倉的簡牘,皆爲入穀記錄。如下:

3.2. 入粟大石二十五石　車一兩輸候官　始建國六年二月己丑將轉守尉☐

266.32/A8

3.3. 入粟大石二十五石　車一兩　正月癸卯甲渠官掾譚受訾家茂陵東進里趙尹壯就人肩水里郅宗　　　　　　　　　　　EPT59∶100

前簡明確顯示運輸穀物到候官,後簡應當也是輸穀候官。雖然如此,兩枚簡皆未明確出現"候官倉"字樣。冨谷至認爲,儘管部、候官等設有倉,但並無"倉"的建制,而材料中常見的倉長、倉丞、倉嗇夫等皆屬於肩水都倉和居延

---

① 李均明《漢代甲渠候官規模考(下)》,第 89—91 頁;冨谷至《漢代穀倉制度——エチナ流域の食料支給より》,原刊《東方學報》第 68 卷,1996 年,此據作者《文書行政的漢帝國》,第 287 頁。冨谷至亦頗奇怪於候官倉資料的極度缺乏,只舉出一條甲渠候官倉的簡牘(85.32/A8),而該簡殘損嚴重,僅存數字,筆畫亦較爲潦草,不足憑信。
② 永田英正曾集成 A33 出土的廩食及穀出入簿籍簡,見《居延漢簡研究》,第 163、185—190 頁。

城倉的建制。① 這一點堪稱卓見,倉確爲候官的附屬設施,並非獨立的機構。倉平時的管理工作,由令史、尉史等負責,除前舉 2.3 令史在吞遠置當值外,其他簡例甚多,暫舉兩枚如下:

3.4. 建始二年十月乙卯朔丙子,令史弘敢言之:迺乙亥直符,倉庫户封皆完,毋盜賊發者,敢言之。　　　　　　　　　　　　　　　EPT52∶100

3.5. ☐五月戊寅尉史蒲敢言之:迺丁丑直符,倉庫户皆完,毋盜賊發者☐之　　　　　　　　　　　　　　　　　　　　　　　　　264.9/A8

令史、尉史通過直符的形式,巡視倉庫府藏等設施。未在 A8 遺址見到倉嗇夫、倉佐的身影,原因或即在此。

二、職掌

此前學界對秦漢時期"置"職責的考察,往往焦點集中於懸泉置,認爲"置"兼具文書傳遞與吏員招待的功能。② 實際上,這種看法可能不盡準確,弱水中下游流域邊防系統的"置",其功能與任務主要集中於物資供應。目前所見,與"置"相關的簡牘,絕大多數涉及的都是物資出入,如前舉 1.10、1.11、1.13、2.3 等簡涉及糧食。下述四簡涉及雞、狗、薑等:

3.6. 入狗一枚　元康四年二月己未朔己巳,佐建受右前部,禁姦卒充輸,子元受,致書在子元所　　　　　　　　　　　　　　　　5.12/A33

3.7. 入小畜雞一雞子五枚　元康四年二月己未朔己巳,佐建受左後部,如意隧長奉親卒外人輸,子元受　　　　　　　　　　　　　10.12/A33

3.8. ☐六月乙丑佐博買雞五枚破虜☐　　　　　　　　　　　　219.5/A33

3.9. 二月壬子置佐遷市薑二斤　　　　　　　　　　　　　　300.8/A33

四簡形制皆爲單札。前兩簡顯示,元康四年(前 62)二月己巳這一天,佐建分別接收右前部的狗和左後部的雞蛋。簡 3.6 顯示,物資出入時當製作"致書",作爲憑證,簡 3.7 可能省略未載。雖然時間相同,事主皆爲佐建,細察兩簡筆跡,簡 3.6 細瘦劣弱,簡 3.7 嚴謹工整,而且,枚、佐、建、部、元、受等字的架構筆畫迥然有別,顯非同一人書寫,當爲不同人記錄而留下的案底。簡 3.8 上下皆殘,書式與前兩簡相似,亦涉物資出入。該簡佐博,與前舉 1.9、

---

① 冨谷至《文書行政的漢帝國》,第 290 頁。
② 吳昌廉《漢"置"初探》,第 12—14 頁;高榮《論秦漢的置》上,第 61—63 頁。

1.10當爲同一人。3.7、3.8兩簡雖未明言爲置佐,結合"置佐博"省作"佐博"的現象,以及兩簡物資出入的種類及文書性質判斷,當爲置佐。3.9上下完好,上端似有刮削痕跡,置佐遷購買兩斤的薑。據上節所言肩水候官設有"置"的情況,四枚簡當由駐在A33遺址的置所留下的文書,而非由設於其他地方的"置"呈給肩水候官的文書。

此外,前舉2.1、2.2、2.4等涉及茭的出入,下述兩簡亦如此:

3.10. 入錢六　三月丁巳佐博賣茭一束河東卒史武賀所　　　269.2/A33

3.11. 入錢六 …… 五月乙酉佐博賣茭二束魏郡侯國令史馬穀所直

269.6/A33

兩簡皆爲單札,儘管均涉佐博,但墨色濃淡迥異,筆迹似亦不同。末簡"入錢六"下面似有一段文字,當是刮削不淨而遺留的。兩簡書式相同,紀月日而不紀年,與前舉簡3.6、3.7不同。3.6、3.7兩簡可能爲臨時性物資出入,故詳載年月日,而此兩簡或爲日常性物資出入,且數額不大,故僅記月日。兩簡佐博,或即前舉諸簡所涉置佐博。此外,"置"亦須向肩水候官報告錢物出入,如下簡:

3.12.　　甲戌置左博敢言之:謹移稍入錢☐

☐肩水候　　　　　　　　　　　　269.10A/A33

該簡左殘,似爲兩行。上端大書"肩水候",下面接續置佐博關於稍入錢的呈文。①簡首大字書寫"肩水候"似指其呈送目的機構,若此不誤,則該簡及相關簡牘亦是呈送給肩水候的文書。此外,下述諸簡,亦涉及"置":

3.13. ☐一千付置佐博☐　　　　　　　246.7+237.48/A33

3.14. ☐置佐博受就人井客☐　　　　　586.5/A33

3.15. ☐佐博受所賣酒二石　　　　　　237.9/A33

3.16. ☐八月辛巳置佐遷買☐二☐☐　　300.10/A33

3.17. ☐月己巳置佐禹市☐　　　　　　73EJT28:115

3.18. ☐日置佐咸受卒趙詡　　　　　　73EJT37:1327

---

① 關於秦漢時期的稍入錢,新近研究可參路方鴿《居延漢簡"稍入"是邊塞的財政收入之一》,《南都學壇(人文社會科學學報)》2012年第4期,第18—20頁;郭浩《秦漢時期現金管理芻議——以嶽麓秦簡、居延漢簡"稍入錢"爲例》,《中國社會經濟史研究》2013年第3期,第1—7頁;李力《關於秦漢簡牘所見"稍入錢"一詞的討論》,《國學學刊》2015年第4期,第99—108頁。

六簡皆爲單札，均涉及錢物出入。3.15 未明言置佐，比對前舉諸簡，亦應爲置佐。

綜上，絕大多數相關資料，均與物資出入有關。如前所述，該地區的"置"往往依託倉而設立，這一點亦吻合其主要職掌。而與文書傳遞有關者，僅上舉 2.14 置吏行警檄、2.15 置吏行書，以及下簡：

3.19.
□張掖大守章詣居延三月丁酉起
□□□史龐土印詣居延三月癸巳起　三月乙巳夜過半時受都倉置卒 不椑
巳……□周漢印詣居延三月己亥起　　　　　　　　　　　86EDT65∶2

該簡爲寬木牘，上殘，據簡文及書式判斷，當爲某種文書傳遞記録。"三月乙巳夜過半時受都倉置卒"，顯示文書由都倉置卒傳遞過來。總體而言，"置"相關材料，目前僅見三簡涉及文書傳遞。但嚴格上講，2.14 傳遞警檄屬於突發事件，與一般的文書傳遞不同，而 2.15 書式亦與常見文書傳遞有别，因此，真正涉及文書傳遞的恐怕只有 3.19 一枚。因此，很難説"置"在物資供應之餘，還要負責傳遞文書。

此外，下簡是對"置吏"職掌的最好説明：

3.20. 置吏宋吏壽　　掌廚傳過客驛馬　　　　　　73EJF3∶343

該簡出土自 A32 遺址東側關門房屋内的隔間，性質難以判定。據簡文，置吏負責"廚傳過客驛馬"，可分爲廚、傳、過客、驛馬等四個義項，結合前據諸簡，前三者無疑表明置吏涉及物資供應，包括供應飲食、提供住宿等。"掌驛馬"則有兩種可能：（1）飼養驛馬；（2）爲過往驛馬提供飼料。無論哪一類，置吏似均不直接承擔文書傳遞的任務。此前，陳偉曾據秦及漢初相關律令，認爲傳置與行書無關，[①]弱水中下游流域邊防系統的"置"似亦如此。這點與漢代敦煌郡效穀縣的懸泉置大不一樣。懸泉置漢簡尚未正式出版，目前爲止僅零星刊佈部分釋文，據學者初步勾勒，懸泉置不僅服務過往使者、官員及其隨從在飲食、交通、住宿等方面的需求，亦負責東西向政令、文書的傳遞。[②] 之所以有此差别，當因弱水中下游流域亭隧建置齊備，文書傳遞由專

---

① 陳偉《秦與漢初的文書傳遞系統》，收入中國社會科學院考古研究所、中國社會科學院歷史研究所、湖南省文物考古研究所編《里耶古城·里耶秦簡與秦文化研究——中國里耶古城·秦簡與秦文化國際學術研討會論文集》，科學出版社，2009 年，第 154—156 頁。
② 胡平生《評"傳置與行書無關"説》，原刊《簡帛研究 2010》，2012 年，此據《胡平生簡牘文物論稿》，中西書局，2012 年，第 253—259 頁；張俊民《敦煌懸泉置出土文書研究》"緒説"，第 1 頁。

門的亭隧負責,①無需"置"人員兼差,而懸泉置處在郡縣民政體系内,並無亭隧建制,故承擔任務亦多樣化。

如果回過頭來再看肩水、居延地區"置"的分佈特點,即很容易理解。肩水地區的三個候官,都位於弱水沿岸的交通綫上,這一帶的綠洲較少,沿河呈條形分佈,而烽燧通常位於戈壁與綠洲的交界處,距交通綫尚有距離,因此負責物資供應的"置"理應也設在交通綫上。北部居延地區,則分佈著大片綠洲,甲渠候官塞的兩條烽燧綫——河南道上塞與河北塞——位於交通綫上,故"置"緊靠烽燧綫設立,而不一定設在甲渠候官,在情理上是講得通的。

三、置佐

如前所述,"置"依託於倉而設立,但相對於倉的附屬地位,"置"是個獨立的機構,有自己的職官建制,如前舉諸簡中頻頻出現的置佐,以及偶爾一見的置輿。吴昌廉、高榮皆認爲,"置"設有嗇夫、佐等。② 一般意義上可能如此,但弱水中下游流域的"置",僅有一例出現嗇夫。如下:

3.21. 河平二年九月壬辰朔　肩水置嗇夫光詣官☐　　86EDT8∶2+26

該簡明確出現置嗇夫一職,從簡牘出土自肩水候官遺址判斷,此處"肩水"或指肩水候官,"肩水置嗇夫"或許就是設在肩水候官的置嗇夫。③ 此外,下簡疑似出現了置嗇夫:

3.22. ☐朔壬子,肩水守候橐他塞尉羍敢言之: 謹移穀

　　　☐言之　　　　　　　　　　　　　　536.5A

　　　　　　　嗇夫去疾　　　　　　　　　536.5B/A33

該簡上殘,紀年不存。據簡文,橐他塞尉守肩水候,上呈某種穀相關的簿籍,當涉穀物出入。簡背具名爲"嗇夫去疾",顯示該文書當由其草擬負責。如前所述,候官處所設的倉僅爲附屬機構,並未設置倉嗇夫,而且目前肩水候

---

① 關於弱水中下游流域的文書傳遞,可參李均明《漢簡所見"行書"文書述略》,收入甘肅文物考古研究所編《秦漢簡牘論文集》,甘肅人民出版社,1989 年,第 113—135 頁;鷹取祐司《漢代の居延・肩水地域における文書傳送》,作者《秦漢官文書の基礎的研究》,第 331—370 頁;畑野吉則《漢代邊郡の文書遞傳と肩水金關漢簡》,《資料學の方法を探る》16 號,2017 年,第 89—95 頁。
② 吴昌廉《漢"置"初探》,第 10—11 頁;高榮《論秦漢的置》下,第 59 頁。
③ "詣官"表示前往候官,似乎肩水置嗇夫由外地來到肩水候官,但當某個遺址駐扎多個機構或一個機構有多個部門時,機構之間以及部門之間發生人員與物資移動時,進行相應的登記是不難想象的。因此,該簡不足以認定肩水置設在肩水候官之外的某地。

官亦未見其他機構的嗇夫，結合肩水候官設有"置"這個機構的事實，推測該簡嗇夫或爲置嗇夫。另，前舉1.10、1.11、1.13、2.3等簡，"置"皆涉及穀物出入，該簡亦如此，故"去疾"爲置嗇夫的可能性比較高。

總而言之，置嗇夫出現的頻率極少，而置佐卻頻頻出現。一般情況下官嗇夫級別較官佐更高，理應出現更多，何以如此呢？睡虎地秦簡顯示，秦代即存在"小官無嗇夫"的現象，①尹灣漢簡顯示，成帝元延年間東海郡領有的38個縣邑侯國中就有17個設官佐而無嗇夫。② 據學者研究，隨著直屬於長

---

① 睡虎地秦簡《金布律》規定"……小官毋（無）嗇夫者，以此鼠（予）僕、車牛……（74）"，見陳偉主編《秦簡牘合集：釋文注釋修訂本（壹）》，第87頁。
② 秦漢時期存在各種官嗇夫，相關排比研究詳參大庭脩《漢代的嗇夫》，原載《東洋史研究》第14卷第1、2號合刊，1955年，此據中譯，收入中國社會科學院歷史研究所戰國秦漢史研究室編《簡牘研究譯叢》第一輯，第171—196頁；裘錫圭《嗇夫初探》，原載中華書局編輯部編《雲夢秦簡初探》，中華書局，1981年，此據《裘錫圭學術文集》第五卷《古代歷史、思想、民俗》，第44—106頁。不過，尹灣漢墓所出西漢成帝時期的"東海郡吏員簿"（YM6D2）顯示，東海郡統轄7個大縣（設縣令）、13個小縣（設縣長）和18個侯國（設相），這38個縣級機構中，設置官嗇夫和官佐數量如下：

縣	官嗇夫	官佐	縣	官嗇夫	官佐	侯國	官嗇夫	官佐	侯國	官嗇夫	官佐
海西	3	7	利成	2	5	昌慮	2	7	山鄉		4
下邳	3	7	況其	2	6	蘭旗	【1】	7	武陽		3
郯	3	9	開陽	2	6	容丘		5	都平		3
蘭陵	4	8	繒	2	4	良成	1	5	鄅鄉		5
朐	4	4	司吾	2	6	南城		3	建鄉		5
襄賁	3	7	平曲	2	4	陰平	1	4	□□		6
戚	3	5	臨沂		4	新陽		5	建陽		6
費	3	8	曲陽	2	6	東安		5	都陽		4
即丘	2	6	合鄉		5	平曲		5			
厚丘	2	4	承		4	建陵		4			

據表不難看出，從海西至戚等7個大縣中，均設置了官嗇夫、官佐；從即丘到承等13個小縣中，臨沂、合鄉和承三者僅設官佐而無官嗇夫，核查3個縣的吏員統計數目，不存在漏記的情況；從昌慮到都陽等18個侯國中，無一例外，均設有官佐，僅昌慮、蘭旗、良成、陰平等四個侯國設有官嗇夫，其餘14個侯國，核查其吏員統計數目，亦不存在漏記的情況。據此可知，東海郡大部分的縣，均設有官嗇夫與官佐，多數侯國未設官嗇夫。而且，官嗇夫、官佐均設置的縣或侯官，兩者的數量並不相同，其原因可能有兩種：（1）一名官嗇夫配備多名官佐；（2）嗇夫與佐按照1∶1的比例配置，餘下的佐則主管其他的"官"，換言之，部分"官"僅設佐而無嗇夫。綜合而言，第一種可能性比較大。此外，設在東海郡的伊盧、北蒲、郁州等鹽官，以及下邳、□等鐵官，五個"官"機構設置嗇夫、佐數量如下：

"官"	伊盧	北蒲	郁州	下邳	□
官嗇夫	2	2	1	5	1
關佐	25	22	23	9	2

據此，更可確知，官嗇夫與官佐不是按照1∶1的比例進行配置的。而且，這五個"官"，無一例外均設有嗇夫。綜合判斷，雖然存在縣和侯國存在僅設官佐而無嗇夫的情況，但通常情況下，嗇夫與佐應當均有設立。尹灣漢簡的資料，據連雲港市博物館、東海縣博物館、中國社會科學院簡帛研究中心、中國文物研究所編《尹灣漢墓簡牘》，中華書局，1997年；張顯成、周群麗《尹灣漢墓簡牘校理》，天津古籍出版社，2011年。

吏的史類吏員地位與作用的逐漸擴大,到西漢中後期,嗇夫類吏員已多爲前者所取代,①弱水中下游流域置佐頻現而嗇夫罕見的現象與這一觀點若合符節。

此外,前舉簡 1.2、簡 1.8 等候文書的落款均爲置佐,表示文書由置佐負責。一般而言,候的文書落款多爲令史、尉史,或兩者皆有,或兩者有一,間以出現掾和士吏,②出現"置佐"的情況較爲少見。不過,如前所述,因"置"設於候官,故距離相近,偶爾負責候的文書亦可理解。除上舉簡 1.2、簡 1.8 由"置佐"負責外,縣署中的倉佐亦偶涉文書事,如下:

3.23. 河平四年二月甲申朔丙午,倉嗇夫望敢言之:故魏郡原城陽宜里王禁自言:二年戍,屬居延,犯法論,會正月甲子赦令,免爲庶人,願歸故縣。謹案:律曰:徒事已毋糧,謹故官爲封偃檢,縣次續食,給法所當得。謁移過所津關,毋苛留止。原城收事。敢言之。
二月丙午居令博移過所如律令　　掾宣嗇夫望佐忠　　　73EJT3∶55

3.24. ☐☐四年十二月丁酉朔己亥,觻得令建守丞安昌敢言之:謹移十月☐☐之　　　　　　　　　　　　　　　　　57.10A
　　　　　　　　　掾宗守嗇夫延年佐就　　57.10B/A8

前簡爲傳文書。魏郡原城縣王禁在居延服役期間犯法,可能分派入居延縣倉勞作,後逢赦令而免爲庶人,打算回到原籍,故倉嗇夫向縣廷申請。該文書具名"掾宣嗇夫望佐忠",掾當爲縣令的屬吏,嗇夫望與文書申請者倉嗇夫望同名,當爲同一人,佐忠當即倉佐。之所以如此署名,當因該文書涉及倉,故由倉申請,呈給縣廷批准。後簡年號殘去,查曆日當爲元始四年(4 年)。觻得令建、守丞安昌上呈十月份的某種簿籍,具名"掾宗守嗇夫延年佐就"的格式與前簡相同,嗇夫、佐聯袂出現,亦當爲同一個機構的官吏,爲倉的可能性比較大。需要指出的是,上舉諸佐並不是常見的書佐。據學者研究,東漢中後期,書佐存在於縣廷,或許與之同級的候官亦有書佐,但西漢並無材料顯示縣或候官存在書佐。③ 因此,西漢時候官和縣中存在的佐,可能專掌

---

① 李迎春《秦漢郡縣屬吏制度演變考》,第 98 頁。
② 陳夢家《漢簡所見居延邊塞與防禦組織》,見《漢簡綴述》,第 48—51 頁;勞榦《從漢簡中的嗇夫、令史、候史及士吏試論漢代郡縣吏的職務及地位》,《中研院歷史語言研究所集刊》第 55 本第 1 分,1984 年,第 9—22 頁。此外,關於秦漢簡牘文書具名的綜合分析,可參看王曉光《秦漢簡牘具名與書手研究》,榮寶齋出版社,2016 年,第 7—86 頁。
③ 李迎春《秦漢郡縣屬吏制度演變考》,第 115—116 頁。

"官",與後期掌文書事的書佐大不相同,但因爲駐地相近事務相關,亦偶涉文書事,長此下去,發生由"佐"而"書佐"的制度演變。或許,可從這個角度理解東漢以後書佐的產生。

附帶指出,著名的"甘露二年御史書"雖經衆多學者的考釋梳理,但第二枚簡中太守府轉發語的落款"掾很守卒史禹置佐財",似未得到正確的理解。文書太長,節引相關部分如下:

3.25. 嚴教屬縣官令以下,嗇夫、吏、正、父老雜驗問鄉里吏民賞取婢及免婢以爲妻,年五十以刑狀類戎者,問父母昆弟本誰生子,務得請實、發生從迹,毋督聚煩擾民。大逆同產當坐,重事,推迹未窮,毋令居部界中不覺。得者書言白報,以郵亭行,詣長安傳舍。重事,當奏聞,必謹密之,毋留,如律令。六月張掖大守毋適、丞勳敢告部都尉卒人謂縣:寫移書到,趣報,如御史書律令,敢告卒人。／掾很守卒史禹置佐財

73EJT1：2

關於落款"掾很守卒史禹置佐財",通行的斷句是"掾很、守卒史禹、置佐財",並將置佐理解爲某種佐史。① 後來學者據前引簡 1.4、1.9 及懸泉漢簡,認爲置佐很可能是驛站傳置的佐。② 如果拋開該文書單論置佐,將其理解爲驛站傳置的佐,自然可以成立,不過,具名"掾很守卒史禹置佐財"的文書是由太守府發出的,而傳置一般設於縣級機構,不見於太守府及同級機構,③因此理解爲置佐似乎不妥。結合漢簡中頗出現人名爲"可置"的情形,④落款"掾很守卒史禹置佐財"或應當斷句爲"掾很、守卒史禹置、佐財",即守卒史

---

① 裘錫圭《關於新出甘露二年御史書》,原刊《考古與文物》1981 年第 1 期,此據《裘錫圭學術文集》第二卷《簡牘帛書卷》,第 47 頁腳注 16。
② 鄔文玲《〈甘露二年御史書〉校讀》,《中國古代法律文獻研究》第五輯,2012 年,第 57 頁。
③ 高榮《論秦漢的置》下,第 59—61 頁。
④ 文書落款爲"可置"的簡,如下:
　　十一月己亥居延守丞左尉武賢移肩水金關出,來復傳入,如律令。　／掾可置令史安世
　　　　　　　　　　　　　　　　　　　　　　　　　　　　　　　　　　　　73EJT31：148
　　五鳳四年十二月丁酉朔甲子,佐安世敢言之:遣第一亭長護衆逐命張掖、酒泉、敦煌、武威、金城郡中,與從者安樂里齊赦之,乘所占用馬一匹,軺車一乘。謁移過所縣道河津金關,勿苛留,如律令。敢言之。十二月甲子居延令弘丞移過所如律令/令史可置佐安世　　正月己卯入
　　　　　　　　　　　　　　　　　　　　　　　　　　　　　　　　　　　　72EBS7C：1A
　　兩簡皆爲通行用的傳,落款中的可置無疑是人名,前者爲掾、後者爲令史。類似落款者還有 73EJT24：250、73EJT1：27 等簡,不贅。此外,亦見成卒名"可置"者,如下:
　　戍卒梁國已氏官里陳可置　　　　　　　　　　　　　　　　　　　　　　　73EJT1：75
　　另,居延縣守丞有名"可置"者(73EJT21：254),地節三年居延右尉也有叫作"可置"者(73EJT24：264+269)。綜上,"可置"在漢代是個並不罕見的名字。因此,以"置"入名,起名爲"禹置"當亦可信。

名爲"禹置",佐名爲財。太守府發出的文書不乏署名"佐某"和"書佐某"的用例,①與此相吻合。

第四節 餘 論

綜上,漢代弱水中下游流域的邊防系統,亦即張掖郡肩水、居延都尉轄區,普遍設有"置"。南部肩水地區,"置"設於各候官。北部居延地區,則設於候官塞統轄的某些部治所。肩水都尉府和肩水城官所在地——A35遺址,設有總後勤基地性質的都倉和庫。所謂都倉置,當亦設在該地,直屬於肩水城官。

一般而言,該地區的"置"均依託於倉而建立。主要負責厨傳及過往吏民驛馬等物資供應及相關需求,極少傳遞文書,因該地區亭塞完備迤邐不絶,文書傳遞由亭隧卒負責,不勞"置"人員兼差。總體而言,在弱水中下游流域的防禦組織系統中,"置"屬於隱在幕後的後勤部門,出現的頻率並不高。該地區"置"的負責者,一般爲置佐,嗇夫極少出現。材料所見,置佐因與塞候共處一地,或因業務相關,偶爾亦負責候文書的起草。

附帶指出,日本學者永田英正所示範的文書簡典型研究方法——集成法,根據本章對"置"的研究,亦須做出必要的調整。永田方法的基礎就是集成同一出土地的文書,按照書式不同分類定名。綜觀永田所集成的文書的出土地——A8、A33、P9、A10、A35,前三者皆爲候官遺址,而且永田在討論簿籍的製作、流傳、處理等過程中進一步揭示了候官的職能與作用,其依據即是前述三個候官遺址出土的文書。但是,據本章研究,所謂候官並非只有一個機構,至少就肩水候官而言,還設有"置"這一小型機構。前舉數枚A33遺址出土"置"的簡牘,永田英正不作區别集入肩水候官文書。② 當然,就肩水、橐他、廣地候官而言,"置"設在候官,其簡牘屬於廣義上的候官文書,但甲渠候官似未設"置"。兩相對照不難發現,甲渠候官與肩水候官的文書在

---

① 太守府文書落款含佐、書佐,此前陳夢家已經注意到,參《漢簡所見太守、都尉二府屬吏》,見《漢簡綴述》,第113—115頁。總體而言,太守府文書落款含佐的例子較少,亦見於懸泉置漢簡,如ⅡDXT0216②:869、ⅡDXT0314②:220、ⅠDXT0309③:236,分見於胡平生、張德芳編撰:《敦煌懸泉漢簡釋粹》,第29、47、80頁。
② 永田英正《居延漢簡研究》,第179、180、190、191頁。

種類上就存在不同,因此籠統討論候官在文書處理上的職能與作用,似未見其宜。若要深入研究候官的職掌與功能,需要進入候官內部,對候官遺址的簡牘文書做出更精細的區屬。總而言之,通過集成方法研究候官或其他機構的職掌與作用,首先需要明確哪些材料屬於該機構的遺留物,必須界定清晰才可進行下一步。

附記:該文原刊《中國文化研究所學報》第六十八期,2019年,收入本書時略有訂正。

附　錄

金關簡第五册 73EJD 部分簡牘出土地獻疑

金關簡，早在 1973 年春夏之際即已發掘，但遲至 2016 年 8 月才刊佈最後一册（第五册）。然而，憑藉後發優勢，在簡牘照片的清晰度及整體體例的科學規範性，較過去幾批簡牘均有很大提升，爲開展相關研究奠定了重要基礎。

筆者在閱讀金關簡時，注意到第五册收録的前綴 73EJD 的系列簡牘，據此書"前言"，乃採獲自 A32 東北方向的 T168 遺址，①共編號 391 枚，其中包含題署"肩水金關"的封檢，通關證件，記載通行者、車馬信息及出入記録的名籍簡，尉史奏封記録等近百枚性質頗爲奇怪的簡牘。目前所見，僅鷹取祐司注意及此，推測是金關移至 T168 所致。② 這一看法，與實際情况不符（詳下）。筆者綜合分析並比對 A32、A33 遺址出土簡牘，認爲這近百枚簡牘很可能原本並非出自 T168 遺址，大部分當出自 A32，小部分出自 A33 遺址，可能是 1973 年發掘之時或後期整理編號之前發生混淆。爲了引起學界對該問題的重視，並使這批簡牘得到正確的運用，本文試爲分析。

指認某些簡牘不應出土於某遺址，也就等於説這些簡牘與該遺址的性質不符。换言之，遺址駐扎了什麽機構，就决定了出土什麽性質的簡牘，駐扎機構與出土簡牘之間存在一定的對應關係。因此，首先需要解决的問題，就是探明 T168 遺址的性質，駐扎了哪些機構。在此基礎上，逐類逐枚辨析 73EJD 簡牘中的竄入者，然後審視與 T168 遺址性質相同的 P1 遺址出土簡牘，並比對兩者，支撐本文結論。

---

① 甘肅簡牘博物館等編《肩水金關漢簡（伍）》，"前言"，第 2 頁。
② 鷹取祐司《肩水金關遺址出土の通行證》，作者主編《古代中世東アジアの關所と交通制度》，汲古書院，2017 年，第 287—288 頁。

第一節　T168 遺址性質

　　關於 T168 遺址的位置，金關簡第五册交代，位於東經 99°56′26.31″、北緯 40°36′3.64″，在金關東北方向。① 據 Google Earth 觀察測算，該地緊靠今額濟納河東岸，距金關直綫約 1 620 米左右。單從 Google Earth 地形圖上看，T168 遺址現在似已無任何人工建築痕迹（圖一），僅遺址東部不遠處有一條曲折的車轍痕迹，應非漢代遺物，而是當代人所爲。這與南部 A32、A33 兩遺址尚可從 Google Earth 上看出清晰輪廓形成了鮮明對比——尤其 A32 遺址（圖二），不僅塢院、關門清晰可見，關門向西延伸至額濟納河東岸的塞墻亦可辨識。

　　筆者未曾實地考察這一地區，然查詢相關報告知，20 世紀 30 年代初，T168 遺址呈圓錐形，高約 3.5 米，土墼砌築，每三層土墼夾築一層樹枝，②到 1973 年"雖被沙磧覆蓋，但輪廓清晰，堆積厚一米多"。③ 1981 年或此後不久的某個時期，該遺址烽燧已坍塌成圓丘形，殘高 2 米，是否夾築已不可辨識。④ 因此，綜合歷次報告，該遺址未見類似於金關西側的塞墻，應該並未設立關卡。這一點，需要特别强調。

　　綜上，據建築設施而言，T168 遺址在當時恐僅爲普通亭燧。那麽是哪個機構駐扎呢？ 此前居延考古隊曾判斷該地爲橐他候官塞統轄的莫當燧及南部候長駐地，⑤惜未作説明。筆者綜合排比材料，試爲論證。

一、莫當燧駐在 T168 遺址

　　下述兩枚帶有封泥槽的觚，最爲直接地證明了莫當燧就在 T168 遺址。

---

① 甘肅簡牘博物館等編《肩水金關漢簡（伍）》，"前言"，第 2 頁。
② 弗克·貝格曼考察，博·索瑪斯特勒姆整理《内蒙古額濟納河流域考古報告》，第 326 頁。樹枝當爲茇芨草之誤。
③ 初世賓《居延考古之回顧與展望》，載甘肅省文物局、絲綢之路雜誌社編《甘肅文物工作五十年》，第 135 頁。
④ 吴礽驤《河西漢塞調查與研究》，第 159 頁。據作者交代，1981 年，甘肅省文物考古研究所長城調查組由 A27 遺址向南至高臺縣正義峽進行復查（第 158 頁）。T168 距 A27 約 50 公里，復查用時當不致太久。
⑤ 甘肅居延考古隊《居延漢代遺址的發掘及新出土的簡册文物》，第 6 頁。

金關簡第五冊73EJD部分簡牘出土地獻疑 ·191·

圖一　T168遺址衛星圖

圖二　A32遺址衛星圖

1.1. 莫當隧長以郵行☒□□□□毋以它爲解□□□前　　73EJD：318A
　　　九月庚戌……　　　　　　　　　　　　　　　　73EJD：318B
　　　教　　　　　　　　　　　　　　　　　　　　　73EJD：318C

1.2. 官次傳,盡莫當,以亭次行☒都吏詣鄣候舍,迺丙寅傳南出入,十餘
　　　日不到府。今府持記趣之□□,各推辟□□□□　　73EJD：319A

□相付受日時,候長候史以檄言出部界日時。官次行□□□□□
73EJD：319B

三月乙亥官記：告駮馬亭南至莫當,前府傳鹽二石少廣地候官、
□上自□□　　　　　　　　　　　　　　　　　73EJD：319C

教　　　　　　　　　　　　　　　　　　　　　73EJD：319D

簡1.1三面有字,簡1.2四面有字,這種多面體棱形簡牘,一般稱爲觚。兩枚觚皆有封泥槽。簡1.1封泥槽前題署爲"莫當隧長以郵行",其中"莫當隧長"是收件者,"以郵行"是傳遞方式,①這是發件者所填寫的,封泥槽内原應有發件者的印文。惜簡牘殘損嚴重,具體内容不得而知,據"毋以它爲解"判斷,很可能是一份檄書或類似於簡1.2的官記。簡1.2封泥槽前題署"官次傳,盡莫當,以亭次行",其中"官次傳"可能是表示該文書通知的對象,"盡莫當"指傳遞到莫當爲止,"亭次行"是傳遞方式。據簡文,似涉兩件事,一是某種物件傳至都尉府不及時,因而招致都尉府以記文書追查,故該簡發件者要求轄下部隧以檄報告出界日時,二涉及都尉府傳送至廣地候官的二石鹽,具體何事不詳。據"候長候史以檄言出部界日時",該文書當由候官一級發出,結合"告駮馬亭南至莫當"中的駮馬亭統轄於槖他塞,②莫當隧通常認爲是槖他塞負責傳遞郵書的最南端亭隧的情況(詳下),文書當由槖他候官發出。兩簡的目的地皆爲莫當隧,且均出土自T168遺址,因此該地應該就是莫當隧。當然,文書傳遞中偶然遺失在他處而未至目的地的可能性是存在的,但極爲少見。而且,兩枚觚帶有封泥槽且題署收件者,其作用與封緘文書或物品並指示收件者的封檢基本相同。通俗點説,文書封檢就相當於今天的信封,上面題署收件者。只要某遺址出土題署收件者的封檢,基本上即可將出土地視爲收件者的所在地。③此外,下簡亦爲封檢：

1.3. 十月癸未……

車　　　　　　　　　　　　　　　　　　　　　73EJD：18A

傳詣莫當行者走　　　　　　　　　　　　　　　73EJD：18B

該簡右殘,形制似爲封檢。B面題署"傳詣莫當行者走",目的地也是莫當

---

① 高榮排比考察了居延地區的郵書傳遞材料,認爲所謂"以郵行""以亭行"等未必真由郵亭傳遞,而"行者走"傳遞的距離較"輕足行"更長,需接力傳遞。詳作者《簡牘所見秦漢郵書傳遞方式考辨》,《中國歷史文物》2007年第6期,第63—70頁。

② 參第二章。

③ 詳下編"序説"。

隧，其性質與前兩簡相似，也可視爲莫當隧駐在 T168 遺址的證據。

此外，還有五枚關於莫當隧的楬，如下：

1.4. ■	莫當隧蘭一完	73EJD：299A
	蘭一完	73EJD：299B
1.5. ■	莫當隧蘭一冠一皆完	73EJD：300A
	蘭一冠一皆完	73EJD：300B
1.6.	■莫當隧弩循三完	73EJD：303
1.7.	■莫當隧弩循一完	73EJD：312
1.8.	麴二石詣韓卿治所稽北亭	73EJD：306A
	九月旦起莫當	73EJD：306B

前四枚簡，簡首均爲半圓形且塗黑，其下皆有用於繫繩的穿孔。所標識者皆爲莫當隧配備的武器，作爲日常防禦裝備，基本上均應存放在莫當隧，因此簡牘出土地——T168 遺址——自然應該視爲莫當隧。理論上，莫當隧的上級機構，如南部候長治所，也可能存放莫當隧的武器並懸掛相應的楬，但此種可能性極小，武器通常應該配備在相應亭隧。而且，楬往往也可起到遺址定名的作用。簡 1.8 值得仔細推敲。該簡上端刻齒，結合簡文"麴二石"判斷，當與前四簡同爲標識物品的實物楬，繫繩後懸掛在"麴二石"上。簡背"九月旦起莫當"表明莫當隧爲發出地，且字迹墨色似與正面文字有别，恐爲二次書寫。正面"詣韓卿治所稽北亭"顯示當傳遞至稽北亭，似乎表明該簡出土地——T168 遺址——即爲稽北亭，但並無材料顯示此說可從。筆者推測，很可能是該簡填寫信息後因故未能發出，最後留在了莫當隧。

前面使用 T168 遺址出土的簡牘論證莫當隧就在該地，堪稱内證。實際上，也存在外證，這就是位於 A32 遺址的騂北亭所遺留下來的郵書刺。① 部分郵書刺顯示，莫當是橐他塞負責郵書傳遞的最南端亭隧。如下：

1.9.　　　其一封居延都尉章詣張掖大守府　　十二月戊申人定五分騂北亭卒壽受莫當
南書二封合檄一一封張肩塞尉詣昭武　　　　隧長同夜半□□□□□
　　　　　　　　　□　　　　　　　　　　73EJT28：62

---

① 騂北亭位於 A32 遺址內，大概就是塢院內西南角的那個亭隧。此說由侯旭東提出，詳參氏著《西漢張掖郡肩水候官騂北亭位置考》，第 32—37 頁，插頁及封三。

1.10.
☑□居延令印一封詣縈陽一封詣內黃一封詣煴圍一封張掖肩水
☑候印一封詣昭武一封詣肩水城尉官二封張掖肩候一封詣昭武獄一封詣
☑亭卒□受橐他莫當隧卒租即行日食時付沙頭亭卒合

73EJT23：933

簡1.9左殘，右側僅剩兩封向南傳遞的南書的信息，由居延都尉、肩水塞尉分別發往張掖太守府和昭武縣廷，殘掉的應該是"合檄"的信息。下面一欄爲傳遞信息，顯示驛北亭卒壽從莫當隧長同手裏接過這組文書，"夜半□□□□□"應該是驛北亭卒傳遞到沙頭亭的信息。簡1.10上端殘損，從發件者、收件者信息判斷，當爲南書。左側傳遞信息顯示"亭卒□"從橐他塞莫當隧卒接手，然後傳給沙頭亭卒。該簡同時證明，莫當隧轄於橐他塞。通常情況下，郵書刺往往省略傳遞亭隧所屬的候官塞，而簡1.10較爲完整，記錄了莫當隧所屬候官。此外，下枚表火傳遞記錄也顯示，莫當隧應該是橐他塞最南端的亭隧。

1.11. 四月癸丑雞鳴時□表火一通驛北亭長武受橐佗莫當隧

73EJT32：26

該簡顯示，表火由橐他塞莫當隧傳遞至驛北亭，同樣證明轄於橐他塞的莫當隧距離驛北亭不遠。而下簡顯示了莫當隧與驛北亭之間的距離：

1.12. ☑道行書南去沙頭十一里去金關隧六百卅步去莫當隧四里

73EJT28：28

該簡類似於"亭間道里簿"，據學者推測，當以"驛北亭"爲中心進行記錄。① 若此不誤，則驛北亭距離莫當隧四漢里，約合1 680米，與Google Earth測算的1 620米極爲接近。因此，認定T168爲莫當隧應無問題。②

綜上，根據T168及A32遺址出土的相關簡牘，莫當隧應當就駐在T168遺址。

---

① 侯旭東《西漢張掖郡肩水候官驛北亭位置考》，第34頁。
② 值得注意的是，有一枚郵書刺(73EJT23：804)記錄傳遞信息爲"七月辛亥東中時永受沙頭吏胡卿八分付莫當"，表示驛北亭卒東中時接到沙頭送來的郵書，東中八分送至莫當隧，用時八分。而居延地區的郵書傳遞速度，通常爲一時十漢里，則驛北距莫當有八漢里，是簡1.12的兩倍，與本文推測不符。但是，郵書傳遞速度並不恒定，有緩有疾，如EPC：26"界中九十八里定行十二時過程二時二分"、133.23"界中八十里書定行九時留遲一時"、157.14"界中九十五里定行八時三分疾程一時二分"、231.2"界中八十里書定行十時留遲二時"等，因此73EJT23：804不足以否定我們的推測。

二、南部候長駐在 T168 遺址

橐他塞南部候長駐在 T168 遺址,其直接證據也是封檢。如下:

1.13. 南部候長	73EJD:302
1.14. 南部候長治所	73EJD:295
1.15. 南部候長韓卿治所	73EJD:171
1.16. 南部候長韓卿治所	73EJD:296
1.17. 南部候長楊卿治所	73EJD:301
1.18. 南部候長以郵	73EJD:297
1.19. 南部候長以郵行	73EJD:51
1.20. 南部候長韓卿治所隧次行	73EJD:228

上舉八枚封檢,皆無封泥匣。以書式而言可分四類:前兩枚僅題署"南部候長(治所)",中間三枚題署"南部候長+姓氏+治所",1.18、1.19 兩枚題署"南部候長+傳遞方式",末簡題署"南部候長+姓氏(治所)+傳遞方式"。1.15、1.19 兩簡下殘,原簡或題署更多。四類封檢題署書式雖小有區別,但在指示收件者為南部候長這一點上並無不同。此外,尚有一枚發給南部候長的多面體觚,該簡也具有封檢的指示作用。如下:

1.21. 南部候長韓卿治所隧次行☐☐	73EJD:317A
楊朗會日☐次行☐	73EJD:317B
楊朗☐☐☐☐	73EJD:317C

該簡下殘,B、C 兩面文字不易辨識,但據封泥槽上之題署"南部候長韓卿治所隧次行",無疑是發給南部候長的。因此,比對前述莫當隧的論證,基本可認定九枚簡的出土地——T168 遺址——某段時期為南部候長駐地。

退一步講,既然筆者認為有近百枚簡牘原本出土自 A32 而非 T168 遺址,那麽上述八枚南部候長封檢有無可能出土自 A32 遺址呢? 理論上當然存在,但實際上絕無可能。A32 遺址駐扎了金關、驛北亭、東部候長治所,肩水候後期駐在此地,早期通道廠可能也在此地,並無南部候長駐扎的痕迹。另外,A32 遺址屬於肩水塞轄區,若南部候長封檢出自該地,則此南部候長當為肩水候官塞的南部,而該部大致在肩水都尉府(A35 遺址)一帶,距 A32 遺址約 9 公里(直綫)。因此,這個假説更加不可能成立。而本文對橐他塞南部候長駐在 T168 遺址的論證，雖屬"内證"，但排除掉其他可能以後，應該是可以成立的。

綜上，T168 遺址既是莫當隧所在，同時也是南部候長駐地。當然，因爲發掘不足出土簡牘有限，是否還存在其他機構尚難確定，但從建築佈局及鄰近金關、肩水候官的位置判斷，可能並未駐紮其他機構，頂多橐他塞的士吏短暫駐此，但這也僅限於理論上的推測。無論如何，該地當可排除掉設立關卡的可能。

第二節　73EJD 部分簡牘辨析

如前所述，遺址駐紮機構與出土簡牘存在一定的對應關係。此前，陳夢家分類觀察居延舊簡中 A35 遺址出土的部分簡牘，認爲該地所出而它處所無的牛籍、田卒簿籍等，當爲驛馬田官的檔案。① 結論雖然尚須推敲，但其思路也是注意到遺址機構與出土簿籍的對應關係。另外，卅井塞南端的 A21 遺址與金關遺址，兩者皆出土了書式相同的出入關名籍簡，李均明先生據此認爲前者亦當爲一處關卡，②冨谷至推定該地當即懸索關所在。③ 永田英正在分析甲渠塞第四隧出土簡牘時，同樣注意到臨桐隧長從第七隧長接受的武器記録簡（EPS4T2：1）及第三十七隧長趙輔進的俸賦名籍（EPS4T2：12）等，認爲這些簡牘與第四隧並無直接關係，可能因簡牘重新利用或人事變動而導致地點轉移。④ 其看法未必完全正確，⑤但其思路同樣是盡量使遺址機構與出土簡牘相匹配。前些年，李均明專門總結遺址性質與出土簡牘文書種類的關係，指出：（1）遺址不同，則出土簡牘文書種類的比例不同；（2）單件或少量簿籍難以確定遺址性質，但一旦出現大宗簿籍文書，其指向

---

① 陳夢家《漢簡考述》，見《漢簡綴述》，第 27 頁。
② 李均明《漢簡所見出入符、傳與出入名籍》，第 34—35 頁。
③ 冨谷至《文書行政的漢帝國》，第 263—268 頁。
④ 永田英正《甲渠塞第四隧出土簡牘分析》，第 253 頁。
⑤ 據分析，甲渠塞第四部共統轄第四、第五、第六、第七、第八、第九、臨桐等七所亭隧（李均明《漢代甲渠候官規模考（下）》，第 84，86 頁），因此 EPS4T2：1 簡很可能是第四部以所轄隧爲單位統計製作的某種武器簿籍。當然，EPS4T2：12 爲第三十七隧長的奉賦名籍，而該隧轄於河北道上塞最北端的鉼庭部（李均明《漢代甲渠候官規模考（下）》，第 85—86，88 頁），距 P1 遺址甚遠，該簡出自此地，確實費解。或許，第七隧誤寫爲第卅七隧。

性就非常明顯。① 可以説,遺址與出土簡牘之間的匹配關係,在文書簡研究中一直被有意無意地利用著,也確實解決了很多疑難問題。

因此,從上述角度思考,不難發現目前在編的 73EJD 簡牘,其中的肩水金關封檢,通關證件,記載通行者、車馬信息及出入記録的名籍簡,尉史奏封記録等簡牘,與前述 T168 遺址的性質不符,似不應出自該地。下面逐類辨析。

一、肩水金關封檢

73EJD 簡牘共有十九枚封檢,除上舉八枚(1.13—1.20)外,還有下述十一枚:

2.1. 戍卒汝南郡召陵始成里 王恭橐	73EJD:313A
伏伏地大重	73EJD:313B
2.2. 潁川郡許賦錢五千	73EJD:310A
卒王宣數少四	73EJD:310B
2.3. ……□南部行者走☐	73EJD:316
2.4. 昭武以郵行☐	73EJD:81
2.5. 肩水以郵☐	73EJD:83
2.6. 廣地候官☐	73EJD:329
2.7. 肩水金關	73EJD:290
2.8. 肩水金關☐	73EJD:291
2.9. 肩水金關	73EJD:292
2.10. 肩水金關	73EJD:294
2.11. ☐肩水金關	73EJD:298

前兩枚封檢皆有封泥槽,簡 2.3 下端有斷裂茬口,原應有封泥槽。2.4—2.11 等八簡,皆爲平檢。簡 2.1 上窄下寬,形制頗爲奇特。末端左側注一"橐"

---

① 李均明《簡牘文書の種類と遺址諸要素の關係》,見籾山明、佐藤信編《文獻と遺物の境界——中國出土簡牘史料の生態研究》,第 69—79 頁。

字,《說文》釋"囊也",①也就是口袋。這種實物出現在 T168 遺址,完全有可能。據題署,簡 2.2 所封緘者當為某種錢,與卒王宣有關,也是實物檢,或許王宣就在莫當隧服役。該封檢出現在 T168 遺址,亦不成問題。簡 2.3 上部大面積塗黑,不知是否廢簡,"南部"或與囊他塞南部候長治所有關。這三枚封檢,或因在 T168 遺址服役的士卒有關,或與南部候長有關而出現在該地,均不構成問題。2.4、2.5、2.6 三簡均嚴重殘損,但據字體似為封檢。理論上應該分別發往昭武、肩水、廣地候官,出現在該地很蹊蹺,或許製作後因故未發出及其他偶然因素。值得注意的是後五枚肩水金關封檢,雖然也存在類似原因而留下的可能性,但數量較多,筆者以為更大的可能是,五枚金關封檢並不出自 T168 遺址。

如前所述,封檢就相當於今天的信封,中間題署文字均為收件者。肩水金關封檢出現在 T168 遺址,理論上即可推導該地為肩水金關。但實際上,早在昭帝始元七年(前80),金關就在 A32 遺址,到新莽天鳳六年(19 年),材料顯示金關依舊在此地。② 有無可能這期間金關遷移至 T168 遺址呢?理論上的可能性當然有,但未見相關證據(詳下)。而且,如前所述,不僅衛星圖上看不出該地有任何築關的痕迹,實地考察的報告也從未提及關址或塞牆遺迹。雖然當地氣候惡劣,③風蝕現象嚴重,T168 遺址不復原貌,但同樣遭受風蝕侵害的 A32 遺址,無論是考察報告還是衛星圖均顯示該地築關。另外,若 T168 遺址設關,則關門無論開在烽燧東側還是西側,金關封檢及相關通關簡牘均不應該大量出現在烽燧遺址。因此,無論哪一種假設,似均不能說明該地築關,金關遷至此處的可能性即可排除。

當然,因為 2.4、2.4、2.6 三枚封檢同樣無法合理解釋何以出現在 T168 遺址,本文關於後五枚金關封檢的推測,其可信性似乎就打了折扣。但考慮到目前"在編"的 T168 遺址簡牘,封檢總共才十九枚,其中南部候長封檢為八枚,金關為五枚,而昭武、肩水、廣地分別有一枚,且殘損極嚴重,因此不宜將金關封檢與昭武、肩水、廣地等量齊觀,同樣解釋為偶然因素或因故未發出而導致的位置移動。若所言不誤,則金關封檢理論上就不應該出自 T168 遺址。比對 A32 遺址,也就是金關駐地出土簡牘,其中有大量金關封檢,筆者

---

① 許慎撰、徐鉉校定《說文解字》,中華書局,2013 年,第 124 頁。
② 拙文《漢代肩水金關關吏編年及相關問題》,第 232—236 頁。
③ 據發掘者初世賓回憶,當地為荒丘沙漠地形,乾旱少雨,多大風沙暴。見作者《居延考古之回顧與展望》,載甘肅省文物局、絲綢之路雜誌社編《甘肅文物工作五十年》,第 135—136 頁。

粗略統計約有一百四十九枚,可見2.7—2.11原本出自該地,是極有可能的。

二、通行證

73EJD簡牘中約有三十一份傳文書和通關致書。這類證件用於通關,亦不宜出自T168遺址。

（一）傳

按照時間先後,暫將有紀年和可考證年代的傳文書排列如下:

2.12.
建昭二年正月辛酉　　居延都尉賞丞□□謂過所縣道津關:當舍傳舍
居延都尉遣屬……
守吏□市藥張掖郡中　從者如律令。/屬宗書佐禹　　73EJD:40A

2.13. 建昭二年七月辛卯朔壬辰,令史宗敢言之:遣令史□德迎徒復作……謁移過所縣道河津關,毋苛留止,如律令。敢言之。
七月甲午居延城倉長通移過所如律令/掾……佐□　　73EJD:41A
居延倉長　　　　　　　　　　　　　　　　　　　73EJD:41B

2.14. 建昭四年八月己卯朔甲申,弘農北鄉嗇夫臨敢言之:始昌里公乘范忠年卅一,自言將錢東至敦煌。謹案:忠毋官獄事,當傳。謁移過所河津關,勿苛留。敢言之。
八月甲申弘農守丞盧氏①尉憙移過所如律令　　73EJD:37A

2.15. 建始二年正月己未朔癸亥,令史長壽敢言之:遣亭長梁忠送辟責錢大守府,乘所占用馬一匹軺車一乘,謁移過所河津關,毋苛留止,如律令。敢言之。
正月癸亥居延丞竟移過所如律令　　/掾臨令史長壽佐禹　73EJD:44

2.16. 建始二年正月己未朔戊寅,□□□□□張掖肩水□忠助府佐張尊行塞,當舍傳舍,如律□　　　　　　　　　　　　73EJD:279

2.17. （建始四年）②……過所津關縣□□□□□③陽收事,如律令。敢

---

① "氏"原作"耳",據黃浩波意見改,參《〈肩水金關漢簡(伍)〉釋地五則》,《簡帛》第十五輯,2017年,第183—184頁。
② 該簡左殘,紀年缺失,不過簡2.14中的居延令宜,也見於河平元年五月簽發的傳文書(73EJT26:87),且後簡落款"掾□"未釋之字尚存"商"的字頭,因此兩簡中的居延令宜當爲同一人。綜合簡2.14六月乙巳簽發、當月丁巳過關而南的兩個時間節點,查對曆日表,與河平元年相近且當年六月干支同時有乙巳、丁巳者,以建始四年最爲合適(朱桂昌編著《太初四日曆表》,第154頁)。
③ 該簡右殘,"陽"之前三字,原釋爲"當得取",細察圖版,文字僅剩左半,不似,徑闕釋。

言之。

六月乙巳居延令宣移過所、魏郡繁陽，書到，如律令　／掾商嗇夫憲　六月丁巳入　　　　　　　　　　　　　　　　　73EJD：19A

居令延印區☐　　　　　　　　　　　　　　73EJD：19B

2.18. 建始四年八月甲辰朔丁未，都鄉有秩免左當敢☐官獄徵事，當爲傳。移過所縣邑門亭津☐　　　　　　　　　73EJD：246

2.19. 建始四年十月癸卯朔丙寅，居延倉丞得別治表是北亭☐☐衣用，乘用馬一匹軺車一乘，毋苛留止從者如律令☐　　73EJD：65

2.20. 建始四年十一月癸卯朔己酉，令史昌敢言之：遣丞從史法昌爲丞取衣用櫱得，與葆鉼庭里簪……謁移過所……　73EJD：6

2.12 分上下兩欄書寫，①由居延都尉及丞聯署簽發，派遣屬吏市藥。2.13 由居延倉長簽發，派遣令史迎接復作的刑徒。2.15 由居延丞簽發，派遣亭長前往太守府。2.16 助府佐行塞，因下殘而不見簽發者。這四份傳文書，基本上都是因公出差。2.14 范忠前往敦煌，由弘農縣丞簽發。從弘農縣至敦煌，按道理不會經過今額濟納河下游，可能范忠中間又持傳前往居延地區。2.17 右殘，據"（繁）陽收事"，很可能是在居延服役的刑徒遇赦歸故縣，②故由居延縣簽發證明文件。2.18 下殘，據都鄉嗇夫提出申請及簡文"（無）官獄徵事"，當是普通百姓外出申請的私傳。簡 2.20 派遣從史取衣用，③惜左殘，不詳簽發者。2.19 當由居延倉丞簽發，據簡文"衣用"並結合簡2.20，應該也是派遣屬吏歸取衣用。

傳文書，一般而言，因所過關卡多非一處，且可能需要反復使用，故原件多由使用者攜帶，過關時關吏謄寫抄件。當然，簽發機構很可能也會留下一

---

① 此類上下兩欄書寫的例子，多見於高級別的公傳。詳參侯旭東《西北漢簡所見"傳信"與"傳"——兼論漢代君臣日常政務的分工與詔書、律令的作用》，《文史》2008 年第 3 輯，第 9—10 頁。

② 與 2.17 類似的是下簡：

河平四年二月申朔丙午，倉嗇夫望敢言之：故魏郡原城陽宜里王禁，自言"二年戌，屬居延，犯法論，會正月甲子赦令，免爲庶人，願歸故縣。"謹案：律曰"徒事已，毋糧，謹故官爲封緘檢，縣次續食，給法所當得。"謁移過所津關，毋苛留止，原城收事。敢言之。

二月丙午居令博移過所如律令　　　掾宜嗇夫望佐忠　　　　73EJT3：55

據簡文，魏郡原城陽宜里的王禁因戌守居延期間犯法，論爲刑徒，後遇赦令免爲庶人，想回原籍，故居延縣簽發了這份文書。其中簡文"原城收事"，與簡2.17"繁陽收事"相似，故推測兩者性質相同。

③ 關於從史的設置、職掌、演變，參閻步克《從爵本位到官本位：秦漢官僚品位結構研究（增補本）》，三聯書店，2017 年，第 485—493 頁。

份傳文書的副本備查。因此,傳文書多數情況下只可能出現在關卡或簽發機構。綜觀上舉九份傳文書,其簽發地有居延都尉府、居延倉、弘農縣、居延縣等,顯然不可能是簽發機構留底的副本,因此只能是作爲關卡抄件而留下的。尤其是 2.17,左下角"六月丁巳入",當爲關吏所記錄的出入信息,毫無疑問爲關卡所遺留。如前所述,T168 遺址未見築關的痕迹,而綜合目前刊佈的全部簡牘,弱水中下游僅見懸索關、金關兩個關卡,因此可首先排除 T168 遺址另設與金關、懸索關並立的關卡。而且,T168 遺址距金關不到兩公里,如此短的距離內設立兩處關卡也無必要。若此不誤,只有金關遷至該地才能解釋得通上舉傳文書出現的原因。那麽,有無可能在上舉封檢涉及的時間段,如建昭二年(前 37)、建昭四年(前 35)、建始二年(前 32)、建始四年(前 29)等,金關遷至此處了呢? 但實際上,A32 遺址出土的通關性質的簡牘,涵蓋了建昭二年(73EJC:525)、建昭三年(73EJT21:113)、建昭五年(73EJT32:6+24)、竟寧元年(73EJT8:9)、建始二年(73EJF3:181)、建始三年(73EJC:617)、建始四年(73EJT28:9)、河平元年(73EJT26:87)、河平二年(73EJT4:99)等。既然通關性質的文書出現在 A32 遺址,即表明這段時間時間內該地設關,換言之,建昭二年至河平二年,金關毫無疑問在 A32 遺址而非 T168 遺址。若此不誤,則 2.12—2.20 九份傳文書就不應該出現在 T168 遺址。此外,2.14 傳主范忠的名籍簡,出現在 A32 遺址。如下:

2.21. ☒□范忠公乘年卅一字長孫牛車一兩　　　　　73EJC:294

范忠的爵位、年齡與 2.14 傳文書的范忠相一致,當爲同一人。一般而言,出行者通關時,關吏不僅使用寬木牘録副傳文書,而且還要另外使用單札製作通行者出入名籍。換言之,傳文書抄件與傳主出入名籍簡配合使用,兩者毫無疑問當出現在同一地。2.21 採集自 A32 遺址,而通常情況下,採集簡雖非開挖探方發掘而得,但在涉及簡牘地點時往往與發掘簡一視同仁,因此,推測 2.14 傳文書原本就出自 A32 而非 T168 遺址當可成立。以此類推,其餘傳文書也應該出土自 A32 遺址。另,2.20 傳主法昌的疑似名籍簡 2.45(詳下),雖然目前編在 73EJD 中,但鑒於前述種種論證,並不能説明 T168 遺址設關。

此外,下述十枚無法考證紀年的傳文書,應該也出自 A32 遺址。如下:

2.22. ☐

萬歆迎桌編索郡中，當舍傳舍，從者如律令。／掾商兼史詡書吏業

73EJD：22

2.23. ……陵衆駿里呂孝年卅五，爲家私

☐　　　　　　　　　　　　　73EJD：23

2.24. ☐□居延都尉義丞直謂過所縣道河津關：遣從史何殷歸取☐如律令。／兼掾武卒史殷助府佐僃　　　73EJD：64

2.25. ☐……居延肩水都尉府。乘所占用馬一匹軺車一乘☐□□如律令。／掾威令史宗佐忠齊　　　73EJD：79B

2.26. ☐□大守府。占所乘用馬一匹軺車一乘☐□言之。

☐　　　　　　／令史尊佐禹　　　73EJD：96

2.27. ☐

☐獄徵事，當爲傳。移過所縣道，毋苛留□□□☐

☐熒陽守丞顯移過所如律令　掾喜令史宣☐　73EJD：244

2.28. ☐廷宜秋里男子鉏偃，自言爲家私使居延。☐毋官獄徵事，當得取傳。謁移金關、縣索

☐道河津關如律令　／掾仁佐宣　　　73EJD：307B

2.29. ☐□□敢言之：遣從吏杜霸從令對大守府，占所乘用馬一匹軺車一乘，與□☐　　　　　　　　　73EJD：335

2.30. ☐□六月癸酉，居延丞☐

☐□觻得，當舍傳舍，從者如☐　　　73EJD：365

2.31. ……

七月壬子居延守丞城☐　　　73EJD：357

2.25、2.28 簡文中間有習字，不錄。上舉十枚簡，形制均爲兩行，與常見傳文書相同。據"當舍傳舍""爲家私使""謂（移）過所縣道""乘所占用馬""毋官獄徵事"等用語判斷，毫無疑問當爲傳文書。唯 2.31 殘損嚴重，並無上舉傳文書的典型用語，但綜合其形制及"七月壬子居延守丞"另起一行且紀月日無紀年的書式，亦當爲傳文書。比對前述論證，這十枚通關用的傳文書，無疑也不當出自 T168 遺址，應出自 A32 遺址。

（二）通關致書

所謂通關致書，是指以通知文書的形式向關口行文，附牒記錄出行者名

單,關口根據移送來的文書核查放行的一類通關證件。這類證件,多向指定關口發文,通常在郡内使用。① 73EJD 簡牘中有六枚此類文書,先將有紀年和可考證紀年者列舉如下:

2.32. ☑(建昭二)年三月癸巳朔庚申,②肩水城尉奉世移肩水金關:遣就家載穀給橐他候官☑里年姓各如牒,書到,出入如律令。　73EJD:36A
　　　　　　　　☑　　　　　　　　嗇夫仁　73EJD:36B

2.33. 建昭六年正月辛未朔丙戌,廣☑
牒到,出入如律令☑　　　　　　　　　　　73EJD:270

2.34. 建始二年正月己未朔癸未☑
家,名縣爵里年姓各如牒☑　　　　　　　　73EJD:131

2.35. 建始四年十一月癸卯朔癸丑,廣地候仁移肩水金關:遣葆爲家私市酒泉郡中,書到,出入如律令。皆十二月癸未出　73EJD:43A
張掖廣地候印　　　　　　　　　　　　　　73EJD:43B

2.36. 河平五年正月己酉朔壬戌,橐他守塞尉勵以私印行事移肩水金關:莫當戍卒闔被自言"家父龐護戍肩水候官,爲人所傷"。今遣被持藥視護,書到,出内如律令。　　　　　　　73EJD:42

五枚簡均爲兩行,其中 2.32、2.35、2.36 較爲完整,無疑屬於通關致書。2.33、2.34 下殘,據"牒到出入如律令""名縣爵里年姓各如牒",亦爲致書。這五份通關文書,涉及的時間分別爲建昭二年、建昭六年、建始二年、建始四年、河平五年(前 24)。前面已經指出從建昭二年至河平二年,A32 遺址均出土通關性質的簡牘,實際上,河平四年(73EJT3:55)、陽朔元年(73EJT6:27)、陽朔三年(73EJT37:1007)、陽朔四年(72EJC:121)亦均有通關性質的簡牘,故這段時間内,金關亦在 A32 遺址。2.32、2.35、2.36 均指明發給金關,三簡無疑應當出自 A32 遺址。同理,其他兩簡亦當出自 A32 而非 T168 遺址。此外,下簡亦如此。

2.37. ☑月己未甲戌,橐他候昌移肩水金關:遣尉史韓仁將☑使,名縣爵里年姓各牒,書到,出入如律令。　　　　　　　73EJD:30

---

① 參拙文《漢代的通關致書與肩水金關》,第 21—44 頁。鷹取祐司稱之爲"書到出入通行證"(《肩水金關遺址出土的通行證》,載《古代中世東アジアの關所と交通制度》,第 258—282 頁。又可參藤田勝久《肩水金關的交通與"出入"通行證》,《簡帛》第十七輯,2018 年,第 223—244 頁。
② 該簡上殘,然肩水城尉奉世見於永光五年正月(73EJT3:109),也是一份通關致書。查曆日表,與永光五年相近且三月朔日爲癸巳者,以建昭二年最爲合適。

該簡上殘，紀年不存。據"名縣爵里年姓各牒，書到，出入如律令"及形制判斷，無疑以爲通關致書。比對前述論證，不該出自 T168 遺址。

另，還有六枚通關性質的文書，不易辨識屬於傳還是通關致書。如下：

2.38. ☑□出入如律☑　　　　　　　　　　　　　73EJD：359
2.39. ☑□□□□□☑到，出入如律令□☑　　　　73EJD：379
2.40. ☑他候宣移肩水金關：遣☑　　　　　　　　73EJD：366
2.41. ☑關、居延縣索關：寫移書☑　　　　　　　73EJD：165
2.42. ☑□□關：寫移書到，如律令☑　　　　　　73EJD：334
2.43. ☑正月辛未入／守令史☑　　　　　　　　　73EJD：152

六枚簡均殘損嚴重，但其形制當爲兩行，與傳和通關致書相符。2.38、2.39 有"出入"字樣，無疑當爲通關證件。2.40 發給金關，2.41 當發給金關、懸索關，2.42 發給某關，應該均爲通關證件。2.43"正月辛未入"這一關吏添加的出入記錄，顯示該簡當爲通關證件。雖然無法判斷這六份文書的具體性質，但無疑均屬通關證件，因此也不應出自 T168 遺址。

綜上，據上舉傳文書及通關致書涉及的時間，並比對 A32 遺址出土通關性質簡牘的紀年，基本可以確定 73EJD 中的這些簡牘不應該出自 T168 遺址，而應出自 A32 遺址。當然，紀年不存的簡牘理論上可能是金關遷至 T168 遺址而遺留的，但從昭帝始元七年至新莽天鳳六年，也就是金關整個存續期間，金關遺址（T37、F2、F3 等）基本上均出土了相應紀年的簡牘，①故

---

① 除上舉建昭二年至陽朔四年外，昭帝元鳳二年（73EJF1：31），元平元年（73EJT21：101）；宣帝本始元年至四年（73EJT22：31、73EJT21：64、73EJT24：97+73EJT30：64+73EJT30：11、73EJT24：262），地節元年至四年（73EJT2：56、73EJT25：7、73EJT37：519、73EJT28：46），元康元年至四年（73EJT30：240、73EJH2：54、73EJT37：773、73EJT31：20+34），神爵元年至四年（73EJT37：739、73EJT37：1003、73EJH1：3、73EJT37：910），五鳳元年至四年（73EJT37：521、73EJT24：35、73EJT37：1075、73EJT37：1062），甘露元年至四年（73EJT10：335、73EJT34：1、43.12/A32、73EJT10：120），黃龍元年（73EJT32：50）；元帝初元二年至四年（73EJT21：175、73EJT33：58、73EJT30：62）、永光元年至四年（73EJH2：50、73EJT33：41、73EJT21：19、73EJT37：526）；成帝鴻嘉元年至四年（73EJT6：23、73EJT7：92、73EJT23：664、73EJT37：645+1377），永始元年、二年、四年（51.10/A32、73EJT24：23、73EJT37：1059），元延元年至四年（73EJT37：1065、73EJT37：778、73EJT37：446、73EJT37：1500），綏和二年（73EJT37：783）；哀帝建平元年至四年（73EJT37：1503、73EJT37：803、73EJT37：788、73EJT37：758），元壽二年（73EJT23：897）；平帝元始元年至三年、五年（73EJF1：85、73EJT37：201、73EJT35：2、73EJT24：616）；孺子嬰居攝元年至三年（73EJT23：762、73EJT23：877、73EJT23：668）；新莽始建國元年至四年（73EJF3：175+219+583+196+407、73EJF3：111、73EJF3：155、73EJF3：115），天鳳元年、五年、六年（73EJF3：39、73EJF3：328、73EJF3：119）等，均有材料顯示金關就在 A32 遺址。中間所缺者，不過一兩年而已，這完全有可能是簡牘遺存的偶然性所致，並不足以說明在這空缺的一兩年中金關遷至他處了。

這種可能性亦可排除。此外,簡牘遺存存在隨意性,即使缺少數年的明確紀年,也並不能説明金關移至他處了。畢竟沒有特别重大的原因,金關不至於短暫北移 1 600 米,不旋踵復遷回原址。而綜合目前已刊簡牘,完全看不到金關遷至它處的痕迹。當然,金關直屬於肩水候官,而肩水候官直屬於肩水都尉府,彼此間存在文書往來,故肩水候官、肩水都尉府兩地也可能出現包括傳和致書在内的通關簡牘,但顯然 T168 遺址並非上述兩個機構的任何一個。前文已經查明的駐在此地的橐他塞莫當隧與南部候長治所,金關亦無須向兩者匯報工作,故屬於金關的通關簡也不會因文書行政而轉移至 168 遺址。排除這些可能性之後,判定上舉十九份傳文書、六份通關致書及六份疑似者原本出自 A32 遺址,當不成問題。

三、出入名籍簡

通關者持證件過關時,關吏除核查人員物資外,還要記録通關者出入金關的信息,留檔備查。這就是所謂的出入名籍簡。當然,通關者所持證件不同,出入名籍簡製作方式也不同。持傳、符者通關,關吏一般另簡登録通關者個人信息並添加出入信息;持致書通關,關吏則可能直接在原來的"牒"上添注出入信息。當然,因爲小吏日常工作的疏忽、怠慢或其他原因,有些名籍簡並未添注出入信息。出入名籍簡的形制,似均爲單札。金關一般逐月逐年,甚至逐日,匯總出入名籍簡。73EJD 簡牘中有不少此類簡牘,據有無出入信息,暫分兩類。

（一）有出入記録者

這類有出入記録的簡牘,約十八枚,現移録於下。

2.44. ☑高止隧長　守尉史李辟兵七月辛酉出　　　　73EJD∶54

2.45. □□□從史餅庭里法昌　大車一兩用牛一　同十一月□☑

　　　　　　　　　　　　　　　　　　　　　　　　73EJD∶205

2.46. 官大奴苟壽　九月丁未出 ノノ　　　　　　　　73EJD∶10

2.47. 官大奴胡賀　十月丁未出 ノノ　　　　　　　　73EJD∶15

2.48. 官大奴杜得之大車一兩用牛一九月丁未出 ☑　　73EJD∶236

2.49. 禄福王里公乘胡敞年廿五字偉卿 ノ 車一兩牛二　十一月己未入

　　　　　　　　　　　　　　　　　　　　　　　　73EJD∶1

2.50. 就家酒泉灤官力田里公士馬適常年廿　九月庚午出 ノ 車一兩牛二

　　　　　　　　　　　　　　　　　　　　　　　　73EJD∶7

2.51. ☑□一匹齒廿歲高六尺正月丙子出　　　　　73EJD：108

2.52. ☑車二兩黑犗牛二齒十二歲 五月己未入　　73EJD：198

2.53. ☑ □驪得□□里公乘毛□年廿三歲　車一兩牛二　二月戊甲入
　　　　　男□年十三歲　　　　　　爲家私市張掖

　　　　　　　　　　　　　　　　　　　　　　　　73EJD：100

2.54. ☑□十四　九月乙亥入　　　　　　　　　　73EJD：94

2.55. ☑五月辛酉入七月丁戊辰出　　　　　　　　73EJD：95

2.56. ☑六月庚寅出北有府記　　　　　　　　　　73EJD：115

2.57. ☑巳入乙亥出　　　　　　　　　　　　　　73EJD：127

2.58. ☑九月戊辰入 ☑　　　　　　　　　　　　 73EJD：167

2.59. ☑七月丁酉入丿乙卯☑　　　　　　　　　　73EJD：168

2.60. ☑六月乙亥佐賞出　　　　　　　　　　　　73EJD：239

2.61. ●右□□□四人皆七月壬子出☑　　　　　　73EJD：122

除 2.53 外，其餘皆爲單札。2.53，"戊甲"當爲"戊申"之誤，形制較寬，兼具傳文書和出入名籍的性質，2.61 以"●右"起首，當爲結計標題簡，爲行文方便一併討論。十八枚簡中，2.44、2.45 通行者身份爲官吏，[①]2.46、2.47、2.48 通行者爲官奴，2.49 是普通民眾，2.50 是負責運輸的就人，其他不詳。此外，2.44、2.46、2.47 三枚較完整者未見車馬信息，可能確實沒有車馬，或者關吏省略。其他殘損，不易判斷。一致的是，十八枚簡末尾均有出或入的信息。尤其 2.60 添注"佐賞出"，當指關佐賞負責通關。顯然，這十八枚簡是某個關卡所遺留的通關性質的簡牘，結合前述論證，無疑應當出自 A32 而非 T168 遺址。此外，"出"，是指離開某候官塞轄區；"入"，是指進入某候官塞轄區。2.56 記載"出北"，即表示出關北行，顯見該候官轄區在南，而橐他塞轄區一般認爲南起 T168 北至 T154，因此該簡所示只能是肩水候官，所設關亦須統轄於肩水候官。這個條件，只有設於 A32 遺址的金關才能符合。而且，金關遺址確實也出土很多添注"北出""南入"的簡牘，如 2.102、2.103 等（詳下）。另，細察圖版，2.45、2.46、2.47、2.48、2.50、2.52 六枚簡的出入信息是別筆所書，而其他簡一筆寫下，可能是不止一人負責通關所致。

[①] 2.45"從史鉼庭里法昌"與 2.20 傳主"從史法昌"同職同名，而後簡法昌之葆爲鉼庭里，鑒於不少傳文書所見傳主與葆同里（73EJT25：7、73EJT33：40），兩簡法昌可能爲同一人。

（二）無出入記錄者

73EJD 簡牘中無出入信息的通關名籍簡，共二十五枚。如下：

2.62. 居延都尉守屬居延①累山里公乘誠常富年五十三　　移守御器簿
軺車一乘用馬一匹駱牝齒八歲高六尺　　　　　　　　　73EJD：17

2.63. 千人令史氏池昌樂里公乘東門輔年卅三　　　　　73EJD：27

2.64. 居延守令史徐望年卅八長☒　　　　　　　　　　73EJD：53

2.65. 令史觻得萬歲里公乘桃勳年卅☒　　　　　　　　73EJD：62

2.66. 居延計掾王宗年卅六　子男尊年十四　☒☒　　　73EJD：229

2.67. 肩水卒史宋賞　　　　　　　　☒　　　　　　　73EJD：99

2.68. 故吏屋闌義來里公乘王殷年廿五　前適補居延吏今免歸故縣
軺車一☒　　　　　　　　　　　　　　　　　　　　　73EJD：48

2.69. 居延市陽里簪褭徐並年廿五爲人黑色長七尺五☒　73EJD：60

2.70. 長安佐弋里蔡護年十三字君兄　☒　　　　　　　73EJD：70

2.71. 觻得成漢里畢安世年廿牛二車一兩☒　　　　　　73EJD：208+147

2.72. 河南宜樂里史陽年卅九字少實　☒　　　　　　　73EJD：204

2.73. 河東閡悥弟十二車廉里呂竟　黃牝牛一齒十一歲　☒
　　　　　　　　　　　　　　　　　　　　　　　　　73EJD：256

2.74. 觻得成漢里王登年卅七　☒　　　　　　　　　　73EJD：210

2.75. 子女觻禄福金里趙常年十九　重毋車入出☒　　　73EJD：13

2.76. 子男居延鞮汗里王武年十二歲☒　　　　　　　　73EJD：232

2.77. ☒里公乘丘光年十九歲方相車一駟牡馬一匹齒十四歲　☒
　　　　　　　　　　　　　　　　　　　　　　　　　73EJD：58A

2.78. ☒　方相車一乘駹牝馬二匹齒各八☒☒　　　　　73EJD：128

2.79. ☒年十六　車二兩牛四☒　　　　　　　　　　　73EJD：177

2.80. ☒☒弓一矢五十劍一　　　　　　　　　　　　　73EJD：224

2.81. ☒車一兩牛二　同　　　　　　　　　　　　　　73EJD：225

2.82. ☒車一兩牛二　☒　　　　　　　　　　　　　　73EJD：234

2.83. ☒孫憲年廿三寧歸昭武　☒　　　　　　　　　　73EJD：150

2.84. ☒☒黑色　☒　　　　　　　　　　　　　　　　73EJD：146

---

① 守屬後兩字未釋，據圖版，當爲"居延"，徑補。

2.85. ☑□陽東鄉東樂里郭敞年五十長☑　　　　73EJD：173
2.86. ☑□倉里于盖衆年五十長☑　　　　　　　73EJD：174

上舉二十五枚簡，形制皆爲單札，與出入名籍簡相符。2.62—2.67 通關者分別爲都尉守屬、千人令史、居延縣守令史、令史、肩水都尉卒史，這些官吏不可能設於橐他塞莫當隧或南部候長治所，故其名籍簡不應出自 T168 遺址。2.68 曾爲官吏，現爲平民，2.69—2.74 爲普通民衆，2.75、2.76 爲某人子女，這些平民信息簡也不應見於亭隧防禦系統。據其所記車馬、身長及免歸等信息判斷，當爲通關性質的出入名籍簡。2.77—2.86 殘損，事主身份不詳，但2.77—2.82 記錄了車馬信息，2.83 記"寧歸"，2.84 記膚色，2.85、2.86 記身長。這些應該均爲關卡所製作並遺留下來。① 上舉諸簡所涉人名，不見於 A32 遺址出土的傳文書。唯 2.63 東門輔見於奏封簡 259.1/A8，身份爲誠北候長，還見於三枚發給甲渠候官的封檢（EPT50：129、EPT50：146、EPT50：154），惜身份不詳。

下述六簡，疑涉通關：

2.87. ☑熒陽應里侯順年卅五丿☑　　　　　　73EJD：52
2.88. ☑□年廿五　丿　　　　　　　　　　　73EJD：112
2.89. ☑□聖仁年卅二　　☑　　　　　　　　73EJD：235
2.90. ☑觻得萬年里邴種已　　☑　　　　　　73EJD：276
2.91. ☑里毛利年卅五　　□☑　　　　　　　73EJD：356

---

① 2.85、2.86 兩簡上下皆殘，形制爲單札，據簡文無疑記載了身高信息。記載身高信息的簡牘多見於關卡遺址（A32、A21），同時少數見於候官和都尉府遺址。如下：
肩水候官並山隧長公乘司馬成中勞二歲八月十四日能書會計治官民頗知律令武年卅二歲長七尺五寸觻得成漢里家去官六百里　　　　　　　　　　　　　　　　　　　　　13.7/A33
肩水候官執胡隧長公大夫奚路人中勞三歲一月能書會計治官民頗知律令文年卅六歲長七尺五寸氐池宜藥里家去官六百五十里　　　　　　　　　　　　　　　　　　　179.4/A33
☑渠候官窮虜隧長簪褭軍立中功五勞　三月能書會計治官民頗知律令文年卅歲長七尺五寸應令居延中宿里家去官七十五里　屬居延部　　　　　　　　　　　　　　　　89.24/A8
前兩簡出自肩水候官遺址，後簡出自甲渠候官遺址，三簡皆爲單札。據簡文，依次記載統轄隧長的爵位、功勞、能力、文/武、年齡、身高、籍貫、去官距離，末簡還記所屬之都尉轄區。此類簡牘，一般稱爲功勞墨狀名籍（李天虹《居延漢簡簿籍分類研究》，第 143—145 頁；李均明《秦漢簡牘文書分類輯解》，第 379—380 頁）。從上舉三例不難看出，功勞墨狀名籍記載身高在前，籍貫在後，與 2.85、2.86 迥然有別。因此，可排除 2.85、2.86 爲此類簡的可能。此外，下簡見於肩水都尉府遺址：
書佐觻得萬年里趙通　　　　元康四年正月辛未除見　　　有父母
年廿三長七尺四寸　　　　　能書毋它能　　　　　　　　畜馬一匹　　192.25/A35
該簡爲兩行，右側記籍貫姓名，左側記年齡身高。雖然記載了身高，但書式、形制與 2.85、2.86 明顯不同，故二簡爲此類簡牘的可能性也可排除。

2.92. ……里朝親年卅二☐   73EJD：213

六簡殘損，雖然形制皆爲單札，但不易判斷上下內容。但鑒於 P1 遺址——甲渠塞第四隧、第四部候長駐地——亦存類似形制者，如下：

2.93. 萬歲隧卒魏郡魏南直里大夫封從年廿五☐   EPS4T2：125
2.94. 戍卒魏郡内黄半道里房良　病有貰已上   EPS4T2：22

兩簡皆爲單札，前簡可能爲萬歲隧卒名籍，記載隧卒郡縣里身份姓名及年齡，後簡性質不詳。比對兩簡，2.87—2.89、2.91、2.92 記載年齡，存在與 2.93 性質相似的可能，2.90 未記年齡，可能與 2.94 相似。另，2.87、2.88 有勾畫符號，屬於通關簡的可能性非常大，但目前尚難完全排除部隧遺址出土類似兩簡形制與書式的含有勾畫符號的名籍簡。因此，2.87—2.92 是否涉及通關，尚難確定。

此外，還有三簡，應該也屬通關性質的出入名籍簡。如下：

2.95. 田卒東郡畔昌里孟惡年卅一長七尺☐   73EJD：191
2.96. 田卒淮陽郡陽夏安成里上造周不識年廿四　☐   73EJD：212
2.97. 治渠卒河東安邑陶就里公乘趙喜　年卅九☐   73EJD：233

三簡皆爲單札。前兩簡爲田卒，此類名籍多見於肩水候官（A33）與肩水都尉府遺址（A35），不見於部、隧機構遺址。① 金關簡中亦可見到類似名籍，如下：

2.98. 田卒居延富里張惲年三十五 大車一兩用牛二頭 九月戊戌出、
                                                73EJF3：371

該簡末尾有出入信息及勾畫符號，顯然爲通關性質的簡牘。以此推測，2.95、2.96 當出自 A32 遺址。而且，2.95 記身高信息，毫無疑問當屬通關出入簡，更印證這一判斷。2.97 爲治渠卒名籍，此前極少見，更不見出自部、隧者。金關簡中有類似者，如下：

2.99. 治渠卒河東汾陰承反里公乘孫順年卅三　、　出　73EJT3：50

該簡下端，別筆添注"出"，顯係金關遺留簡牘。推測 2.97 可能與 2.99 相同，皆爲通關性質簡牘。

---

① 居延舊簡、居延新簡中的田卒名籍集成，可參李天虹《居延漢簡簿籍分類研究》，第 8—9 頁。

另，還有兩枚戍卒名籍，如下：

2.100. 戍卒濟陰郡定陶漆里官大夫丁☐　　　　　　73EJD：207
2.101. 戍卒李利親☐　　　　　　　　　　　　　　73EJD：180

兩簡皆爲單札，下殘，有無出入信息不得而知，而 A32 遺址存在通關性質的戍卒名籍。如下：

2.102. 戍卒隱强始昌里公乘朱定年廿九　八月癸亥北出
　　　　　　　　　　　　　　　　　　　　　　　73EJT37：888
2.103. 戍卒轑得市陽里盧侯忠 年廿四 丿 六月丁巳北出 凡廿二人 五
月乙卯南入　　　　　　　　　　　73EJT37：611+554+559+904

兩簡下端皆有出或入的信息，顯係金關所留的出入名籍簡。鑒於兩簡存在與前舉 P1 遺址出土的 2.94 簡相似的可能，故是否涉及通關，不宜判定。

綜上，2.62—2.86、2.95—2.97 等簡牘，雖然缺乏下端的出或入記錄，但無疑爲通關性質的出入名籍簡，當爲關卡遺留。結合前述對 T168 遺址性質的判定及金關一直存在 A32 遺址的史事，將 2.62—2.86、2.95—2.97 等簡牘視爲 A32 而非 T168 遺址出土，當更爲合適。至於 2.87—2.92 及 2.100、2.101 等八簡，推測很可能亦出自 A32 遺址，但證據不足，暫備列於此。

四、奏封記録

所謂奏封記録簡，是指含有"奏封"字樣的上奏文書清單一類簡牘，形制多爲單札，一般出土於候官遺址。暫舉典型者，如下：

2.104. 第廿三候長趙倗責居延騎士常池馬錢九千五百移居延收責重·
一事一封十一月壬申令史同奏封　　　　　　　　35.4/A8
2.105. 殄北報令史登不服負臨木候長憲錢謂臨木候長憲·一事集封
四月己卯尉史彊奏封　　　　　　　　　　　　EPT51：25

兩簡皆爲單札，先摘要記録發送文書內容，隨後以墨點"·"隔斷，説明"封"的方式，最後注明時間及奏封者。這類簡牘，永田英正最早稱之爲"發信日簿"，[①]李均明先生稱爲"奏封記録"。[②] 後説貼近史實，本文從之。

[①] 永田英正《再論漢代邊郡的候官》，原載《滋賀大學教育學部紀要（人文科學·社會科學·教育科學）》36 號，1986 年，此據作者《居延漢簡研究》第七章，第 396—415 頁。
[②] 李均明《秦漢簡牘文書分類輯解》，第 429—431 頁。

73EJD 簡牘有佐和尉史的奏封記錄簡，先分析前者，如下：

2.106. ☑□二年七月甲申佐通奏封　　　　　　　　73EJD：66

該簡上殘，形制爲單札，與常見奏封記錄簡相符。引人注意的是，該簡奏封者爲佐。西北地區邊塞亭隧系統中，都尉府有書佐，關卡有關佐，廄置有廄佐、置佐，但部隧機構從未設立佐，因此橐他塞莫當隧與南部候長治所的 T168 遺址不應出土該簡。而奏封記録，類似於今天摘要式的底賬，多用於留底備查，通常情況下不會呈報至他處，因此也可排除該簡爲其他機構呈報至 T168 遺址的可能性。結合金關關佐趙通恰好見於地節三年（前 67）、元康三年（前 64），①而 2.106"二"上之字的殘筆似爲"康"之下部，故該簡很可能是元康二年七月金關關佐奏封文書的記録簡。如此不誤，則當出自 A32 遺址。

73EJD 簡牘中的尉史奏封記録簡共三枚，如下：

2.107. ☑元康二年九月甲辰尉史同奏封　　　　　　73EJD：76
2.108. ☑……元康二年十一月戊戌尉史同奏封　　　73EJD：74
2.109. ☑□年十一月丙午尉史同奏封　　　　　　　73EJD：121

三簡皆上殘，均爲尉史同奏封。前兩者在元康二年（前 64），末簡"年"之上的字尚殘存清晰的一橫，若三簡尉史同爲一人，則當爲"二"或"三"的末筆。總之，三者年代當十分接近。費解的是，奏封者爲尉史，而西北漢簡所見尉史一般作爲塞候和塞尉的屬吏負責文書事務，尤以前者最爲常見，②未見駐在亭隧或候長治所者。因此，尉史在橐他塞莫當隧與南部候長治所的 T168 遺址奏封文書，實有悖常理。一般而言，爲候長服務的文書吏爲候史，候史有時也駐在某個亭隧，故 T168 遺址的文書吏當爲候史而非尉史。綜此，這三枚簡不當出自 T168 遺址。

那麽，2.107—2.109 三簡原本出自何處呢？綫索來自尉史同。檢核材料，肩水候官遺址（A33）也出土了尉史同的奏封記録簡。如下：

---

① 參拙文《漢代肩水金關關吏編年及相關問題》，第 256 頁。
② 吉川佑資《漢代邊境における令史と尉史》，第 28—36 頁；李迎春《漢代的尉史》，第 467—480 頁。前文所列尉史單獨或共同署名的文書，可考者均爲塞候文書（第 30—32 頁），可見尉史常駐候官障。唯有 EPT52：398 爲士吏兼行候事下發的文書，該士吏很可能本身就在候官障，故文書由尉史負責。

2.110. ☒十二月壬辰尉史同奏封　　　　　126.38/A33①

該簡上殘,紀年不存,而且字迹漫漶,筆迹是否與 2.107—2.109 相同亦難以斷言。但毫無疑問的是,尉史奏封簡出自候官遺址,是合乎情理的。雖然不能排除重名的現象,但四簡均爲尉史同奏封,難道僅是巧合嗎?而且,元康二年十二月確實有壬辰的干支(二十八日)。因此,筆者傾向於 2.107—2.109 亦出自肩水候官遺址(A33),與 2.110 爲同一人。② 此外,筆者所見,以 2.104、2.105 爲代表的甲渠候官遺址出土的奏封簡均僅記月日不記年,而 2.106—2.109 四簡詳細到某一年。這個差別,很可能是不同機構記錄習慣不同所致,聯繫到 2.106 很可能出自肩水塞轄區内的金關遺址,故將 2.107—2.109 也視爲肩水塞轄區出土,應該是可行的。若此不誤,則肩水塞轄區内,僅肩水候官遺址(A33)常駐尉史,③故 2.107—2.109 出自該地還是很有可能的。

綜上,2.106—2.109 四枚奏封記録簡也不應該出自 T168 遺址。其中,2.106 可能出自 A32 遺址,2.107—2.109 可能出自 A33 遺址。當然,關於四枚簡的原始出土地,主要是綜合各方面情況作出的判斷,並無板上釘釘的證據。

五、其他

除上舉四類簡牘外,尚有數枚簡牘可能原本也不出自 T168 遺址。如下:

2.111. ●肩水候官元康三年正月關吏奏券☒　　　　　73EJD：149④

---

① 該簡早期釋文爲"十二月壬辰尉史□奏封"(勞榦《居延漢簡考釋·釋文之部》,商務印書館(上海),1949 年,第 103 頁;中國社會科學院考古研究所編《居延漢簡甲乙編》下册,第 88 頁;謝桂華、李均明、朱國炤《居延漢簡釋文合校》,第 207 頁),而新近釋文爲"十二月□□尉史同奏封"(簡牘整理小組《居延漢簡(貳)》,第 59 頁)。細審新近刊佈的紅外圖版,"同"字無誤。另,早期勞榦先生的釋文應據原簡肉眼辨認,新近釋文可能受制於簡牘褪色等因素,雖然紅外圖版更爲清晰,但部分簡文的釋讀不一定更勝舊釋。而且,紅外圖版尚存"辰"字大部分筆畫,故舊釋"壬辰"當可從。
② 甲渠候官遺址也出土了尉史同奏封簡(259.1/A8),當是同名尉史,可能並非同一人。
③ 尉史也偶見於 A32 遺址,如 73EJT24：35、73EJT33：76、73EJT37：822 等,這是因爲宣帝五鳳元年至甘露二年間,及陽朔四年(前 21)十一月至居攝二年(7 年),肩水候常駐 A32 遺址,尉史作爲文書吏也隨侍在此(詳本書第四章)。
④ 該簡上端漫漶,但墨點尚存,原釋文闕,據圖版徑補。

2.112. 肩水望城隧長餘得步利里暴□　　未得地節四年十月盡十一月積二月奉用錢
　　　　　　　　　　　　　　　　　　　千二百
　　　　　　　　　　　　　　　　　　　……錢千二百……

　　　　　　　　　　　　　　　　　　　　　　　　　　73EJD：211

  2.111 簡首有墨點,當爲某種册書標題簡。據簡文,册書當以肩水候官爲記録對象。理論上,這種册書或者出現在肩水候官遺址,或者出現在其上級機構——肩水都尉府,顯然 T168 遺址並不符合其中任何一個。因此,該簡不當出自 T168 遺址。2.112 左殘,據書式及簡文,很可能爲常見的俸賦名籍。①這種簡牘多見於候官(A8、A33)或都尉府遺址(A35),部隧遺址未見類似名籍,而且該簡寫明爲肩水塞望城隧,故不當出自 T168 遺址。兩簡所涉時間分別爲元康三年、地節四年,此時肩水候尚駐 A33 遺址,故出自該地的可能性比較大。

  此外,下述三簡可能也不出自 T168 遺址。

  2.113. □以食彊漢隧卒趙方始六月□　　　　　　73EJD：218
  2.114. □以食受降隧卒莊充六月積卅日食□　　　73EJD：287
  2.115. ●右故受降隧長氐池宣稟里槙充字□　　　73EJD：214

  前兩簡均爲某種出穀/鹽簿籍,②且均爲整月用量,顯係按月提供的口糧,故該機構當統轄彊漢、受降隧。材料所見,兩隧轄於肩水塞,③故兩簡可能出自肩水塞。而肩水候官遺址恰好出土多枚類似簡牘,如下:

  2.116. 出麥一石九斗三升少　　以食斥竟隧卒周奉世九月食

　　　　　　　　　　　　　　　　　　　　　　　　　10.3/A33

  該簡形制、書式與 2.113、2.114 均相同,故兩簡可能出自 A33 遺址。另,2.115 當爲某種涉及受降隧的簿籍標題簡,若此受降隧與 2.114 相同且亦轄於肩水塞,也可能出自 A33 遺址。當然,這個推論的基礎是橐他南部塞未統轄同名亭隧,目前材料支持這一觀點。

  綜上,2.111、2.112 兩簡當出自 A33 而非 T168 遺址。至於 2.113—2.115 三簡,則可能出自 A33 遺址。

---

① 俸賦名籍簡集成及相關研究,可參李天虹《居延漢簡簿籍分類研究》,第 26—29 頁;李均明《秦漢簡牘文書分類輯解》,第 364—366 頁。
② 穀物/鹽出入簿籍的集成及相關分析,可參李天虹《居延漢簡簿籍分類研究》,第 70—81 頁;李均明《秦漢簡牘文書分類輯解》,第 296—298、300 頁。
③ 參本書第一章。

第三節　P1 遺址出土簡牘——兼論 A22 遺址出土的傳文書

P1 遺址位於東經 100°55′26″、北緯 41°45′4″，東北距甲渠候官遺址（A8）約五公里。早年貝格曼曾在此採集一枚殘簡，①1974 年居延考古隊試掘，出土漢簡 195 枚，其他文物 105 件。② 此外，該遺址還有採集簡 67 枚。③ 據初步分析，甲渠塞第四隧駐在此地，第四部候長的治所也在此地。④ 若此不誤，則其性質與 T168 遺址相同，同爲部、隧駐地。而且，P1 遺址經過考古發掘，簡牘出自灰坑，也就是當時的垃圾堆，即相當於 P1 遺址所駐機構保有簡牘的隨機性留存，堪稱部隧合體遺址出土簡牘的樣本。因此，分析 P1 遺址出土簡牘的種類與性質，就等於認清此類遺址應出土什麽簡牘。在此基礎上比對 T168 遺址，即可驗證本文前述推測是否正確。

幸運的是，P1 遺址出土簡牘的種類與性質，永田英正曾做過初步分析，結論基本可信，筆者擬在其基礎上略作補充，不再詳細展開。概言之，永田英正認爲 P1 遺址共出土五類簡牘：（1）上行下達的文書，如甲渠候發給第四部的下行文書（EPS4T2：30、EPS4T2：64）、第四部呈給甲渠候官的上行文書（EPS4T2：63）及其他（EPS4T1：4、EPS4T1：11、EPS4T1：16、EPS4T1：32、EPS4T2：5 等）等；（2）簿籍，如卒名籍（EPS4T2：125/2.93）、被兵簿（EPS4T1：7、EPS4T2：68、EPS4T2：76 等）、日迹簿（EPS4T1：22、EPS4T2：2、EPS4T2：4、EPS4T2：106、EPS4T2：108 等）、卒作簿（EPS4T2：20、EPS4T2：75 等）、亭間道里簿（EPS4T2：159）、俸錢簿籍（EPS4T1：14）等；（3）訴訟簡（EPS4T2：7、EPS4T2：100、EPS4T2：101、EPS4T2：102 等），自言簡（EPS4T1：21）；（4）烽火品約（EPS4T2：137）；（5）曆日簡

---

① 弗克·貝格曼考察，博·索瑪斯特勒姆整理《內蒙古額濟納河流域考古報告》，第 86 頁。
② 甘肅居延考古隊《居延漢代遺址的發掘及新出土的簡册文物》，第 3—4 頁。
③ P1 遺址的採集簡，最早見於 1994 年中華書局出版的《居延新簡——甲渠候官》一書中，而 1990 年文物出版社出版的釋文本《居延新簡——甲渠候官與第四隧》（甘肅省文物考古研究所、甘肅省博物館、文化部古文獻研究室、中國社會科學院歷史研究所等編）就没有收録。筆者目力所及，迄今未見交待這批採集簡之時間者。
④ 甘肅居延考古隊《居延漢代遺址的發掘及新出土的簡册文物》，第 4 頁；永田英正《甲渠塞第四隧出土簡牘分析》，第 249—251 頁。

（EPS4T1：2、EPS4T1：17、EPS4T2：9、EPS4T2：73、EPS4T2：74等）。① 筆者覆檢P1遺址簡牘，除上舉五大類外，還有：（6）書信，如EPS4T1：9、EPS4T1：13、EPS4T2：13、EPS4T2：14、EPS4T2：28、EPS4T2：89、EPS4T2：112、EPS4T2：114、EPS4T2：128、EPS4T2：156等；（7）封檢，如候長充（EPS4T2：39、EPS4T2：40、EPS4T2：41、EPS4T2：67、EPS4T2：87）、候長李卿治所（EPS4T2：38）、候長誼（EPS4T2：37）、萬歲候長（EPS4T2：129）、第三隧長（EPS4T2：130）、甲渠士吏臧卿治所（EPS4T2：36）、甲渠候官（EPS4T1：10）、夏侯君伯（EPS4T2：131）等；（8）楬，如EPS4T1：8、EPS4T2：46、EPS4T2：103等。其中，萬歲候長、第三隧長的封檢，以及甲渠士吏封檢值得注意。或許，某段時期，第三隧與萬歲部駐在P1遺址。② 無論如何，P1遺址最大宗的還是部、隧留下的簡牘，可以作爲與T168遺址性質相似的樣本來分析。

從前面分類中，我們看不到P1遺址出土了什麼通關性質的簡牘，兩相比較，T168遺址出土那麼多通關性質的簡牘頗顯怪異。從這個角度而言，前面對金關封檢、傳文書、通關致書、出入記錄簡等的推測，應該也是成立的。當然，P1遺址也出土了理論上無法解釋的簡牘，但僅僅數枚，③佔比極小，不足以與T168遺址相提並論。

此外，A22遺址也曾出土兩枚傳文書（81.4、81.10），但該地並未築關，懸索關實際上在其東北約1 600米處的A21遺址，目前還無法合理解釋。不過，A22遺址共出土89枚簡牘，④僅有兩枚不合理者，不能與T168遺址相提並論。另，甲渠候官遺址（A8）亦出土數枚傳（EPT50：171、EPT59：677、EPF22：698、175.20、267.29），從其形制判斷，當是實物原件，可能持有者公差後歸來上交而遺留。其在整個遺址出土簡牘中的佔比，也是極小的。

---

① 永田英正《甲渠塞第四隧出土簡牘分析》，第252—255頁。
② 據學者研究，甲渠塞萬歲部（別名第三部）共統轄萬歲、卻適、臨之、第一、第二、第三等六所亭隧（李均明《漢代甲渠候官規模考（下）》，第84、86頁），與P1遺址無關，而萬歲候長與第三隧長封檢卻出現在該地。這一現象，當然可以解釋爲封檢製作後因故未發出而留在當地，但結合前舉2.93萬歲隧卒名籍及萬歲隧卒名籍殘簡（EPS4C：21）也出土自該地，某個時期此地是否爲第三隧及萬歲部治所呢？恐怕不能完全排除這種可能性吧。此外，漢簡所見，大約三個部配備一名士吏，士吏有駐扎在候官障、候長治所與重要亭隧者（參王之璞《西北漢簡所見"士吏"研究》第三章，第31—47頁）。P1遺址距甲渠候官遺址不遠，且又是候長駐地，因此士吏臧卿治所封檢可能恰好是臧卿駐在此地而留下的。
③ 除前舉第三十七隧長的奉賦名籍（EPS4T2：12）外，還有吞遠候長文書（EPS4T2：62）、吞遠隧長殘簡（EPS4C：61）、甲渠候官封檢殘片（EPS4T1：10）等四枚簡，無法解釋何以出現在P1遺址。
④ 據中國社會科學院考古研究所編《居延漢簡甲乙編》下册，附錄《居延漢簡出土地點表》（第324頁）、《居延漢簡標號表》（第325—327頁）核算。

因此,從這個角度而言,本文關於 T168 簡牘的推論,還是站得住腳的。

綜上,在考察與 T168 遺址性質相同的 P1 遺址出土簡牘的種類,並比對兩地簡牘,以及分析 A22 遺址所出兩枚通關性質的傳文書之後,相信本文關於 T168 遺址竄入 A32 簡牘的推測,在側面得到了一定程度的驗證。

第四節 餘 論

經過上述對 T168 遺址性質的判定,以及對 73EJD 部分簡牘的分析,並比對 P1 遺址,基本可以確定,73EJD:290/2.7 等 83 枚簡牘原來出自 A32 遺址,73EJD:76/2.107 等五枚簡牘原來出自 A33 遺址,73EJD:52/2.87 等 6 枚簡牘疑似出自 A32 遺址,73EJD:218/2.113 等 3 枚簡牘疑似出自 A33 遺址(附表)。因此,能夠確定不出自 T168 遺址者,即有 88 枚,外加 11 枚疑似者,共 99 枚。

若此不誤,目前在編的 73EJD 簡牘共 391 枚,本文推測混入者約 99 枚,故實際上出自 T168 遺址者可能約 292 枚。這一認識,除了前述多方面論證和推測外,是否還有其他依據呢? 幸運的是,筆者查找到發掘者的記述。初世賓先生參加了金關發掘的整個過程,對於 T168 遺址出土簡牘的數量,他前後有兩個説法,一是 293 枚,[1]一是 300 枚。[2] 筆者曾就此專門致電,初先生當時回憶説約 280 枚左右(2016 年 9 月 10 日)。三組數據雖不一致,但均不超過 300 枚。筆者亦曾就 A32 遺址發掘事宜多次請教,雖然年屆八十高齡,但初先生思路清晰言辭便捷,僅憑記憶述説之情況與考古報告幾無差别。若此不誤,綜合三組數字,取平均值約 290 枚,與本文推測數字極爲接近。

當然,因爲簡牘殘損不易判斷,73EJD 中可能還有少數原本出自 A32 遺址的簡牘未能辨識出來。同時,雖然理論上推測上述 99 枚不應出自 T168,但實際上恐怕會有那麼幾枚確實出自此地。這種可能並不能完全排除。兩相抵消,最後辨别出的簡牘,應該依然接近發掘者回憶的數值。因此,於情於理,前述對 73EJD 簡牘竄入者數量的估計,都是可信的。

還有一點需要交待,就是 73EJD 簡牘中出自 A33 遺址者。據介紹,金關發掘期間,工作人員不僅前往 T168 遺址掘獲漢簡,還前往地灣、大灣兩地,

---

[1] 初世賓《居延考古之回顧與展望》,載甘肅省文物局、絲綢之路雜誌社編《甘肅文物工作五十年》,第 135 頁。
[2] 初世賓《居延考古的回顧》,《甘肅文史資料選輯》第 51 輯,2000 年,第 7 頁。

共採獲漢簡96枚，①因此，73EJD竄入的A33遺址簡牘，可能就來自其中。另，除了A32、A33遺址簡牘單向混入73EJD外，後者簡牘是否混入前者了呢？目前尚難以判斷。又，簡牘既然有混淆，那麼在綴合方面可能會有新的思路，即將金關簡與73EJD簡牘嘗試綴合，應該會有些新發現。

"說有易，說無難"，說某地出土某些簡牘容易，說不出土某些簡牘則十分困難。因此，本文採取了首先考證T168遺址的駐扎機構，探明該遺址的性質，然後結合學界對文書簡牘簿籍分類的認識，對照分析73EJD簡牘，找出與T168遺址性質不符的簡牘，藉此判明這部分簡牘不應出於該遺址。這是本文工作思路的第一步。第二步是聯繫當年的發掘情況，比對關卡遺址出土簡牘的種類與性質，判明上述部分簡牘屬於金關(A32)遺物。總體而言，這樣的思路就是保障遺址性質與出土簡牘相吻合。儘管已有學者指出敦煌漢簡存在所謂的"異處簡"現象，即簡牘内容與出土地不相符，②但數量極少，而本文所分析的"異處簡"數量佔比近三分之一，兩者不可相提並論。

那麼，簡牘混淆發生在何時呢？據介紹，1975年初世賓先生籌備組建"漢簡整理研究室"，費時兩年，先A8後A32，將全部簡牘做成檔案。具體流程爲："一是清理，包括拆包、統計、對照、發掘記録、清剔泥沙污染、顯露字迹，以及初步粘結、正型等。二是記録，按方位、層次、單元、次第等進行編號，再按檔案册的内容，逐枚逐項注册登記。項目内容有：原始號、木質、尺寸、形制、草圖、文字、時代紀年、現狀、備注、釋文與校釋者、時間等……三是校正，特別就釋文反復校釋。四是拼綴編次。"③可見發掘簡運到甘肅省博物館之後，一直未拆包，直到1975年才拆開登記編號。編號方式，據觀察，與居延舊簡相同，即在簡牘側面或背面用毛筆直接寫上，④而非現在通行的在固定附著物上記録編號。因此，簡牘混入當在此之前。引文中提到簡牘有"原始號"，不詳具體所指，若是簡牘發掘當初的編號，則混入時間當在發掘時，也就是1973年。當然，因爲相關原始記録檔案，包括引文中提到的"檔案册"，以及A32、A8遺址發掘報告，尚未公佈，故也只能推測如此。

---

① 初世賓《居延考古的回顧》，第6頁。
② 宫宅潔《邊境出土簡研究の前提——敦煌の穀物關係簡より》，《中國出土資料研究》第六號，2002年，第21—23頁。該文承宫宅潔先生賜下電子版，謹致謝忱！
③ 初世賓《居延考古之回顧與展望》，第142—143頁；初世賓《居延考古之回顧》記述(第14—15頁)，與此基本相同。
④ 前舉簡1.21(73EJD：317)的C面，尚可看到"73金東一隧：317"字樣，應是當年編號原貌。此點承馬智全先生提示，謹致謝忱！

雖然金關簡第五冊所收 73EJD 中部分簡牘的出土地有誤,但並不損害五冊金關簡整理的高水準。平心而論,在釋文、圖版及著錄、排印等各方面,金關簡絲毫不低於此前刊佈的漢簡,堪稱近年來簡牘整理刊佈的典範,值得後續簡牘整理借鑒。而且,金關簡自發掘至刊佈,遷延四十餘年,幸虧這一代整理者排除萬難孜矻一之方使之面世,學界才得以利用這一寶貴資料。在此,我們應該特別感謝整理者的付出和貢獻。換言之,73EJD 簡牘的出土地,實際上屬於歷史遺留問題,牽涉面廣,情形複雜,其責任不該由現在的整理者承擔。退一步講,難道不公佈這批簡牘就是更好的處理方式嗎?顯然並非如此。因此,從整理者的角度來說,依照現存的樣貌(包括編號和出土地)將這批簡牘公諸學界,即使存在風險,也是最佳的處理方式。同時,這也是一種"學術乃天下公器"的富有勇氣和自信的表現。當然,我們也應該感謝金關簡的發掘者。居延考古隊忍受惡劣的自然條件,憑藉落後的裝備,發掘近兩萬枚漢簡,實在難能可貴。雖然難免存在各方面的問題,但總比這些簡牘躺在黃沙中不爲世人所知要好。

附表:73EJD 部分簡牘出土地①

簡　號/編　號	出土地點	數量
73EJD:290/2.7、73EJD:291/2.8、73EJD:292/2.9、73EJD:294/2.10、73EJD:298/2.11、73EJD:40/2.12、73EJD:41/2.13、73EJD:37/2.14、73EJD:44/2.15、73EJD:279/2.16、73EJD:19/2.17、73EJD:246/2.18、73EJD:65/2.19、73EJD:6/2.20、73EJD:22/2.22、73EJD:23/2.23、73EJD:64/2.24、73EJD:79/2.25、73EJD:96/2.26、73EJD:244/2.27、73EJD:307/2.28、73EJD:335/2.29、73EJD:365/2.30、73EJD:357/2.31、73EJD:36/2.32、73EJD:270/2.33、73EJD:131/2.34、73EJD:43/2.35、73EJD:42/2.36、73EJD:30/2.37、73EJD:359/2.38、73EJD:379/2.39、73EJD:366/2.40、73EJD:165/2.41、73EJD:334/2.42、73EJD:152/2.43、73EJD:54/2.44、73EJD:205/2.45、73EJD:10/2.46、73EJD:15/2.47、73EJD:236/2.48、73EJD:1/2.49、73EJD:7/2.50、73EJD:108/2.51、73EJD:198/2.52、73EJD:100/2.53、73EJD:94/2.54、73EJD:95/2.55、73EJD:115/2.56、73EJD:127/2.57、73EJD:167/2.58、73EJD:168/2.59、73EJD:239/2.60、73EJD:122/2.61、73EJD:17/2.62、73EJD:27/2.63、73EJD:53/2.64、73EJD:62/2.65、73EJD:229/2.66、73EJD:99/2.67、73EJD:48/2.68、73EJD:60/2.69、73EJD:70/2.70、73EJD:208+147/2.71、73EJD:204/2.72、73EJD:256/2.73、73EJD:210/2.74、73EJD:13/2.75、73EJD:232/2.76、73EJD:58/2.77、73EJD:128/2.78、73EJD:177/2.79、73EJD:224/2.80、73EJD:225/2.81、73EJD:234/2.82、73EJD:150/2.83、73EJD:173/2.84、73EJD:174/2.85、73EJD:146/2.86、73EJD:191/2.95、73EJD:212/2.96、73EJD:233/2.97、73EJD:66/2.106	A32	83

---

① 不能十分確定而存疑者,以斜體標示。

（續表）

簡　號/編　號	出土地點	數量
73EJD：76/2.107、73EJD：74/2.108、73EJD：121/2.109、73EJD：149/2.111、73EJD：211/2.112	A33	5
73EJD：52/2.87、*73EJD：112/2.88*、*73EJD：235/2.89*、*73EJD：276/2.90*、*73EJD：356/2.91*、*73EJD：213/2.92*、*73EJD：207/2.100*、*73EJD：180/2.101*	*A32*	8
73EJD：218/2.113、73EJD：287/2.114、73EJD：214/2.115	A33	3

附記：本文原刊《出土文獻》第十三輯，2018年，收入本書時加以修訂。

籾山明、佐藤信編《文獻と遺物の境界》（第一、二册）評介

2011年，籾山明、佐藤信聯袂編集出版了《文獻と遺物の境界——中國出土簡牘史料の生態的研究》（東京外國語大學アジア・アフリカ言語文化研究所出版），收錄了西北烽燧遺址的調查，以及李均明、邢義田、高村武幸、青木俊介、鈴木直美等多位學者的相關論文。2014年又推出第二册，主要收錄簡牘形制方面的調查與研究。兩本論文集，在秦漢文書簡研究上取得突出成績。尤其第一册收錄的部分論文，在研究思路上不拘一格推陳出新，十分有必要認真分析其得失，審慎考量其研究思路。

需要交代的是，限於筆者的知識結構與兩書篇幅，本文將擇取部分文章重點評述，其他從簡。另外，兩書出版後，部分密切相關的新資料和新研究也發表出來，筆者擬結合這些內容，談一談對部分問題的粗淺看法。

一、相關文章評述

兩書體例相同，均分調查與研究兩部分。

第一册研究部分的第一篇，李均明在其開創的簡牘分類的基礎上，以里耶古井、破城子甲渠候官遺址（A8）、肩水金關遺址（A32）、敦煌懸泉置遺址、走馬樓三國古井與其出土簡牘爲例，指出出土文書的種類會受到遺址形式（房屋或古井）、行政等級、時代等方面的影響，遺址性質不同則文書主體的種類亦不同，進而指出可根據封檢、往來文書、大規模賬簿等判斷遺址的性質。換言之，出土文書的種類與其比例，通常與遺址性質相吻合。這一點非常富有啓發性，一旦發現出土文書與遺址性質不符，則需考慮對文書或遺址性質的認識是不是存在問題。

第二篇，邢義田以西北漢簡爲主，綜合考察了漢代官文書的簽署、正本、

副本、草稿等問題。① 作者以建武三年隧長黨病書(EPF22∶80－82)爲綫索,層層遞進考察該册書批語——"今言府請令就醫"——到底由誰批示,認爲漢代官文書並非長官親筆簽署,批示也由屬吏代筆。② 這一認識,深入到漢代文書行政的實態。通過對屬吏已經簽署而長吏署名處空缺的部分文書的筆迹的分析,認爲這部分文書屬於作業程序尚未完成,或者完成後留待發出的正本。隨後,作者綜合討論了副本的多重所指,認爲文書的正本、副本性質會在流轉過程中隨著所處位置的變化而改變。針對草稿與副本的區别,作者認爲文書中如果存在用"厶"自稱、有增删痕迹以及自名爲草等三種現象,則爲草稿而非副本,進而判斷居延和敦煌漢簡中的草稿非常少。這實際上是在做减法,大大縮小了草稿的認定範圍。

這篇文章關乎漢代文書制度與行政運作,意義重大,且牽涉面廣,問題複雜棘手,作者小心求證,考訂細密而態度誠懇。雖然自謙突破不大,但可以算得上當時所能作出的最好的探索了。從整體上看,此文嘗試揭示各種形態的文書,復原其處理流程,爲恢復不同官吏在文書處理中的具體作用奠定了基礎。换言之,這一研究表面上是在探討文書的各種形態,實際上揭示了官吏的具體職掌。

第三篇,青木俊介將甲渠候官作爲研究對象,深入到甲渠候官遺址内部,重點探討其功能劃分與事務運作。③ 作者將甲渠候官遺址分爲塢内東部、塢内西部、塢内南部、塢内北部、塢外部等五個區,然後綜合各區的建築設置及簡牘出土情況,認爲塢内東部的 F22 爲甲渠候官的文書庫,而以 T40、T43、T65 爲代表的塢内西部則爲甲渠候官的事務區④,分别承擔了存儲文書與處理具體事務的功能。作者注意到 F22 出土的正月(EPF22∶83－88)、二月(EPF22∶87－88)、四月(EPF22∶93－97)、十月(EPF22∶106－107)的吏廩食名籍,同月的名籍簡筆迹相同,内容卻涵蓋了不同部隧,尤其是四月份的廩食名籍還涉及了在候官工作的令史(EPF22∶93),很顯然這些簿籍不可能是下級部隧呈報上來的。結合 F22 出土的上行文書多以甲渠

---

① 該文已有中文本《漢代簡牘公文書的正本、副本、草稿和簽署問題》,刊於《中研院歷史語言研究所集刊》第 82 本第 4 分,2011 年,第 601—676 頁。
② 邢義田《漢至三國公文書中的簽署》,《文史》2012 年第 2 輯,第 163—198 頁。
③ 該篇已有中譯本,《候官中簿籍的保存與廢棄——以 A8 遺址文書庫、辦公區出土簡牘的狀況爲綫索》,蘇俊林譯,刊於《簡帛研究》2018 年春夏卷,2018 年,第 298—322 頁。
④ 1994 年中華書局出版的《居延新簡——甲渠候官》公佈了 A8 遺址的探方圖,其中 T65 有兩處,一處在塢院内障門西側;一處在塢外東南部。筆者向此圖的繪製者初世賓先生求證,T65 確實在塢内而非塢外。

候名義發出的情況,故推測文書庫出土的簿籍,原則上是在甲渠候官作成的。對西部事務區的分析,作者遵循了同一方法,認爲事務區的簡牘多數是下級呈報而來的。作者注意到事務區簡牘普遍年代較早及存在習書、大量斷簡的情況,同時通過對甲渠候官轉發居延都尉府郵書課舉書的分析(EPT65：8),認爲部隧呈報的文書匯集在事務區,但簿籍原本不會長久保存,很快即遺棄在事務區內。通過對甲渠候官遺址出土的部分鈎校簡(EPT43：70、206.7等)的分析,作者認爲,候官通常會核查部隧提交的簿籍,並據以製作更爲準確的文書,然後再呈給都尉府,因此遺棄部隧提交的簿籍原本也不至於產生什麼麻煩。

該文不同於將甲渠候官遺址作爲一個單位進行研究的傳統作法,而是深入到候官内部,結合簡牘文獻與遺址佈局,嘗試探明候官内部的功能區劃與事物運作,盡力恢復了當時人的活動與遺址内部不同空間的功能。這一研究思路,無論是對西北烽燧簡還是對烽燧遺址研究而言,都堪稱方法典範。而且,這一研究思路可以考慮移植於肩水候官(A33)、金關(A32)、懸泉置遺址等。

第四篇,高村武幸從"考古遺物"而非"史料"的角度,探討了簡牘的再利用問題。作者認爲在西北邊塞地區,簡牘原材料多由戍卒伐取,少數通過購買獲得,集中在候官處加工爲相應的札、兩行等。製作之後,再由候官統一向轄下部隧輸送。這一認識,深化了我們對候官職能的理解。簡牘使用之後,一方面可作爲書寫材料,削除文字後重複使用,另一方面可以用作燃料,製作器物,包括籌木、食器、黄羊夾等。同時,部分簡牘作成器物使用破損後,可能用於習字。這一看法,有助於我們對部分簡文的理解。作者還以出土自甲渠塞第九隧卻記載了箕山隧長相關情況的吏名籍簡(2000ES9S：2)爲例,特別指出,候官可能會將某些已經書寫使用卻未來得及削除文字的簡牘輸送至部隧,由部隧加工後再利用,某些"異處簡"可能就是部隧尚未削除這些簡牘的文字而產生的。目前,西北烽燧簡存在不少簡文内容與出土地之間無法對應的現象,作者對"異處簡"的分析,爲解決這一問題提供了頗具啓發的思路。

第五篇,鈴木直美結合《儀禮》及《漢書・原涉傳》的相關記載,圍繞馬王堆三號漢墓,使用文書學的方法,對該墓出土遣策的筆迹、編聯、修改痕迹等作出全面考察,並將遣策記載物品與出土物品逐一對照——在此過程中,特別注意隨葬品的出土位置——認爲三號墓遣策是喪家製作的喪葬過程中必備物品與祭奠的準備清單(list)，從他家接受的贈品以及中途增加的物品，亦補記上。遣策加上發給冥府的告地書，共同構成了喪家向地下世界報告的完整文書。這是遣策與隨葬品一併埋入地下的原因。作者還進一步指出，三號墓的遣策並未最終編綴成册。在論文集第二册，作者又按照該思路討論了鳳凰山一六八號、八號、一六七號等三座漢墓出土的遣策。

兩文創造性地將文書學方法用於墓葬遣策的研究上，通過詳審的排比分析，探明了遣策簡的性質與馬王堆三號墓喪葬的部分流程。這一思路，較單純考釋字詞與静態考察喪葬禮儀的傳統作法，更多更準確地發掘出了遣策簡的價值與信息，同樣可以適用於其他墓葬遣策簡的研究。

第二册主要是簡牘形制方面的調查與研究。調查部分，公佈了高村武幸設計的中國簡牘形狀分類方案，[①]與傳統作法大異其趣。針對中國簡牘分類不一致及名實不符的現象，高村武幸借鑒日本木簡的分類方法，分别根據形狀和機能(内容)設計了新的分類體系。依據簡牘形狀，分爲：(〇型)薄型側面形狀非加工簡、(一型)左右側面對稱形狀加工簡、(二型)左右側面非對稱形狀加工簡、(三型)多面體形無封泥匣簡、(四型)有封泥匣簡等五類。每類之下又細分若干種，如(〇型)薄型側面形狀非加工簡又分爲：(〇一型)單行書寫，寬約 14 毫米，(〇二型)兩行書寫，寬約 15—29 毫米，(〇三型)三行及三行以上書寫，寬度在 30 毫米以上，(〇四型)中間帶孔的長方形或正方形，(〇五型)形狀如〇二、〇三型，中間有切割槽。其中，〇二型又細分爲：(〇二甲)簡面平坦，(〇二乙)中間起脊。〇三型也是如此。共計五大類，三十六小類。根據簡牘機能與内容，則分爲文書、簿籍、書籍、表示札、封緘簡牘等五類，每類又細分若干小類。

機能分類，暫且不論。高村武幸的形狀分類，完全從簡牘的形態入手，與此前根據簡文中出現的檄、符等自名而分類的傳統作法大異其趣。此前的東牌樓漢簡、五一廣場簡，考古工作者針對封檢、楬等也曾以形狀爲中心進行過簡單分類，[②]而高村武幸分類極細，很小的差別都納入視野，避免了表述簡牘形制時，因没有統一分類或分類較粗而出現指代不明的情況。從這

[①] 高村武幸《中國古代簡牘分類試論》，原載《木簡研究》第 34 號，2012 年，此據作者《秦漢簡牘史料研究》付編第三章《中國古代簡牘の分類について》，汲古書院，2015 年，第 287—335 頁。第二册僅公佈這一分類方案的結果，没有刊登高村武幸全文。
[②] 長沙市文物考古研究所《長沙東牌樓 7 號古井(J7)發掘簡報》，《文物》2005 年第 12 期，第 10—11 頁；長沙市文物考古研究所《湖南長沙五一廣場東漢簡牘發掘簡報》，《文物》2013 年第 6 期，第 9—16 頁。

點看,這一分類倒不失爲有益的嘗試。

研究部分第一篇,青木俊介系統考察了秦漢封檢形制與封緘方式的演變。關於没有封泥匣的平檢的封緘方法,作者繼承了李均明的看法,認爲平檢與 U 型槽搭配使用,而冨谷至所謂"内檢""外檢"的說法並不成立,且 U 型槽可反復多次使用。作者還比對了里耶秦簡、西漢初年馬王堆漢墓簡牘、西北漢簡與走馬樓吴簡中的相關封檢,認爲早期行用平檢,有匣檢還没有出現。可能因爲平檢綁束起來不夠緊密結實,故發明了有匣檢,但後者出現以後,平檢並未立刻消失。作者另外討論了文書與實物封緘的不同,認爲封緘實物可能更早採用了有匣檢。

可以説,該文爲解決平檢如何使用這一聚訟頗久的問題提供了新思路,對平檢與有匣檢的演變也做出了頗有説服力的解釋。這一成果,得益於作者對居延舊簡的實地調查——單純依靠出版物恐怕是做不出來的。如作者注意到居延舊簡中的平檢,其頂部有鈍物夯擊的痕迹(第二册,第 240 頁),非目驗原簡無從知曉。

此外,第一册調查部分,收錄了中村威也、高村武幸、片野龍太郎對西北漢代邊塞遺址的調查。研究部分,籾山明在《序論》提出了簡牘研究的兩條新思路(見第四節),相當於兩書主旨,佐藤信討論了日本文書簡的功能與廢棄,籾山明重點發掘了縑帛的歷史作用,劉增貴介紹了臺灣地區社會史研究的脈絡,陶安强調了簡牘物質性的一面。第二册調查部分,以全書三分之二的篇幅,公佈了居延舊簡——封檢爲主——的調查結果。研究部分,山中章結合漢簡與日本木簡討論了有匣檢的製作與機能,清水みき以器物排隊的方式,討論了漢代西北邊塞的人形簡牘,並嘗試將之與日本人形木牘勾連起來,鈴木直美沿用第一册論文的方法,討論了鳳凰山一六八號、八號、一六七號等三座漢墓出土的遣策。最後兩篇,佐藤信回顧了日本木簡研究潮流的轉變,籾山明回顧了日本學界居延漢簡的相關研究。這些內容,雖然十分精彩,限於篇幅,就不再詳細介紹了。

總之,兩部論集雖由多位學者的論文構成,論題多樣,但主旨相對明確,諸文緊緊把握研究現狀,針對性强,問題意識十分突出。不僅在具體研究上有很大推進,如邢文對代簽、代批的討論,高村武幸對簡牘再利用的探討、青木俊介對平檢使用的研究等等。而且,注重開拓文書簡研究的新方法,如青木俊介對甲渠侯官遺址的分析,鈴木直美對馬王堆三號墓遣策簡與喪葬過程的研究等。可以説,兩册論文集是近年來秦漢文書簡研究方面少見的佳作,勢必會对推動未來簡牘研究發揮不可替代的作用。

二、内容可商之處

兩書雖然十分精彩,但不無可商或進一步深化之處。這裏重點談一談對邢義田、青木俊介、高村武幸等文章的一些不成熟看法。李均明、鈴木直美兩文涉及到古井簡、墓葬簡,放在後面討論。

關於邢義田的文章,作者不同意大庭脩提出的甲渠候官遺址没有正本文書的觀點,認爲部分日期及署名處空缺的文書處於作業程序未完成或完成後留待發出的狀態,可視爲正本。筆者原則上同意此觀點,畢竟該地出土多達萬餘枚簡牘,其中存在一些因特殊緣由未完成作業的正本文書的可能性,是無論如何都不能排除的。然筆者以爲,這個觀點儘管正確,卻屬於情理上講得通,實際上無法用材料證明的認識。如作者認爲 EPF22∶162－165、EPF22∶250－253、EPF22∶254－257、EPF22∶452 等屬吏已經簽署而長吏署名處空缺的文書,就是作業程序未完成的正本文書,而非草稿或存檔副本。但該遺址還出土了以居延縣令名義發出的另外兩份册書——建武五年遷補牒(EPF22∶56－60)與建武三年候粟君責寇恩爰書册(EPF22∶1－35),而兩册書同樣在長吏署名處留空未填,顯見此類文書可以作爲正本發出去。既然長吏未署名的文書都可以作爲正本發出去,自然也可作爲副本存檔。爲解釋這一矛盾,邢義田聯繫到當時政局動蕩的背景,認爲兩册書屬於"非常"産物,不足爲訓。但 EPF22∶162－165、EPF22∶250－253、EPF22∶254－257、EPF22∶452 等文書前三者皆在建武五年,與兩份册書年代極近,如何區别一者爲常態、一者爲"非常"呢。而且,最近侯旭東注意到懸泉簡和金關簡存在不少縣令(長)或縣丞未署名的文書,尤其是元帝建昭三年"調史監遮要置書"(Ⅱ90DXT0216②∶241－244),認爲這一現象不宜解釋爲非常狀態,可能是當時雖不合理卻通行無礙的作法。① 據此,長吏未署名的文書可以作爲正本發出去,那麽理所當然也可作爲副本存檔。因此,前述 EPF22∶162－165、EPF22∶250－253、EPF22∶254－257、EPF22∶452 等作爲副本存檔的可能性,無疑是存在的。

鄔文玲的一篇新作,與邢文主題密切相關,值得結合起來考慮。前者指

---

① 侯旭東《西北出土漢代文書簡册的排列與復原》,《簡帛》第十八輯,上海古籍出版社,2019 年,第 109—132 頁。

出，EPT26：9、EPT50：203、EPT51：147、EPT52：378、EPT58：85、EPT59：331、EPF22：408、EPF22：703、70.13/A8、82.18/A8、214.22/A8 等十一枚楬中過去釋爲"算"的字，應該改釋爲"真"。① 這一十分重要的改釋，預示著我們對漢代文書制度的認識需要作出調整。如 EPT51：147"建始五年四月府所下禮分真書"、EPF22：408"建武五年十一月以來告部檄記真卷"兩枚楬，所標記的無疑都是"真書"。"真"該如何解釋呢？鄔文玲引《漢書·河間獻王德傳》"從民得善書，必爲好寫與之，留其真"，顏師古注"真，正也，留其正本"，認爲"真"指文書正本、底本。② 然而，仔細推敲《漢書》這句話，所謂"真"更應該理解爲原件。在作者改釋的懸泉簡"失亡傳信册"（Ⅱ90DXT0216②：866－870）中，御史大夫"今寫所亡傳信副，移如牒"，要求"諸乘傳、驛駕，廄令、長、丞亟案真傳，有與所亡同封弟（第）者，輒捕繫，上傳信御史府"，所謂"真傳"應該是指傳的原件。

然而，將十一枚楬全部理解爲原件，卻又不太合適。如 EPF22：408 可以理解爲留在候官存檔的原件，而 EPT51：147 無論如何不能理解爲原件。"建始五年四月府所下禮分真書"，此處的"府"應該指居延都尉府，而都尉府在發送"禮分書"時單獨發給甲渠候官的可能性較小，最大的可能是同時一併發給轄下的卅井、珍北候官，因此就都尉府而言，至少要抄寫兩份發給三個候官，原件或下發給某一個候官或留存都尉府，更大的可能是原件留在都尉府，另抄三份發給候官。因此，將 EPT51：147 的"真書"理解爲原件無疑是不合適的。

細繹文意，EPT51：147 所謂"真書"，是對收件者之一的甲渠候官而言，這是都尉府下發至甲渠候官的文書，可以稱得上甲渠候官收到的文書的原件。對卅井、珍北候官而言，同樣如此，居延都尉府發送過來的內容相同的"禮分書"，也可以稱之爲"真書"，視爲原件。同時，候官收到都尉府文書後，也會抄寫數份下發部隧，對於發給部隧的抄件而言，這無疑也可視爲原件。這還只限於"禮分書"最早由都尉府下發，如果"禮分書"由都尉府轉發自上級機構，情況將更爲複雜。對於 EPT51：147"禮分真書"，如果用現代檔案學正本、副本的分類概念，更應該視爲存檔的副本或底本。

從這個意義上説，鄔文玲的看法並没有錯。可以説，同一份文書，在流

---

① 鄔文玲《簡牘中的"真"字與"算"字》，《簡帛》第十五輯，2017 年，第 151—169 頁。
② 鄔文玲《簡牘中的"真"字與"算"字》，第 164 頁。

轉、保存的過程中發生了正本、副本的角色變化。這一點,一方面有力證明了邢義田的判斷,一方面說明漢代文書行政並沒有所謂"正本"的概念。而這一概念,與漢代語境里的"真書"也還有不小的距離。如同鄔文玲指出的,秦漢文書分別存放,題署"真"或"副"以示區別。① 我們常用的正本、副本、底本等詞彙,是現代觀念分類下的產物,與古人的用法並不能精準對應。期待以後的文本性質分類,在便於今人理解與運用的同時,能更加照顧到古人的語境。

　　此外,邢文中還有一處表述不夠嚴謹準確的小瑕疵。作者在討論隧長黨病書的批語由駒罷勞病死冊書簡背的尉史代爲批示時,認爲甲渠候官是縣一級的單位,屬吏中還有比尉史更低的佐或書佐,因此需要排除兩者代批的可能性(第94頁)。甲渠候官中設有佐,是毫無疑問的,這從 EPT51∶79、EPT51∶320 兩枚奏封記錄簡即可看出。關於甲渠候官存在書佐的看法,與其早年的文章一脈相承,在該文中作者明確指出,"候粟君所責寇恩事簡中的爰書 A,應不是出自掾譚之手,而較可能是出自甲渠候官的某位書佐。"②而據相關研究,西漢並無材料顯示縣或候官存在書佐,到了東漢中後期,書佐才存在於縣廷。③ 西北漢簡中出現的書佐,多任職於都尉府或太守府一級的機構。如作者在早年那篇文章中提到的兩枚書佐簡(303.21、303.49),實際上出土自大灣遺址(A35),④其中書佐應該是肩水都尉府的屬吏。而目前甲渠候官、肩水候官等遺址出土簡牘中的書佐,絕大多數均爲都尉府或太守府屬吏,只有 EPT40∶5、116.16/A33 兩簡無法斷定是不是都尉府或太守府屬吏,但同樣無法確定是候官的屬吏。因此,就目前材料和研究現狀而言,説甲渠候官存在書佐,至少不是十分嚴謹。

　　青木俊介的文章在方法上啓發頗多,內容上則有不少可議之處。首先是筆迹分析,作者分析文書庫簡牘時,認爲數組同月的吏廩食名籍簡筆迹一致(第149—150頁),實際上,同爲正月的 EPF22∶86 與 EPF22∶83—85 筆迹尚有差別,尤其"正""月""石""辛"等字更爲明顯。同爲四月的 EPF22∶

―――――――――
① 鄔文玲《簡牘中的"真"字與"筭"字》,第169頁。
② 邢義田《漢代書佐、文書用語"它如某某"及"建武三年十二月候粟君所責寇恩事"簡册檔案的構成》,原載《中研院歷史語言研究所集刊》第70本第3分,1999年,此據作者《治國安邦:法制、行政與軍事》,第510頁。
③ 李迎春《秦漢郡縣屬吏制度演變考》,第115—116頁;苑苑《淺析漢代的書佐》,《河北北方學院學報(社會科學版)》2015年第5期,第56—57頁。
④ 邢義田《漢代書佐、文書用語"它如某某"及"建武三年十二月候粟君所責寇恩事"簡册檔案的構成》,第507頁,脚注⑩。

97 與 EPF22：93—95 三簡筆迹也不同，尤其"隧""月""辛""取"等。作者討論事務區簡時，認爲 EPT65：8—14 諸簡筆迹各不相同（152 頁），實際上 EPT65：8 與 EPT65：10、EPT65：9 與 EPT65：11，兩組簡筆迹相同。這一點，已經侵蝕了作者關於事務區簿籍由各部上呈而非候官製作的觀點的基礎。其次是遺漏反證，作者討論文書庫的呈文簡時（第 150—151 頁），由諸部上呈的呈文簡，不限於文中舉出的 EPF22：705，還有 EPF22：61、EPF22：152 兩簡，分別由萬歲候長和甲渠守候長上呈。作者討論的事務區（第 152—154 頁），同樣存在以甲渠候官爲單位的簿籍，如 EPT43：1"·甲溝候官新始建國地皇上戊☐"、EPT65：110"·甲渠候官更始三年九月見受閣卒市買衣物名籍"、EPT65：336"甲溝候官始建國三年六月☐☐"、EPT65：343"·甲渠候官建昭二年七月盡九月吏補除名"等標題簡所示。這些簿籍與文書庫簿籍有没有區别呢？是種類上的不同，還是年代有先後？復次，作者認爲甲渠候官所有的公文書，包括文書庫在内，都是在事務區處理、作成的（第 159 頁）。而文書庫出土了衆多甲渠候（官）封檢（EPF22：466、EPF22：467、EPF22：471、EPF22：472、EPF22：578、EPF22：579、EPF22：746），無論這些封檢當時封緘的是文書還是物品，也無論是上級還是下級發過來的，按照作者的觀點，都應該送到事務區處理，爲何上述封檢出現在保存候官文書的文書庫裏呢？

最後，也是最重要的一點，如同作者所言，甲渠候官遺址發掘的詳細信息對於本文主題而言，是絶對不可或缺的。限於客觀條件，作者所能利用的只有信息較少的簡報。① 而據簡報，西區甲渠候的居室 F16 應該是晚期建築，下面有早期建築的痕迹，在北面的障廢棄後，甲渠候才移居此處。而東區，包括文書庫 F22 在内的一組房屋（F20—31），都是堵死障門以後才建築的，其中還有吏卒住室和竈屋（F26）。② 僅從這些有限的信息看來，作者所討論的只能是遺址晚期的活動情況。而有一點需要指出的是，20 世紀 70 年代從甲渠候官遺址發掘的居延新簡，也就是作者賴以進行討論的主要材料，並没有區分層位，也就是説，哪些簡是早期的哪些簡是晚期，目前並不清楚。可以推測的是，房屋出土的簡牘多數可能是晚期的，而探方出土簡牘就不一定了，較房屋簡而言，時間可能更早一些。換言之，作者很可能將早期、晚期

---

① 甘肅居延考古隊《居延漢代遺址的發掘與新出土的簡册文物》，第 1—25 頁。
② 甘肅居延考古隊《居延漢代遺址的發掘與新出土的簡册文物》，第 2—3 頁。

的簡牘混淆在一起使用，來討論遺址晚期的情況。當然，不能以此苛責作者。筆者期待，在詳細的發掘報告刊佈以後，甲渠候官遺址的研究可以做的更加堅實、更加深入一些。

高村武幸設計的簡牘形狀分類，亦值得進一步思考。首先，中國簡牘有一套約定俗成的分類，如札、兩行、牘、觚、封檢、券、楬、符等，有些是簡牘自名，有些是文獻記載。這些名稱並不全從形狀著眼，如楬、封檢的稱呼是出於對其功能的考慮。對此，籾山明以封檢為例，認為封緘只是這類簡牘衆多功能中的一項，一旦不用於封緘物件，即不宜再稱呼該類簡牘為封檢，因此最好不從功能入手，完全依據形狀進行分類（第二冊，第336頁）。然筆者以為，即使封檢不再用於封緘，當我們使用這一稱呼時，依然能夠迅速而清晰地把握這類簡牘的核心功能，知道其本來是用於封緘的。而且，像那些没有封泥匣、下端也没有削尖的形狀平整的平檢，若單以形狀分類而不考慮簡面文字，勢必與札、兩行等混淆在一起，完全看不出其特點和功能，反而增加了利用上的困難。

其次，仔細考慮這種按照形狀分類的思路，實際上受日本木簡分類的影響，將考古學分型分式器物排隊的類型學方法應用於簡牘。而日本木簡行用於簡、紙並行的時代，據佐藤信介紹，三十多萬枚簡牘中，一没有竹簡，二没有簡册（第一册，第223頁）。换言之，日本木簡没有任何兩枚可以編聯成册，都是單獨行用的。從這個角度看，木簡作為獨立的個體，採取分型分式器物排隊的類型學思路，當然没有問題。而中國簡牘，絶大多數在廢棄之前，應該是編聯成册的，連在一起書寫，就好像寫在縑帛和紙張上。而且編聯成册的簡牘形制上並不要求統一，如西北漢簡中常見的札與兩行的編聯。因此，古人應該更為重視簡册的完整，而非單根簡的形制。從這個角度考慮，對檢、楬之外的簡牘進行分型分式，到底有多大的意義，是否有必要呢？筆者以為，暫且不管那些編綴成册的簡牘，單就封檢、楬、"異形簡"等進行形狀分類，似乎更為合適。當然，對封檢、楬的具體分類，還可以更進一步討論。

關於青木俊介對封檢的討論，該文遺漏了一點，即里耶秦簡出土的部分U型槽，背面出現了原本應該題署在平檢上的郵件信息（如10—89"洞庭泰守府以郵行尉曹發"、14—174"遷陵以郵行洞庭"），而且，為了增加捆綁的牢靠度，在U型槽底部鑽了兩個孔（10—89）。[①] U型槽背面題署郵件信息，顯然是不應該如青木俊介所説那樣綁束在平檢上的，否則其信息就緊貼平

---

① 湖南省文物考古研究所《里耶一號井的封檢和束》，《湖南考古輯刊》第8集，2009年，第66頁。

檢無法顯示出來，失去了題署的意義。可見，U 型槽到底如何使用，還有待進一步探索。

最後需要指出的是，第一册存在不少筆誤。中村威也《額濟納調查報告記》注釋 5 引宮宅潔的文章，刊於《シルクロード學研究》第 22 卷，該卷出版時間爲 2015 而非 2016 年；注釋 6 引調查報告刊於《邊疆考古研究》而非《邊疆考古學研究》（第 18 頁）。高村武幸《K710 遺迹の性格について》注釋 23 引李均明《漢代甲渠候官規模考》一文，分上、下刊於《文史》第 33、34 輯，據該文内容，當引自上篇，出版時間爲 1991 年而非 1992 年（第 33 頁）。該文注釋 37 引岳邦湖、鍾聖祖《疏勒河流域漢代長城考察報告》，出版時間錯標爲 1998 年，應該是 2001 年（第 34 頁）。籾山明《序論》注釋 4 引 A. E. Nielsen 等編的 *Expanding Archaeology*，誤把編者記爲 A. E. Nielson（第 67 頁）。李均明《簡牘文書の種類と遺址諸要素の關係》正文第二節解讀里耶秦簡 9‐6 時，誤認簡背有"敬手"二字，實際上並没有（第 77 頁）。邢義田《漢代簡牘文書における正本・副本・草稿と署名の問題》注釋 87、115 兩處引用《里耶發掘報告》一書，時間分別標爲 2006、2007 年（第 134、138 頁），實際上該書編目數據顯示爲 2006 年，但在 2007 年 1 月印刷，引用時似乎應該統一。青木俊介《候官における簿籍の保存と廢棄》插圖 2 引《居延漢代遺址的發掘與新出土的簡册文物》，刊於《文物》1978 年而非 1979 年（第 142 頁）。鈴木直美《馬王堆三號墓出土簡にみる遣策作成過程と目的》注釋 6 引《長沙馬王堆二、三號漢墓》，書名漏掉"長沙"（第 200 頁）。此外，第一册三次引中華書局 1994 年出版的《居延新簡——甲渠候官》，均誤記爲《居延新簡——甲渠候官與第四隧》（第 35、79、183 頁），後者 1990 年由文物出版社出版，没有圖版只有釋文。

三、關於古井簡研究的若干思考

兩書雖以"中國出土簡牘"爲題，實際上主要涵蓋了烽燧文書簡，較少涉及另外兩大類——古井簡、墓葬簡。後兩者如何展開研究，兩書涉及不多。筆者擬結合新研究、新資料，一方面指出相關論文可進一步深化之處，一方面以此爲契機，談一談對古井簡、墓葬簡研究的一些初步想法。本節主要討論古井簡。

李均明據里耶秦簡 8‐157、9‐6，綜合分析文書的發件者、收件者及收發、傳送記録，通過還原文書運行的流程，判斷出土兩簡的古井 J1，位於遷陵縣衙署內。① 當時里耶秦簡尚未大宗公佈,能看到的資料很有限,作者這一推斷無疑是非常敏銳的。《里耶秦簡(一)》刊佈後,②土口史記又以同樣的方法,並輔以前者不及利用的封檢,推斷里耶秦簡中包含少内、司空、庫、倉、都鄉等"官"遺留的簡牘。③ 當然,《里耶秦簡(貳)》的出版,④又相應增加了上述機構的文書和封檢。⑤ 需要補充的是,該古井還出土了 8－243、8－346、8－813、8－979、8－1208、8－1591、8－1630、8－1661+8－1702、8－1785、8－1835、8－1904、8－1951、9－263、9－354、9－391、9－608、9－636、9－1019、9－1175、9－1241、9－1592、9－2476、9－2480 等二十三枚"尉"的封檢。雖然目前已可確認縣廷下設有尉曹,⑥但這些枚封檢與縣廷諸曹封檢的體例明顯不同,⑦顯然指的不是尉曹。如果不局限於一定要有相應的文書,這二十三枚封檢當可説明,里耶秦簡中肯定還包含了"尉"這一機構留下的資料。⑧ 換言之,里耶秦簡不僅有遷陵縣廷,還有少内、司空、庫、倉、都鄉、尉等諸官所遺留的文書。進一步考慮,既然各機構簡牘均出自 J1,是否意味著這些機構駐地相近,甚至就在一起呢？土口史記認爲里耶秦簡從出的 J1 是遷陵縣

---

① 關於里耶秦簡從出的古城,發掘者及徐龍國認爲是遷陵縣城,見湖南省文物考古研究所編著《里耶發掘報告》,嶽麓書社,2006 年,第 231—234 頁;徐龍國《秦漢城邑考古學研究》,中國社會科學出版社,2013 年,第 138 頁。
② 湖南省文物考古研究所編著《里耶秦簡(壹)》,文物出版社,2012 年。
③ 土口史記《里耶秦簡にみる秦代縣下の官制構造》,《東洋史研究》第 73 卷第 4 號,2015 年,第 512—519 頁。
④ 湖南省文物考古研究所編著《里耶秦簡(貳)》,文物出版社,2017 年。
⑤ 土口史記統計《里耶秦簡(壹)》中,少内封檢十枚,司空封檢三枚,庫封檢三枚,倉封檢十一枚,都鄉封檢四枚。筆者將《里耶秦簡(貳)》統計進去,並去除難以確定者,發現少内封檢目前共有 8－33、8－240、8－312、8－527、8－633、8－953、8－1634、8－2208、9－239、9－241、9－261、9－344、9－421、9－428、9－539、9－779、9－926、9－1260、9－1585、9－2148、9－2163、9－2167、9－2240、9－2242、9－2254 等二十五枚,司空封檢共有 8－1854、8－2197、9－192、9－584、9－591、9－1638、9－2124 等七枚,庫封檢共有 8－509、8－1035、8－1036、9－914 等四枚,倉封檢共有 8－335、8－516、8－794、8－971、8－1012、8－1160、8－1181、8－1315、8－1362、9－390、9－556、9－894、9－953、9－1533、9－1955、9－2223 等十六枚,都鄉封檢共有 8－6、8－842、8－1359、9－742、9－793、9－927、9－1240、9－2161 等八枚。
⑥ 土口史記《里耶秦簡にみる秦代縣下の官制構造》,第 526 頁;孫聞博《秦縣的列曹與諸官(增訂稿)》,初稿原刊簡帛網(2014 年 9 月 17 日),此見里耶博物館、出土文獻與中國古代文明研究協同創新中心中國人民大學中心編著《里耶秦簡博物館藏秦簡》,中西書局,2016 年,第 246 頁。需要補充的是,《里耶秦簡(貳)》公佈的一枚簽牌"遷陵廷尉Ⅰ曹卅一年卅二年Ⅱ期會已事笥Ⅲ"(9－2313),直接證明了尉曹的存在。
⑦ 關於遷陵縣廷司空曹、金布曹、令曹、吏曹、户曹、倉曹、獄曹等其他曹的封檢,可參高村武幸《里耶秦簡第八層出土簡牘的基礎的研究》,《三重大史學》第 14 卷,2014 年,第 36 頁;孫聞博《秦縣的列曹與諸官(增訂稿)》,第 245—247 頁。
⑧ 孫聞博認爲里耶秦簡的"尉"當指縣尉(《秦縣的列曹與諸官(增訂稿)》,里耶博物館等編著《里耶秦簡博物館藏秦簡》,第 246 頁)。這個看法是有道理的。傳統上,學界一般認爲縣尉與縣令長别治,不在一地辦公(嚴耕望《中國地方行政制度史·秦漢地方行政制度》,第 220 頁;鄒水杰《兩漢縣行政研究》,第 77—78 頁),這一看法對遷陵縣來説,應該是不適用的。

廷的文書廢棄場所，少內、司空等諸官另有其他的文書廢棄地，里耶秦簡中屬於諸官的簡牘甚少，應是由於某些未知因素而混在遷陵縣廷的文書群裏。① 筆者以爲，可以明確辨識出的諸官簡牘當然不佔多數，但不能否認還存在一些因種種原因而無法辨識的諸官簡牘，②因此，與其迂曲地認爲諸官簡牘是未知因素導致的簡牘位置移動，諸官另有其他文書廢棄地，還不如直接解釋爲諸官駐地本就位於古城内，③與遷陵縣廷相近，故各機構遺留的簡牘都在 J1 内出現。④

不僅里耶秦簡，其他古井簡到底屬於哪個官府，同樣值得充分重視。比如走馬樓吴簡，已有很多探索，目前主要有臨湘侯國文書檔案與臨湘侯國某個機構檔案兩種看法。⑤ 綜觀其論證，或從整體判定簡牘所涉某類職官的級别，或從文書流轉的角度探討各類簡牘的最終歸屬。兩者皆有其合理性，頗具啓發。不過，筆者以爲，判定簡牘群的主人，最爲直觀也最爲重要的證據是能反映簡牘留置地的文書，也就是説文書本身已經寫明或透露出其最終所在。依照此一認識，那些鄉掾呈報的文書，值得充分注意。暫舉一例：

南鄉勸農掾番琬叩頭死罪白：被曹敕，發遣吏陳晶所舉私學番倚詣廷言。案文書：倚一名文。文父廣奏辭："本鄉正户民，不爲遺脱。"輒操黄簿審實，不應爲私學。乞曹列言府。琬誠惶誠恐，叩頭死罪死罪。詣功曹

十二月十五日庚午白⑥

---

① 土口史記《里耶秦簡にみる秦代縣下の官制構造》，第 518—519 頁。
② 比如，諸官上呈縣廷的文書（如 8-648 司空呈文、8-1517 倉呈文等），因爲没有簽收記録或發送記録，不僅可以理解爲已經送達縣廷的文書正本，亦可理解爲諸官留底的副本。同理，縣廷下發諸官的文書（如等 9-23 下發司空等），不僅可以理解爲縣廷存底的副本，亦可理解爲已經送達諸官的正本。此外，倉、庫和少内大量的物資出納記録，同樣没有送達和簽收記録，既可以理解爲已經呈送至縣廷，亦可以視爲倉、庫和少内保管的文書。
③ 里耶古城規模相當小，南北長 210.4 米，東西殘寬 103—107 米，殘存面積才 2 萬平方米（湖南省文物考古研究所編著《里耶發掘報告》，第 12 頁）。據相關研究，秦漢時期南方城市規模普遍偏小，且城内多爲官署所在，居民區甚少（徐龍國《秦漢城邑考古學研究》，第 141—143 頁）。筆者推測，遷陵古城駐有遷陵縣廷與少内、司空等諸官，除此外，都城民衆可能也在城内。
④ 令人費解的是，里耶秦簡目前出現不少"傳"封檢，計有 8-54、8-958、8-1038、8-1649、9-278、9-393、9-837、9-983、9-1629、9-2069、9-2241、9-2482 等十二枚。通常來説，封檢題署當爲收件機構或收件人，照此理解，則"傳"似當爲遷陵傳舍，但目前尚未見遷陵傳舍的官吏，該機構是否存在都難以斷言。而且，"傳"封檢達到十二枚，這不同於貳春鄉（8-870、8-1147、8-1548、8-1737、9-1211）、啓陵鄉（8-250、8-1691、9-1750、9-1968）封檢，兩鄉數量較少，尚可解釋爲製作好之後因故未發出而留下的。"傳"封檢到底指什麼，爲何留在 J1，尚需進一步研究。
⑤ 相關綜述，見徐暢《長沙三國走馬樓吴簡基本性質研究平議》，《出土文獻》第十二輯，2018 年，第 295—303 頁。
⑥ 該簡釋文引自徐暢《走馬樓吴簡竹木牘的刊佈及相關研究述評》，《魏晉南北朝隋唐史資料》第三十一輯，2015 年，第 31 頁。

該文書由南鄉勸農掾呈報，其目的地不消說是臨湘侯國。結合出土地，該簡毫無疑問最後到達了臨湘侯國。值得注意的是簡文明確記載"詣功曹"，那麼，該簡最後理應送達到了功曹。諸如此類明確記載"詣某某曹"的文書不在少數，目前披露的還有"詣户曹""詣金曹""詣倉曹"等，①且出現多次。因此，至少可以判定上述文書分別呈送至户曹、金曹、倉曹等機構。而這些曹，無一例外都設置於臨湘侯國。② 而且，目前所見，尚未發現諸曹再往上將文書呈報至侯國的記録，换言之，這些文書可能最終就保存在諸曹而未進一步上呈。退一步考慮，即使相關文書進一步上呈，諸曹應該也不會將這些記有"詣某某曹"的鄉掾原始呈文報上去，可能只是將鄉掾呈報的其他檔案文件（不包括前引呈文）或進一步加工之後的文件呈上去。③ 因此，走馬樓吴簡毫無疑問應該包含上述侯國諸曹保留的文書。當然，這只是目前披露的有限簡牘所反映的情況，隨著未刊簡牘——尤其是大木牘——的公佈，可能還會發現更多的侯國曹。④

當然，上述論證只能説明，走馬樓吴簡包含侯國功曹、金曹、户曹、倉曹等機構遺留的文書，那麼還有没有其他機構的文書呢？换言之，還有没有其他類似的直接寫明留置機構的簡牘？目前僅在《竹簡（柒）》里發現一枚安成縣呈文，如下：

嘉禾二年十月丁巳朔廿日丙子　安成長君□叩頭死罪敢言之　　1971A
安成長印
　月　日　□□□　　　　　　卒史　白解　　領史　□　　　　1971B

該文書由安成縣長呈報，安成縣與臨湘侯國同歸長沙郡管轄，故其呈報對象當爲長沙郡。結合出土地，該文書毫無疑問應該已經送至長沙郡府了。除非另外找到證據顯示該文書由長沙郡轉發至臨湘侯國，否則只能得出如下

---

① 分見徐暢《走馬樓吴簡竹木牘的刊佈及相關研究述評》，第32—33、34、38頁。
② 徐暢《走馬樓簡牘公文書中諸曹性質的判定》，《中華文史論叢》2017年第1期，第200—208頁。
③ 换個角度考慮，即使未來出現諸曹進一步將此類文書上呈侯國的簡牘，也不足以否認走馬樓吴簡包含功曹等諸曹簡牘的觀點。因爲，即使每一枚"詣某曹"木牘均能發現相應的將之呈報至侯國的文書，那也只是説，諸曹將相應簡牘上報至侯國，不足以認定諸曹將下級呈上來的文書連同自作文書一起上呈至侯國。
④ 侯旭東推測走馬樓吴簡最終可能保存在記室（《湖南長沙走馬樓三國吴簡性質新探——從〈竹簡（肆）〉涉米簿書的復原説起》，見長沙簡牘博物館編《長沙簡帛研究國際學術研討會論文集》，中西書局，2017年，第96頁），從目前未見諸曹呈文至侯國相、丞的現象看，諸曹可能就與侯國相、丞一起辦公，故推測文書最終匯集在記室是有一定道理的。當然，筆者不認爲走馬樓吴簡均爲主簿或記室史所遺留。

結論：走馬樓吳簡包含長沙郡府的文書。不過，此類文書目前僅一見，且不能排除因某種特定因素導致簡牘位置發生變動的可能性，故還需進一步觀察。①

至於五一廣場東漢簡，此前多認爲屬於東漢長沙郡臨湘縣的文書，②也有學者認爲兼有長沙郡府和臨湘縣廷的文書。③ 從目前公佈的簡牘看來，説五一簡屬於臨湘縣的文書應該没錯。不過，五一簡的性質和内容均與訴訟有關，類型十分單一，到底是屬於臨湘縣廷所轄的某個部門，還是屬於整體上的臨湘縣廷，需要進一步研究。目前披露的一份文書值得注意，如下：

桑鄉賊捕掾珍言考實　　　詣左賊　五月廿二日丞開　2010CWJ1③：250
女子陳謁詣府自言竟解

從簡文"桑鄉賊捕掾珍言考實女子陳謁詣府自言竟解"看，該簡當爲桑鄉賊捕掾上呈的"解書"簡册的標題簡。簡牘中間"詣左賊"，即送到左賊曹的意思。下端文字"五月廿二日丞開"，即在這一天由"丞"開封文書。而"五月廿二日丞開"的筆迹與其他簡文迥異，顯爲别筆所書，推測是左賊曹收到册書後的開封記録。值得推敲的是文書開封者"丞"的身份。若"丞"爲人名，則該簡顯示文書送至左賊曹，由某位在左賊曹值班名爲"丞"的人打開；換言之，五一簡至少包含了臨湘縣左賊曹的文書。若"丞"爲臨湘縣丞，而送往左賊曹的文書由縣丞開封，則左賊曹當與縣廷極近，或者就包含在縣廷之中，進一步推測，臨湘縣各曹均與縣丞在一起辦公。若此不誤，則需要進一步追問，爲何五一簡多爲訴訟類文書而少有甚至没有其他類型的縣廷文書。這就涉及到縣内各部門的辦公場所與文書檔案的保管等問題。可惜的是，目前還難以確定"丞"的身份。結合下簡，"丞"很可能是臨湘縣丞：

---

① 走馬樓吳簡還有一枚有匣封檢，題署"長沙安成録簿笥"（走馬樓簡牘整理組編著《長沙走馬樓三國吳簡·嘉禾吏民田家莂》上册《長沙走馬樓二十二號井發掘報告》，文物出版社，1999 年，第 24 頁，簡影見黑白版六—12），顯示該檢用於封緘安成縣的録簿笥。換言之，安成縣録簿可能也留置在 J22 了。當然，這些録簿可能屬於長沙郡所有，但也不能排除因特殊情況而將這些録簿送至臨湘侯國的可能性。另外，該封檢出自 J22 的第三層，該層僅出土 20 枚簡牘，而其他十數萬枚吳簡均集中出自第二層，故使用該封檢論證走馬樓吳簡的主人問題時需要小心謹慎，不可太過信據。
② 陳偉《五一廣場東漢簡牘屬性芻議》，刊於簡帛網 2013 年 9 月 24 日，http：//www.bsm.org.cn/show_article.php？id=1913；夏笑容《"2013 年長沙五一廣場東漢簡牘學術研討會"紀要》，《文物》2013 年第 12 期，第 92 頁；程薇《五一廣場出土東漢簡牘的整理與研究前景》，《中國史研究動態》2016 年第 2 期，第 54 頁。
③ 陳松長、周海鋒《"君教諾"考論》，見長沙市文物考古研究所、清華大學出土文獻研究與保護中心、中國文化遺產研究院、湖南大學嶽麓書院等編《長沙五一廣場東漢簡牘選釋》，中西書局，2015 年，第 328 頁。

  兼左部賊捕掾統言考實男子
  周代盜刑物報醴陵解書　　　　五月廿五日丞開　　2010CWJ1③：255

該簡也是解書簡册的標題簡，下端開封記録"五月廿五日丞開"筆迹與上端不同，當爲文件送達目的機構之後所書。與上簡不同的是，該簡册由左部賊捕掾上呈，則其上級當爲臨湘縣廷，故此"丞開"爲縣丞開封的可能性是很大的。若此不誤，上簡桑鄉賊捕掾呈報至左賊曹的文書，可能也是由縣丞開封的。①

  此外，五一簡中的另一份文書顯示其"主人"問題可能比想象中更爲複雜，還需要進一步觀察，並拉長時段進行考慮，如下：

  六月十七日辛亥臨湘令 守丞宫叩頭死罪敢言之中部督郵掾費掾治所：
  謹寫言，宫惶恐叩頭叩頭死罪死罪敢言之。兼掾陳暉兼令史陳昭王賢
                  2010CWJ1③：263-32A

  臨湘丞印
  六月　日　郵人以來　　　待吏　白開　　　2010CWJ1③：263-32B

該簡是長沙郡臨湘縣向"中部督郵掾費掾治所"呈報的文書，②正背面書風字迹相同，故簡背雖有"六月　日郵人以來"的類似簽收記録，但仍不好斷言該文書已經送至中部督郵治所。而且，五一廣場簡所見，類似書式的諸部掾、游徼、鄉嗇夫、亭長呈報之文書（2010CWJ1②：124、2010CWJ1③：199-4、2010CWJ1③：201-21、2010CWJ1③：201-23、2010CWJ1③：202-1、2010CWJ1③：263-14+261-22），其背面文字書風字迹亦同正面，换言之，上述文書送達後，縣廷並未在簡背填上接受信息。因此，前引臨湘縣上呈中部督郵的文書，其留置地就有兩種可能：一是臨湘縣文書已經填好簡背信息，在月、日、吏之後空出位置，等待中部督郵治所收到後填寫相關内容，但文書卻因故未發出，留在了臨湘縣廷；二是該文書已經呈報至中部督郵治所，簡背的接受信息，遵照慣例並未補充填寫。目前看來，當然是第一種可能性比較大，但鑒於五一廣場簡僅公佈八分之一左右，也不好斷然排除第二

---

① 從這一點看，走馬樓吳簡有可能是保存在縣廷的各曹文書。换言之，孫吳時期臨湘侯國與各曹在一起辦公，走馬樓吳簡雖然包含各曹文書，但均集中放置在縣廷某處，後來棄置井中。當然，井中出土不是臨湘侯國某個時期的全部文書。爲何只有部分性質的文書棄置井中，還需要走馬樓吳簡全部刊佈之後，再作探討。
② "中部督郵掾費掾""費掾"，或是實際的人名，或是費姓人員的尊稱，"中部督郵掾"則是史籍常見的中部督郵的全稱。

種可能。若存在第二種可能，則説明該簡由中部督郵治所遺留下來。那也就意味著，五一廣場一號井不僅出土了臨湘縣的文書，還出土了中部督郵的文書。

此前，長沙東牌樓七號出土了一枚封檢文書（學界多稱爲"光和六年諍田自相和從書"），有學者認爲是由監臨湘李永呈報，送達中部督郵掾治所後拆閲、廢棄而留在當地。① 儘管封檢左下角的字是"發"還是"諾"尚存争議，②但無論釋作何者，都表明文書已經送達中部督郵治所。换言之，東牌樓漢簡不僅有臨湘縣廷，③也有中部督郵留下的文書。若前引臨湘縣呈報中部督郵的文書確實爲中部督郵所遺留，結合東牌樓封檢文書，則長沙郡中部督郵，在東漢很長一個時期内，可能都與臨湘縣署相距不遠，甚至可能合署辦公，④故不同的井裏同時出土兩個機構的文書。那麽，相關文書檔案如何管理、保存與廢棄，爲何有時共同出現在某口井里等等問題，值得進一步關注。

探討上述幾批古井簡牘屬於哪個（些）機構的遺留物，實際上是在確定簡牘的主人。而古井簡主人問題的解決，堪稱開展相關研究的基礎。一旦明確了某批簡牘群到底屬於哪個機構，則其中涉及的行政層級、文書制度，甚至法律訟訴、政治制度等等問題，即可順利無礙的展開研究。

此外，關於古井簡研究，還應該嘗試判明其性質，即在棄置井内之前到底屬於檔案，還是已經失去了檔案的地位屬於垃圾。筆者以爲，該問題的解決，不僅要重視簡文内容，更要充分注意簡牘在井内的堆積、層位、伴出物與簡牘狀態等方面的信息。這裏暫以馬樓吴簡和里耶秦簡爲例做簡要説明。⑤走馬樓吴簡從出 J22 井内堆積共分四層，絕大部分簡牘出自第二層，且該層

---

① 侯旭東《長沙東牌樓漢簡〈光和六年諍田自相和從書〉考釋》，載黎明釗主編《漢帝國的制度與社會秩序》，牛津大學出版社，2012 年，第 272 頁。該文修訂本，見簡帛網 2014 年 2 月 21 日（http://www.bsm.org.cn/show_article.php? id=1991）。
② 王素《"畫諾"問題縱横談——以長沙漢吴簡牘爲中心》，《中華文史論叢》2017 年第 1 期，第 121—136 頁。
③ 籾山明《長沙東牌樓出土木牘與東漢時代的訴訟》，原載《中國古中世史研究》第 29 輯，2013 年，此據中譯，收入周東平、朱騰主編《法律史譯評（2013 年卷）》，中國政法大學出版社，2014 年，第 29—31 頁。
④ 據發掘者介紹，五一廣場一號井位於東漢長沙郡府衙所在地（長沙市文物考古研究所：《湖南長沙五一廣場東漢簡牘發掘簡報》，第 17 頁），不知有何依據。若果真如此，則問題將更爲複雜也更爲有趣。
⑤ 關於該問題，筆者在 2018 年 2 月的稿件中已做出分析。當年 12 月在長沙參加五一廣場東漢簡出版座談會時，蒙宋少華、張春龍、黄樸華諸先生告知很多寶貴的發掘信息，遂決定單獨成篇，於 2019 年 1 月草成《論古井簡的棄置、性質與整理》，待刊。

純爲簡牘無雜物，①可見走馬樓吳簡屬於一次性集中清理。從該批簡牘多數皆可復原成册及尚未發現燒灼痕迹看來，②在棄置之前應屬檔案，且呈現編聯成册的狀態，有可能是從文書室直接拿來棄置井内的。而里耶秦簡則相反，井内堆積達三十層（十七大層），簡牘出自十多個層位，且多層出現淤泥甚至板結的現象，③可見不是一次性集中清理。從簡牘與殘磚碎瓦、竹木屑和生活垃圾伴出，不乏燒灼痕迹，以及極少集中出土的現象看，④里耶秦簡在棄置井内之前可能就已失去檔案的地位，屬於垃圾。當然，鑒於古井遺物有一個逐漸積累的過程，如果簡牘棄置過程比較長，則會出現下層簡牘年代較早、上層簡牘年代較晚的大致分佈規律，而里耶秦簡的層位年代分佈與此矛盾，上下層之間完全無年代分佈規律可循，故其棄置過程應該也不會太久。

筆者以爲，對於古井簡研究來説，尋找簡牘的主人歸屬與確定其在棄置之前屬於檔案還是垃圾，應該放在最爲優先的層面進行考慮，需要盡早重視起來。當然，兩者的澄清與其他問題的研究是互相促進、相輔相成的。

四、關於墓葬簡研究的點滴思考

本節主要談一談墓葬簡的一些問題。

鈴木直美討論馬王堆三號墓遣策的文章刊佈後，筆者見到三篇相關新作。蔣文在一篇文章中指出，408 號簡下端過去未釋的字爲"讎到此"，⑤顯見存在多次校讎。董珊認爲，三號墓出土的原被稱爲"城邑圖"或"街坊圖"的地圖，實際上是表現了軑侯家族生前所居城郭宫寢和死後所葬陵墓園寢

---

① 長沙市文物工作隊、長沙市文物考古研究所《長沙走馬樓 J22 發掘簡報》，第 5—7 頁；走馬樓簡牘整理組編著《長沙走馬樓三國吳簡・嘉禾吏民田家莂》上册《長沙走馬樓二十二號井發掘報告》，第 7—9 頁。
② 宋少華《長沙三國吳簡的現場揭取與室内揭剥——兼談吳簡的盆號和揭剥圖》，《吳簡研究》第三輯，2011 年，第 7 頁。
③ 湖南省文物考古研究所、湘西土家族苗族自治州文物處、龍山縣文物管理所《湖南龍山里耶戰國—秦代古城一號井發掘簡報》，《文物》2003 年第 1 期，第 4—35 頁；湖南省文物考古研究所編著《里耶發掘報告》，第 38—50 頁。
④ 2005 年 8 月 11 日張春龍致信邢義田："可以肯定地説，里耶簡的埋藏極爲零亂和分散，疊放的僅第九層一至十二號簡和第十六層五、六、七號簡，黏連在一起的僅第八層一五四至一五九號簡。"見邢義田《湖南龍山里耶 J1(8) 和 J1(9)1—12 號秦牘的文書構成、筆迹和原檔存放形式》，原載《簡帛》第一輯，2006 年，此據作者《治國安邦：法制、行政與軍事》，第 481 頁。
⑤ 蔣文《説馬王堆三號漢墓遣策簡 408 的勾畫符號和"讎到此"》，《文史》2014 年第 1 期，第 279—280、90 頁。

相對位置的"居葬圖",部分内容可能是對三號墓或一號墓具體位置的規劃。① 若此不誤,則在埋葬之前的某個階段,可能已經做出了相關規劃。田天指出,戰國到西漢前期,遣策多放置於邊廂或側室,而從西漢中後期開始,遣策置於墓主棺内。這一非常重要的變化,預示著遣策與生者的關係變得疏遠,而與死者的關係更爲密切。② 這些新研究,或從局部或從整體深化了對相關問題的認識。

目前而言,墓葬簡的數量雖然比不上烽燧簡、古井簡,但因爲出土的多爲重要典籍與律令文獻,其價值不一定比其他兩者小。但怎麽看待墓葬出土的簡帛,這類文獻是什麽性質?學界還没有統一的認識,目前大致存在專門製作的明器與生前實用物品兩種看法。從鈴木直美的文章,筆者聯想到馬王堆帛書、醫簡、地圖等盛放在長方形雙層漆奩里,與漆盤、漆杯、牛肩胛骨等同置於東槨箱,這個擺放位置有特殊之處嗎?或者説,結合相關信息,能夠推測出帛書在喪葬流程中所處的位置與其特定意義嗎?古人爲什麼隨葬這批帛書?怎麽看待隨葬帛書這件事?

雖然一時没有解決之道,但這無疑是非常重要的課題,因爲涉及到對墓葬文獻性質的判定,③進而影響到我們的解讀與對相關歷史的研究。比如,有學者認爲,甘肅墓葬出土的簡牘,大體上漢代及之前的簡牘多爲墓主生前實用之物,死後隨隨之埋入地下,而漢代之後的墓葬簡牘則屬於專門製作的冥器,並非實用物品。④ 這一看法正確不正確,可否推廣到其他地區墓葬出土的簡牘,值得進一步考慮。又比如清華簡、上博簡、安大簡、北大簡、嶽麓簡等購藏簡,也都出自墓葬,雖然内容極爲寶貴,但在正確認識其性質之前,我們恐怕很難充分利用其價值,也難保解讀時不會發生方向性的錯誤。

需要提示的是,此前刊佈的尹灣漢墓遣策"君兄繒方緹中物疏",上面就

---

① 董珊《馬王堆三號漢墓出土的〈居葬圖〉》,《簡帛文獻考釋論叢》,上海古籍出版社,2014 年,244—250 頁。
② 田天《西漢中晚期遣策的變遷及其意義》,王煜主編《文物、文獻與文化——歷史考古青年論集(第一輯)》,上海古籍出版社,2017 年,第 23—24 頁。此前,洪石已經指出遣策簡在墓葬内放置位置的變化,参作者《東周至晉代墓所出物疏簡牘及其相關問題研究》,《考古》2001 年第 9 期,第 65 頁。該文承田天先生示知,謹致謝忱!
③ 張忠煒討論了墓葬出土的律令文獻的性質,可參《墓葬出土律令文獻的性質及其他》,《中國人民大學學報》2015 年第 5 期,第 41—50 頁。
④ 張俊民《武威旱灘坡十九號前涼墓出土木牘考》,《考古與文物》2005 年第 3 期,第 73 頁。需要指出的是,作者在表述冥器時用的是"遣策"或"衣物疏",而現在學界通常認爲兩個概念異名同實,都是指記録隨葬物品的清單(竇磊《漢晉衣物疏集校及相關問題考察》,博士學位論文,武漢大學,2017 年,第 1—3 頁),故冥器與記載冥器的清單不可混爲一談,作者所指確爲冥器而非冥器清單。

記載了"記一卷""六甲陰陽書""列女傳一卷""恩澤詔書""楚相內史對""弟子職"等簡帛文獻(YM6D13),①而新近發掘的青島市土山屯漢墓 M147 棺內所出遣策"堂邑令劉君衣物名",上面記載了"堂邑戶口簿一"。② 將隨葬簡帛明確記錄在遣策上,從戰國至秦漢,目前僅能見到這兩例。③ 這是不是窺探隨葬簡牘性質問題的一扇窗戶呢? 鈴木直美認爲,隨葬簡帛是墓葬禮儀過程中的產物,④從這兩個例子看來,無疑是正確的。引人注目的是,兩枚遣策僅記載了部分隨葬簡帛,其他出土簡牘文獻沒有記載在遣策上。這一現象,又該如何解釋呢? 待青島土山屯漢墓全部資料——包括器物與簡牘——整理刊佈之後,或許可以此爲契機,深入探討如何看待隨葬簡帛這一干係重大的課題。

五、基於簡牘形態的觀察

耤山明在第一册《序論》中,針對中國簡牘研究現狀,提出了兩條新思路:一是近距離精細觀察簡牘,二是關注簡牘從生產到廢棄的整個生命週期(lifecycle),綜合把握簡牘製作、使用、移動、保管、再利用、廢棄等一連串過程。兩部論集,某種意義上可以説較爲充分地踐行了這兩個思路,值得重視。

第一册主要與第二條思路有關。倡導關注簡牘從生到死的全過程,是從過程角度研究簡牘,由此溯及其種種前身與後世,以及各種樣態之間的關係,並非孤立地研究我們所看到的簡牘本身。可以説,該思路是以簡牘而非某種"史"爲本位,重在研究簡牘本身的種種存在樣態,大大拓展了研究範圍與視野,既豐富了文書學研究的内容,又爲開展歷史學研究奠定了堅實基礎。

第二册主要圍繞第一條思路展開。近距離精細觀察簡牘形態,第一位的著眼點,是簡牘形制與其功能密切相關。耤山明提出此點,當與其早年注意到簡牘刻齒能夠對應簡文内容的研究經歷有關。⑤ 除刻齒類簡牘外,多面

---

① 連雲港市博物館、東海縣博物館、中國社會科學院簡帛研究中心、中國文物研究所編《尹灣漢墓簡牘》,圖版第 24 頁,釋文第 131 頁。
② 相關資料及發掘情況,尚未正式刊佈。本文據《山東青島土山屯墓群》,見中國考古網站(2018 年 1 月 31 日),鏈接: http://www.kaogu.cn/cn/xccz/20180131/60941.html。
③ 直到東晉,旱灘坡 19 號墓遣策上出現了疑似書籍"故雜黃卷書二"的記載。該遣策釋文,據竇磊《漢晉衣物疏集校及相關問題考察》,第 163、165 頁。
④ 耤山明《在簡牘學、古文書學、法制史與秦漢史之間》,蘇俊林、陳弘音、游逸飛訪談,《文匯報》2017 年 2 月 3 日,第 11 版"文化"。
⑤ 耤山明《刻齒簡牘初探——漢簡形態論のために》,原刊《木簡研究》第 17 號,1995 年,此據中譯本,刊於中國社會科學院簡帛研究中心編《簡帛研究譯叢》第二輯,湖南人民出版社,1998 年,第 147—177 頁。

體的瓠、有封泥匣與無封泥匣的封檢等，無疑也具有特殊的功能，這一點不需贅言。冨谷至注意到典籍簡、詔書與檄的特殊形制，提出了視覺木簡這一頗具啓發的觀察視角。① 角谷常子在考察西北漢簡中札與兩行的使用情況後，認爲正本文書使用兩行，草稿多用札，有時也用兩行。② 此後又綜合分析了里耶秦簡、東牌樓漢簡和三國吳簡中文書簡的形制問題，進一步認爲簡牘形制與文書格式不僅反映實用的需要，也反映使用者的思想和人際關係。③ 籾山明注意到里耶秦簡中削成梯子形狀的"束"簡(8－2551、11－14、16－38)，④推測是用來捆扎那些疊壓存放而非編綴的簡牘的。⑤ 這些對簡牘形制與其功能之間關係的獨到觀察，無疑是單純解讀簡文所辦不到的。而且，這類研究並不需要接觸簡牘實物，從刊佈的簡牘圖版上即可觀察到，操作性强。

　　另外，近年來一些能夠接觸簡牘原物的整理者，在仔細觀察簡牘形態之後，也有十分重要的發現。首先是孫沛陽注意到包山簡背面的劃綫，但因爲相關照片未公佈，無法進一步研究，後來參與到北大秦簡的整理，注意到這批簡牘及嶽麓秦簡等同樣存在背劃綫現象，遂意識到背劃綫可以作爲簡册復原的依據。⑥ 這一發現引起了簡牘整理者與研究者的極大興趣，開始參考背劃綫從事簡册編聯。如肖芸曉、史達，依據背劃綫及其他信息，分别討論了清華簡、嶽麓簡部分文獻的編排。⑦ 作爲清華簡的整理者，賈連翔綜合考察了這批簡牘的背劃綫與製作工藝流程，結合部分竹簡標有序號的現象，指出簡册復原時需要審愼運用背劃綫。⑧ 最近，參與整理史語所藏居延舊簡的石昇烜，注意到部分簡牘的簡側存在墨劃綫，具有指示書寫起始處與分欄的

---

① 冨谷至《文書行政的漢帝國》第一編，第9—88頁。
② 角谷常子《簡牘の形狀における意味》，收入冨谷至編《邊境出土木簡の研究》，朋友書店，2003年，第90—98頁。
③ 角谷常子《木簡使用的變遷與意義》，見於作者主編《東亞木簡學的構建》，汲古書院，2014年，第5—26頁。
④ 湖南省文物考古研究所《里耶一號井的封檢和束》，第68—69頁。
⑤ 籾山明《簡牘文書學與法制史——以里耶秦簡爲例》，載柳立言主編《史料與法史學》，中研院歷史語言研究所，2016年，第40—49頁。
⑥ 孫沛陽《簡册背劃綫初探》，《出土文獻與古文字研究》第四輯，2011年，第449—462頁。
⑦ 肖芸曉《試論清華竹書伊尹三篇的關聯》，《簡帛》第八輯，2013年，第471—476頁；史達《〈嶽麓書院藏秦簡·爲吏治官及黔首〉的編聯修訂——以簡背劃綫與反印文字迹爲依據》，《出土文獻與法律史研究》第三輯，2014年，第73—99頁。
⑧ 賈連翔《戰國竹書形制及相關問題研究——以清華大學藏戰國竹書爲中心》，中西書局，2015年，第82—102頁。對背劃綫、頁序碼在簡牘編排上的作用，作出全面檢討的是何晉，參《淺議簡册制度中的"序連"——以出土戰國秦漢簡爲例》，《簡帛》第八輯，2013年，第451—470頁。

作用,並進一步認爲這類墨綫簡與標尺簡分別用於持簡寫與伏案寫兩種書寫姿勢。① 這同樣也是前所未見的新發現,或許不限於居延舊簡,其他簡牘可能也存在類似的簡側墨劃綫。

可以説,注意簡牘的形制,是探索不同形狀的簡牘具有不同作用的一個窗口。對包括切割、刮削、鑽鑿、背劃綫、簡側墨綫、暈染、反印文、塗改等在内的簡牘形態的全面而詳盡的觀察,則是深入探索簡牘製作工藝、册書編聯、存放狀態及文書制度等相關問題的基礎,更是由文書學研究邁向歷史學研究的堅實路徑。

近距離觀察簡牘形態,真正將簡牘作爲考古遺物來對待,對於一向偏重簡文的中國研究者而言,可以説,無論怎麽都強調都不爲過。然而,對大多數研究者而言,接觸簡牘原物的機會少之又少,平時都是依據出版物從事研究,因此這就對簡牘的整理與出版提出了非常高的要求。不僅要保證釋文的正確,圖版的清晰,還要將簡牘形態的信息盡可能多地呈現出來。而中國簡牘的整理刊佈情況,距離這一目標還很遠。目前的狀況是,不同的整理者採用不同的技術規範,幾乎完全各行其是,就連最基本的簡牘編號都還没有統一。② 即使尺寸、重量等基本信息,也只有少數幾批簡牘公佈了部分數據。現在通行的作法,無字簡牘及簡牘無字的一面,是不會公佈照片的。至於簡面的挖削、暈染等通過照片不易判斷的現象,也不見隻言片語的交待,更遑論簡側情況了。當然,每一枚簡牘的簡側都拍照刊佈,亦無必要,但至少可以給出相應的説明。這方面,有必要借鑒日本木簡整理與刊佈的經驗。據筆者有限的瞭解,③日本木簡一般會配套出版"圖録"與"解説"。"解説"先是對木簡出土遺址的詳細介紹,包括出土地點、層位、官署情況等信息,有時還旁及材質鑒定;其次按照出土地點逐枚介紹木簡,首録釋文,下注長寬厚尺寸、所屬型號、出土地點、材質等,再詳細説明切割、折損、鑽孔及筆跡、墨色、二次書寫等信息,十分詳備。可以説,真正做到了將簡牘作爲考古遺物

---

① 石昇烜《再探簡牘編聯、書寫姿勢與習慣——以中研院史語所藏居延漢簡的簡側墨綫爲綫索》,《中研院歷史語言研究所集刊》第 88 本第 4 分,2017 年,第 644—715 頁。此文電子版曾承作者賜下,得以及時參考,謹致謝忱!
② 這一點,已經引起主事者的注意(張德芳《西北漢簡整理的歷史回顧與啓示》,《鄭州大學學報(哲學社會科學版)》2017 年第 5 期,第 96 頁),期待業界能夠對此取得共識。
③ 筆者調查了平城宫木簡(七)與飛鳥藤原京木簡(一、二)。

來對待。① 從整體上看,日本木簡更像是出自考古學者之手的考古整理報告。兩相比對,中國簡牘的整理刊佈,雖然也有許多日本木簡不及的長處,但同樣存在很多需要改進與完善的地方。

2018 年 2 月完稿
2019 年 1 月修訂

附記:該文的縮減版譯成英文發表在 Bamboo and Silk, Volume 2 Number 2,2019 年,完整版刊於簡帛網(2019 年 5 月 9 日),收入本書時略加修訂。

---

① 近年來,考古學界興起所謂的微痕考古,即充分利用現代科技手段,探測觀察古代人類活動與自然遺留的微小痕迹,進而闡釋人類與環境之間的互動關係等(武仙竹《微痕考古——從微觀信息認識歷史過程的科學探索》,《文物保護與考古學》第 23 卷第 4 期,2011 年,第 89—96 頁)。對簡牘而言,其主要作用毫無疑問是文字,但若能充分利用各種手段觀察其形態,當亦不無小補。比如日本木簡研究方面,通過木材年輪的測定,發現同一坑位的部分咒符爲同一木材所製作,此技術亦可應用到中國的簡牘整理與研究方面,考察簡牘與簡册的製作(石昇烜《日本奈良文化財研究所訪問記》,《臺大歷史系學術通訊》第 23 期,2017 年,鏈接爲 http://homepage.ntu.edu.tw/~history/public_html/09newsletter/23/23-09.html#top)。

肩水金關漢簡綴合表

　　肩水金關漢簡自 2011 年刊佈以來，即不斷有學者借助高清圖版，從事綴合，使殘簡斷片得以恢復舊觀。今搜集綴合成果，以出版簡號爲順序，表列如下。時間截止到 2019 年 2 月 19 日。前期綴合未盡、後有增補者，僅錄後者。爲翻檢方便，每條綴合的出處，皆詳細列出。本書引用簡文涉及的綴合成果，未——注明，皆出自下表。

肩水金關漢簡綴合表

簡　　號	作　者	出　　　處	時　　間
73EJT1：16+24	伊强	《肩水金關漢簡（壹）》綴合六則 http：//www.bsm.org.cn/show_article.php？id=2324	2015.10.6
73EJT1：25+284	伊强	《肩水金關漢簡（壹）》綴合六則 http：//www.bsm.org.cn/show_article.php？id=2324	2015.10.6
73EJT1：50+294	姚磊	《肩水金關漢簡（壹）》綴合（八） http：//www.bsm.org.cn/show_article.php？id=2887	2017.9.20
73EJT1：107+156	姚磊	《肩水金關漢簡（壹）》綴合（六） http：//www.bsm.org.cn/show_article.php？id=2822	2017.6.16
73EJT1：111+18	尉侯凱	《肩水金關漢簡（壹）》綴合九則 http：//www.bsm.org.cn/show_article.php？id=2640	2016.10.5
73EJT1：136+163	伊强	肩水金關漢簡綴合十五則，《簡帛》第十二輯，第 115 頁	2016.5

（續表）

簡　號	作　者	出　處	時　間
73EJT1：144+141	姚磊	《肩水金關漢簡（壹）》綴合（五）http：//www.bsm.org.cn/show_article.php? id=2821	2017.6.15
73EJT1：172+127	伊強	《肩水金關漢簡（壹）》綴合六則 http：//www.bsm.org.cn/show_article.php? id=2324	2015.10.6
73EJT1：243+273	尉侯凱	《肩水金關漢簡（壹）》綴合九則 http：//www.bsm.org.cn/show_article.php? id=2640	2016.10.5
73EJT1：246+316	張文建	《肩水金關漢簡（壹）》綴合（四）http：//www.bsm.org.cn/show_article.php? id=2842	2017.7.24
73EJT2：92+88	伊強	《肩水金關漢簡（壹）》綴合六則 http：//www.bsm.org.cn/show_article.php? id=2324	2015.10.6
73EJT3：110+112	姚磊	《肩水金關漢簡（壹）》綴合（一）http：//www.bsm.org.cn/show_article.php? id=2700	2017.1.18
73EJT4：84+69	張文建	《肩水金關漢簡（壹）》綴合四則 http：//www.bsm.org.cn/show_article.php? id=2746	2017.3.2
73EJT4：121+119	張文建	《肩水金關漢簡（壹）》綴合四則 http：//www.bsm.org.cn/show_article.php? id=2746	2017.3.2
73EJT4：130+142	姚磊	《肩水金關漢簡（壹）》綴合（一）http：//www.bsm.org.cn/show_article.php? id=2700	2017.1.18
73EJT4：139+211	張文建	《肩水金關漢簡（壹）》綴合四則 http：//www.bsm.org.cn/show_article.php? id=2746	2017.3.2

（續表）

簡　　號	作　者	出　　處	時　間
73EJT4：182+64	張顯成、張文建	《肩水金關漢簡（壹）》綴合七則 http：//www.bsm.org.cn/show_article.php?id=2703	2017.1.20
73EJT4：197+136	張文建	肩水金關漢簡綴合三則 http：//www.bsm.org.cn/show_article.php?id=2706	2017.1.22
73EJT4：199+143	姚磊	《肩水金關漢簡（壹）》綴合（一） http：//www.bsm.org.cn/show_article.php?id=2700	2017.1.18
73EJT5：30+40	張顯成、張文建	《肩水金關漢簡（壹）》綴合七則 http：//www.bsm.org.cn/show_article.php?id=2703	2017.1.20
73EJT5：30+40	姚磊	《肩水金關漢簡（壹）》綴合（二） http：//www.bsm.org.cn/show_article.php?id=2702	2017.1.20
73EJT6：73+109	張文建	《肩水金關漢簡（壹）》綴合（五） http：//www.bsm.org.cn/show_article.php?id=2859	2017.8.7
73EJT6：110+62	尉侯凱	《肩水金關漢簡（壹）》綴合九則 http：//www.bsm.org.cn/show_article.php?id=2640	2016.10.5
73EJT6：140+95	張文建	《肩水金關漢簡（壹）》綴合（二） http：//www.bsm.org.cn/show_article.php?id=2826	2017.6.19
73EJT6：173+175	張文建	肩水金關漢簡綴合三則 http：//www.bsm.org.cn/show_article.php?id=2706	2017.1.22
73EJT6：180+183	張文建	《肩水金關漢簡（壹）》綴合四則 http：//www.bsm.org.cn/show_article.php?id=2746	2017.3.2

（續表）

簡　號	作　者	出　處	時　間
73EJT6：181+182	尉侯凱	《肩水金關漢簡（壹）》綴合九則 http：//www.bsm.org.cn/show_article.php？id=2640	2016.10.5
73EJT7：18+10	尉侯凱	《肩水金關漢簡（壹）》綴合九則 http：//www.bsm.org.cn/show_article.php？id=2640	2016.10.5
73EJT7：24+72EJC：155	林宏明	漢簡試綴第三則 http：//www.xianqin.org/blog/archives/7426.html	2016.11.10
73EJT7：33+11	姚磊	《肩水金關漢簡（壹）》綴合（二） http：//www.bsm.org.cn/show_article.php？id=2702	2017.1.20
73EJT7：50+73EJF3：557	姚磊	《肩水金關漢簡（壹）》綴合（二） http：//www.bsm.org.cn/show_article.php？id=2702	2017.1.20
73EJT7：67+157	姚磊	《肩水金關漢簡（壹）》綴合（二） http：//www.bsm.org.cn/show_article.php？id=2702	2017.1.20
73EJT7：87+54	伊強	肩水金關漢簡綴合五則 http：//www.bsm.org.cn/show_article.php？id=2046	2014.7.10
73EJT7：106+20	姚磊	《肩水金關漢簡（壹）》綴合（四） http：//www.bsm.org.cn/show_article.php？id=2705	2017.1.20
73EJT7：183+155+193	姚磊	《肩水金關漢簡（壹）》綴合（四） http：//www.bsm.org.cn/show_article.php？id=2705	2017.1.20
73EJT7：205+73EJT28：78	姚磊	《肩水金關漢簡（壹）》綴合（七） http：//www.bsm.org.cn/show_article.php？id=2880	2017.9.8

（續表）

簡　　號	作　者	出　　處	時　間
73EJT8：14+20	伊强	肩水金關漢簡綴合十五則，《簡帛》第十二輯，頁116	2016.5
73EJT8：32+71	尉侯凱	《肩水金關漢簡（壹）》綴合九則 http：//www.bsm.org.cn/show_article.php？id=2640	2016.10.5
73EJT8：74+113	伊强	《肩水金關漢簡（壹）》綴合六則 http：//www.bsm.org.cn/show_article.php？id=2324	2015.10.6
73EJT8：76+65	伊强	《肩水金關漢簡（壹）》綴合六則 http：//www.bsm.org.cn/show_article.php？id=2324	2015.10.6
73EJT8：102B+82A	姚磊	《肩水金關漢簡（壹）》綴合（四） http：//www.bsm.org.cn/show_article.php？id=2705	2017.1.20
73EJT9：5+15	張顯成、張文建	《肩水金關漢簡（壹）》綴合七則 http：//www.bsm.org.cn/show_article.php？id=2703	2017.1.20
73EJT9：5+15	姚磊	《肩水金關漢簡（壹）》綴合（三） http：//www.bsm.org.cn/show_article.php？id=2704	2017.1.20
73EJT9：202+183	張文建	《肩水金關漢簡（壹）》綴合一則 http：//www.bsm.org.cn/show_article.php？id=2749	2017.3.3
73EJT9：214+210	張文建	肩水金關漢簡綴合三則 http：//www.bsm.org.cn/show_article.php？id=2706	2017.1.22
73EJT9：223+154	張顯成、張文建	《肩水金關漢簡（壹）》綴合七則 http：//www.bsm.org.cn/show_article.php？id=2703	2017.1.20

（續表）

簡　號	作　者	出　處	時　間
73EJT9：252+290	張文建	《肩水金關漢簡（壹）》綴合（五） http：//www.bsm.org.cn/show_article.php?id=2859	2017.8.7
73EJT9：258+358	尉侯凱	《肩水金關漢簡（壹）》綴合九則 http：//www.bsm.org.cn/show_article.php?id=2640	2016.10.5
73EJT9：268A+264B	姚磊	《肩水金關漢簡（壹）》綴合（三） http：//www.bsm.org.cn/show_article.php?id=2704	2017.1.20
73EJT9：288+287	張文建	《肩水金關漢簡（壹）》再綴三則 http：//www.bsm.org.cn/show_article.php?id=2707	2017.1.22
73EJT9：310+51	尉侯凱	《肩水金關漢簡（壹）》綴合九則 http：//www.bsm.org.cn/show_article.php?id=2640	2016.10.5
73EJT9：384+170	許名瑲	《肩水金關漢簡（壹）》綴合之一 http：//www.bsm.org.cn/show_article.php?id=2571	2016.6.7
73EJT10：167+93	魯家亮	肩水金關漢簡釋文校讀六則，《古文字研究》第29輯，第778—779頁	2012.10
73EJT10：168+106	伊強	《肩水金關漢簡（壹）》綴合補遺二則 http：//www.bsm.org.cn/show_article.php?id=2803	2017.5.12
73EJT10：175+160	魯家亮	肩水金關漢簡釋文校讀六則，《古文字研究》第29輯，頁780—781	2012.10
73EJT10：247+207	姚磊	《肩水金關漢簡（壹）》綴合（十） http：//www.bsm.org.cn/show_article.php?id=3130	2018.5.25

（續表）

簡　號	作　者	出　　處	時　間
73EJT10：277+174	張顯成、張文建	《肩水金關漢簡（壹）》綴合七則 http：//www.bsm.org.cn/show_article.php?id=2703	2017.1.20
73EJT10：311+260	姚磊	《肩水金關漢簡（壹）》綴合（九） http：//www.bsm.org.cn/show_article.php?id=2890	2017.9.21
73EJT10：318+351	姚磊	《肩水金關漢簡（壹）》綴合（三） http：//www.bsm.org.cn/show_article.php?id=2704	2017.1.20
73EJT10：339+480	張顯成、張文建	《肩水金關漢簡（壹）》綴合七則 http：//www.bsm.org.cn/show_article.php?id=2703	2017.1.20
73EJT10：342+471	伊強	《肩水金關漢簡（壹）》綴合補遺二則 http：//www.bsm.org.cn/show_article.php?id=2803	2017.5.12
73EJT10：345+496	姚磊	《肩水金關漢簡（壹）》綴合（三） http：//www.bsm.org.cn/show_article.php?id=2704	2017.1.20
73EJT10：365+283	尉侯凱	《肩水金關漢簡（壹）》綴合九則 http：//www.bsm.org.cn/show_article.php?id=2640	2016.10.5
73EJT10：418+415	張顯成、張文建	《肩水金關漢簡（壹）》綴合七則 http：//www.bsm.org.cn/show_article.php?id=2703	2017.1.20
73EJT10：481+507	張文建	《肩水金關漢簡（壹）》綴合（三） http：//www.bsm.org.cn/show_article.php?id=2842	2017.7.19
73EJT11：31A+10+3	伊強	《肩水金關漢簡（貳）》綴合五則，《出土文獻研究》第十五輯，第383頁	2016.7

（續表）

簡　　號	作　者	出　　　處	時　間
73EJT21：57+33	伊強	肩水金關漢簡綴合兩則 http：//www.bsm.org.cn/show_article.php? id=2296	2015.8.27
73EJT21：60+24：304	姚磊	《肩水金關漢簡（貳）》綴合（十六） http：//www.bsm.org.cn/show_article.php? id=2949	2017.12.16
73EJT21：62+78	伊強	《肩水金關漢簡（貳）》綴合五則，《出土文獻研究》第十五輯，頁385	2016.7
73EJT21：72+354	姚磊	《肩水金關漢簡（貳）》綴合（二） http：//www.bsm.org.cn/show_article.php? id=2648	2016.10.22
73EJT21：138+278A	伊強	《肩水金關漢簡（貳）》綴合五則，《出土文獻研究》第十五輯，第384頁	2016.7
73EJT21：145+73EJF3：463	雷海龍	《肩水金關漢簡（伍）》釋文補正及殘簡新綴，《簡帛》第十四輯，頁91—93	2017.5
73EJT21：199+198	楊小亮	肩水金關漢簡綴合八則，《出土文獻研究》第十二輯，第284—285頁	2013.12
73EJT21：327+317	姚磊	《肩水金關漢簡（貳）》綴合（二） http：//www.bsm.org.cn/show_article.php? id=2648	2016.10.22
73EJT21：310+314+325	姚磊	《肩水金關漢簡（貳）》綴合（一） http：//www.bsm.org.cn/show_article.php? id=2645	2016.10.7
73EJT21：380+334	姚磊	《肩水金關漢簡（貳）》綴合（一） http：//www.bsm.org.cn/show_article.php? id=2645	2016.10.7

（續表）

簡　號	作　者	出　　處	時　間
73EJT21：396+343	姚磊	《肩水金關漢簡（貳）》綴合（二）http：//www.bsm.org.cn/show_article.php？id=2648	2016.10.22
73EJT21：401+459+451	姚磊	《肩水金關漢簡（貳）》綴合（八）http：//www.bsm.org.cn/show_article.php？id=2727	2017.2.13
73EJT21：423+431	姚磊	《肩水金關漢簡（貳）》綴合（二）http：//www.bsm.org.cn/show_article.php？id=2648	2016.10.22
73EJT21：429+322	伊強	肩水金關漢簡綴合十四則http：//www.bsm.org.cn/show_article.php？id=2137	2015.1.19
73EJT21：459+451	楊小亮	肩水金關漢簡綴合八則，《出土文獻研究》第十二輯，第281頁	2013.12
73EJT22：7+10	伊強	肩水金關漢簡綴合十五則，《簡帛》第十二輯，第116頁	2016.5
73EJT22：65+87	伊強	《肩水金關漢簡（貳）》綴合五則，《出土文獻研究》第十五輯，第383頁	2016.7
73EJT22：75+73EJT21：88	姚磊	《肩水金關漢簡（貳）》綴合（九）http：//www.bsm.org.cn/show_article.php？id=2741	2017.2.28
73EJT22：106+115	姚磊	《肩水金關漢簡（貳）》綴合（三）http：//www.bsm.org.cn/show_article.php？id=2656	2016.11.4
73EJT23：3+619	許名瑲	《肩水金關漢簡（貳）》綴合一則http：//www.bsm.org.cn/show_article.php？id=2595	2016.7.15

（續表）

簡　　號	作　者	出　　處	時　間
73EJT23：5+37	姚磊	《肩水金關漢簡（貳）》綴合（三）http：//www.bsm.org.cn/show_article.php？id=2656	2016.11.4
73EJT23：8+164	姚磊	《肩水金關漢簡（貳）》綴合（三）http：//www.bsm.org.cn/show_article.php？id=2656	2016.11.4
73EJT23：19+40	伊強	肩水金關漢簡綴合五則 http：//www.bsm.org.cn/show_article.php？id=2046	2014.7.10
73EJT23：41+42	姚磊	《肩水金關漢簡（貳）》綴合（三）http：//www.bsm.org.cn/show_article.php？id=2656	2016.11.4
73EJT23：76+139	伊強	《肩水金關漢簡（貳）》綴合二則 http：//www.bsm.org.cn/show_article.php？id=2604	2016.8.9
73EJT23：91+418+821+429	姚磊	《肩水金關漢簡（貳）》綴合（三）http：//www.bsm.org.cn/show_article.php？id=2656	2016.11.4
73EJT23：96+132	楊小亮	金關簡牘編聯綴合舉隅，《出土文獻研究》第十二輯，第305頁	2014.12
73EJT23：128+127	姚磊	《肩水金關漢簡（貳）》綴合（八）http：//www.bsm.org.cn/show_article.php？id=2727	2017.2.13
73EJT23：131+862	伊強	肩水金關漢簡綴合十五則，《簡帛》第十二輯，第118—119頁	2016.5
73EJT23：141+133	姚磊	《肩水金關漢簡（叁）》綴合（十）http：//www.bsm.org.cn/show_article.php？id=2776	2017.4.16

（續表）

簡　號	作　者	出　　處	時　間
73EJT23：177+171A	楊小亮	金關簡牘編聯綴合舉隅，《出土文獻研究》第十二輯，第305—306頁	2014.12
73EJT23：212A+224B	姚磊	《肩水金關漢簡（貳）》綴合（四）http：//www.bsm.org.cn/show_article.php?id=2660	2016.11.10
73EJT23：315+702	胡永鵬	讀《肩水金關漢簡（貳）》札記http：//www.bsm.org.cn/show_article.php?id=1905	2013.9.17
73EJT23：321+294	伊強	肩水金關漢簡綴合兩則http：//www.bsm.org.cn/show_article.php?id=2296	2015.8.27
73EJT23：128+127	姚磊	《肩水金關漢簡（貳）》綴合（八）http：//www.bsm.org.cn/show_article.php?id=2727	2017.2.13
73EJT23：376+659	姚磊	《肩水金關漢簡（貳）》綴合（四）http：//www.bsm.org.cn/show_article.php?id=2660	2016.11.10
73EJT23：379+387	楊小亮	肩水金關漢簡綴合八則，《出土文獻研究》第十二輯，第282頁	2013.12
73EJT23：404A+265B	伊強	《肩水金關漢簡（貳）》綴合五則，《出土文獻研究》第十五輯，第383—384頁	2016.7
73EJT23：432+260+431	伊強	肩水金關漢簡綴合十五則，《簡帛》第十二輯，第119頁	2016.5
73EJT23：448+963	伊強	肩水金關漢簡綴合十五則，《簡帛》第十二輯，第117—118頁	2016.5
73EJT23：491A+492B+525+947+1038A	楊小亮	金關簡牘編聯綴合舉隅，《出土文獻研究》第十二輯，第306—307頁	2014.12

（續表）

簡　號	作　者	出　　處	時　間
73EJT23：496+1059+506	伊强	《肩水金關漢簡綴合十四則》補充 http：//www.bsm.org.cn/show_article.php？id=2260	2015.6.17
73EJT23：500+511	楊小亮	肩水金關漢簡綴合八則，《出土文獻研究》第十二輯，第283頁	2013.12
73EJT23：530+514	姚磊	《肩水金關漢簡（貳）》綴合（六） http：//www.bsm.org.cn/show_article.php？id=2663	2016.11.17
73EJT23：531+509	楊小亮	肩水金關漢簡綴合八則，《出土文獻研究》第十二輯，第283頁	2013.12
73EJT23：532+768	胡永鵬	讀《肩水金關漢簡（貳）》札記，《中國文字》新四十期，第92頁	2014.7
73EJT23：542+539	姚磊	《肩水金關漢簡（貳）》綴合（四） http：//www.bsm.org.cn/show_article.php？id=2660	2016.11.10
73EJT23：561+577	姚磊	《肩水金關漢簡（貳）》綴合（四） http：//www.bsm.org.cn/show_article.php？id=2660	2016.11.10
73EJT23：563+643	伊强	《肩水金關漢簡（貳）》綴合一則， http：//www.bsm.org.cn/show_article.php？id=2032	2014.6.16
73EJT23：566+689	姚磊	《肩水金關漢簡（貳）》綴合（十九） http：//www.bsm.org.cn/show_article.php？id=3204	2018.8.13
73EJT23：568+846	姚磊	《肩水金關漢簡（貳）》綴合（四） http：//www.bsm.org.cn/show_article.php？id=2660	2016.11.10

(續表)

簡　　號	作　者	出　　　處	時　　間
73EJT23：585+598	姚磊	《肩水金關漢簡（貳）》綴合（五）http：//www.bsm.org.cn/show_article.php？id=2661	2016.11.14
73EJT23：608+673	姚磊	《肩水金關漢簡（貳）》綴合（五）http：//www.bsm.org.cn/show_article.php？id=2661	2016.11.14
73EJT23：612+829	姚磊	《肩水金關漢簡（貳）》綴合（五）http：//www.bsm.org.cn/show_article.php？id=2661	2016.11.14
73EJT23：614+687	楊小亮	金關簡牘編聯綴合舉隅,《出土文獻研究》第十二輯,第307—308頁	2014.12
73EJT23：634+173	伊强	肩水金關漢簡綴合十五則,《簡帛》第十二輯,第119—120頁	2016.5
73EJT23：642+35	伊强	肩水金關漢簡綴合十五則,《簡帛》第十二輯,第116頁	2016.5
73EJT23：677+658	姚磊	《肩水金關漢簡（貳）》綴合（六）http：//www.bsm.org.cn/show_article.php？id=2663	2016.11.17
73EJT23：688+109	姚磊	《肩水金關漢簡（貳）》綴合（五）http：//www.bsm.org.cn/show_article.php？id=2661	2016.11.14
73EJT23：691+802	胡永鵬	讀《肩水金關漢簡（貳）》札記,《中國文字》新四十期,第92頁	2014.7
73EJT23：743+744	楊小亮	肩水金關漢簡綴合八則,《出土文獻研究》第十二輯,第283—284頁	2013.12
73EJT23：835+860	胡永鵬	讀《肩水金關漢簡（貳）》札記,《中國文字》新四十期,第92—93頁	2014.7

（續表）

簡　　號	作　者	出　　處	時　間
73EJT23：919+917	楊小亮	敞與子涇業君書，《金關居延遺址與絲綢之路歷史文化研究》，第114—117頁	2014.12
73EJT23：939+1031	姚磊	《肩水金關漢簡（貳）》綴合（六）http：//www.bsm.org.cn/show_article.php？id=2663	2016.11.17
73EJT23：990A+721	姚磊	《肩水金關漢簡（貳）》綴合（六）http：//www.bsm.org.cn/show_article.php？id=2663	2016.11.17
73EJT23：1023+1016	姚磊	《肩水金關漢簡（貳）》綴合（六）http：//www.bsm.org.cn/show_article.php？id=2663	2016.11.17
73EJT23：1026+1047	姚磊	《肩水金關漢簡（貳）》綴合（六）http：//www.bsm.org.cn/show_article.php？id=2663	2016.11.17
73EJT23：1048+1056	姚磊	《肩水金關漢簡（貳）》綴合（十三）http：//www.bsm.org.cn/show_article.php？id=2913	2017.10.7
73EJT23：1065+931	伊強	肩水金關漢簡綴合十五則，《簡帛》第十二輯，第120頁	2016.5
73EJT24：79+84	姚磊	《肩水金關漢簡（叁）》綴合（十）http：//www.bsm.org.cn/show_article.php？id=2776	2017.4.16
73EJT24：91+119	姚磊	《肩水金關漢簡（貳）》綴合（七）http：//www.bsm.org.cn/show_article.php？id=2666	2016.11.18
73EJT24：97+73EJT30：64+11	姚磊	《肩水金關漢簡（貳）》綴合（十四）http：//www.bsm.org.cn/show_article.php？id=2929	2017.10.21

（續表）

簡　號	作　者	出　處	時　間
73EJT24：135＋128＋73EJT30：167	姚磊	《肩水金關漢簡（貳）》綴合（十八）http：//www.bsm.org.cn/show_article.php?id＝3192	2018.7.17
73EJT24：146＋430	姚磊	《肩水金關漢簡（貳）》綴合（七）http：//www.bsm.org.cn/show_article.php?id＝2666	2016.11.18
73EJT24：147＋765	田炳炳	肩水金關漢簡綴合兩則 http：//www.bsm.org.cn/show_article.php?id＝2066	2014.9.1
73EJT24：156＋482＋158	姚磊	《肩水金關漢簡（貳）》綴合（七）http：//www.bsm.org.cn/show_article.php?id＝2666	2016.11.18
73EJT24：187＋173	伊強	肩水金關漢簡綴合十四則 http：//www.bsm.org.cn/show_article.php?id＝2137	2015.1.19
73EJT24：210＋199	伊強	《肩水金關漢簡（貳）》綴合二則 http：//www.bsm.org.cn/show_article.php?id＝2604	2016.8.9
73EJT24：220＋502	林宏明	漢簡試綴第12—14則 http：//www.xianqin.org/blog/archives/7661.html	2016.12.15
73EJT24：247B＋268A	胡永鵬	讀《肩水金關漢簡（貳）》札記 http：//www.bsm.org.cn/show_article.php?id＝1905	2013.9.17
73EJT24：264＋269	伊強	《肩水金關漢簡（貳）》綴合二則 http：//www.bsm.org.cn/show_article.php?id＝2121	2014.12.31
73EJT24：333＋73EJT23：818	姚磊	《肩水金關漢簡（貳）》綴合（十一）http：//www.bsm.org.cn/show_article.php?id＝2854	2017.7.31

（續表）

簡　　號	作　者	出　　處	時　　間
73EJT24：343+322	姚磊	《肩水金關漢簡（貳）》綴合（七）http：//www.bsm.org.cn/show_article.php？id=2666	2016.11.18
73EJT24：359+222	姚磊	《肩水金關漢簡（貳）》綴合（七）http：//www.bsm.org.cn/show_article.php？id=2666	2016.11.18
73EJT24：367A+509B	姚磊	《肩水金關漢簡（貳）》綴合（十五）http：//www.bsm.org.cn/show_article.php？id=2936	2017.11.2
73EJT24：382+402	伊强	肩水金關漢簡綴合十五則，《簡帛》第十二輯，第120—121頁	2016.5
73EJT24：411+150	姚磊	《肩水金關漢簡（貳）》綴合（七）http：//www.bsm.org.cn/show_article.php？id=2666	2016.11.18
73EJT24：450+464	伊强	《肩水金關漢簡（貳）》綴合二則http：//www.bsm.org.cn/show_article.php？id=2121	2014.12.31
73EJT24：523+521	姚磊	《肩水金關漢簡（叁）》綴合（十）http：//www.bsm.org.cn/show_article.php？id=2760	2017.3.17
73EJT24：529+56	林宏明	漢簡試綴第12—14則http：//www.xianqin.org/blog/archives/7661.html	2016.12.15
73EJT24：570+571	伊强	肩水金關漢簡綴合十四則http：//www.bsm.org.cn/show_article.php？id=2137	2015.1.19
73EJT24：596+611	姚磊	《肩水金關漢簡（叁）》綴合（一）http：//www.bsm.org.cn/show_article.php？id=2669	2016.11.22

（續表）

簡　號	作　者	出　處	時　間
73EJT24：599+597	姚磊	《肩水金關漢簡（叁）》綴合（一）http：//www.bsm.org.cn/show_article.php？id=2669	2016.11.22
73EJT24：606+600	姚磊	《肩水金關漢簡（叁）》綴合（十八）http：//www.bsm.org.cn/show_article.php？id=3194	2018.7.21
73EJT24：634+627	伊强	肩水金關漢簡綴合十五則，《簡帛》第十二輯，第121頁	2016.5
T24：646+648+650	許名瑲	《肩水金關漢簡（參）》綴合二則 http：//www.bsm.org.cn/show_article.php？id=2072	2014.9.15
73EJT24：681+658	姚磊	《肩水金關漢簡（叁）》綴合（十二）http：//www.bsm.org.cn/show_article.php？id=2853	2017.7.29
73EJT24：687+703	姚磊	《肩水金關漢簡（叁）》綴合（一）http：//www.bsm.org.cn/show_article.php？id=2669	2016.11.22
73EJT24：739+784+785	姚磊	《肩水金關漢簡（叁）》綴合（一）http：//www.bsm.org.cn/show_article.php？id=2669	2016.11.22
73EJT24：749+983	姚磊	《肩水金關漢簡（叁）》綴合（一）http：//www.bsm.org.cn/show_article.php？id=2669	2016.11.22
73EJT 24：750+919	伊强	肩水金關漢簡綴合五則 http：//www.bsm.org.cn/show_article.php？id=2046	2014.7.10

（續表）

簡　號	作者	出　處	時　間
73EJT24：771+913	姚磊	《肩水金關漢簡（叁）》綴合（二）http：//www.bsm.org.cn/show_article.php? id=2671	2016.11.24
73EJT24：773+769	姚磊	《肩水金關漢簡（叁）》綴合（二）http：//www.bsm.org.cn/show_article.php? id=2671	2016.11.24
73EJT24：786+692	姚磊	《肩水金關漢簡（叁）》綴合（二）http：//www.bsm.org.cn/show_article.php? id=2671	2016.11.24
T24：828+810	許名瑲	《肩水金關漢簡（參）》綴合二則 http：//www.bsm.org.cn/show_article.php? id=2072	2014.9.15
73EJT24：872A+249	伊强	肩水金關漢簡綴合十五則,《簡帛》第十二輯,頁122—123	2016.5
73EJT24：874+871+805	姚磊	《肩水金關漢簡（叁）》綴合（十八）http：//www.bsm.org.cn/show_article.php? id=3194	2018.7.21
73EJT24：887+909	姚磊	《肩水金關漢簡（叁）》綴合（九）http：//www.bsm.org.cn/show_article.php? id=2732	2017.2.17
73EJT24：900+691	姚磊	《肩水金關漢簡（叁）》綴合（十三）http：//www.bsm.org.cn/show_article.php? id=2857	2017.8.3
73EJT24：908＋73EJC：498	姚磊	《肩水金關漢簡（叁）》綴合（十五）http：//www.bsm.org.cn/show_article.php? id=2894	2017.9.24
73EJT24：925+869	姚磊	《肩水金關漢簡（叁）》綴合（二）http：//www.bsm.org.cn/show_article.php? id=2671	2016.11.24

（續表）

簡　號	作　者	出　　處	時　間
73EJT24：932+802	姚磊	《肩水金關漢簡(叁)》綴合(十六) http：//www.bsm.org.cn/show_article.php？id=2910	2017.10.6
73EJT24：941+73EJC：492	姚磊	《肩水金關漢簡(叁)》綴合(十四) http：//www.bsm.org.cn/show_article.php？id=2872	2017.8.23
73EJT24：945+534	姚磊	《肩水金關漢簡(叁)》綴合(二) http：//www.bsm.org.cn/show_article.php？id=2671	2016.11.24
73EJT24：955+911	姚磊	《肩水金關漢簡(叁)》綴合(五) http：//www.bsm.org.cn/show_article.php？id=2680	2016.12.11
73EJT24：956+761	伊强	肩水金關漢簡綴合十五則，《簡帛》第十二輯，第123頁	2016.5
73EJT25：43+191	何茂活	肩水金關T25斷簡綴合四則 http：//www.bsm.org.cn/show_article.php？id=2344	2015.11.6
73EJT25：86+17	姚磊	《肩水金關漢簡(叁)》綴合(八) http：//www.bsm.org.cn/show_article.php？id=2694	2017.1.1
73EJT25：108+211	何茂活	肩水金關T25斷簡綴合四則 http：//www.bsm.org.cn/show_article.php？id=2344	2015.11.6
73EJT25：156+174+122	姚磊	《肩水金關漢簡(叁)》綴合(五) http：//www.bsm.org.cn/show_article.php？id=2680	2016.12.11
73EJT25：159+116	何茂活	肩水金關T25斷簡綴合四則 http：//www.bsm.org.cn/show_article.php？id=2344	2015.11.6

（續表）

簡　號	作　者	出　　處	時　間
73EJT25：186+155	姚磊	《肩水金關漢簡（叁）》綴合（七） http：//www.bsm.org.cn/show_article.php？id=2687	2016.12.21
73EJT25：244+243	何茂活	肩水金關 T25 斷簡綴合四則 http：//www.bsm.org.cn/show_article.php？id=2344	2015.11.6
73EJT26：42+25	伊强	肩水金關漢簡綴合十五則，《簡帛》第十二輯，第 123—124 頁	2016.5
73EJT26：127+117	伊强	肩水金關漢簡綴合十四則 http：//www.bsm.org.cn/show_article.php？id=2137	2015.1.19
73EJT26：142+272	姚磊	《肩水金關漢簡（叁）》綴合（七） http：//www.bsm.org.cn/show_article.php？id=2687	2016.12.21
73EJT26：144+182	姚磊	《肩水金關漢簡（叁）》綴合（七） http：//www.bsm.org.cn/show_article.php？id=2687	2016.12.21
73EJT26：167+201+296	姚磊	《肩水金關漢簡（叁）》綴合（七） http：//www.bsm.org.cn/show_article.php？id=2687	2016.12.21
73EJT26：186+135	姚磊	《肩水金關漢簡（叁）》綴合（六） http：//www.bsm.org.cn/show_article.php？id=2684	2016.12.18
73EJT26：190+198+163	伊强	《肩水金關漢簡綴合十四則》再補 http：//www.bsm.org.cn/show_article.php？id=2327	2015.10.20
73EJT26：227+194	伊强	肩水金關漢簡綴合十四則 http：//www.bsm.org.cn/show_article.php？id=2137	2015.1.19

（續表）

簡　號	作　者	出　　處	時　間
73EJT26：245+26	姚磊	《肩水金關漢簡（叁）》綴合（十一）http：//www.bsm.org.cn/show_article.php？id=2850	2017.7.28
73EJT26：249+255	伊強	肩水金關漢簡綴合十四則http：//www.bsm.org.cn/show_article.php？id=2137	2015.1.19
73EJT26：256+157	姚磊	《肩水金關漢簡（叁）》綴合（六）http：//www.bsm.org.cn/show_article.php？id=2684	2016.12.18
73EJT26：259+155	許名瑲	《肩水金關漢簡（叁）》綴合二則http：//www.bsm.org.cn/show_article.php？id=2258	2015.6.11
73EJT26：268+264+266	許名瑲	《肩水金關漢簡（叁）》綴合二則http：//www.bsm.org.cn/show_article.php？id=2258	2015.6.11
73EJT27：103+101	姚磊	《肩水金關漢簡（叁）》綴合（六）http：//www.bsm.org.cn/show_article.php？id=2684	2016.12.18
73EJT28：27+93	姚磊	《肩水金關漢簡（叁）》綴合（五）http：//www.bsm.org.cn/show_article.php？id=2680	2016.12.11
73EJT28：29+92	姚磊	《肩水金關漢簡（叁）》綴合（五）http：//www.bsm.org.cn/show_article.php？id=2680	2016.12.11
73EJT28：51+49	姚磊	《肩水金關漢簡（叁）》綴合（八）http：//www.bsm.org.cn/show_article.php？id=2694	2017.1.1
73EJT28：55+44	姚磊	《肩水金關漢簡（叁）》綴合（三）http：//www.bsm.org.cn/show_article.php？id=2676	2016.12.2

（續表）

簡　號	作　者	出　　處	時　間
73EJT28：81+28	姚磊	《肩水金關漢簡（叁）》綴合（三）http：//www.bsm.org.cn/show_article.php？id=2676	2016.12.2
73EJT28：125+142	姚磊	《肩水金關漢簡（叁）》綴合（三）http：//www.bsm.org.cn/show_article.php？id=2676	2016.12.2
73EJT29：14+41	姚磊	《肩水金關漢簡（叁）》綴合（四）http：//www.bsm.org.cn/show_article.php？id=2678	2016.12.7
73EJT29：20+76	伊強	肩水金關漢簡綴合十四則http：//www.bsm.org.cn/show_article.php？id=2137	2015.1.19
73EJT29：22+21	伊強	肩水金關漢簡綴合十四則http：//www.bsm.org.cn/show_article.php？id=2137	2015.1.19
73EJT29：34+36	姚磊	《肩水金關漢簡（叁）》綴合（四）http：//www.bsm.org.cn/show_article.php？id=2678	2016.12.7
73EJT29：43+33	姚磊	《肩水金關漢簡（叁）》綴合（四）http：//www.bsm.org.cn/show_article.php？id=2678	2016.12.7
73EJT30：16+254	姚磊	《肩水金關漢簡（叁）》綴合（三）http：//www.bsm.org.cn/show_article.php？id=2676	2016.12.2
73EJT30：21+87	伊強	《肩水金關漢簡（叁）》綴合五則http：//www.bsm.org.cn/show_article.php？id=2253	2015.6.6
73EJT30：24+122	伊強	《肩水金關漢簡（叁）》綴合五則http：//www.bsm.org.cn/show_article.php？id=2253	2015.6.6

（續表）

簡　號	作者	出　　處	時　間
73EJT30：46＋73EJT25：175	姚磊	《肩水金關漢簡（叁）》綴合（十四）http：//www.bsm.org.cn/show_article.php? id＝2872	2017.8.23
73EJT30：86＋112	伊强	《肩水金關漢簡（叁）》綴合五則http：//www.bsm.org.cn/show_article.php? id＝2253	2015.6.6
73EJT30：129＋107	伊强	《肩水金關漢簡（叁）》綴合五則http：//www.bsm.org.cn/show_article.php? id＝2253	2015.6.6
73EJT30：133＋73EJT24：102	姚磊	《肩水金關漢簡（叁）》綴合（十七）http：//www.bsm.org.cn/show_article.php? id＝2914	2017.10.9
73EJT30：140＋241	伊强	《肩水金關漢簡（叁）》綴合一則http：//www.bsm.org.cn/show_article.php? id＝2611	2016.8.23
73EJT30：148＋172	伊强	《肩水金關漢簡（叁）》綴合五則http：//www.bsm.org.cn/show_article.php? id＝2253	2015.6.6
73EJT30：170＋144	伊强	肩水金關漢簡綴合五則http：//www.bsm.org.cn/show_article.php? id＝2046	2014.7.10
73EJT30：179＋180	姚磊	《肩水金關漢簡（叁）》綴合（三）http：//www.bsm.org.cn/show_article.php? id＝2676	2016.12.2
73EJT30：216＋220	伊强	肩水金關漢簡綴合五則http：//www.bsm.org.cn/show_article.php? id＝2046	2014.7.10
73EJT31：21＋155	姚磊	《肩水金關漢簡（叁）》綴合（四）http：//www.bsm.org.cn/show_article.php? id＝2678	2016.12.7

（續表）

簡　號	作　者	出　　處	時　間
73EJT31：85+90	伊強	肩水金關漢簡綴合十四則 http：//www. bsm. org. cn/show_article.php？id=2137	2015.1.19
73EJT31：129+82	姚磊	《肩水金關漢簡（叁）》綴合（四） http：//www. bsm. org. cn/show_article.php？id=2678	2016.12.7
73EJT32：6+24	伊強	肩水金關漢簡綴合十四則 http：//www. bsm. org. cn/show_article.php？id=2137	2015.1.19
73EJT32：45+22	姚磊	《肩水金關漢簡（叁）》綴合（八） http：//www. bsm. org. cn/show_article.php？id=2694	2017.1.1
73EJT32：57+49	伊強	肩水金關漢簡綴合十五則，《簡帛》第十二輯，頁124	2016.5
73EJT32：59+66	姚磊	《肩水金關漢簡（叁）》綴合（八） http：//www. bsm. org. cn/show_article.php？id=2694	2017.1.1
73EJT32：61+64	伊強	肩水金關漢簡綴合十四則 http：//www. bsm. org. cn/show_article.php？id=2137	2015.1.19
73EJT37：4+1172	姚磊	《肩水金關漢簡（肆）》綴合（七） http：//www. bsm. org. cn/show_article.php？id=2461	2016.2.2
73EJT37：28A+653+1133	姚磊	《肩水金關漢簡（肆）》綴合考釋研究（十二則），《出土文獻》第九輯，頁226—228	2016.10
73EJT37：32+311	單印飛	《肩水金關（肆）》綴合一則 http：//www. bsm. org. cn/show_article.php？id=2428	2016.1.13

（續表）

簡　號	作　者	出　　處	時　間
73EJT37：39B+691A	姚磊	《肩水金關漢簡（肆）》綴合（二十八）http：//www.bsm.org.cn/show_article.php? id=2596	2016.7.15
73EJT37：43+1485	姚磊	《肩水金關漢簡（肆）》綴合考釋研究（十二則），《出土文獻》第九輯，第234—235頁	2016.10
73EJT37：59+471	姚磊	《肩水金關漢簡（肆）》綴合（八）http：//www.bsm.org.cn/show_article.php? id=2463	2016.2.4
73EJT37：105+791	姚磊	《肩水金關漢簡（肆）》綴合（十）http：//www.bsm.org.cn/show_article.php? id=2471	2016.2.16
73EJT37：107+60	姚磊	《肩水金關漢簡（肆）》綴合（三十二）http：//www.bsm.org.cn/show_article.php? id=2603	2016.8.7
73EJT37：120+333	姚磊	《肩水金關漢簡（肆）》綴合（九）http：//www.bsm.org.cn/show_article.php? id=2466	2016.2.7
73EJT37：135+133	伊强	《肩水金關漢簡（肆）》綴合二則http：//www.bsm.org.cn/show_article.php? id=2419	2016.1.11
73EJT37：139+391	姚磊	《肩水金關漢簡（肆）》綴合（九）http：//www.bsm.org.cn/show_article.php? id=2466	2016.2.7
73EJT37：143+729	姚磊	《肩水金關漢簡（肆）》綴合（二十六）http：//www.bsm.org.cn/show_article.php? id=2591	2016.7.7

(續表)

簡　號	作　者	出　　處	時　間
73EJT37：146A+1561B	姚磊	《肩水金關漢簡（肆）》綴合考釋研究（十二則），《出土文獻》第九輯，第 229—230 頁	2016.10
73EJT37：147+417+974+1252	姚磊	《肩水金關漢簡（肆）》綴合（十九）http：//www. bsm. org. cn/show_article.php？id＝2552	2016.5.12
73EJT37：160+642	伊強	《肩水金關漢簡（肆）》綴合一則 http：//www. bsm. org. cn/show_article.php？id＝2437	2016.1.15
73EJT37：177+687	姚磊	《肩水金關漢簡（肆）》綴合（三十二）http：//www. bsm. org. cn/show_article.php？id＝2603	2016.8.7
73EJT37：180+666+879	謝坤	《肩水金關漢簡（肆）》綴合及考釋八則，《簡帛》第十四輯，第 73 頁	2017.5
73EJT37：182+1532	姚磊	《肩水金關漢簡（肆）》綴合（二十三）http：//www. bsm. org. cn/show_article.php？id＝2577	2016.6.14
73EJT37：183+188+1564	雷海龍	《肩水金關漢簡（肆）》斷簡試綴（一）http：//www. bsm. org. cn/show_article.php？id＝2468	2016.2.8
73EJT37：207+867	姚磊	《肩水金關漢簡（肆）》綴合（二十七）http：//www. bsm. org. cn/show_article.php？id＝2593	2016.7.13
73EJT37：209+213+1285+1297	姚磊	《肩水金關漢簡（肆）》綴合（六）http：//www. bsm. org. cn/show_article.php？id＝2456	2016.1.26

（續表）

簡　號	作　者	出　　處	時　間
73EJT37：220+14	姚磊	《肩水金關漢簡（肆）》綴合（十八） http：//www.bsm.org.cn/show_article.php?id=2549	2016.5.10
73EJT37：244+255	伊強	《肩水金關漢簡（肆）》綴合二則 http：//www.bsm.org.cn/show_article.php?id=2419	2016.1.11
73EJT37：246+61	姚磊	《肩水金關漢簡（肆）》綴合（十八） http：//www.bsm.org.cn/show_article.php?id=2549	2016.5.10
73EJT37：261+239	顔世鉉	《肩水金關漢簡》（肆）綴合第1—2組 http：//www.bsm.org.cn/show_article.php?id=2429	2016.1.13
73EJT37：247+808	姚磊	《肩水金關漢簡（肆）》綴合（二十七） http：//www.bsm.org.cn/show_article.php?id=2593	2016.7.13
73EJT37：263+100	許名瑲	《肩水金關漢簡（肆）》綴合第8組 http：//www.bsm.org.cn/show_article.php?id=2439	2016.1.15
73EJT37：267+306	姚磊	《肩水金關漢簡（肆）》綴合三則 http：//www.bsm.org.cn/show_article.php?id=2421	2016.1.12
73EJT37：273+410	許名瑲	《肩水金關漢簡（肆）》綴合七則 http：//www.bsm.org.cn/show_article.php?id=2425	2016.1.12
73EJT37：275+248+7+301	姚磊	《肩水金關漢簡（肆）》綴合（十七） http：//www.bsm.org.cn/show_article.php?id=2545	2016.5.6

（續表）

簡　號	作　者	出　處	時　間
73EJT37：279+287	姚磊	《肩水金關漢簡（肆）》綴合三則 http：//www.bsm.org.cn/show_article.php？id=2421	2016.1.12
73EJT37：315+1507	姚磊	《肩水金關漢簡（肆）》綴合（二十七） http：//www.bsm.org.cn/show_article.php？id=2593	2016.7.13
73EJF3：337+513+288+541	姚磊	《肩水金關漢簡（伍）》綴合（十） http：//www.bsm.org.cn/show_article.php？id=3200	2018.8.9
73EJT37：340+385	雷海龍	《肩水金關漢簡（肆）》斷簡試綴（一） http：//www.bsm.org.cn/show_article.php？id=2468	2016.2.8
73EJT37：356+150	顔世鉉	《肩水金關漢簡》（肆）綴合第5—6組 http：//www.bsm.org.cn/show_article.php？id=2436	2016.1.14
73EJT37：358+1483	姚磊	《肩水金關漢簡（肆）》綴合（二十八） http：//www.bsm.org.cn/show_article.php？id=2596	2016.7.15
73EJT37：364+211	姚磊	《肩水金關漢簡（肆）》綴合（三十二） http：//www.bsm.org.cn/show_article.php？id=2603	2016.8.7
73EJT37：386+395	姚磊	《肩水金關漢簡（肆）》綴合（二十二） http：//www.bsm.org.cn/show_article.php？id=2565	2016.6.1

（續表）

簡　　號	作　者	出　　　處	時　　間
73EJT37：389+1137	雷海龍	《肩水金關漢簡（肆）》斷簡試綴（二） http：//www.bsm.org.cn/show_article.php？id=2469	2016.2.10
73EJT37：394+685	姚磊	《肩水金關漢簡（肆）》綴合（二十八） http：//www.bsm.org.cn/show_article.php？id=2596	2016.7.15
73EJT37：401B+857A+1473	姚磊	《肩水金關漢簡（肆）》綴合（二十九） http：//www.bsm.org.cn/show_article.php？id=2597	2016.7.19
73EJT37：424+1419	雷海龍	《肩水金關漢簡（肆）》斷簡試綴（二） http：//www.bsm.org.cn/show_article.php？id=2469	2016.2.10
73EJT37：425+897	伊強	《肩水金關漢簡（肆）》綴合（三） http：//www.bsm.org.cn/show_article.php？id=2443	2016.1.17
73EJT37：426+173	伊強	《肩水金關漢簡（肆）》綴合（三） http：//www.bsm.org.cn/show_article.php？id=2443	2016.1.17
73EJT37：447+1176	姚磊	《肩水金關漢簡（肆）》綴合（三十三） http：//www.bsm.org.cn/show_article.php？id=2605	2016.8.16
73EJT37：459+1174	姚磊	《肩水金關漢簡（肆）》綴合（二十九） http：//www.bsm.org.cn/show_article.php？id=2597	2016.7.19

（續表）

簡　號	作者	出　處	時　間
73EJT37：473A+507B	姚磊	《肩水金關漢簡（肆）》綴合（三十四） http：//www.bsm.org.cn/show_article.php? id=2606	2016.8.17
73EJT37：479+1131	姚磊	《肩水金關漢簡（肆）》綴合（十二） http：//www.bsm.org.cn/show_article.php? id=2476	2016.2.26
73EJT37：484+481	姚磊	《肩水金關漢簡（肆）》綴合（三十三） http：//www.bsm.org.cn/show_article.php? id=2605	2016.8.16
73EJT37：490+8	姚磊	《肩水金關漢簡（肆）》綴合（七） http：//www.bsm.org.cn/show_article.php? id=2461	2016.2.2
73EJT37：495+823	許名瑲	《肩水金關漢簡（肆）》綴合七則 http：//www.bsm.org.cn/show_article.php? id=2425	2016.1.12
73EJT37：515+516	顔世鉉	《肩水金關漢簡》（肆）綴合第1—2組 http：//www.bsm.org.cn/show_article.php? id=2429	2016.1.13
73EJT37：533+1579	姚磊	《肩水金關漢簡（肆）》綴合（三十四） http：//www.bsm.org.cn/show_article.php? id=2606	2016.8.17
73EJT37：537+948	姚磊	《肩水金關漢簡（肆）》綴合（三十） http：//www.bsm.org.cn/show_article.php? id=2598	2016.7.30

（續表）

簡　　號	作　者	出　　　處	時　　間
73EJT37：552+623	姚磊	《肩水金關漢簡（肆）》綴合（十二） http：//www.bsm.org.cn/show_article.php? id=2476	2016.2.26
73EJT37：554+559	顔世鉉	《肩水金關漢簡》（肆）綴合第3—4組 http：//www.bsm.org.cn/show_article.php? id=2430	2016.1.13
73EJT37：581+1261	姚磊	《肩水金關漢簡（肆）》綴合（三十八） http：//www.bsm.org.cn/show_article.php? id=2819	2017.6.6
73EJT37：591+795	許名瑲	《肩水金關漢簡（肆）》綴合七則 http：//www.bsm.org.cn/show_article.php? id=2425	2016.1.12
73EJT37：603+595	顔世鉉	《肩水金關漢簡》（肆）綴合第3—4組 http：//www.bsm.org.cn/show_article.php? id=2430	2016.1.13
73EJT37：611+554+559	姚磊	《肩水金關漢簡（肆）》73EJT37：554+559補綴 http：//www.bsm.org.cn/show_article.php? id=2473	2016.2.20
73EJT37：615+494	姚磊	《肩水金關漢簡（肆）》綴合（十三） http：//www.bsm.org.cn/show_article.php? id=2478	2016.2.29
73EJT37：627+119	姚磊	《肩水金關漢簡（肆）》綴合（三十四） http：//www.bsm.org.cn/show_article.php? id=2606	2016.8.17

（續表）

簡　號	作　者	出　　處	時　間
73EJT37：631+113	姚磊	《肩水金關漢簡（肆）》綴合（八）http：//www.bsm.org.cn/show_article.php？id=2463	2016.2.4
73EJT37：634+1030	姚磊	《肩水金關漢簡（肆）》綴合（三十六）http：//www.bsm.org.cn/show_article.php？id=2620	2016.8.29
73EJT37：638+172	姚磊	《肩水金關漢簡（肆）》綴合（十四）http：//www.bsm.org.cn/show_article.php？id=2481	2016.3.5
73EJT37：645+1377	許名瑲	《肩水金關漢簡（肆）》綴合七則http：//www.bsm.org.cn/show_article.php？id=2425	2016.1.12
73EJT37：651+727	顏世鉉	《肩水金關漢簡》（肆）綴合第10組http：//www.bsm.org.cn/show_article.php？id=2441	2016.1.16
73EJT37：662+613	姚磊	《肩水金關漢簡（肆）》綴合（三十五）http：//www.bsm.org.cn/show_article.php？id=2607	2016.8.18
73EJT37：671+1009	姚磊	《肩水金關漢簡（肆）》拾遺，《簡帛》第十四輯，第80—81頁	2017.5
73EJT37：701+36	謝坤	《肩水金關漢簡（肆）》綴合及考釋八則，《簡帛》第十四輯，第69—70頁	2017.5
73EJT37：706+33	謝坤	《肩水金關漢簡（肆）》綴合及考釋八則，《簡帛》第十四輯，第70頁	2017.5

（續表）

簡　號	作　者	出　　處	時　間
73EJT37：713+624	姚磊	《肩水金關漢簡（肆）》綴合（二十九）http：//www.bsm.org.cn/show_article.php？id=2597	2016.7.19
73EJT37：782+836+1255	姚磊	《肩水金關漢簡（肆）》綴合（四十三）http：//www.bsm.org.cn/show_article.php？id=3198	2018.8.3
73EJT37：798+643	姚磊	《肩水金關漢簡（肆）》綴合（三十六）http：//www.bsm.org.cn/show_article.php？id=2620	2016.8.29
73EJT37：805A+535B+73EJF3：599B	姚磊	《肩水金關漢簡（肆）》綴合（四十三）http：//www.bsm.org.cn/show_article.php？id=3198	2018.8.3
73EJT37：806+816+1207	姚磊	《肩水金關漢簡（肆）》綴合考釋研究（十二則），《出土文獻》第九輯，第238—239頁	2016.10
73EJT37：842+946	姚磊	《肩水金關漢簡（肆）》綴合（四十二）http：//www.bsm.org.cn/show_article.php？id=3196	2018.8.1
73EJT37：850+35	姚磊	《肩水金關漢簡（肆）》綴合考釋研究（十二則），《出土文獻》第九輯，第230—231頁	2016.10
73EJT37：852+712	謝坤	《肩水金關漢簡（肆）》綴合及考釋八則，《簡帛》第十四輯，第71—72頁	2017.5
73EJT37：863+592	姚磊	《肩水金關漢簡（肆）》綴合（三十）http：//www.bsm.org.cn/show_article.php？id=2598	2016.7.30

(續表)

簡　號	作　者	出　　處	時　間
73EJT37：877+73EJT21：392	姚磊	《肩水金關漢簡（肆）》綴合（四十一）http：//www.bsm.org.cn/show_article.php？id=2876	2017.9.1
73EJT37：878A+692	姚磊	《肩水金關漢簡（肆）》綴合（三十）http：//www.bsm.org.cn/show_article.php？id=2598	2016.7.30
73EJT37：880+884	顔世鉉	《肩水金關漢簡》（肆）綴合第7—8組 http：//www.bsm.org.cn/show_article.php？id=2438	2016.1.15
73EJT37：881+612	姚磊	《肩水金關漢簡（肆）》綴合考釋研究（十二則），《出土文獻》第九輯，第232頁	2016.10
73EJT37：885+636	姚磊	《肩水金關漢簡（肆）》綴合一則 http：//www.bsm.org.cn/show_article.php？id=2451	2016.1.21
73EJT37：896+903	林宏明	漢簡試綴第七則 http：//www.xianqin.org/blog/archives/7593.html	2016.12.9
73EJT37：901+660	姚磊	《肩水金關漢簡（肆）》綴合（十五）http：//www.bsm.org.cn/show_article.php？id=2516	2016.4.12
73EJT37：909+906	姚磊	《肩水金關漢簡（肆）》綴合（二十二）http：//www.bsm.org.cn/show_article.php？id=2565	2016.6.1
73EJT37：918+1517	姚磊	《肩水金關漢簡（肆）》綴合考釋研究（十二則），《出土文獻》第九輯，第235—236頁	2016.10

（續表）

簡　號	作　者	出　　處	時　間
73EJT37：930+1407	姚磊	《肩水金關漢簡（肆）》綴合（十五） http：//www.bsm.org.cn/show_article.php？id=2516	2016.4.12
73EJT37：949+1349	姚磊	《肩水金關漢簡（肆）》綴合（五） http：//www.bsm.org.cn/show_article.php？id=2455	2016.1.25
73EJT37：964+1124+1352	姚磊	《肩水金關漢簡（肆）》綴合（三十五） http：//www.bsm.org.cn/show_article.php？id=2607	2016.8.18
73EJT37：968+1310	顏世鉉	《肩水金關漢簡》（肆）綴合第11—12組 http：//www.bsm.org.cn/show_article.php？id=2447	2016.1.19
73EJT37：1022+314	姚磊	《肩水金關漢簡（肆）》綴合（十六） http：//www.bsm.org.cn/show_article.php？id=2539	2016.4.30
73EJT37：1026+1515	姚磊	《肩水金關漢簡（肆）》綴合考釋研究（十二則），《出土文獻》第九輯，第237—238頁	2016.10
73EJT37：1028+1208+371	姚磊	《肩水金關漢簡（肆）》綴合（十一） http：//www.bsm.org.cn/show_article.php？id=2474	2016.2.23
73EJT37：1035+1411	顏世鉉	《肩水金關漢簡》（肆）綴合第5—6組 http：//www.bsm.org.cn/show_article.php？id=2436	2016.1.14

(續表)

簡　號	作　者	出　　處	時　間
73EJT37：1048+413	顏世鉉	《肩水金關漢簡》（肆）綴合第7—8組 http：//www.bsm.org.cn/show_article.php? id=2438	2016.1.15
73EJT37：1052+268	姚磊	《肩水金關漢簡（肆）》綴合（三十一） http：//www.bsm.org.cn/show_article.php? id=2601	2016.8.4
73EJT37：1105+1315	伊強	《肩水金關漢簡（肆）》綴合（四） http：//www.bsm.org.cn/show_article.php? id=2446	2016.1.18
73EJT37：1109+1179	姚磊	《肩水金關漢簡（肆）》綴合（十二） http：//www.bsm.org.cn/show_article.php? id=2476	2016.2.26
73EJT37：1100+271	姚磊	《肩水金關漢簡（肆）》綴合（二十五） http：//www.bsm.org.cn/show_article.php? id=2583	2016.6.22
73EJT37：1117+1107	姚磊	《肩水金關漢簡（肆）》綴合（三） http：//www.bsm.org.cn/show_article.php? id=2452	2016.1.22
73EJT37：1124+877	顏世鉉	《肩水金關漢簡》（肆）綴合第11—12組 http：//www.bsm.org.cn/show_article.php? id=2447	2016.1.19
73EJT37：1206+872	姚磊	《肩水金關漢簡（肆）》綴合（四） http：//www.bsm.org.cn/show_article.php? id=2453	2016.1.24
73EJT37：1208+371	姚磊	《肩水金關漢簡（肆）》綴合（五） http：//www.bsm.org.cn/show_article.php? id=2455	2016.1.25

（續表）

簡　號	作　者	出　　處	時　間
73EJT37：1217+1140	姚磊	《肩水金關漢簡（肆）》綴合考釋研究（十二則），《出土文獻》第九輯,頁237	2016.10
73EJT37：1224+108	姚磊	《肩水金關漢簡（肆）》綴合（四）http：//www.bsm.org.cn/show_article.php？id=2453	2016.1.24
73EJT37：1229+1239	許名瑲	《肩水金關漢簡（肆）》綴合七則 http：//www.bsm.org.cn/show_article.php？id=2425	2016.1.12
73EJT37：1240+1311+1233	姚磊	《肩水金關漢簡（肆）》綴合（三十八）http：//www.bsm.org.cn/show_article.php？id=2819	2017.6.6
73EJT37：1242+20	姚磊	《肩水金關漢簡（肆）》綴合（四十）http：//www.bsm.org.cn/show_article.php？id=2846	2017.7.24
73EJT37：1247+1235	姚磊	《肩水金關漢簡（肆）》綴合（六）http：//www.bsm.org.cn/show_article.php？id=2456	2016.1.26
73EJT37：1256+1368	許名瑲	《肩水金關漢簡（肆）》綴合七則 http：//www.bsm.org.cn/show_article.php？id=2425	2016.1.12
73EJT37：1263+1300	姚磊	《肩水金關漢簡（肆）》綴合（十三）http：//www.bsm.org.cn/show_article.php？id=2478	2016.2.29
73EIT37：1268+1089	姚磊	《肩水金關漢簡（肆）》綴合（十三）http：//www.bsm.org.cn/show_article.php？id=2478	2016.2.29

（續表）

簡　號	作　者	出　處	時　間
73EJT37：1271+1340	林宏明	漢簡試綴第八到十一則 http：//www.xianqin.org/blog/archives/7613.html	2016.12.9
73EJT37：1294+737	姚磊	《肩水金關漢簡（肆）》綴合（三十六） http：//www.bsm.org.cn/show_article.php?id=2620	2016.8.29
73EJT37：1308+1277	姚磊	《肩水金關漢簡（肆）》綴合考釋研究（十二則），《出土文獻》第九輯，第236頁	2016.10
73EJT37：1313+1405	林宏明	漢簡試綴第八到十一則 http：//www.xianqin.org/blog/archives/7613.html	2016.12.9
73EJT37：1324+1192	謝坤	《肩水金關漢簡（肆）》綴合及考釋八則，《簡帛》第十四輯，第71頁	2017.5
73EJT37：1378+1134	姚磊	《肩水金關漢簡（肆）》綴合（三） http：//www.bsm.org.cn/show_article.php?id=2452	2016.1.22
73EJT37：1386+1138	姚磊	《肩水金關漢簡（肆）》綴合（十六） http：//www.bsm.org.cn/show_article.php?id=2539	2016.4.30
73EJT37：1413+1190	姚磊	《肩水金關漢簡（肆）》綴合（二十） http：//www.bsm.org.cn/show_article.php?id=2557	2016.5.18
73EJT37：1416+1177	林宏明	漢簡試綴第八到十一則 http：//www.xianqin.org/blog/archives/7613.html	2016.12.9
73EJT37：1444+12	姚磊	《肩水金關漢簡（肆）》綴合（二十） http：//www.bsm.org.cn/show_article.php?id=2557	2016.5.18

（續表）

簡　號	作　者	出　　處	時　間
73EJT37：1447+922	姚磊	《肩水金關漢簡（肆）》綴合（五）http：//www.bsm.org.cn/show_article.php? id=2455	2016.1.25
73EJT37：1450+1402	林宏明	漢簡試綴第八到十一則http：//www.xianqin.org/blog/archives/7613.html	2016.12.9
73EJT37：1468+347	姚磊	《肩水金關漢簡（肆）》綴合（三十七）http：//www.bsm.org.cn/show_article.php? id=2625	2016.9.1
73EJT37：1476+730	林宏明	漢簡試綴第12—14則http：//www.xianqin.org/blog/archives/7661.html	2016.12.15
73EJT37：1477+1053	謝坤	《肩水金關漢簡（肆）》綴合及考釋八則，《簡帛》第十四輯，第72頁	2017.5
73EJT37：1478+406	姚磊	《肩水金關漢簡（肆）》綴合（十四）http：//www.bsm.org.cn/show_article.php? id=2481	2016.3.5
73EJT37：1484+30	姚磊	《肩水金關漢簡（肆）》綴合（二十五）http：//www.bsm.org.cn/show_article.php? id=2583	2016.6.22
73EJT37：1487+421	姚磊	《肩水金關漢簡（肆）》綴合（十六）http：//www.bsm.org.cn/show_article.php? id=2539	2016.4.30
73EJT37：1510+313	姚磊	《肩水金關漢簡（肆）》綴合（十一）http：//www.bsm.org.cn/show_article.php? id=2474	2016.2.23

（續表）

簡　號	作　者	出　　處	時　間
73EJT37：1518+234	姚磊	《肩水金關漢簡（肆）》綴合（三十七） http：//www.bsm.org.cn/show_article.php? id=2625	2016.9.1
73EJT37：1523+111	姚磊	《肩水金關漢簡（肆）》綴合考釋研究（十二則），《出土文獻》第九輯，第232—234頁	2016.10
73EJT37：1526+281	姚磊	《肩水金關漢簡（肆）》綴合（三十三） http：//www.bsm.org.cn/show_article.php? id=2605	2016.8.16
73EJT37：1528+280+1457	姚磊	《肩水金關漢簡（肆）》綴合（二十一） http：//www.bsm.org.cn/show_article.php? id=2562	2016.5.26
73EJT37：1560A+246B+61A	顔世鉉	《肩水金關漢簡》（肆）綴合第13組 http：//www.bsm.org.cn/show_article.php? id=2600	2016.7.31
73EJH1：13+61	姚磊	《肩水金關漢簡（肆）》綴合（二十三） http：//www.bsm.org.cn/show_article.php? id=2577	2016.6.14
73EJH1：23+49	姚磊	《肩水金關漢簡（肆）》綴合（二十四） http：//www.bsm.org.cn/show_article.php? id=2581	2016.6.18
73EJH2：7+85	姚磊	《肩水金關漢簡（肆）》綴合（二十四） http：//www.bsm.org.cn/show_article.php? id=2581	2016.6.18

（續表）

簡　號	作　者	出　　處	時　間
73EJH2：15+83+34	姚磊	《肩水金關漢簡（肆）》綴合（三十九） http：//www.bsm.org.cn/show_article.php?id=2845	2017.7.22
73EJH2：67+32	姚磊	《肩水金關漢簡（肆）》綴合（二十六） http：//www.bsm.org.cn/show_article.php?id=2591	2016.7.7
73EJF1：122+120	姚磊	《肩水金關漢簡（肆）》綴合（二十六） http：//www.bsm.org.cn/show_article.php?id=2591	2016.7.7
73EJF3：2+169	姚磊	《肩水金關漢簡（伍）》綴合（四） http：//www.bsm.org.cn/show_article.php?id=2633	2016.9.18
73EJF3：36+503	姚磊	《肩水金關漢簡（伍）》綴合（四） http：//www.bsm.org.cn/show_article.php?id=2633	2016.9.18
73EJF3：41+77	姚磊	《肩水金關漢簡（伍）》綴合一則 http：//www.bsm.org.cn/show_article.php?id=2614	2016.8.24
73EJF3：52+504	姚磊	《肩水金關漢簡（伍）》綴合（三） http：//www.bsm.org.cn/show_article.php?id=2626	2016.9.5
73EJF3：54+512	姚磊	《肩水金關漢簡（伍）》綴合（二） http：//www.bsm.org.cn/show_article.php?id=2622	2016.8.29
73EJF3：60+283	姚磊	《肩水金關漢簡（伍）》綴合（四） http：//www.bsm.org.cn/show_article.php?id=2633	2016.9.18

（續表）

簡　號	作　者	出　　處	時　間
73EJF3：66＋381＋73EJT7：147	林宏明	漢簡試綴第二則 http：//www.xianqin.org/blog/archives/7418.html	2016.11.9
73EJF3：116＋208	尉侯凱	《肩水金關漢簡（伍）》綴合二則 http：//www.bsm.org.cn/show_article.php？id＝2612	2016.8.23
73EJF3：123＋561	姚磊	《肩水金關漢簡（伍）》綴合（四） http：//www.bsm.org.cn/show_article.php？id＝2633	2016.9.18
73EJF3：198＋194＋578	姚磊	《肩水金關漢簡（伍）》綴合（四） http：//www.bsm.org.cn/show_article.php？id＝2633	2016.9.18
73EJF3：228＋617	姚磊	《肩水金關漢簡（伍）》綴合（四） http：//www.bsm.org.cn/show_article.php？id＝2633	2016.9.18
73EJF3：229＋542＋528	姚磊	《肩水金關漢簡（伍）》綴合（二） http：//www.bsm.org.cn/show_article.php？id＝2622	2016.8.29
73EJF3：271＋473	姚磊	《肩水金關漢簡（伍）》綴合（三） http：//www.bsm.org.cn/show_article.php？id＝2626	2016.9.5
73EJF3：277＋479	姚磊	《肩水金關漢簡（伍）》綴合（四） http：//www.bsm.org.cn/show_article.php？id＝2633	2016.9.18
73EJF3：288＋541	姚磊	《肩水金關漢簡（伍）》綴合（三） http：//www.bsm.org.cn/show_article.php？id＝2626	2016.9.5
73EJF3：300＋548	姚磊	《肩水金關漢簡（伍）》綴合（三） http：//www.bsm.org.cn/show_article.php？id＝2626	2016.9.5

(續表)

簡　　號	作　者	出　　處	時　間
73EJF3：337+513	姚磊	《肩水金關漢簡(伍)》綴合(二) http：//www.bsm.org.cn/show_article.php？id=2622	2016.8.29
73EJF3：338+201+205A+73EJT7：148	雷海龍	肩水金關漢簡綴合一則 http：//www.bsm.org.cn/show_article.php？id=2616	2016.8.25
73EJF3：430A+263A+480B+282B+514A	姚磊	《肩水金關漢簡(伍)》綴合(四) http：//www.bsm.org.cn/show_article.php？id=2633	2016.9.18
73EJF3：441+616	姚磊	《肩水金關漢簡(伍)》綴合(二) http：//www.bsm.org.cn/show_article.php？id=2622	2016.8.29
73EJF3：470+564+190+243+438	姚磊	《肩水金關漢簡(伍)》綴合(二) http：//www.bsm.org.cn/show_article.php？id=2622	2016.8.29
73EJF3：471+302+73EJF2：43+73EJF3：340	姚磊	《肩水金關漢簡(伍)》綴合(三) http：//www.bsm.org.cn/show_article.php？id=2626	2016.9.5
73EJF3：482+193+508	姚磊	《肩水金關漢簡(伍)》綴合(二) http：//www.bsm.org.cn/show_article.php？id=2622	2016.8.29
73EJF3：524+209+200	尉侯凱	《肩水金關漢簡(伍)》綴合二則 http：//www.bsm.org.cn/show_article.php？id=2612	2016.8.23
73EJF3：549+580	姚磊	《肩水金關漢簡(伍)》綴合(四) http：//www.bsm.org.cn/show_article.php？id=2633	2016.9.18
73EJF3：610+439+602	姚磊	《肩水金關漢簡(伍)》綴合(五) http：//www.bsm.org.cn/show_article.php？id=2636	2016.9.22

（續表）

簡　號	作　者	出　處	時　間
73EJF3：627A+308B	姚磊	《肩水金關漢簡（伍）》綴合（三）http：//www.bsm.org.cn/show_article.php?id=2626	2016.9.5
73EJF3：628+311	姚磊	《肩水金關漢簡（伍）》綴合（二）http：//www.bsm.org.cn/show_article.php?id=2622	2016.8.29
73EJF3：630B+627B+308A+594B+292A	姚磊	《肩水金關漢簡（伍）》綴合（五）http：//www.bsm.org.cn/show_article.php?id=2636	2016.9.22
73EJD：71+101	林宏明	漢簡試綴第四則（代替）http：//www.xianqin.org/blog/archives/7575.html	2016.12.3
73EJD：164+103	尉侯凱	《肩水金關漢簡（伍）》綴合三則http：//www.bsm.org.cn/show_article.php?id=2621	2016.8.29
73EJD：237+125A	姚磊	《肩水金關漢簡（伍）》綴合（六）http：//www.bsm.org.cn/show_article.php?id=2639	2016.10.2
73EJD：247+199	姚磊	《肩水金關漢簡（伍）》綴合（三）http：//www.bsm.org.cn/show_article.php?id=2626	2016.9.5
73EJD：277+116A	姚磊	《肩水金關漢簡（伍）》綴合（六）http：//www.bsm.org.cn/show_article.php?id=2639	2016.10.2
72EJC：146+73EJC：613	姚磊	《肩水金關漢簡（伍）》綴合（六）http：//www.bsm.org.cn/show_article.php?id=2639	2016.10.2
72EJC：183+138	尉侯凱	《肩水金關漢簡（伍）》綴合三則http：//www.bsm.org.cn/show_article.php?id=2621	2016.8.29

（續表）

簡　　號	作者	出　　處	時　　間
73EJC：369B+672A	尉侯凱	《肩水金關漢簡（伍）》綴合三則 http：//www.bsm.org.cn/show_article.php？id=2621	2016.8.29
73EJC：481+73EJT10：308	姚磊	《肩水金關漢簡（伍）》綴合（八） http：//www.bsm.org.cn/show_article.php？id=2884	2017.9.14
73EJC：482+73EJT25：124	姚磊	《肩水金關漢簡（伍）》綴合（七） http：//www.bsm.org.cn/show_article.php？id=2856	2017.8.2
73EJC：527+73EJT10：146	姚磊	《肩水金關漢簡（伍）》綴合（九） http：//www.bsm.org.cn/show_article.php？id=2889	2017.9.21

附記：本文曾刊於《出土文獻綜合研究集刊》第七輯，2018年。收入本書時加以訂補，並調整排列方式。

參考文獻

一、出土文獻與古籍

[1] 甘肅簡牘保護研究中心、甘肅省文物考古研究所、甘肅省博物館、中國文化遺産研究院古文獻研究室、中國社會科學院簡帛研究中心編：《肩水金關漢簡（壹）》，上海：中西書局，2011年。

[2] 甘肅簡牘保護研究中心、甘肅省文物考古研究所、甘肅省博物館、中國文化遺産研究院古文獻研究室、中國社會科學院簡帛研究中心編：《肩水金關漢簡（貳）》，上海：中西書局，2012年。

[3] 甘肅簡牘博物館、甘肅省文物考古研究所、甘肅省博物館、中國文化遺産研究院古文獻研究室、中國社會科學院簡帛研究中心編：《肩水金關漢簡（叁）》，上海：中西書局，2013年。

[4] 甘肅簡牘博物館、甘肅省文物考古研究所、甘肅省博物館、中國文化遺産研究院古文獻研究室、中國社會科學院簡帛研究中心編：《肩水金關漢簡（肆）》，上海：中西書局，2015年。

[5] 甘肅簡牘博物館、甘肅省文物考古研究所、甘肅省博物館、中國文化遺産研究院古文獻研究室、中國社會科學院簡帛研究中心編：《肩水金關漢簡（伍）》，上海：中西書局，2016年。

[6] 甘肅簡牘博物館、甘肅省文物考古研究所、出土文獻與中國古代文明研究協同創新中心中國人民大學分中心編：《地灣漢簡》，中西書局，2017年。

[7] 簡牘整理小組：《居延漢簡（壹）》，臺北：中研院歷史語言研究所，2014年。

[8] 簡牘整理小組：《居延漢簡（貳）》，臺北：中研院歷史語言研究所，2015年。

[9] 簡牘整理小組：《居延漢簡（叁）》，臺北：中研院歷史語言研究所，2016年。

[10] 簡牘整理小組：《居延漢簡（肆）》，臺北：中研院歷史語言研究所，2016年。

[11] 謝桂華、李均明、朱國炤：《居延漢簡釋文合校》，北京：文物出版社，1987年。

[12] 勞榦：《居延漢簡·圖版之部》，臺北：中研院歷史語言研究所，1957年。

[13] 簡牘整理小組：《居延漢簡補編》，臺北：中研院歷史語言研究所，1998年。

[14] 中國社會科學院考古研究所：《居延漢簡甲乙編》，北京：中華書局，1980年。

[15] 甘肅省文物考古研究所、甘肅省博物館、中國文物研究所、中國社會科學院歷史研究所編：《居延新簡——甲渠候官》，北京：中華書局，1994年。

[16] 張德芳主編：《居延新簡集釋》，蘭州：甘肅文化出版社，2016年。
[17] 馬怡、張榮強主編：《居延新簡釋校》，天津：天津古籍出版社，2013年。
[18] 胡平生、張德芳編撰：《敦煌懸泉漢簡釋粹》，上海：上海古籍出版社，2001年。
[19] 魏堅主編：《額濟納漢簡》，桂林：廣西師範大學出版社，2005年。
[20] 孫家洲主編：《額濟納漢簡釋文校本》，北京：文物出版社，2007年。
[21] 甘肅省文物考古研究所編：《敦煌漢簡》，北京：中華書局，1991年。
[22] 張德芳：《敦煌馬圈灣漢簡集釋》，蘭州：甘肅文化出版社，2013年。
[23] 張家山二四七號漢墓竹簡整理小組編：《張家山漢墓竹簡（二四七號墓）》，北京：文物出版社，2001年。
[24] 彭浩、陳偉、工藤元男主編：《二年律令與奏讞書：張家山二四七號漢墓出土法律文獻釋讀》，上海：上海古籍出版社，2007年。
[25] 張家山二四七號漢墓竹簡整理小組編著：《張家山漢墓竹簡（二四七號）：釋文修訂本》，北京：文物出版社，2006年。
[26] 睡虎地秦墓竹簡整理小組編：《睡虎地秦墓竹簡》，北京：文物出版社，1990年。
[27] 陳偉主編：《秦簡牘合集》，武漢：武漢大學出版社，2014年。
[28] 陳偉主編：《秦簡牘合集：釋文注釋修訂本》，武漢：武漢大學出版社，2016年。
[29] 湖南省文物考古研究所編著：《里耶秦簡（壹）》，北京：文物出版社，2012年。
[30] 陳偉主編：《里耶秦簡牘校釋（第一卷）》，武漢：武漢大學出版社，2012年。
[31] 湖南省文物考古研究所編著：《里耶秦簡（貳）》，北京：文物出版社，2017年。
[32] 里耶博物館、出土文獻與中國古代文明研究協同創新中心中國人民大學中心編著：《里耶秦簡博物館藏秦簡》，上海：中西書局，2016年。
[33] 連雲港市博物館、東海縣博物館、中國社會科學院簡帛研究中心、中國文物研究所編：《尹灣漢墓簡牘》，北京：中華書局，1997年。
[34] 張顯成、周群麗：《尹灣漢墓簡牘校理》，天津：天津古籍出版社，2011年。
[35] 走馬樓簡牘整理組編著：《長沙走馬樓三國吳簡·嘉禾吏民田家莂》，北京：文物出版社，1999年。
[36] 長沙市文物考古研究所、清華大學出土文獻研究與保護中心、中國文化遺產研究院、湖南大學嶽麓書院編：《長沙五一廣場東漢簡牘選釋》，上海：中西書局，2015年
[37] 內蒙古自治區博物館文物工作隊編：《和林格爾漢墓壁畫》，北京：文物出版社，1978年。
[38] 蓋山林：《和林格爾漢墓壁畫》，呼和浩特：內蒙古人民出版社，1977年。
[39] 司馬遷：《史記》，北京：中華書局，2014年。
[40] 班固：《漢書》，北京：中華書局，1962年。
[41] 范曄：《後漢書》，北京：中華書局，1965年。
[42] 陳壽：《三國志》，北京：中華書局，1982年。

［43］房玄齡等：《晉書》，北京：中華書局，1974年。
［44］許慎撰，徐鉉校定：《說文解字》，北京：中華書局，1963年。
［45］鄭玄注，賈公彥疏：《周禮注疏》，彭林整理，上海：上海古籍出版社，2010年。
［46］崔豹撰，牟華林校箋：《〈古今注〉校箋》，北京：綫裝書局，2014年。
［47］長孫無忌等撰，劉俊文箋解：《唐律疏議箋解》，北京：中華書局，1996年。
［48］仁井田陞撰，栗勁等編譯：《唐令拾遺》，長春：長春出版社，1989年。
［49］天一閣博物館、中國社會科學院歷史研究所天聖令整理課題組校證：《天一閣藏明鈔本天聖令校證——附唐令復原研究》，北京：中華書局，2006年。
［50］酈道元著，王先謙校：《合校水經注》，北京：中華書局，2009年影印思賢講舍原刻本。
［51］酈道元著，楊守敬、熊會貞疏：《水經注疏》，南京：江蘇古籍出版社，1989年。
［52］李昉等：《太平御覽》，北京：中華書局，1960年影宋本。
［53］顧祖禹：《讀史方輿紀要》，北京：中華書局，2005年。

二、考古報告與遺址調查

［1］弗克·貝格曼考察，博·索瑪斯特勒姆整理：《內蒙古額濟納河流域考古報告》，1956、1958年初版，此據張德芳等中譯，北京：學苑出版社，2014年。
［2］吳礽驤：《河西漢塞調查與研究》，北京：文物出版社，2005年。
［3］奧雷爾·斯坦因：《亞洲考古圖記》，1921年初版，此據巫新華等中譯，桂林：廣西師範大學出版社，1998年。
［4］彼·庫·科兹洛夫：《蒙古、安多和死城哈喇浩特》，1923年初版，此據王希隆、丁淑琴中譯，蘭州：蘭州大學出版社，2011年。
［5］奧雷爾·斯坦因：《亞洲腹地考古圖記》，1928年初版，此據巫新華等中譯，桂林：廣西師範大學出版社，2004年。
［6］斯文·赫定：《亞洲腹地探險八年（1927—1935）》，1943年初版，此據徐十周等中譯，烏魯木齊：新疆人民出版社，1992年。
［7］徐旭生：《徐旭生西遊日記》，1930年初版，此據銀川：寧夏人民出版社，2000年。
［8］劉衍淮：《額濟納河沿岸漢代邊防的遺迹》，《師大學報》第12期，1967年。
［9］劉衍淮：《額濟納河居延海與黑海的考查》，《師大學報》第15期，1970年。
［10］甘肅居延考古隊：《居延漢代遺址的發掘和新出土的簡册文物》，《文物》1978年第1期。
［11］甘肅省文物工作隊：《額濟納河下游漢代烽燧遺址調查報告》，見甘肅省文物工作隊、甘肅省博物館編：《漢簡研究文集》，蘭州：甘肅人民出版社，1984年。
［12］初世賓：《居延考古之回顧與展望》，見甘肅省文物局、絲綢之路雜誌社編：《甘肅文物工作五十年》，蘭州：甘肅文化出版社，1999年。
［13］初世賓：《居延考古的回顧》，載《甘肅文史資料選輯》第51輯，2000年。

［14］岳邦湖：《居延地區漢代長城烽燧考古回顧》，見甘肅省文物局、絲綢之路雜誌社編：《甘肅文物工作五十年》，蘭州：甘肅文化出版社，1999 年。
［15］吉林大學邊疆考古研究中心、內蒙古自治區文物考古研究所：《額濟納古代遺址測量工作簡報》，《邊疆考古研究》第七輯，2008 年。
［16］宮宅潔：《エチナ河流域の諸遺迹（エチナ河下流地域）》，《シルクロード學研究》22 卷，2005 年。
［17］角谷常子：《エチナ河流域の諸遺迹（毛目地域）》，《シルクロード學研究》22 卷，2005 年。
［18］郝樹聲：《居延考察日記》，收入張德芳、孫家洲主編：《居延敦煌漢簡出土遺址實地考察論文集》，上海：上海古籍出版社，2012 年。
［19］水間大輔、柿沼陽平、川村潮、楢身智志：《居延漢代烽燧・城邑遺址等踏查記》，《長江文化流域研究所年報》第 5 號，2007 年。
［20］岳岩敏、林源：《漢居延東大灣城遺址勘察與研究》，《建築與文化》2015 年第 10 期。
［21］中村威也：《額濟納調查報告記》，見籾山明、佐藤信編：《文獻と遺物の境界——中國出土簡牘史料の生態研究》，東京：東京外國語大學アジア・アフリカ言語文化研究所，2011 年。
［22］羅仕杰：《漢代居延遺址調查與衛星遙測研究》，臺北：臺灣古籍出版有限公司，2003 年。
［23］湖南省文物考古研究所編著：《里耶發掘報告》，長沙：嶽麓書社，2006 年。
［24］湖南省文物考古研究所：《里耶一號井的封檢和束》，《湖南考古輯刊》第 8 集，2009 年。
［25］湖南省文物考古研究所、湘西土家族苗族自治州文物處、龍山縣文物管理所：《湖南龍山里耶戰國—秦代古城一號井發掘簡報》，《文物》2003 年第 1 期。
［26］長沙市文物考古研究所：《長沙東牌樓 7 號古井（J7）發掘簡報》，《文物》2005 年第 12 期。
［27］宋少華：《長沙三國吳簡的現場揭取與室內揭剥——兼談吳簡的盆號和揭剥圖》，《吳簡研究》第三輯，2011 年。
［28］長沙市文物考古研究所：《湖南長沙五一廣場東漢簡牘發掘簡報》，《文物》2013 年第 6 期。

三、論著
［1］安忠義：《秦漢簡牘中的"致書"與"致籍"考辨》，《江漢考古》2012 年第 1 期。
［2］卜憲群：《秦漢公文文書與官僚行政管理》，《歷史研究》1997 年第 4 期。
［3］卜憲群：《秦漢日常秩序中的社會與行政關係初探——關於"自言"一詞的解讀》，《文史哲》2013 年第 4 期。

［4］蔡宜静：《漢代居延"就"運探研》，《簡牘學報》第十七期，1999年。

［5］陳邦懷：《居延漢簡考略》，《中華文史論叢》1980年第2輯。

［6］陳公柔、徐蘋芳：《大灣出土的西漢田卒簿籍》，《考古》1963年第3期。

［7］陳公柔、徐蘋芳：《瓦因托尼出土廩食簡的整理與研究》，《文史》第十三輯，1982年。

［8］陳夢家：《漢簡綴述》，北京：中華書局，1980年。

［9］陳槃：《漢晉遺簡識小七種》，1975年初刊，此據上海：上海古籍出版社，2009年。

［10］陳蘇鎮：《〈春秋〉與"漢道"：兩漢政治與政治文化研究》，北京：中華書局，2011年。

［11］陳偉：《張家山漢簡〈津關令〉涉馬諸令研究》，《考古學報》2003年第1期。

［12］陳偉：《秦與漢初的文書傳遞系統》，見中國社會科學院考古研究所、中國社會科學院歷史研究所、湖南省文物考古研究所編：《里耶古城·里耶秦簡與秦文化研究——中國里耶古城·秦簡與秦文化國際學術研討會論文集》，北京：科學出版社，2009年。

［13］陳直：《兩漢經濟史料論叢》，1958年初版，此據增訂本，北京：中華書局，2008年。

［14］陳直：《漢晉過所通考》，《歷史研究》1962年第6期。

［15］陳直：《居延漢簡研究》，北京：中華書局，2009年。

［16］程薇：《五一廣場出土東漢簡牘的整理與研究前景》，《中國史研究動態》2016年第2期。

［17］程喜霖：《唐代過所研究》，北京：中華書局，2000年。

［18］初世賓：《漢邊塞守禦器備考略》，收入甘肅省文物工作隊、甘肅省博物館編：《漢簡研究文集》，蘭州：甘肅人民出版社，1984年。

［19］初世賓：《居延烽火考述——兼論古代烽號的演變》，收入甘肅省文物工作隊、甘肅省博物館編：《漢簡研究文集》，蘭州：甘肅人民出版社，1984年。

［20］初世賓：《懸泉漢簡拾遺》，《出土文獻研究》第八輯，2007年。

［21］初世賓：《漢簡長安至河西的驛道》，《簡帛研究2005》，2008年。

［22］初世賓：《懸泉漢簡拾遺（二）》，《出土文獻研究》第九輯，2010年。

［23］初世賓：《懸泉漢簡拾遺（五）》，《出土文獻研究》第十二輯，2013年。

［24］大庭脩：《秦漢法制史研究》，1982年初版，此據徐世虹等中譯，上海：中西書局，2017年。

［25］大庭脩：《漢簡研究》，1992年初刊，此據徐世虹中譯，桂林：廣西師範大學出版社，2001年。

［26］鄧瑋光：《走馬樓吳簡三州倉出米簡的復原與研究——兼論"橫向比較復原法"的可行性》，《文史》2013年第1輯。

［27］鄧瑋光：《對三州倉"月旦簿"的復原嘗試——兼論"縱向比較復原法"的可行性》，《文史》2014年第2輯。

［28］董平均：《〈津關令〉與漢初關禁制度論考》，《中華文化論壇》2007 年第 3 期。
［29］董珊：《簡帛文獻考釋論叢》，上海：上海古籍出版社，2014 年。
［30］竇磊：《漢晉衣物疏集校及相關問題考察》，博士學位論文，武漢大學，2017 年。
［31］杜鵬姣：《試論漢簡中的"致"和"致籍"》，《牡丹江大學學報》第 22 卷第 9 期，2013 年。
［32］杜鵬姣：《漢代通關文書研究》，碩士學位論文，蘭州大學，2014 年。
［33］方孝坤：《候官職能述補》，《敦煌研究》2004 年第 5 期。
［34］方孝坤：《漢代候官的訴訟職能——基於居延新簡的考察》，《武漢大學學報（哲學社會科學版）》第 64 卷第 1 期，2011 年。
［35］冨谷至：《木簡竹簡述説的古代中國——書寫材料的文化史》，2003 年初版，2014 年增補再版，此據劉恒武中譯，北京：人民出版社，2007 年。
［36］冨谷至：《文書行政的漢帝國》，2010 年初版，此據劉恒武、孔李波中譯，南京：江蘇人民出版社，2013 年。
［37］冨谷至編：《流沙出土の文字資料——樓蘭・尼雅出土文書を中心に》，京都：京都大學學術出版會，2001 年。
［38］冨谷至編：《漢簡語彙考證》，東京：岩波書店，2015 年。
［39］傅振倫：《西漢始元七年出入六寸符》，《文史》第十輯，1980 年。
［40］傅振倫：《第一批居延漢簡的採集與整理始末記》，《文物春秋》1987 年第 1 期。
［41］高村武幸：《漢代の地方官吏と地域社會》，東京：汲古書院，2008 年。
［42］高村武幸：《里耶秦簡第八層出土簡牘の基礎的研究》，《三重大史學》第 14 卷，2014 年。
［43］高村武幸：《秦漢簡牘史料研究》，東京：汲古書院，2015 年。
［44］高敏：《〈張家山漢墓竹簡・二年律令〉中諸律的製作年代試探》，《史學月刊》2003 年第 9 期。
［45］高榮、張榮芳：《漢簡所見的"候史"》，《中國史研究》2004 年第 2 期。
［46］高榮：《簡牘所見秦漢郵書傳遞方式考辨》，《中國歷史文物》2007 年第 6 期。
［47］高榮：《秦漢的傳信——兼論傳的演變》，收入張德芳主編：《甘肅省第二屆簡牘學國際學術研討會論文集》，上海：上海古籍出版社，2012 年。
［48］高榮：《論秦漢的置（上）》，《魯東大學學報（哲學社會科學版）》第 29 卷第 5 期，2012 年。
［49］高榮：《論秦漢的置（下）》，《魯東大學學報（哲學社會科學版）》第 29 卷第 6 期，2012 年。
［50］宮宅潔：《邊境出土簡研究的前提——敦煌の穀物關係簡より》，載《中國出土資料研究》第六號，2002 年。
［51］宮宅潔：《懸泉置及其周邊——敦煌至安西間的歷史地理》，原刊《シルクロード學研究》22 號，2005 年，此據中譯，刊於《簡帛研究 2004》，2006 年。

［52］管東貴：《從漢簡看漢代邊塞的俸廩制》，見食貨月刊社編輯委員會主編：《陶希聖先生八秩榮慶論文集》，臺北：食貨出版社，1979年。

［53］郭浩：《秦漢時期現金管理芻議——以嶽麓秦簡、居延漢簡"稍入錢"爲例》，《中國社會經濟史研究》2013年第3期。

［54］郭洪伯：《稗官與諸曹——秦漢基層機構的部門設置》，《簡帛研究2013》，2014年。

［55］郭俊然：《漢官叢考——以實物資料爲中心》，博士學位論文，華中師範大學，2013年。

［56］郭俊然：《漢代的集市管理職官》，《晉城職業技術學院學報》第7卷第5期，2014年。

［57］郭麗華、張顯成：《西北屯戍漢簡中的"就人"及其相關詞語考論》，《中國社會經濟史研究》2016年第2期。

［58］郭琳琳、杜鵬姣：《出土漢簡中的"傳"與出入名籍》，《克拉瑪依學刊》2013年第6期。

［59］郝樹聲、張德芳：《懸泉漢簡研究》，蘭州：甘肅文化出版社，2009年。

［60］賀昌群：《烽燧考》，原載《文史哲》1940年第2期，此據《賀昌群文集》第一卷《史學論叢》，北京：商務印書館，2003年。

［61］何雙全：《漢代西北驛道與傳置——甲渠候官、懸泉漢簡〈傳置道里簿〉考述》，《中國歷史博物館館刊》1998年第1期。

［62］何雙全：《簡牘》，蘭州：敦煌文藝出版社，2004年。

［63］洪石：《東周至晉代墓所出物疏簡牘及其相關問題研究》，《考古》2001年第9期。

［64］侯燦：《勞榦〈居延漢簡考釋·簡牘之制〉平議》，收入甘肅考古文物研究所編：《秦漢簡牘論文集》，蘭州：甘肅人民出版社，1989年。

［65］侯旭東：《西北漢簡所見"傳信"與"傳"——兼論漢代君臣日常政務的分工與詔書、律令的作用》，《文史》2008年第3輯。

［66］侯旭東：《長沙走馬樓吳簡〈竹簡（貳）〉"吏民人名年紀口食簿"復原的初步研究》，《中華文史論叢》2009年第1期。

［67］侯旭東：《長沙走馬樓吳簡"嘉禾六年（廣成鄉）弦里吏民人名年紀口食簿"集成研究：三世紀初江南鄉里管理一瞥》，邢義田、劉增貴主編：《第四屆國際漢學會議論文集：古代庶民社會》，臺北：中研院，2013年。

［68］侯旭東：《西北所出漢代簿籍册書簡的排列與復原——從東漢永元兵物簿說起》，《史學集刊》2014年第1期。

［69］侯旭東：《西漢張掖郡肩水候繫年初編——兼論候行塞時的人事安排與用印》，《簡牘學研究》第五輯，2014年。

［70］侯旭東：《長沙東牌樓漢簡〈光和六年諍田自相和從書〉考釋》，原載黎明釗主編《漢帝國的制度與社會秩序》（香港：牛津大學出版社，2012年），修訂本見簡帛網2014年2月21日（http://www.bsm.org.cn/show_article.php? id=1991）。

[71] 侯旭東:《皇帝的無奈——西漢末年的傳置開支與制度變遷》,《文史》2015 年第 2 輯。

[72] 侯旭東:《西漢張掖郡肩水候官驛北亭位置考》,《湖南大學學報(社會科學版)》2016 年第 4 期。

[73] 侯旭東:《漢代西北邊塞他官兼行候事如何工作?》,見張德芳主編《甘肅省第三屆簡牘學國際學術研討會論文集》,上海辭書出版社,2017 年。

[74] 侯旭東:《湖南長沙走馬樓三國吳簡性質新探——從〈竹簡(肆)〉涉米簿書的復原說起》,載長沙簡牘博物館編《長沙簡帛研究國際學術研討會論文集》,上海:中西書局,2017 年。

[75] 侯旭東《西北出土漢代文書簡册的排列與復原》,《簡帛》第十八輯,2019 年。

[76] 胡方:《漢武帝"廣關"措置與西漢地緣政策的變化——以長安、洛陽之間地域結構爲視角》,《中國歷史地理論叢》第 30 卷第 3 期,2015 年。

[77] 胡平生:《胡平生簡牘文物論稿》,上海:中西書局,2012 年。

[78] 胡永鵬:《〈肩水金關漢簡(貳)〉中與曆表不合諸簡考證》,《簡帛》第九輯,2014 年。

[79] 胡永鵬:《西北邊塞漢簡編年》,福建人民出版社,2017 年。

[80] 胡耀文、余林、汪桂生、王學强、史志林:《黑河流域漢代墾殖綠洲空間分佈重建》,《蘭州大學學報(自然科學版)》第 49 卷第 3 期,2013 年。

[81] 黄浩波:《〈肩水金關漢簡(伍)〉釋地五則》,《簡帛》第十五輯,2017 年。

[82] 黄今言:《秦漢軍制史論》,南昌:江西人民出版社,1993 年。

[83] 黄艷萍:《〈肩水金關漢簡〉所見"燧"及其命名探析》,《敦煌研究》2016 年第 1 期。

[84] 吉川佑資:《漢代邊境における令史と尉史》,《史泉》107 號,2008 年。

[85] 吉川佑資:《居延漢簡にみえる候長と候史》,《古代文化》第 63 卷第 2 號,2011 年。

[86] 吉川佑資:《前漢時代の掾》,《史泉》第 119 號,2014 年。

[87] 吉村昌之:《漢代邊郡的田官組織——以見於簡牘的"開田"爲綫索》,原載大庭脩編:《漢簡研究の現狀と展望:漢簡研究國際シンポジウム'92 報告書》,1993 年,此據中譯,刊於中國社會科學院簡帛研究中心編:《簡帛研究譯叢》第一輯,1996 年。

[88] 吉村昌之:《居延甲渠塞的部隧設置》,《古代文化》第 50 卷第 7 號,1998 年。

[89] 賈富强、田靖:《西漢居延地區軍事設施佈局的地理淺析》,《滄桑》2014 年第 2 期。

[90] 賈連翔:《戰國竹書形制及相關問題研究——以清華大學藏戰國竹書爲中心》,上海:中西書局,2015 年。

[91] 賈文麗:《漢代河西經略史》,北京:中國社會科學出版社,2017 年。

[92] 蔣丹丹、孫兆華:《早期中國邊塞防禦組織再認識——以甲渠候官的實名隧、序數隧爲中心》,《南都學壇》第 35 卷第 5 期,2015 年。

[93] 蔣文：《說馬王堆三號漢墓遣策簡 408 的勾畫符號和"讎到此"》，《文史》2014 年第 1 期。
[94] 角谷常子：《漢代居延における軍政系統と縣との關わりについて》，原刊《史林》第 76 卷第 1 號，1993 年，此據《國際簡牘學會會刊》第三號，2001 年。
[95] 角谷常子：《簡牘の形狀における意味》，收入冨谷至編：《邊境出土木簡の研究》，京都：朋友書店，2003 年。
[96] 景愛：《古居延綠洲的消失與荒漠化——從考古和衛星遥感觀察》，《中國歷史文物》2003 年第 2 期。
[97] 景愛：《胡楊的呼唤——沙漠考古手記》，北京：中國青年出版社，2004 年。
[98] 景愛：《居延滄桑——尋找消失的綠洲》，北京：中華書局，2005 年。
[99] 鷲尾祐子：《長沙走馬樓吳簡連記式名籍簡的探討——關於家族的記錄》，《吴簡研究》第三輯，2011 年。
[100] 均和、劉軍：《漢簡舉書與行塞考》，《簡牘學研究》第二輯，1998 年。
[101] 柯友根：《西漢部曲初探》，《廈門大學學報（社會科學版）》1962 年第 3 期。
[102] 孔昭宸、杜乃秋、朱延平：《内蒙古自治區額濟納旗漢代烽燧遺址的環境考古學研究》，《環境考古》第一輯，1991 年。
[103] 勞榦：《居延漢簡考釋——考證之部》，1944 年初版，此據作者：《居延漢簡考釋之部》，臺北：中研院歷史語言研究所，1986 年。
[104] 勞榦：《勞榦學術論文集甲編》，臺北：藝文印書館，1976 年。
[105] 勞榦：《從漢簡中的嗇夫、令史、候史及士吏試論漢代郡縣吏的職務及地位》，《中研院歷史語言研究所集刊》第 55 本第 1 分，1984 年。
[106] 樂遊、譚若麗：《敦煌一棵樹烽燧西晉符信補釋——兼説漢簡中"符"的形態演變》，《中國國家博物館館刊》2016 年第 5 期。
[107] 李並成：《漢敦煌郡境内置、騎置、驛等位置考》，《敦煌研究》2011 年第 3 期。
[108] 李並成：《漢酒泉郡十一置考》，《敦煌研究》2014 年第 1 期。
[109] 李建平：《漢代"豨"之制度補證》，《農業考古》2010 年第 1 期。
[110] 李均明：《漢簡所見出入符、傳與出入名籍》，《文史》第十九輯，1983 年。
[111] 李均明：《居延漢簡"適"解》，《文史》第三十二輯，1990 年。
[112] 李均明：《封檢題署考略》，《文物》1990 年第 10 期。
[113] 李均明：《漢代甲渠候官規模考》上，《文史》第三十四輯，1991 年。
[114] 李均明：《漢代甲渠候官規模考》下，《文史》第三十五輯，1992 年。
[115] 李均明、劉軍：《居延漢簡居延都尉與甲渠候人物志》，《文史》第三十六輯，1992 年。
[116] 李均明：《尹灣漢墓出土"武庫永始四年兵車器集簿"初探》，見連雲港市博物館、中國文物研究所編：《尹灣漢墓簡牘綜論》，北京：科學出版社，1999 年。
[117] 李均明、劉軍：《簡牘文書學》，南寧：廣西教育出版社，1999 年。

［118］李均明：《初學錄》，臺北：蘭臺出版社，1999 年。
［119］李均明：《漢簡所反映的關津制度》，《歷史研究》2002 年第 3 期。
［120］李均明：《漢代烽燧守禦術略考》，原載《秦漢研究》第二輯，2007 年，此據作者：《耕耘錄——簡牘研究叢稿》，北京：人民美術出版社，2015 年。
［121］李均明：《秦漢簡牘文書分類輯解》，北京：文物出版社，2009 年。
［122］李均明：《簡牘文書の種類と遺址諸要素の關係》，見籾山明、佐藤信編《文獻と遺物の境界——中國出土簡牘史料の生態研究》，東京：東京外國語大學アジア・アフリカ言語文化研究所，2011 年。
［123］李均明：《通道廄考——與敦煌懸泉廄的比較研究》，《出土文獻》第二輯，2011 年。
［124］李力：《關於秦漢簡牘所見"稍入錢"一詞的討論》，《國學學刊》2015 年第 4 期。
［125］黎明釗：《士吏的職責與工作：額濟納漢簡讀記》，《中國文化研究所學報》第 48 期，2008 年。
［126］李松儒：《戰國簡帛字迹研究——以上博簡爲中心》，上海：上海古籍出版社，2015 年。
［127］李天虹：《居延漢簡所見候官少吏的任用和罷免》，《史學集刊》1996 年第 3 期。
［128］李天虹：《居延漢簡簿籍分類研究》，北京：科學出版社，2003 年。
［129］李天虹：《漢簡"致籍"考辨——讀張家山〈津關令〉札記》，《文史》2004 年第 2 輯。
［130］李天虹：《秦漢時分紀時制綜論》，《考古學報》2012 年第 3 期。
［131］李學勤：《談"張掖都尉棨信"》，《文物》1978 年第 1 期。
［132］李岩雲：《1998 年敦煌小方盤城出土的一批簡牘涉及的相關問題》，《敦煌研究》2009 年第 2 期。
［133］李岩雲：《敦煌西湖一棵樹烽燧遺址新獲簡牘之考釋》，《敦煌研究》2012 年第 5 期。
［134］李迎春：《秦漢郡縣屬吏制度演變考》，博士學位論文，北京師範大學，2009 年。
［135］李迎春：《漢代的尉史》，《簡帛》第五輯，2010 年。
［136］李振宏、孫英民：《居延漢簡人名編年》，北京：中國社會科學出版社，1997 年。
［137］李振宏：《小議居延漢簡中的"私去署"問題》，《鄭州大學學報（哲學社會科學版）》2001 年第 5 期。
［138］李振宏：《居延漢簡與漢代社會》，北京：中華書局，2003 年。
［139］連劭名：《西域木簡中的記與檄》，《文物春秋》1989 年第 1 期。
［140］梁萬斌：《從長安到洛陽：漢代的關中本位政治地理》，博士學位論文，復旦大學，2013 年。
［141］廖伯源：《西漢皇宮宿衛警備雜考》，原載《東吳文史學報》第 5 號，1986 年，此據作者：《歷史與制度——漢代政治制度試釋》，臺北：臺灣商務印書館股份有限公司，1998 年。

［142］凌文超：《走馬樓吳簡採集簿書整理與研究》,桂林：廣西師範大學出版社,2015年。

［143］凌文超《吳簡考古學與吳簡文書學》,原題《走馬樓吳簡簿書復原整理芻議》,刊於《歷史學評論》第一卷,2013年,此據修訂本,收入長沙簡牘博物館編《走馬樓吳簡研究論文精選》,嶽麓書社,2016年。

［144］劉軍：《甲渠塞臨木部候長考——兼論候長的職責》,《簡帛研究》第一輯,1993年。

［145］劉軍：《漢簡人事管理研究之——行塞舉與離署申報》,《簡牘學研究》第一輯,1997年。

［146］劉欣寧：《居延漢簡所見住居與里制》,見李宗焜主編：《古文字與古代史》第三輯,臺北：中研院歷史語言研究所,2012年。

［147］魯惟一：《漢代行政記錄》,1967年初版,此據于振波、車今花中譯,桂林：廣西師範大學出版社,2005年。

［148］路方鴿：《居延漢簡"稍入"是邊塞的財政收入之一》,《南都學壇(人文社會科學學報)》2012年第4期。

［149］羅仕杰：《從居延漢簡看士吏的建置、遷調與職責》,《嶺東學報》第31期,2012年。

［150］呂志峰：《敦煌懸泉置考論——以敦煌懸泉漢簡爲中心》,《敦煌研究》2013年第4期。

［151］馬孟龍：《張家山二四七號漢墓〈二年律令·秩律〉抄寫年代研究——以漢初侯國建置爲中心》,《江漢考古》2013年第2期。

［152］馬先醒：《漢居延志長編》,臺北：國立編譯館,2001年。

［153］馬智全：《姑臧庫與漢代河西兵物管理》,《魯東大學學報(哲學社會科學版)》第33卷第1期,2016年。

［154］孟志成：《漢簡所見候長和隧長的待遇》,《西北成人教育學報》2002年第2期。

［155］孟志成：《候長、隧長的任用和懲罰》,《簡牘學研究》第三輯,2002年。

［156］米田賢次郎：《漢代の邊境組織——隧の配置について》,《東洋史研究》第12卷3號,1953年。

［157］籾山明：《刻齒簡牘初探—漢簡形態論のために》,原刊《木簡研究》第17號,1995年,此據中譯本,刊於中國社會科學院簡帛研究中心編《簡帛研究譯叢》第二輯,長沙：湖南人民出版社,1998年。

［158］籾山明：《漢帝國と邊境社會：長城の風景》,東京：中央公論新社,1999年。

［159］籾山明：《長沙東牌樓出土木牘與東漢時代的訴訟》,原載《中國古中世史研究》第29輯,2013年,此據中譯,收入周東平、朱騰主編《法律史譯評(2013年卷)》,北京：中國政法大學出版社,2014年。

［160］籾山明：《秦漢出土文字史料の研究》,東京：創文社,2015年。

［161］籾山明：《日本居延漢簡研究的回顧與展望——以古文書學研究爲中心》,《中國

古代法律文獻研究》第九輯,2016 年。

[162] 籾山明:《簡牘文書學與法制史——以里耶秦簡爲例》,載柳立言主編《史料與法史學》,臺北:中研院歷史語言研究所,2016 年。

[163] 籾山明:《在簡牘學、古文書學、法制史與秦漢史之間》,蘇俊林、陳弘音、游逸飛訪談,《文匯報》2017 年 2 月 3 日,第 11 版"文化"。

[164] 彭浩:《河西漢簡中的"獄計"及相關文書》,載《簡帛研究(2018 年春夏卷)》,2018 年。

[165] 齊銀生:《從甲渠候官簡牘探析候部的運作及吏員管理》,碩士學位論文,西北師範大學,2015 年。

[166] 青木俊介:《候官における簿籍の保存と廢棄——A8 遺址文書庫・事務區畫出土簡牘の狀況を手がかりに》,見籾山明、佐藤信編:《文獻と遺物の境界——中國出土簡牘史料の生態研究》,東京:東京外國語大學アジア・アフリカ言語文化研究所,2011 年。

[167] 青木俊介:《封檢の形態發展》,收入籾山明、佐藤信編:《文獻と遺物の境界Ⅱ》,東京:東京外國語大學アジア・アフリカ言語文化研究所,2014 年。

[168] 青木俊介:《肩水金關漢簡の致と通關制度》,《日本秦漢史學會會報》第 12 號,2014 年。

[169] 裘錫圭:《裘錫圭學術文集》,上海:復旦大學出版社,2012 年。

[170] 森谷一樹:《黑河下流域の遺迹群》,《アジア遊學》99 號特集《地球環境を黑河に探る》,2007 年。

[171] 森谷一樹:《居延オアシスの遺迹分布とエチナ河》,見井上充幸、加藤雄三、森谷一樹編:《オアシス地域史論叢:黑河流域 2000 年の點描》,京都:松香堂,2007 年。

[172] 森谷一樹:《前漢—北朝時代の黑河流域》,見中尾正義編:《オアシス地域の歷史と環境:黑河が語るヒトと自然の2000 年》,東京:勉誠出版,2011 年。

[173] 森鹿三:《東洋史研究・居延漢簡篇》,京都:同朋舍,1975 年。

[174] 沈剛:《居延漢簡語詞彙釋》,北京:科學出版社,2008 年。

[175] 沈仲章口述,霍偉記錄,胡綉楓整理:《搶救"居延漢簡"歷險記》,《文物天地》1986 年第 4 期。

[176] 市川任三:《漢代に於ける居延甲渠戰綫の展開》,《大東文化大學漢學會誌》第 6 卷,1963 年。

[177] 史達《〈岳麓書院藏秦簡・爲吏治官及黔首〉的編聯修訂——以簡背劃線與反印文字迹爲依據》,《出土文獻與法律史研究》第三輯,2014 年。

[178] 石昇烜:《再探簡牘編聯、書寫姿勢與習慣——以中研院史語所藏居延漢簡的簡側墨綫爲綫索》,《中研院歷史語言研究所集刊》第 88 本第 4 分,2017 年。

[179] 石昇烜:《日本奈良文化財研究所訪問記》,《臺大歷史系學術通訊》第 23 期,2017

年,http://homepage.ntu.edu.tw/~history/public_html/09newsletter/23/23-09.html#top。

[180] 孫沛陽:《簡冊背劃線初探》,《出土文獻與古文字研究》第四輯,2011年。
[181] 孫慰祖:《封泥:發現與研究》,上海:上海書店出版社,2002年。
[182] 孫慰祖:《可齋論印新稿》,上海:上海辭書出版社,2003年。
[183] 孫聞博:《秦縣的列曹與諸官(增訂稿)》,載里耶博物館等編著《里耶秦簡博物館藏秦簡》,上海:中西書局,2016年。
[184] 孫曉丹:《居延所出功勞簡研究》,碩士學位論文,河北師範大學,2013年。
[185] 唐俊峰:《A35大灣城遺址肩水都尉府説辨疑——兼論"肩水北部都尉"的官署問題》,《簡帛》第九輯,2014年。
[186] 唐俊峰:《西漢河西田官的組織與行政——以居延、肩水地區的田官爲中心》,《中國文化研究所學報》第59期,2014年。
[187] 陶玉樂:《淺述金塔境内的長城遺址》,見李國民主編:《金塔文化遺産研究文集》,蘭州:甘肅文化出版社,2014年。
[188] 藤田高夫:《敦煌·居延漢簡による漢代文書行政の基礎的考察》,原刊《平成10—11年度科研費基盤研究(C)(2)成果報告書》,2000年3月,此據《國際簡牘學會會刊》第三號,2001年。
[189] 藤田勝久:《漢代簡牘の文書處理與"發"》,見黎明釗主編:《漢帝國的制度與社會秩序》,香港:牛津大學出版社,2012年。
[190] 藤田勝久:《肩水金關的交通與"出入"通行證》,《簡帛》第十七輯,2018年。
[191] 鵜飼昌男:《關於漢代官文書的一點考察——"記"這一文書的存在》,原刊《史泉》第68卷,1988年,此據中譯,刊於《中國古代法律文獻研究》第二輯,2004年。
[192] 田天:《西漢中晚期遣策的變遷及其意義》,載王煜主編《文物、文獻與文化——歷史考古青年論集(第一輯)》,上海:上海古籍出版社,2017年。
[193] 畑野吉則:《漢代の下級部署における日常業務と情報處理:關所の通關業務と出入記錄簡》,《資料學の方法を探る》13號,2014年。
[194] 童嶺:《鈔寫有別論——六朝書籍文化史識小録一種》,《漢學研究》第29卷第1期,2011年。
[195] 土口史記:《戰國·秦代の縣:縣廷と"官"の關係をめぐる一考察》,《史林》第95卷第1號,2012年。
[196] 土口史記:《里耶秦簡にみる秦代縣下の官制構造》,《東洋史研究》第73卷第4號,2015年。
[197] 土口史記:《秦代の令史と曹》,《東方學報》第90卷,2015年。
[198] 汪桂海:《漢代官文書制度》,南寧:廣西教育出版社,1999年。
[199] 汪桂海:《秦漢簡牘探研》,臺北:文津出版社,2009年。
[200] 王晨仰、趙叢蒼:《簡析漢簡所見長城烽燧系統中燧卒的日常工作》,《新疆大學學

報(哲學·人文社會科學版)》2014 年第 5 期。

[201] 王國維:《簡牘檢署考》,1912 年日文初版,1914 年中文初版,此據胡平生、馬月華:《簡牘檢署考校注》,上海古籍出版社,2004 年。

[202] 王國維、羅振玉:《流沙墜簡》,1914 年初版,1934 年修訂,此據何立民點校本,浙江古籍出版社,2013 年。

[203] 王海:《河西漢簡所見"辟"及相關問題》,《簡帛研究 2008》,2010 年。

[204] 王輝:《古文字通假字典》,中華書局,2008 年。

[205] 王錦城:《西北漢簡所見"司御錢"考》,《敦煌研究》2018 年第 6 期。

[206] 王素:《"畫諾"問題縱橫談——以長沙漢吳簡牘為中心》,《中華文史論叢》2017 年第 1 期。

[207] 王曉光:《新出漢晉簡牘及書刻研究》,榮寶齋出版社,2013 年。

[208] 王曉光:《秦漢簡牘具名與書手研究》,榮寶齋出版社,2016 年。

[209] 王彦輝:《關於〈二年律令〉年代及性質的幾個問題》,《古代文明》第 6 卷第 1 期,2012 年。

[210] 王之璞:《西北漢簡所見"士吏"研究》,碩士學位論文,西北師範大學,2015 年。

[211] 王子今:《簡牘資料與漢代河西地方竹類生存可能性的探討》,《簡帛》第二輯,2007 年。

[212] 吳昌廉:《漢代邊郡障隧組織——漢簡與漢代邊郡制度之研究》,博士學位論文,中國文化大學,1983 年。

[213] 吳昌廉:《漢代邊塞"部"之組織》,《簡牘學報》第十一期,1985 年。

[214] 吳昌廉:《漢代塞上隧卒之職責》,《簡牘學報》第十一期,1985 年。

[215] 吳昌廉:《漢簡所見之候官組織》,《簡牘學報》第十一期,1985 年。

[216] 吳昌廉:《漢"置"初探》,《簡牘學報》第十五期,1993 年。

[217] 吳軍:《漢簡中河西邊郡的防禦組織研究》,碩士學位論文,西北師範大學,2001 年。

[218] 鄔文玲:《"合檄"試探》,《簡帛研究 2008》,2010 年。

[219] 鄔文玲:《〈甘露二年御史書〉校讀》,《中國古代法律文獻研究》第五輯,2012 年。

[220] 鄔文玲:《里耶秦簡所見"續食"簡牘及其文書構成》,《簡牘學研究》第五輯,2014 年。

[221] 鄔文玲:《簡牘中的"真"字與"算"字——兼論簡牘文書分類》,《簡帛》第十五輯,2017 年。

[222] 武仙竹:《微痕考古——從微觀信息認識歷史過程的科學探索》,《文物保護與考古科學》第 23 卷第 4 期,2011 年。

[223] 夏笑容:《"2013 年長沙五一廣場東漢簡牘學術研討會"紀要》,《文物》2013 年第 12 期。

[224] 肖芸曉:《試論清華竹書伊尹三篇的關聯》,《簡帛》第八輯,2013 年。

[225] 謝桂華:《漢晉簡牘論叢》,桂林:廣西師範大學出版社,2014 年。

[226] 辛德勇:《漢武帝"廣關"與西漢前期地域控制的變遷》,《中國歷史地理論叢》第 23 卷第 2 輯,2008 年。

[227] 邢義田:《地不愛寶:漢代的簡牘》,北京:中華書局,2011 年。

[228] 邢義田:《治國安邦:法制、行政與軍事》,北京:中華書局,2011 年。

[229] 邢義田:《漢代簡牘公文書的正本、副本、草稿和簽署問題》,《中研院歷史語言研究所集刊》第 82 本第 4 分,2011 年。

[230] 邢義田:《漢至三國公文書中的簽署》,《文史》2012 年第 2 輯。

[231] 邢義田:《漢代邊塞隧長的文書能力與教育——對中國古代基層社會讀寫能力的反思》,《中研院歷史語言研究所集刊》第 88 本第 1 分,2017 年。

[232] 徐暢:《走馬樓吳簡竹木牘的刊佈及相關研究述評》,《魏晉南北朝隋唐史資料》第三十一輯,2015 年。

[233] 徐暢:《走馬樓簡牘公文書中諸曹性質的判定》,《中華文史論叢》2017 年第 1 期。

[234] 徐暢:《長沙三國走馬樓吳簡基本性質研究平議》,《出土文獻》第十二輯,2018 年。

[235] 徐樂堯:《漢簡所見邊郡軍事與民政系統的職權關係》,《簡帛研究》第一輯,1993 年。

[236] 徐龍國:《秦漢城邑考古學研究》,北京:中國社會科學出版社,2013 年。

[237] 徐蘋芳:《居延漢簡的發現與研究》,原載《傳統文化與現代化》1993 年第 6 期,此據作者:《中國歷史考古學論集》,上海:上海古籍出版社,2012 年。

[238] 徐蘋芳:《馬王堆三號漢墓出土的帛書"城邑圖"及其有關問題》,《簡帛研究》第一輯,1993 年。

[239] 徐子宏:《漢簡所見烽燧系統的考核制度》,《貴州師範大學學報(社會科學版)》1988 年第 4 期。

[240] 薛英群:《居延漢簡通論》,蘭州:甘肅教育出版社,1991 年。

[241] 閻步克:《從爵本位到官本位:秦漢官僚品位結構研究(增補本)》,北京:三聯書店,2017 年。

[242] 嚴耕望:《中國地方行政制度史·秦漢地方行政制度》,1961 年初版,此據重印本,上海:上海古籍出版社,2007 年。

[243] 楊建:《西漢初期津關制度研究:附〈津關令〉簡釋》,上海:上海古籍出版社,2010 年。

[244] 楊俊:《敦煌一棵樹漢代烽燧遺址出土的簡牘》,《敦煌研究》2010 年第 4 期。

[245] 楊振紅:《秦漢時期的"尉""尉律"與"置吏""除吏"——兼論"吏"的屬性》,《簡帛》第八輯,2013 年。

[246] 姚磊:《〈居延新簡〉綴合(六)》,2018 年 12 月 19 日刊於簡帛網,http://www.bsm.org.cn/show_article.php? id=3273。

[247] 姚磊:《〈居延新簡〉綴合(二十四)》,2019 年 2 月 25 日刊於簡帛網,http://www.bsm.org.cn/show_article.php? id=3322。

[248] 野口優:《前漢邊郡都尉府の職掌と邊郡統治制度》,《東洋史研究》第 71 卷第 1

號,2012 年。

[249] 野口優:《王莽期の邊郡軍事機構における文書行政》,《日古》第 25 號,2015 年。

[250] 伊藤道治:《漢代居延戰綫の展開》,《東洋史研究》第 12 卷 3 號,1953 年。

[251] 鷹取祐司:《秦漢官文書の基礎的研究》,東京:汲古書院,2015 年。

[252] 鷹取祐司:《肩水金關遺址出土の通行證》,作者主編《古代中世東アジアの關所と交通制度》,京都:汲古書院,2017 年。

[253] 永田英正:《居延漢簡烽燧考——特以甲渠候官爲中心》,原刊《東方學報》第 36 卷,1964 年,此據中譯,中國社會科學院歷史研究所戰國秦漢史研究室編:《簡牘研究譯叢》第二輯,北京:中國社會科學出版社,1987 年。

[254] 永田英正:《書契》,見林巳奈夫編:《漢代の文物》,京都:京都大學人文科學研究所,1976 年。

[255] 永田英正:《居延漢簡研究》,1989 年初版,此據張學鋒中譯,廣西師範大學出版社,2007 年。

[256] 永田英正:《"候史廣德坐罪行罰"檄考》,原載唐代史研究會報告第Ⅶ集《東アジア古文書の史的研究》,1990 年,此據中譯,刊於《簡帛研究》第一輯,1993 年。

[257] 永田英正:《甲渠塞第四隧出土簡牘分析》,原刊文部省科學研究費補助金研究成果報告書《中國出土文字資料の基礎的研究》,1993 年,此據中譯,收入中國社會科學院簡帛研究中心編:《簡帛研究譯叢》第一輯,長沙:湖南出版社,1996 年。

[258] 于豪亮:《于豪亮學術文存》,上海:上海古籍出版社,2015 年。

[259] 于振波:《居延漢簡中的隧長和候長》,《簡帛研究 2001》,2001 年。

[260] 苑苑:《淺析漢代的書佐》,《河北北方學院學報(社會科學版)》2015 年第 5 期。

[261] 臧知非:《秦漢賦役與社會控制》,西安:三秦出版社,2012 年。

[262] 張傳璽:《懸泉置、效穀縣、魚澤部的設與廢》,收入《張維華紀念文集》,濟南:齊魯書社,1997 年。

[263] 張春樹:《漢代邊疆史論集》,臺北:食貨出版社有限公司,1977 年。

[264] 張德芳:《漢簡所反映的邊塞防禦設施和烽燧制度》,收入紀忠元、紀永元主編:《敦煌陽關玉門關論文選萃》,蘭州:甘肅人民出版社,2003 年。

[265] 張德芳:《西北漢簡整理的歷史回顧與啓示》,《鄭州大學學報(哲學社會科學版)》2017 年第 5 期。

[266] 張建國:《漢代的罰作、復作與弛刑》,《中外法學》2006 年第 5 期。

[267] 張經久、張俊民:《敦煌漢代懸泉置遺址出土的"騎置"簡》,《敦煌學輯刊》2008 年第 2 期。

[268] 張俊民:《武威旱灘坡十九號前涼墓出土木牘考》,《考古與文物》2005 年第 3 期。

[269] 張俊民:《簡牘學論稿——聚沙篇》,蘭州:甘肅教育出版社,2014 年。

[270] 張俊民:《懸泉漢簡新見的兩例漢代職官制度》,《敦煌研究》2015 年第 6 期。

[271] 張俊民:《敦煌懸泉置出土文書研究》,蘭州:甘肅教育出版社,2015 年。

［272］张文瀚：《汉代甲渠候官研究》，博士学位论文，首都师范大学，2014年。
［273］张文瀚：《汉代甲渠候官的日常管理》，《史学月刊》2015年第7期。
［274］张文瀚：《汉代甲渠候官的后勤管理》，《河南师范大学学报（哲学社会科学版）》第43卷第4期，2016年。
［275］张云华：《汉代皇宫宿卫运作制度》，《南都学坛》第26卷第3期，2006年。
［276］张忠炜：《秦汉律令法系研究初编》，北京：社会科学文献出版社，2012年。
［277］张忠炜：《墓葬出土律令文献的性质及其他》，《中国人民大学学报》2015年第5期。
［278］赵宠亮：《行役戍备——河西汉塞吏卒的屯戍生活》，北京：科学出版社，2012年。
［279］赵俊梅：《简牍所见"督烽掾"试说》，《兰州学刊》2007年第5期。
［280］赵沛：《居延汉简见西汉时期西北塞日常勤务制度》，《西北史地》1991年第2期。
［281］赵沛、王宝萍：《西汉居延边塞休吏制度》，《文博》1994年第1期。
［282］赵沛：《居延汉简所见〈兵簿〉〈被兵簿〉——兼论居延边塞兵器配给》，《西北史地》1994年第4期。
［283］中共金塔县委、金塔县人民政府、酒泉市文物管理局、甘肃简牍博物馆、甘肃敦煌学学会编：《金塔居延遗址与丝绸之路历史文化研究》，兰州：甘肃教育出版社，2014年。
［284］朱桂昌编著：《太初日历表》，北京：中华书局，2013年。
［285］庄小霞：《东牌楼见"中仓租券签牌"考释》，《简帛》第五辑，2010年。
［286］庄小霞：《释新莽"附城"爵称》，《历史研究》2006年第2期。
［287］邹水杰：《两汉县行政研究》，长沙：湖南人民出版社，2008年。
［288］佐原康夫：《汉代の官衙と属吏について》，原载《东方学报》第61号，1989年，此据作者《汉代都市机构の研究》，东京：汲古书院，2002年。

附 圖

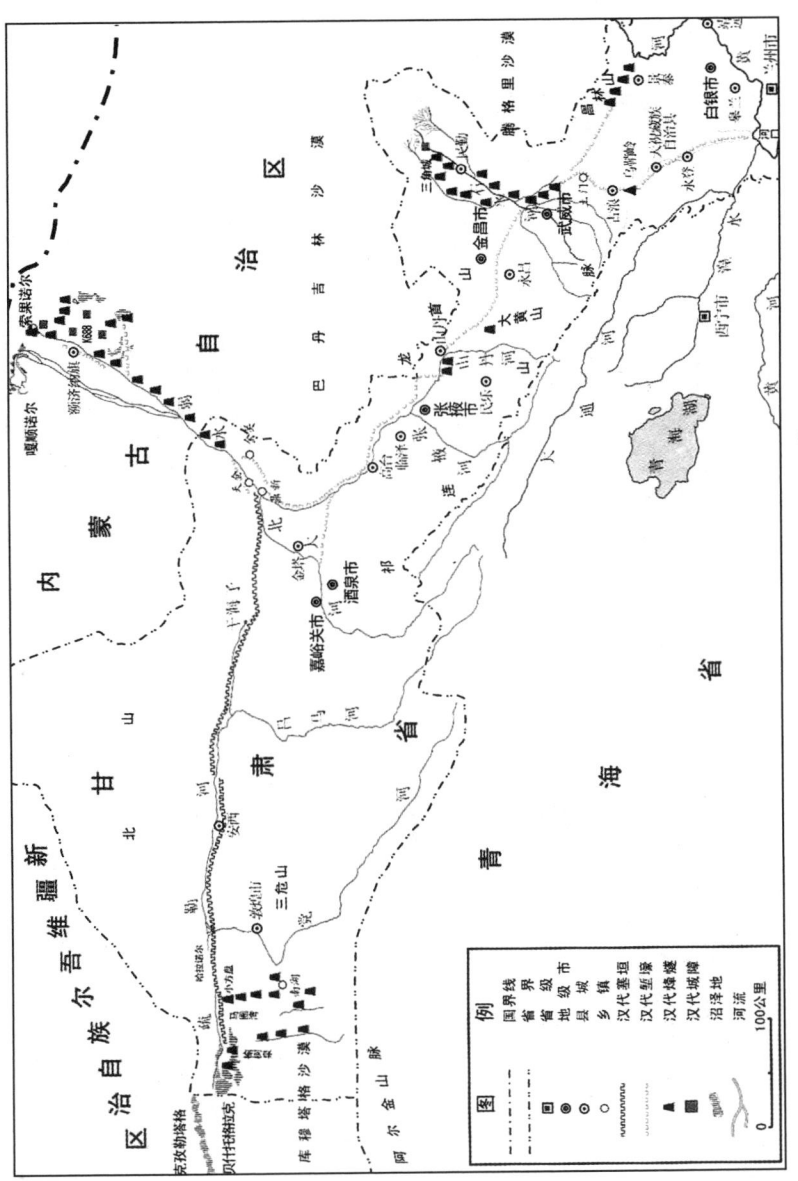

附圖一 河西漢塞走向示意圖①

① 吳礽驤《河西漢塞調查與研究》(地圖1)，文物出版社，2005年。

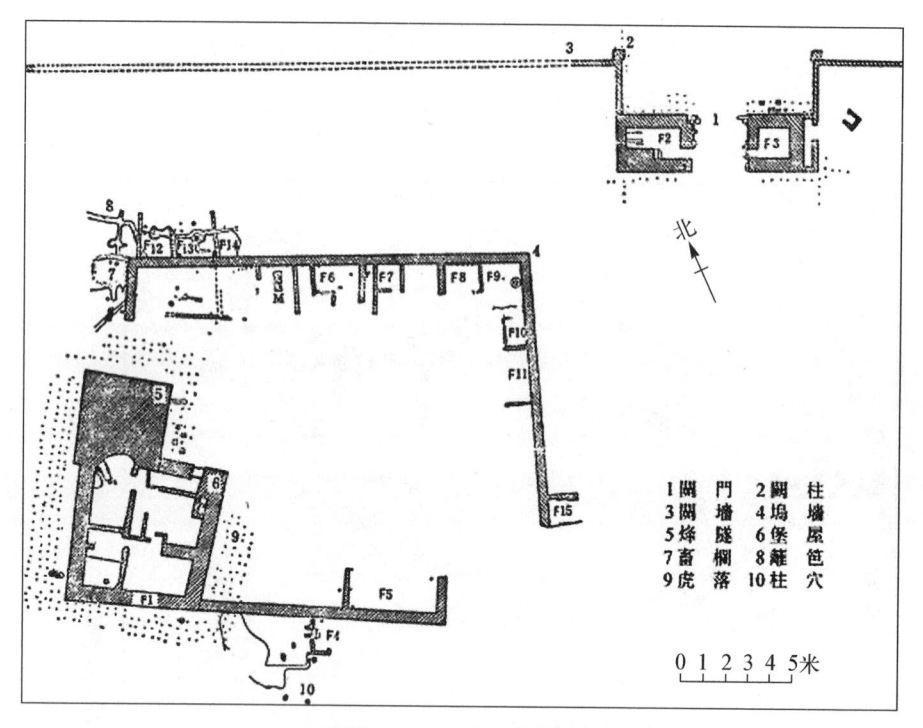

附圖三　A32 遺址平面圖①

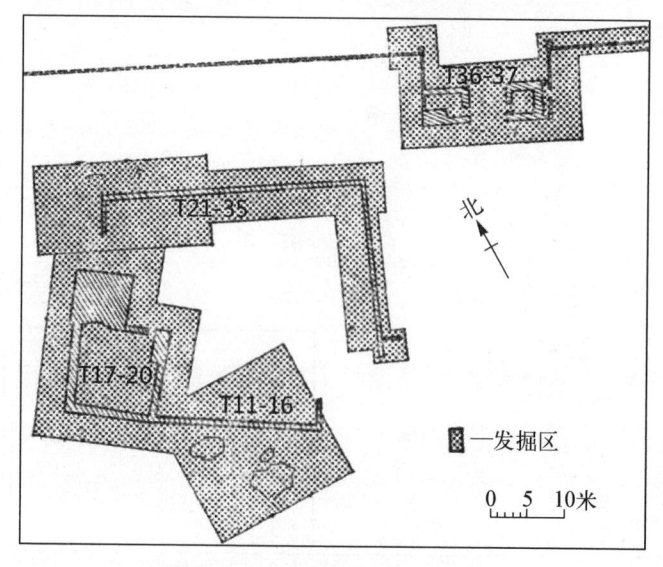

附圖四　A32 遺址發掘區分佈圖②

---

① 甘肅居延考古隊《居延漢代遺址的發掘和新出土的簡册文物》,《文物》1978 年第 1 期,第 13 頁。
② 甘肅居延考古隊《居延漢代遺址的發掘和新出土的簡册文物》,《文物》1978 年第 1 期,第 13 頁。

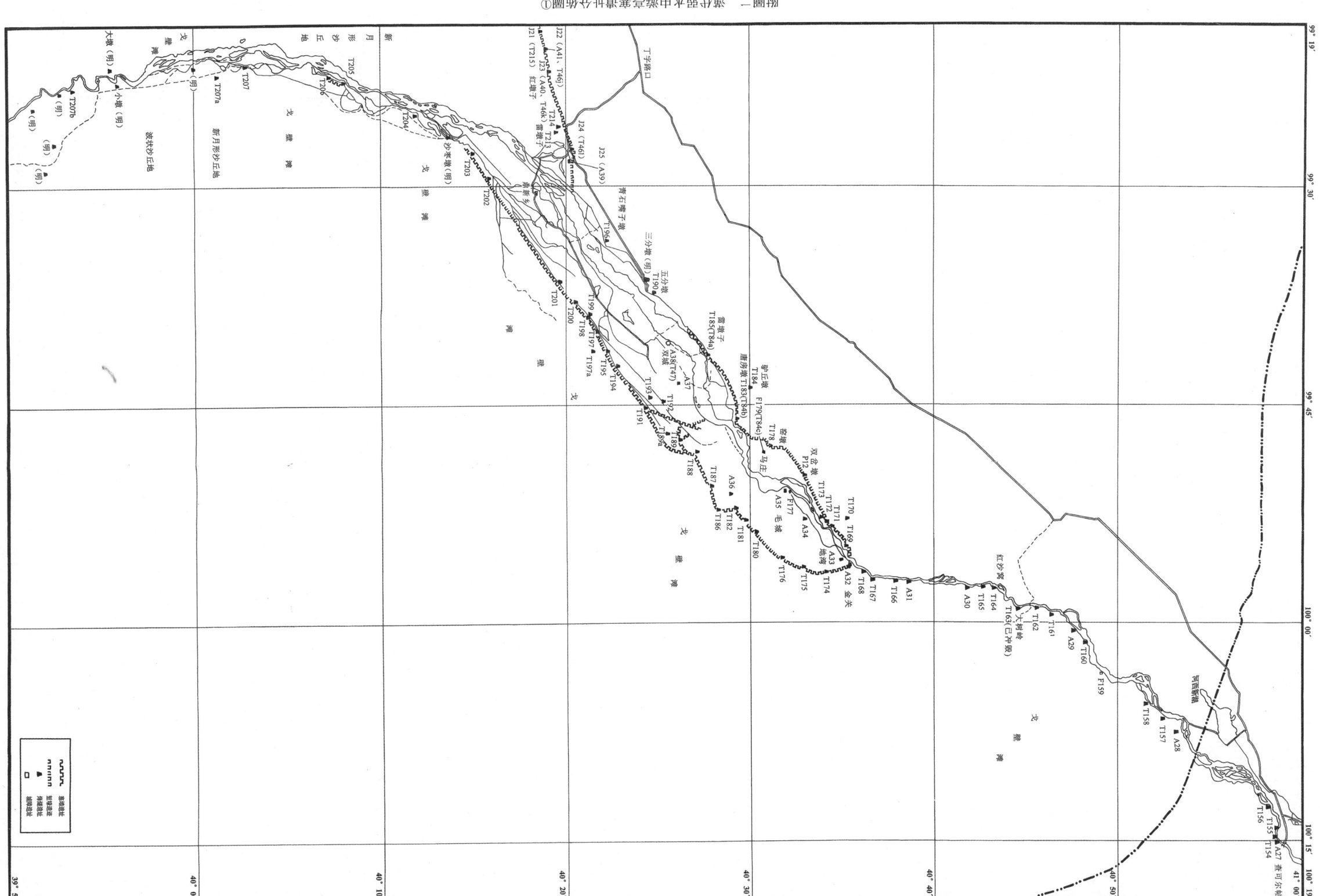

附图二 漢代額水中游烽燧障城分布圖[1]

[1] 吴礽骧《河西漢塞調查與研究》(附圖三),文物出版社,2005年。

附　圖　·307·

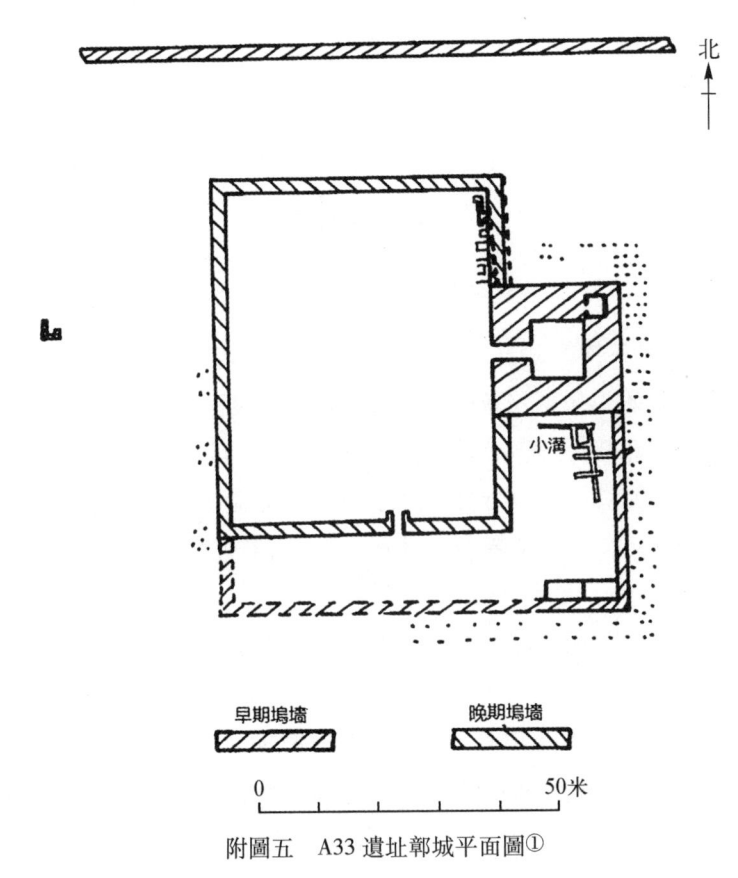

北↑

早期塢墻　　晚期塢墻

0　　　　　　　　50米

附圖五　A33遺址鄣城平面圖①

————————
① 吳礽驤《河西漢塞調查與研究》，文物出版社，2005年，第161頁。

致　謝

　　本書是筆者在博士論文的基礎上加以增刪修訂而成的。博論完成於2017年3月，原本還包括三章内容討論通關證件與程序，此次暫未收入。原來附有的肩水金關關吏與東部候長繫年的内容，今亦刪去，增加對73EJD部分簡牘出土地的討論，及籾山明、佐藤信所編兩本論文集的評介。作爲學術生涯的第一本專著，儘管筆者盡力排查，但一定還遺留不少問題，敬請讀者指正批評。

　　這裏要特別感謝侯旭東、初世賓、鷹取祐司和許名瑲等師長前輩。我本科階段學習工科，且在2013年讀博之前從未正式接觸過簡牘研究，可以説基礎薄弱、資質駑鈍，侯老師作爲我的博士導師，不僅開示研究門徑，指導具體的寫作，花費心力無算，而且無形中深刻影響到我的學術態度。如果説我日後能在學術研究方面有一點收穫的話，基礎也是由侯老師奠定的。而從未謀面的初先生，多次電話告知金關遺址的發掘信息，十分寶貴。鷹取祐司和許名瑲先生，亦從未謀面，但在我寄上博士論文或書稿後，均返回數十頁的修改意見，對後進的關愛與對學術的熱忱令人動容。

　　小書的寫作，還得到很多師長和友朋的指導幫助。李均明、張德芳、劉樂賢、趙平安、劉國忠、汪桂海、鄔文玲、黄振萍、方誠峰、馬楠等師長在博士論文開題、預答辯、答辯和外審時曾給於各方面的意見和提示，使我少走許多彎路，避免了許多錯誤。邢義田、宋少華、籾山明、張春龍、陳文豪、角谷常子、馬怡、張榮强、張俊民、宮宅潔、黄樸華、李迎春、馬智全、肖從禮、森谷一樹、青木俊介、凌文超、田天、鈴木直美、伊强、野口優、劉釗（樂遊）、胡永鵬、金智恩、蘇俊林、王振華、王彬、姚磊、謝坤、畑野吉則、小林文治、鄭相俊、馬力、孫梓辛、宋超、屈濤、黄浩波、吴貞銀、祁萌、趙爾陽、張馳、陳韻青、曹天江、李弘喆、王濤、石昇烜等師友亦給予很多幫助，或提示問題，或分享資料。筆者剛走上學術研究之路，能得到如此之多與如此珍貴的幫助,實在深爲感動。博士論文寫作期間,清華文科圖書館破例將五册金關簡借我長期使用,我所住的五號宿舍樓管理員亦允我日夜待在研讀間裏,客觀上加速了寫作進度。這一切,皆十分感激!

筆者博士畢業後,隨即進入清華大學出土文獻研究與保護中心做博士後。在站期間,受到李守奎老師的多方提攜和指導,擴展了讀書視野,也受到李均明先生等中心老師的指導和幫助。這本小書就是趙平安老師推薦給上海古籍出版社的。在此衷心感謝中心全體老師和同仁!

但誠先生作爲小書的編輯,認真敬業工作高效,付出很多心血,在此表示感謝!

一路走來,最不容易的是父母、親人與妻兒,感謝父母親人的支持、妻子的包容和小女的陪伴。

圖書在版編目(CIP)數據

肩水金關漢簡研究 / 郭偉濤著. —上海：上海古籍出版社, 2019.5
ISBN 978-7-5325-9211-1

Ⅰ. ①肩… Ⅱ. ①郭… Ⅲ. ①居延漢簡一研究 Ⅳ. ①K877.54

中國版本圖書館 CIP 數據核字(2019)第 069899 號

肩水金關漢簡研究
郭偉濤 著

上海古籍出版社出版、發行

(上海瑞金二路 272 號 郵政編碼 200020)

(1) 網址：www.guji.com.cn
(2) E-mail：guji1@guji.com.cn
(3) 易文網網址：www.ewen.co

上海商務聯西印刷有限公司印刷

開本 787×1092 1/16 印張 20.25 插頁 2 字數 332,000
2019 年 5 月第 1 版 2019 年 5 月第 1 次印刷
ISBN 978 - 7 - 5325 - 9211 - 1
K・2647 定價：98.00 元

如有質量問題，請與承印公司聯繫